Patrick Roth
SUNRISE

Patrick Roth

SUNRISE

Das Buch Joseph

Roman

WALLSTEIN VERLAG

Oh, thou big white God aloft there somewhere in yon darkness, have mercy on this small black boy down here; preserve him from all men that have no bowels to feel fear!

Oh, du großer weißer Gott dort droben in den Finsternissen, sei gnädig diesem kleinen schwarzen Jungen hier unten; bewahre ihn vor allen Männern, die's nicht im Bauch haben, Furcht zu fühlen.

Pip in: Herman Melville, Moby-Dick oder Der Wal

Die Bücher des Abstiegs

Sonnenaufgang des ersten
Tages seit Abschluß der
Schrift. Die Römer sind durch
die Mauer gedrungen. Dem
Hunger Jerusalems wird ein
Ende durch Feuerbrand,
Schärfe des Schwerts.

Vor Stunden noch träumte mir:
Eine Schicht, dünn wie
Haut, hebt der Sohn aus dem
Tiegel flüssigen Erzes. Und
sieht hin: Da ist's ein Blatt
lebendiges Gold.

Überdauern werden sie also,
die das Versteck hier
empfängt: die Worte des
Buchs, die ich durch Neith
erfahren von Joseph.

Zu mir, Monoimos, der hörte
und aufschrieb, tritt Neith.
Und sie spricht: Wer bis ans
Ende geht dieser Worte, der
wird den Tod nicht kosten.

Erstes Buch

Der Träger

Kapitel 1

Die Belagerung

Im zweiten Jahr der Regierung des Kaisers Vespasian – römische Legionen halten die Stadt umringt – ist der Untergang Jerusalems beschlossen.

Innerhalb der Mauern aber streiten sich die Parteien unserer Verteidiger, ist's ein Zerfleischen.

Denn während der Feind die Stadt würgt, spornt Hungersnot die Verteidiger zu unsäglicher Grausamkeit.

Gegeneinander nicht nur lassen sie Grausamkeit walten, sondern vor allem wider die Bevölkerung, die sie doch zu schützen gelobten.

Wehrlose suchen sie um jedes Weizenkorn heim und strafen die Hungrigen, auch wenn nichts mehr zu holen ist, als sei Sättigung in den Strafen.

Die einen schlagen sie nieder, wenn man nur das Geringste an Nahrung vor ihnen im Hause versteckt. Andere spießen sie auf, wo man, gelockt durch Geruch oder Gerücht, die Unschuldigen beim Backen von Körnern antrifft.

Aber die Eindringlinge richten auch hin, wenn sie bei ihren Opfern nichts Eßbares finden. Denn sie verfallen darauf, aufzubefehlen die vertrockneten Münder und zu suchen noch unter verklebten Zungen und zu beachten die Winkel rissiger Lippen. Denn dort haftet oft, kaum geschluckt, das verräterisch letzte Morsel.

Vor Tagen nun kam Nachricht von einer Frau, die wußte Hunger und Tod und Erniedrigung in die Flucht zu schlagen. Das aber, indem sie den Plagen die Tür auftat weit.

Maria hieß sie, Tochter des Eleazar, aus Bathezor jenseits des Jordan. Die war wie Tausende andere in die Jerusalem geflüchtet und vielfach von vielen hier ausgeraubt und immer wieder geschlagen.

Die junge Mutter aber entsetzte selbst die Grausamsten ihrer Räuber, gekommen, ihr das Letzte zu nehmen.

Lächelnd bat sie die Eindringlinge in ein Gemach – mit welken Blumen zum Gastmahl geschmückt –, den einzigen Sohn, ihren Säugling, den sie Stunden zuvor geopfert, im Mahle mit ihr zu teilen.

Kapitel 2
Der Auftrag

Von solcher Hölle innerhalb Jerusalems aber wußten wir nichts. Und hätten es doch zu ahnen vermocht, als man uns, jungen Brüdern im Herrn, den Auftrag gab.

Denn noch in Pella, jenseits des Jordan, wohin wir uns geflüchtet hatten, lebten wir mit den Unseren. Da wies uns der Älteste, hinaufzusteigen zur Heiligen Stadt und hineinzufinden in ihre belagerten Mauern.

Ein Traum aber hatte ihn Wochen zuvor ermutigt, Vorbereitungen zu treffen und schließlich den Auftrag zu geben. Nun war's an der Zeit.

Und er ermahnte uns vier – wie er im Traum, Wochen zuvor, ermahnt hatte vier junge Männer, denen er solchen Auftrag gegeben –, alles zu wagen, an den Belagerern vorbei und in die Jerusalem selbst zu gelangen.

Denn dort sollten wir sichern den einzigen Ort.

Sollten schützen die Stätte.

Sollten mit Leib und Leben bewahren das Grab des Grabzertrümmerers, des Beherrschers des Todes, unseres Herrn, des auferstandenen Christus.

Denn man fürchtete allgemein, daß die Römer, sobald sie eindringen würden, keinen Stein auf dem anderen ließen, dem Erdboden aber gleichmachen würden das Hohe, aufschütten das Niedere. Bis allhin übers Zernichtete Ödnis einkehrte, auch der Wind nicht mehr wüßte zu finden das Grab.

Nachdem wir aber erhalten hatten den Auftrag und uns willig erklärt und dazu bereit, berieten uns andere Brüder. Und sie erklärten uns, wie wir's anstellen sollten, uns schon kommenden Neumond von einer gewissen Stelle des Kidrontals aus in die belagerte Stadt schleusen zu lassen.

Bereits damals aber lagen die Hänge des Kidrontals voll Hungertoter. Von der Stadtmauer warf man sie ins Tal oder ließ ihre Leichen, umhüllt, an Seilen bis zum Fuße der Mauer herab.

Noch im Aufstieg aber, auf Jerusalem zu, kamen wir einem entgegen, der war geflohen und berichtete uns, römische Truppen seien bereits im Norden durch die letztgebaute der drei Stadtmauern gedrungen. Und die Belagerer seien dabei, zu bedrängen die mittlere Mauer und für sich zu verwüsten den Stadtteil, der liegt zwischen der dritten und der mittleren Mauer.

So sprach er und eilig stieg an uns vorbei, hinab auf Jericho zu. Und ließ uns entmutigt zurück.

Denn da war's, als seien wir schon ans Ende gelangt, verstellt das Ziel, und der Auftrag, zu sichern die Stätte, nicht auszuführen. Wußten wir doch, daß der Ort, den wir sichern sollten auf Zukunft, zwischen dritter und mittlerer Mauer liegt. Und also bereits verwüstet wäre, unerkennbar vielleicht, sicherlich aber unerreichbar für uns.

Da wollte umkehren einer der vier, so verstört und verzweifelt war der. Und ließ nicht mit sich reden. Blutrot, sagte er, erscheine ihm nun das Rot der Felsen der Steige, die wir stiegen hinauf. Und er sprach zu uns: »Zu lange hat gezögert der Älteste. Hätte uns früher aussenden sollen. Vergebens ist alles, nichtig war unser Vorhaben, eitel sein Traum. Denn zu sichern ist nichts hier.« Und er wollte zurück zu den Unseren, es so dort zu melden.

Die anderen aber sagten, sie hätten in Pella versprochen,

alles zu wagen. Und wollten nicht – schon gar nicht auf Nachrichten eines Hergelaufenen hin – zurückkehren, ohne sagen zu können: »Wir haben's selbst gesehn.« Etwa: »Das Grab liegt zerstört, aber wir kennen den Ort.« Oder gar: »Noch unzerstört liegt es, aufbewahrt.« Denn ob zerstört sei, wonach sie suchten, oder ob unversehrt der Ort, davon habe der Herbeigelaufene ihnen ja nicht gesprochen. Denn der sei von keinem ausgesandt, nach dem Grab zu suchen – eher aber zu versuchen die vier, aufzugeben Hoffnung und Auftrag.

Da stieg der vierte hinab und hatte aufgegeben die Hoffnung. Die anderen drei aber stiegen voran.

Als es uns nun, Tage nach dem Abschied aus Pella, gelungen war, bei Nacht durch den Ring der Römer und ins Tal der Toten selbst zu gelangen, mußten wir zunächst den Schwarzbach queren, den Kidron, eintauchen in ihn, auf dem manches Feuer römischer Wachen sich spiegelte, und ohne das Haupt zu erheben durch ihn hindurch ans andere Ufer kriechen.

Der Bach aber stank, sein Wasser biß in die Haut und drang wie Erbrochenes zwischen die Lippen, zwängte sich zwischen Schlitze geschlossener Augen und führte Fäulnis und Schmutz und Verunreinigung aller Art. Schwarz aber färbten den Bach auch Schlachtungsreste und Opferblut, die, wie wir später erfuhren, durch einen Schacht am Altar auf dem Tempelberg selbst bis hinab in die Tiefe des Tals und den Bach geschwemmt wurden.

Dann, bodennah, stahlen wir uns zwischen den abgeworfenen Leichen hangaufwärts an die Stadtmauer.

Und suchten in einem Bereich, den uns die Brüder genauer bezeichnet hatten, im Dunkeln am Fuße der Quader nach einer Stelle. Sie sollte ertastbar sein, kenntlich, jene Stelle am einzigen Stein. Der Stein aber ruhe, so sagten sie uns, auf Kniehöhe schon: um weniger als eine Handbreit aus der Fläche der Mauer herausgerückt.

Kurz vor Morgengrauen erst glaubten wir, mehr aus

Verzweiflung als mit völliger Sicherheit, tastend die bezeichnete Stelle gefunden zu haben.

Und legten uns wie Verendete nieder, nahe beim Stein.

Und lagen drei Tage vor ihm wie tot unter Toten.

Und aus Angst, von Bogenschützen gesehen zu werden, rührten uns nicht bei Tage, sondern lagen unbeweglich zwischen den Kadavern am Kidronhang. Und wagten nicht zu verscheuchen die Aasfresser, wenn sie mit Flügelschlag setzten von jenen herüber auf uns.

Und warteten zwei Nächte lang auf die Nacht.

Und flüsterten miteinander: wessen Hand denn zuerst ertastet habe den Stein? Und ob der sich geirrt haben könnte aus Ermüdung? Und ob er die Worte – aus Verzweiflung vielleicht, vor Anbruch des Tages nicht mehr fündig zu werden, sondern vom Bogenschützen gesichtet – zu rasch an die anderen weitergegeben, flüsternd: »Der Stein ist gefunden, hier ist die Stelle.«

Und flüsterten hin und her, ob die anderen beiden es unserem Finder nachgemacht hätten oder ob sie nicht, nämlich mit eigener Hand, noch bei Nacht, nachgeprüft hätten die Stelle, die jener so glücklich gefunden.

Und ob die anderen ebenso befunden hätten oder ob nicht: nämlich daß dieser Stein, ertastbar auf der Höhe des Knies, um weniger als eine Handbreit aus der Mauer hervorstünde.

Oder ob bei Nacht, vor Erschöpfung, dem Finder zu rasch zugestimmt worden sei, nicht aber nachgesucht mit der Hand, messend auf der Höhe des Knies und messend, nicht was wir unbedingt finden *wollten*, sondern was *wirklich* hier war.

Schließlich aber, ob es, hätte die Hand unseres Finders richtig gemessen, nicht noch weitere Steine geben könnte wie diesen, auf gleicher Höhe nämlich, linkshin oder rechtshin, und nicht nur den einen, vor dem wir nun lagen.

Und gegen unsere Zweifel noch, die nicht still wurden, auch als wir untereinander schwiegen, durchwarteten wir die Nacht, daß uns einer herabließe den Toten, wo wir lagen wie tot. Uns dann aber ließe das Seil.

Denn das endlich und einzig wäre uns Zeichen: hinaufzusteigen zu ihm.

Am zweiten Tag aber, da wir reglos lagen, kam ein Sandsturm, der hielt an durch die Nacht.

Und auch am Tage darauf vermochten wir kaum die Steine der Mauer vor uns zu sehen, so dicht zogen Staub und Sand über alles. Und der Sturm ließ nicht nach.

Da, in der dritten Nacht, kam der Tote herab.

Er stieß aber an einen von uns und verharrte quer über ihm.

Und auf dem er zu liegen kam quer, der zwängte sich hervor unterm Toten. Und kniete hin und griff durch den Sturm nach den anderen beiden, die hatten's gesehen.

Und wir lösten dem Toten die Seile und ließen ihn liegen an unsrer Stelle.

Und kletterten aufwärts am Seil.

Kaum aber hatten wir erklommen die Brüstung der Mauer, da fielen Wächter über uns her.

Und die Bewaffneten töteten Simeon, der uns von der Mauer das Seil hatte herabgelassen, und durchhieben das befestigte Seil.

Simeon aber, so hatten die Brüder in Pella versichert, sollte uns führen hin durch die Stadt bis an den Ort selbst des Grabs.

Denn damals sagten sie uns, der Ort sei versteckt, überbaut längst von anderem. Und nur wenige noch kennten das Ziel, an das Simeon führen werde.

Auch den Alexamenos aber, der als letzter von uns sich auf die Höhe der Mauer gezogen, schlugen die Wächter nieder, obschon wir sie anflehten, uns zu verschonen.

Aus Emmaus war er zu uns gekommen, aufgebrochen mit uns in Pella, zu erfüllen den Auftrag. Ihn aber prügelten sie fast zu Tode, raubten ihn aus und warfen ihn zurück von der Mauer.

Als sie aber aufrissen den Sack, den sie dem Alexamenos geraubt, und entdeckten darin die Nahrung, die er für uns alle bewahrt, fielen sie darüber her und zerstritten sich. .

So daß von uns vieren, die auf der Mauer waren zusammengetroffen, nur zwei mit dem Leben davonkamen.

Monoimus und Balthazar nämlich flüchteten sich, sobald die Wächter in Streit um die Beute gerieten.

Wir aber kannten uns nicht aus in der Stadt, durch die Simeon uns hätte führen sollen.

Und zogen bei Nacht, unterm Schutz noch des Sandsturms, durch fremde Gassen und wichen aus in die hintersten Winkel. Das aber aus Furcht, von Bandenpack, das wir streunen und plündern sahen, ergriffen zu werden und den Morgen nicht zu erleben.

Da wurde eine Magd auf uns aufmerksam.

Denn einmal, als sie erwachte bei Nacht, vernahm sie ein Flüstern vor ihrer Tür. Und glaubte, Einbrecher säßen davor.

Als sie aber an den flüsternden Stimmen hörte, daß es Verzweifelte sind, die trauern über den Tod ihrer Leute, den erschlagenen Simeon aus Jerusalem und den hingemordeten Alexamenos aus Emmaus, und erfuhr vom Entsetzen der Fremden über die Zustände in der Stadt, auch daß sie nun nicht mehr wüßten zu finden, wonach man sie ausgesandt, da erhob sie sich und ging hin und weckte leis ihren Bruder.

So öffnete sich uns draußen die Tür. Und zusammen mit ihrem Bruder ließ uns die Magd herein.

Und die beiden wußten nicht zu antworten auf unsere Fragen, wollten uns aber noch in der Nacht, hin durch den Sturm, zu einer Alten führen, die nannten sie Neith. Die wisse uns Antwort.

Und sie nahmen von uns die verunreinigten Kleider. Und wir reinigten uns, so gut es ging. Der Bruder aber brachte uns Kleidung, die gehörte seinem verstorbenen Herrn.

Da verfluchten wir den Schwarzbach, den Kidron, in den wir getaucht waren und der uns beschmutzt hatte mit Fäulnis und Schmutz und Verunreinigung aller Art. Und es war die Magd, die uns sagte, der Bach sei schwarz auch vom Blut des Opfers und von den Schlachtungsresten, die ein Schacht hinabführe vom Tempelaltar selbst bis in den Kidron. Daher sollten wir nicht verfluchen, was uns hatte beschmutzt. Denn das Verunreinigende sei Teil gewesen des Opfers, und ohne die Schlachtungsreste, von denen wir verunreinigt wurden, als wir krochen im Kidron, hätte kein Opfer stattfinden können.

Und wir verwunderten uns, daß die Magd uns so widersprach.

Da fragte sie, ob wir nicht wüßten von den sechzehn Psalmen Davids, die es nicht gäbe, wäre nicht, was uns verunreinigt habe im Kidron. Denn als David bauen ließ den großen Altar, da habe er angewiesen seine Arbeiter, tief zu graben den Abflußschacht, der führte vom Tempelaltar hinab in die Erde. So tief aber gruben den Schacht die Arbeiter Davids, so tief hatten sie senken wollen das Abgeführte, sechzehntausend Ellen tief, daß sie rührten an die verschlossenen Wasser der Tiefe, die wuchsen heraufgereizt und stießen gewaltig nach oben. Und die Wasser drängten aus den Tiefen herauf, zu fluten über die Menschen, die an sie gerührt, und zu vernichten die Erde. Da dichtete David und sang sechzehn Psalmen. Mit jedem gesungenen Psalm aber fielen die Wasser um eintausend Ellen zurück. Bis versiegt waren, in sich zurückgezogen, die Wasser der Tiefe.

So sprach zu uns die Magd.

Und ihr Bruder, als er uns reichte neue Kleidung, die seines Herrn, in die wir uns kleideten, fügte hinzu, ebenso furchtbar aber sei dieser Rückzug gewesen, das Versiegen der Wasser der Tiefe, als sie, unterm Singen eines jeden der Psalmen, immer tiefer versiegten, bis sie schließlich zurückgezogen verschwanden. Denn da ward entdeckt, daß die Erde verlor alle Feuchtigkeit, und nicht mehr genügte der himmlische Regen, fruchtbar zu machen das Feld. Da habe David gedichtet weitere fünfzehn Psalmen und sie gesungen. Und sobald er abschloß die Worte und sang den ersten der Psalme, da schlossen sich auf die Wasser der Tiefe und stiegen an um eintausend Ellen. Und stiegen heraufgerufen, mit jedem gesungenen Psalm, bis sie stillstanden eintausend Ellen unter den Äckern der Erde. Da dankte David dem Herrn, der uns fruchtbar behält die Erde, weil Er dem Abgrund – das sind die Wasser der Tiefe – nicht auszuweichen erlaubt hinabwärts, nicht um ein Jota, und nicht über das Maß heraufzusteigen erlaubt, nicht um ein Jota über das Maß.

Und beide, Bruder und Magd, sagten uns, so aber wäre es nicht gekommen, und keiner der Psalmen wäre je entdeckt und gedichtet noch je von einem gesungen, noch je von einem wiedergelesen, wiedergesprochen im Sang, wenn das Verunreinigende, das man loswerden wollte, nicht wäre. Und darum auch seien die vorsichtig, die es verfluchten. Morgen schon kehre's als Segen.

Die Worte aber, die wir gehört, beruhigten uns, wir hätten nicht zu sagen gewußt, warum. So daß wir Kraft genug fanden, in der Nacht abermals aufzubrechen mit ihnen zur Hütte der Alten. Und die Magd und ihr Bruder gaben uns Geleit durch die sandsturmverhangene Stadt, wir hätten nicht zu sagen gewußt, wohin. Und sie führten uns zur Hütte der Alten, die nannten sie Neith.

Und wir bückten uns und gingen hinein. Und die Magd hieß uns warten. Ihr Bruder aber setzte sich neben den Eingang der Hütte.

Kapitel 3

Der Mensch

Nach einiger Zeit trat die Alte hinter einem zerschlissenen Tuch hervor, das ihre Hütte teilte.

Und als erstes verbot sie uns, Feuer zu entzünden.

Allerdings, wir Erschöpften durften uns setzen.

Bruder und Schwester aber hielten Wache beim Eingang, halb nach außen, halb nach innen gewandt.

Da erklärten wir nochmals, zu welchem Zweck wir gekommen.

Neith aber sagte, vom Grabe Jesu könne sie uns noch nichts Genaueres sagen. Vom Golgotha jedoch, dem Felsen nahe der mittleren Mauer, wo man früher Verbrecher gekreuzigt, sei heute noch genug zu erkennen. Sollte der Staub des Sturms sich morgen legen, bedürfe es nicht, daß sie führt. Vom Dach des Nachbarhauses aus werde sie auf ihn deuten.

Da wollten wir uns hinlegen und ruhen in einem Winkel der Hütte auf morgen.

Neith aber sprach:

»Den wollt ihr nicht, den ihr sucht und für den ihr glaubt, euer Leben gewagt zu haben. Denn das Seil hätte euch nicht zu *mir* heraufgezogen, nicht durch die Gassen hinüber zu Neith.

Sondern eure Brüder hätten überlebt, und ihr säßt jetzt bei dem, zu dem Simeon euch führen wollte, am Ziel. Denn bei mir seid ihr nicht am Ziel, auf dem Weg aber. Wie einer, den ich einst kannte, der war auf dem Weg. Seinethalben seid ihr bei mir.«

Da antworteten wir: »Wen meinst du?«

Und Neith sah uns an und sprach: »Ich kenne einen Menschen.«

Da fragten wir abermals: »Wer ist es?«

Neith sprach: »Ich kenne einen Menschen, dessentwegen Himmel und Erde geworden sind.«

Wir sagten nichts mehr, lauschten ihr aber. Denn wir dachten bei uns: Sie meint unseren Herrn.

Und nochmals sagte Neith – denn sie las in unseren Gesichtern, daß wir viele Geheimnisse zu kennen glaubten, auch dieses, denn gemeint sei ihr Herr und unsrer – und sprach zu uns:

»Nicht den. Sondern den, der einst Herr eures Herrn war. Den meine ich. Ich rede vom Vater Jesu, rede von Joseph. Vor siebenundsiebzig Jahren ward derselbe entrückt ins Paradies und hörte unaussprechliche Worte.«

Und Neith sprach, da wir schwiegen: »Wollt ihr sie suchen, zu hören?«

Kapitel 4

Der Nazoräer

Und wir antworteten: »Was wurde ihm gesagt, dem Joseph – und warum ins Paradies entrückt der?«

Da antwortete Neith: »Ihr sprecht, als hätte einer, von dem ihr nichts wißt, dort nichts zu suchen, schon gar nichts zu hören.«

Und Balthazar sprach: »Auch unsere Brüder in Pella, jenseits des Jordan, woher wir gekommen, wissen von Joseph nur, daß er gestorben sein soll, als unser Herr noch jung bei den Seinen, den Nazoräern in Nazaret, lebte. Weiter wüßte ich nichts. Du aber sagst, Himmel und Erde seien geworden – seinethalben?

Neith sprach: »Wie sagt man aber in Nazaret? Liegt Joseph auch dort begraben?«

Da antwortete Balthazar: »Das nehme ich an. Würdig, in Frieden, wie sich's gehört, wurd er bestattet. Noch zur Seite saß ihm der Sohn am Totenbett, hielt seine Hand bis zum letzten.«

Monoimus aber sprach: »Allerdings, Balthazar, mir sagte einer – es war einer von uns, der Galiläer aus Gat-hefer, der uns im Vorjahr besuchte, und er sagte's mir insgeheim, unruhig darüber –, daß jener Joseph nicht wirklich Vater, nur Ziehvater gewesen sein soll unseres Herrn. Auch wußte er von Nazoräern, daß Joseph nicht friedlich, sondern gewaltsamen Todes gestorben. Angegriffen wurde Joseph des

Nachts, als man außerhalb lagerte und alles schlief. Joseph aber habe nicht vermocht sich zu wehren und war noch im Schlaf von wilden Tieren zerrissen.«

Balthazar antwortete: »Gehört hab ich das auch – und auch von ihm, dem Bruder aus Gat-Hefer, der's mir ebenfalls insgeheim, mit großer Unruhe, erzählte, als käme nur mir zu, was er zu flüstern hatte. Nun aber, glaub ich's?«

Da sprach Neith: »Nicht glauben sollt ihr, sondern erfahren. Wenn ihr mich hören wollt.«

Und zum zweiten Mal sprachen wir, ihre Besucher, als hätten wir, so erschöpft, längst vergessen, wovon noch vor kurzem die Rede war:

»Was ist es, von dem du sprichst?«

Kapitel 5
Der Garten

Und Neith gab uns zur Antwort:

»Ich kenne einen Menschen, dessentwegen Himmel und Erde geworden sind. Der hieß Joseph. Er war aber noch nicht Vater des Jesus, eures Herrn. Ausersehen war er, das heißt aber: geschaut im Gedanken Gottes von Anfang. Sieben und siebzig Jahre, bevor euch das Seil zu mir zog, ward derselbe vom Wege entrückt ins Paradies und sah unaussprechliche Worte.

Es geschah noch vor Sonnenuntergang, auf der Wegstunde nach Nazaret.

Joseph kam von der Arbeit aus Sepphoris, der galiläischen Stadt, und schritt auf gewohntem Wege hinabwärts, der Ebene zu, gen Nazaret.

Da streift er auch an der Steinmauer vorbei, die am Rande des Weges ragt. Die umschloß, hoch angelegt, Landhaus und Garten eines römischen Herrn.

Und wie er entlanggeht, kommt ihn seitlich an: Hitze des

sonnengewärmten Gesteins, das gehäuft war zur Mauer. Und es schien Joseph, als sei vom Mahle zu riechen, hin durch die Ritzen der Steine, als habe man eben noch Fladen gebacken auf ihnen. Und ihn hungerte, obschon er kaum hungrig gewesen.

Da hört er von hinter ihm kommen über ihn her ein Rauschen, mächtigen Flügelschlag.

Und ward überschattet.

Und hebt auf die Augen und sieht erschrocken den Vogel mit prächtigen Schwingen, der über ihn hin jenseits der Mauer ins Geäst eines Baums fliegt, nicht mehr zu sehen, aber mächtig dort landend, daß bis hinaufhin die Kronblätter zittern des Baums.

Da will Joseph die Mauer erklimmen und setzt den Fuß auf das heiße Gestein.

Leise, vorsichtig steigt er, will nochmals sehen den Vogel, ihn betrachten im Baum. Denn ihm war, als blickten und blinkten im Flug die Federn der Schwingen voll farbiger Augen nach ihm. Und hinaufsteigend, siebenmal sucht er Halt und findet hinauf.

Und Joseph blickt über die Mauer in einen breiten Garten. Wohlbewässert und blühend war der, um den Baum in der Mitte gelegt, dessen äußerste Zweige das Dach noch des Landhauses streiften.

Und zu Joseph betrachtend stieg auf die Ruhe des Gartens. Und sie war wundersam.

Denn sie stieg hinauf zu ihm und legte sich an ihn dort auf die Höhe der Mauer und strich ihm über die Augen, als sei er Kind wieder und habe hier Anfang und als habe mit seinem Anfang hier alles Anfang genommen. Und sie strich ihm über die Augen und menschwärts, friedlich und weich wie Teig, wärmte das Kissen der Steine der Mauer.

Und so begann es mit ihm aus dem Stein. Aus der Hitze des Steins, in der sich eingerollt aufhob der Anfang, begann es mit ihm.

Und er hörte und sah: Bewegung im Laub jenes Baums.

Da erwachten in ihm die gefiederten Augen des prächtigen Vogels, die er zu sehen hinaufgestiegen.

Und er, Joseph, reckte linkshin den Körper gebannt, daß er beim Erscheinen sehe den Vogel und sich ersehe nochmals die Augenpracht. Denn er wünschte sich heimlich und es hungerte Joseph: wiedergesehen zu werden von ihr.

Da aber, sicheren Halt vernachlässigend, rutscht er ab, stürzt von der Mauer.

Und er fällt in den Staub der Straße. Richtet sich auf, noch ist er unverletzt.

Ohne es zu bedenken, klettert er nochmals nach oben. Setzt den Fuß vorsichtiger jetzt, setzt ihn, um ein weniges verschoben, nach links.

Und hinauf, vorsichtig um sicheren Halt, setzt er neunmal den Fuß auf die steinernen Sprossen und kommt nochmals nach oben.

Da liegt der Garten, da stehen Landhaus und Baum. Um ein weniges nur sieht verschoben er sie, Garten und Landhaus und Baum. Und doch, von der neuen Warte aus, scheint ihm alles verändert.

Und Joseph hört aus der Richtung des Baums: Wassergeräusch. Als schöpfe dort eine im Rücken des Baums.

Und jetzt, nicht wie vorhin sieht er den Baum.

Sondern erkennt einen Menschen, einen Ägypter, der, mit dem Rücken zu Joseph, wie reife Frucht daran hängt.

Aber nicht sich klammernd am Ast hängt der, sondern blutig an Schultern, an Rücken und Beinen hängt er, daß seine Fingerspitzen nicht erreichen den Querast, darunter er hängt.

Lederne Riemen umfesseln das Gelenk beider Hände, und wie windgeschoben – aber bei Stille des Winds –, leicht hin und leicht her schwingt der Schwere. Daß der Ast unterm Wiegedruck tönt solcher Last, und die rotbetunkten Halme zu Erden, daß sie hinweichen vor ihm und her, dessen Fußspitzen sie nicht berühren.

Da bricht aus dem Schatten hinterm ägyptischen Sklaven einer hervor.

Erschrocken duckt sich Joseph hinab, sieht aber noch, sieht noch hinüber.

Es ist der Aufseher der Hausknechte. Der kommt mit dem Wasser, das er soeben geschöpft, schüttet's hinaufwärts heraus, daß es
klatschend antrifft
auf Schultern und Nacken des
Hängenden.
So daß es herabrinnt, eilig
sich mischend in Wundstreif,
schnittief hier rennend, dort
kreuzend zerfetzte Bahn,
durchlösend querhin und
schräghin,
daß es rotsämig wässert die
Halme zu Erden,
erwacht
der Ohnmächtige.
Kaum regen sich wieder die Finger überm Strang der Gelenkriemen, wirft der Aufseher den Kübel, daß er ausrollt beiseit, an der gabligen Wurzel des Baums sich verfängt.

Da einpeitscht der Aufseher von neuem auf den Ägypter.

Und der es sieht, Joseph, sieht weg, will hinabsteigen, spricht bei sich: ›Wem sehe ich zu? Gott sei mein Zeuge: Weiß ich, was hier geschieht? Daran gerührt hab ich nicht. Und also, was ginge's mich an?‹

Wie gebunden verharrt er, verharren die Hände Josephs am Steinmauerrand, als sein Fuß sich den Halt hinabwärts zu steigen schon sucht.

Da hört er Stimmengeschnatter, Frauengelächter – sieht hin.

Von hinter dem Aufseher, aus dem Eingang der Küche des Hauses kam's her. Aber niemand zu sehen, denn die

Mägde beobachteten sicher im Schatten, und keine wagte's heraus an den Baum. Rief aber eine dem Aufseher zu:

›Jetzt tu, wie du uns versprochen!‹

Da zieht der Aufseher, dessen Schläge den Sklaven wieder angeschoben hatten, die Peitsche ein. Wischt sich die Stirn, steckt die Riemen in seinen Gurt. Er wendet sich um, geht los, am Haus dort entlang, und verschwindet hinein durch die ferne Tür.

Stille des Gartens.

Nur das leise Tönen des Asts unterm Schwingen der Last.

Und bei sich sprach Joseph:

›Genug. Was dich nichts anging, ist nun vorüber. Genug jetzt. Steig hinab, längst ist es Zeit.‹

Da, beim letzten Blick auf den Baum, im Abstieg begriffen schon, bemerkt er, nur ellenhoch über dem Hängenden: blinkend Bewegung. Sieht eine, die langsam, streifend-gleitend hinabwärts sich zieht.

Wie vom blind sich regenden Finger des Sklaven gelockt, aus dem Dunkel des Kronlaubs herabgerufen, rückt und preßt die Schlange den Stamm auf den Hängenden zu.

Stille des Gartens.

Still auch die Last.

Da überkommt's Joseph, er will den Mann retten, bevor ihn die Schlange noch beißt.

Und er wagt's, muß doch, springt hinab in den Garten, trifft auf, hastend rennt hin auf den Hängenden zu.

Und im Rennen noch zieht seine Rechte ihm unterm Handwerkszeug aus der Leinentasche hervor das Beil.

Und der Ägypter: Jetzt blickt sein Auge her auf den atemlos ihm zur Seite Kommenden, durchbohrt Joseph belastend, als sage es:

›Du willst mich schlachten.‹

Und Joseph erschrickt vor ihm, denkt: Für seinen Peiniger hält mich der, den ich losschneiden will.

Und kommt daher nicht hinter, sondern vor ihn zu stehen, ihm unter die Augen. Und sah hinauf zu den Augen, hastig, doch wünschend, die Todesangst wiche aus ihnen, daß der Mann sich beim Zuschlagen nicht sträube.

Josephs Beil aber, das er hinaufreckt, reicht nicht an die Riemen, nicht sie im Schlag zu zertrennen.

Da bemerkt Joseph den hingeworfenen Kübel, den die Gabel der Wurzeln gehalten.

Als er nun zugreift, ihn umkehrt und zurück unter die Augen des Ägypters hinstellt, darauf steigt und jetzt steht, die Fesseln am Ast zu durchhauen: da blickt er hinauf.

Die Schlange zu sehen, wie nah sie gekommen.

Im Aufblick aber wird er gehalten. Erkennt durch den Spalt zwischen Arm und Kopf des Gehängten: den Aufseher.

Der schon rennt auf ihn zu.

Joseph schießt die Angst in die Knie, halb rutscht, halb tritt er vom Kübel, weicht hinterm Ägypter hervor, an ihn stoßend, taumelnd, plötzlich erschöpft, wie angesteckt vom zu Tode Erschöpften.

Der Aufseher aber, ein Messer zum Häuten im Griff, stürzt zu auf Joseph.

Joseph stolpert, er fällt schon – fängt sich knapp vor dem Boden. Entkommt so dem Riß des Messers.

Da fährt Joseph auf mit der Schneide des Beils.

Rechtshin weicht der Aufseher aus.

Die Beilschneide, seitlich verfehlt sie ihn noch – denn rasch wendet der Aufseher den Kopf –, behaucht nur im Fluge die Ader am Hals.

Bricht aber von vorn in die Kehle ein.

Und bleibt stecken in ihr.

Unverrückbar.

Augenblicklang.

Bis der Aufseher sinkt, sich klammernd an Joseph zu halten sucht, das Beil in der Kehle.

Joseph zieht es zurück.

Da fällt der Mann vollends zu Boden. Umhält lautlos, offenen Munds, mit beiden Händen den Hals.

Still stehend, Herz-
Schläge lang
hört Joseph ein Pochen
im Garten.
Wie um Einlaß schlägt es
kehlfarben dumpf
von überall her.
Da, in brennendem Stoß
Bricht's herein, dringt
hinauf bis ans
Ohr. Anklatscht
der Schrei der Mägde,
an ihn schallt von der Küche her.
Davoneilen hört er sie, fliehen vor ihm, tiefer und tiefer
dringen ins Haus.

Erneut packt ihn Furcht, daß er all die Zeit stillgestanden
und wie lange schon stand, entsetzt über sein Tun, die Tat,
wie betrunken.

Da, ins Windstille, kommt Wind. Leicht erst bauscht er,
verschiebt und hebt an den Vorhang zur Küche.

Joseph sieht, so entdeckt: Frauenfüße im Halbschatten
stehen.

Höher hebt der Wind da den Vorhang.

Angewurzelt wie er: steht sie. Ist eine Schwangere, eine
Ägypterin, hält den Rücken zur Wand gepreßt.

Und pochend stößt der Wind augenblicklang ins Tuch,
dahinter sie steht, breitet es fahnengleich vor ihr aus.

Da dreht Joseph sich um, zum Sklaven hinüber, und erkennt, auf den Hängenden zu, daß jeder Schritt schon zu
spät kommt.

Die Schlange hat dem Sklaven am Auge vorbei ins Ge-
nick gebissen, kriecht stammaufwärts ins Dunkel zurück.

Aber Joseph sieht Leben noch, noch Leben in ihm, der da
hängt.

Und mit verdoppelten Kräften – jetzt steigt er, jetzt steht
er vorm Hängenden – schlägt ihm die Fesseln los.

Und als sein Beil die linke Fessel aufplatzen läßt, Joseph ihn abnehmen will vom Baum, beidarmig den Sklaven umfaßt, kommt über ihn Schatten.

Und mächtig – er hört's, sieht hinauf – facht ihn an: Schwingenschlag Vogels, der über ihm schwebt.

Und blicklang, bevor sie sich hebt, sieht Joseph die Augenpracht.

Da senkt, gesehen, Joseph den Blick. Fühlt das Treiben schwingengetriebener Luft, als sprächen unaussprechliche Worte.

Hört Aufflug, Davonfliegen schon.

Und zu ihm heraus eilt eine, die ihn zu sich reißt, Joseph in die Hocke beugt. Daß er schultere den Herabgenommenen.

Es sind die nackten Füße der Schwangeren, die Joseph erkennt. Ihre Fersen, umquillt, dringen ein in den Schmutz roter Halme zu Erden.

Denn keuchend müht sich die Magd, stemmt keuchend rückwärts sich, um von Josephs Stirn her – an die ihr Bauch zweimal stößt – rückwärts sich mühend mit entschlossenen Händen die Arme des Sklaven über Josephs Schultern zu ziehen.

Dann schlägt sie ein Seil um beide, knotet's auf Josephs Brust, führt seine Hände stützend unter die blutigen Schenkel der Last, preßt sie hin noch, als sage sie: ›Auf, trag es!‹, und schlägt stumm dem Gebeugten mit der Hand an die Hüfte: ›Steh auf nun!‹

Zur Mauer floh Joseph, trug den Sklaven, wie man ein Kind auf dem Rücken trägt.

Kurz vor den Büschen sieht er den kriechenden Körper des Aufsehers, der sich vom Baum weg ins hohe Gras zieht.

Überschreitet ihn und sieht nicht zurück.

Kapitel 6
Die Flucht

Später, kaum setzt Joseph Fuß auf die Straße, weiß er nicht mehr, wie er dem Garten entkam.

War er zurück auf die Mauer geklettert, den Sklaven nachzuziehen am Seil? Oder gar durch ein Tor, eine versteckte Tür getreten?

War ihm die ägyptische Magd vorausgegangen, hatte Richtung gewiesen?

Er weiß nur, hier ist nicht Weitergehen, auch wenn es schon dunkelt: Ich muß vom Weg ab, um andere, die mich sehen könnten, zu meiden.

Einmal rastet er, ohne abzubinden die Last. Da fühlt seine Hand am Felsen die Nässe des Bluts, das der Sklave verliert: Spur den Verfolgern, die nachts Fackeln trügen, Spur jedem, der nachkäme bei Tag.

Da legt Joseph ihn ab am Felsen und bindet los sich die Last, erschöpft, zornig mit sich und verzweifelt. Er verflucht sein Eingreifen, das nicht die Folgen bedachte. Erwägt, ob er den Ägypter nicht hier, wo er ihn abgesetzt und in den Felsen gelehnt hatte, sich selbst überlassen sollte. Und geht erschöpft ein paar Schritte abseits. Was hab ich mit ihm zu schaffen?

Durch die Dunkelheit her hört er ihn frieren, den Ägypter, den er abgesetzt hatte, dort, in den Felsen gelehnt.

Da geht er hin, abstreifend den Mantel, beugt den Sklaven zu sich, legt ihm um das Gewand.

Der Stoff aber nimmt auf das Blut, bemerkt Joseph, so daß es sich im Gewebe verfängt, die Spur sich verringert, erlöschen könnte.

Da wendet sich Joseph, tritt rückwärts heran an den Sklaven und nimmt nochmals den am Leib Zitternden auf, wirft und bindet das Seil auch, nur fester noch als zuvor, als wolle er ausglätten das Zittern, das sich beruhigen sollte, festgezogen am Rücken des Joseph. Und schritt weiter abseits, auf Umwegen, Nazaret zu.

Und wieder, einen Hügel empor, erschöpft Joseph sich so, daß er halten muß, sich zu stützen.

Diesmal, vornübergebeugt, ohne aufzutrennen das Seil, denkt er ängstlich ans Ziel, das er spät zu erreichen sucht: Ich gefährde meine Liebste, setze Sippe und Dorf in höchste Gefahr, wenn sie doch Spur finden oder mich hinführen vor Zeugen, die alles gesehen. Kreuzigen werden sie, nach ihrem Gesetz, den flüchtigen Sklaven. Werden kreuzigen, wer ihm zur Flucht verhalf. Und fordern den Tod eines Nächsten für den, den ich totschlug, um mit dem Sklaven zu fliehen.

Joseph nämlich glaubte den Aufseher an der Wunde verblutet.

Bin ich nicht schon gekreuzigt an dieser Last, die man mir aufgebunden, denkt Joseph und will, als er den Weg dennoch fortsetzt, nach einigen Schritten wieder halten, den Ägypter liegenzulassen.

Denn er fühlte auch, daß sich am Rücken beruhigt hatte, den er da trug. Fühlte es so beim Anhalten noch.

Weil aber der Sklave ruhiger zu atmen schien, vielleicht schlief, kamen andere Gedanken hinzu, die retteten ihn, diesen Ägypter.

Denn Joseph war stehengeblieben, die Last endgültig abzulegen und zu verlassen, als der ruhigere Atem jenes, vielleicht sein Schlaf, Joseph an andere Zeit erinnerte und ans andere Rückentragen.

Da ging er weiter und tat's in Erinnerung tragend.

Kapitel 7
Die Schlafende

Denn nicht lange vor dieser Zeit war Joseph in der Gegend um Nazaret mit einer Tracht unterwegs, Holz, das er gesammelt. Da sah er fern, beim morschen Baum am Fuße der Hügel, einen blauen Flecken im welken Gras.

Als sei dort Wasser, über das der Wind hinzog, hell es hie und da kräuselnd.

Und rätselhaft war ihm, wie er die Wasserstelle nie zuvor bemerkt. Da ging er hin, zu trinken und nachzusehen, warum das übrige Land das Wasser nicht annahm, nicht erblühte im Umkreis.

Als er aber herantritt, erkennt Joseph das Wasser, daß es leichtgewobenes Tuch ist, blau gefärbt und frisch zum Trocknen gebreitet, so daß, hie und da kräuselnd, Strähnen Winds hinstrichen auch über die zierend ins Blau eingewebten bleichweißen Sterne, wie über lebendiges Wasser.

An der Ecke aber des Tuchs, Joseph gegenüber, lag seltsam, im Schlafe verquer, eine junge Frau hingeworfen, ihr rechtes Bein von der Erde verschluckt.

Aber nicht im Schlafe, sondern – sah Joseph – ohnmächtig lag sie, eingebrochen in eine alte Zisterne mit ihrem Bein.

Er wollte sie wecken und kniete hin über sie und berührte sie an den Schultern. Halb wach geworden aber wußte sie nicht, wo sie ist, nicht, wer sie ist, erkannte auch nicht den Nazoräer aus dem eigenen Dorf.

Da ruft Joseph sie: »Maria!«

Und sie kam vollends zu sich und erkannte den auch, der ihr aufstehen half, den Nazoräer aus ihrem Dorf.

Beim ersten Schritt aber schon schrie sie vor Schmerz, konnte auf dem Bein, mit dem sie eingebrochen, nicht weiter, sondern hielt sich an Joseph, humpelnd, den Fuß angezogen nach hinten, den Boden nicht zu berühren.

Da legte Joseph das Bündel, das er auf dem Rücken trug, zu Boden und bot an, Maria statt dessen zu tragen.

Und sie nahm es an, bat ihn, ihr Tuch zu ziehen vom Boden, es über den Rücken zu breiten des Mannes, daß sie es nicht verlöre, und stieg auf das Tuch.

Da war es die Rückengetragene, an die Joseph Erinnerung trug, als er zu retten trug jenen Sklaven.

Und Zeitlang war ebenso dieser Schwere nicht schwer, sondern leicht wie ein Mädchen und nah wie die junge Frau selbst, nah wie ihr Atem gewesen an seiner Schulter. Unruhig nah war der einst, Joseph erinnerte sich, unruhig nah überm Träger, dann aber verruhend, leiser und seltner beim Tragen, wie im Schlaf vor Erschöpfung.

Als er sie aber zum zweiten Mal weckte, zum zweiten Mal sie mit Namen rief, war es kurz vor dem Dorf. Da hatte noch niemand in Nazaret, auch nicht ihre Eltern und Brüder, gesehen, die schlief auf dem Rücken des Trägers. Und als sie wach wurde, dankbar, daß er sie nochmals zu sich gerufen, wußte er, wußte er's schon. Was wußte er? Denn er hielt. Aber nicht um zu fragen, wohin er nun gehen solle und wo das Haus ihrer Eltern stehe. Denn das wußte er längst, als er hielt. Nein, er hielt an im Moment, da er wußte: Anhalten will ich um sie, die mir traut und die ich gerne getragen. Denn da wußte er, daß er, würde ihr Name gerufen zum dritten Mal, sich ihr verbinden und in Verlobung der Mann Marias sein wollte.

Und so geschah's, in den Tagen darauf, nach jüdischem Gesetz.

Kapitel 8
Die Halme

So daß Joseph, in Erinnerung tragend, hin durch die Nacht auch ihn leichter trug, jenen Sklaven. Und wann immer die Kraft auf dem Weg ihm versagte, Joseph nicht wußte, wohin er im Dunkeln ging, auch nicht, wo er den Sklaven sollte verstecken und wie sich einstellen auf die Gefahr, daß Verfolger ihm nachkämen, mit Zeugen, die ihn im Garten gesehen, mit Hunden, die weither Blut an ihm röchen vom Blut der Fährte im Garten; wann immer so Furcht und Gedankenbedrängnis den Atem ihm schnitten, verband es Erinnerung: Immer dann kam sie und führte ihn und setzte heilend in ihn ihr Bild.

Daß sich lösten Furcht und Gedankenbedrängnis und hertrat das Bild vom Tag, nachdem er Maria getragen.

Am Tage darauf nämlich ging er nochmals zurück, ging, die Tracht Holz aufzunehmen, die er abgelegt hatte an jenem Ort.

Und hinkommend, geht er schon anders zu auf die Stelle. Denn er sah nicht mehr das welke Gras, sah nur, darin geprägt, Abdruck der Kostbaren. Auch das Viereck, darauf sie ihr gewobenes Wasser gebreitet, war ihm noch deutbar. Und wie kostbar zertreten die Stelle, auf der sie bewußtlos gelegen, erwacht war, geweckt. Die beugte er sich hinab zu berühren. Und zuletzt zu berühren, vorbei am Zisternenmund, auch die Spur der Halme am Boden, wo sie verletzt das Tuch über ihn breitete, er sie auf sich genommen.

Da war's ihm, als ginge er bereits einzig für sie durch die Welt, als sei er ihrethalben zurückgekehrt an den Ort, das Liegengelassene aufzuheben, es neu in ihr zu errichten. Seitdem war er nicht mehr derselbe.

Kapitel 9
Die Zisterne

Unter solchen Gedanken gelangte Joseph nun nachts, den Sklaven immer auf seinem Rücken, an eben die Stelle, an die ihn auch die Erinnerung geführt.

Und er erkannte den Ort und fand die alte Zisterne, die er, das morsche Holz mit neuem vertauschend, sichernd bedeckt hatte damals.

Und Joseph stieg hinab und nahm Zweige und dürres Gras und richtete auf dem vertrockneten Grund der Zisterne ein Lager und legte den Schwerverwundeten darauf, der im Fieber halb wachte, halb schlief. So daß Joseph nicht mit ihm reden konnte und nicht wußte, ob der verstand, was Joseph ihm sagte, oder es, wie man spricht: mit in den Traum nahm.

In den Traum, wo das Wort – wie wir ja wissen, wie ihr alle nachtnächtlich erfahrt – Welten anstößt, Himmel, Berge, Flüsse, Lichter ausrollen läßt und aus den Finsternissen Menschen herausruft, wie Erstes Wort einst Ersten Tag.

Da sprach Joseph zum Sklaven, von dem er nicht wußte, ob er die Worte doch hörte:

»Liege hier ruhig. Steige nicht nach oben zurück, denn dein römischer Herr wird suchen lassen nach dir. Diesen Ort aber wird man nicht finden. Außer mir und meiner Verlobten kennt keiner mehr ihn.

Fürchte dich nicht. Denn zu essen und trinken will ich dir bringen, sehen lassen nach deinen Wunden bei Tag.

Nur wisse, ich werde's nicht sein, der dir kommt. Meiner Frau aber will ich dich aus der Not anvertrauen. Ich selbst muß wohl fliehen, daß nicht Schlimmeres auf andere kommt.

Das Wort aber soll dich schützen und mich, dich wieder erstarken lassen und mich. So wollen wir beide überdauern.«

Da legte Joseph beiseits, dem Ägypter zu Häupten, das Seil, das ihn an ihn gebunden, stieg zurück und deckte die Stelle, daß sie niemand bemerke.

Kapitel 10
Die Hütte der Witwe

Als alles schlief, schlich Joseph hinab ins Dorf.

In seinem Haus entzündet er kein Licht, sondern im Dunkel zieht aus das Oberkleid, das er bisher getragen, dessen Rücken war schwer und verklebt von Blut.

Und wäscht leise die Haut sich des Rückens, reinigt die Hände mit Wasser aus dem Krug dort am Herd.

Und zieht an ein Gewand, das hatte Maria gewoben, geschenkt dem Verlobten, nur Tage war's her.

Und das alte, das er getragen, als er sie bei der Zisterne geweckt, das rollt er in Lumpen, steckt's ein.

Rüstet ängstlich zur Flucht. Spuren verlöschend verläßt wie ein Dieb er das eigene Haus.

Und wartend, bis das Bellen der Hunde verstummt, stiehlt er sich ein ins Haus der Maria.

Und setzt leis und setzt langsam die Schritte vorbei an den Schlafenden, ihren Eltern und Brüdern. Und Vorsicht, keinen zu wecken, zwingt Joseph – hin auf Maria zu, die dort schlief –, nach jedem gesetzten Schritt zu verharren im Schritt, den Fuß noch hinterm Kopfe des einen, im Überschritt aber bereits am Rücken stehend des andern.

Verweilend so zwischen den Schritten und den nah beieinander Schlafenden, die eng beschliefen den Raum. Und da er gezwungen verweilt, auf Maria zu, den nächsten Schritt hin über den nächsten zu tun, bedacht, ihn wohin zu setzen, dringt Wehmut in ihn.

Denn er sieht doch, an wem er vorbeigeht, sieht, die ihn mochten und die ihm verbunden Familie schon waren. Die er verläßt, sieht er da. Und wer weiß, auf wie lang?

Und hält wieder im Schritt.

Und sieht über zweie von ihnen, Brüder der Frau, fallen den eigenen Schatten. Neidvoll blickt er hinab auf die friedlich Schlafenden. Denn sie wohnt unter ihnen.

Und im letzten Schritt, Schritt hin über den letzten, stieß sein Kopf an einen Rosinensack und an einen Sack Linsen, die hingen von der Decke.

Und aus beiden Säcken fiel's leise herab, und er fing es auf mit Händen und duckte sich durch unter ihnen.

Da war er angekommen bei ihr, denn bis an sie reichte sein Schritt.

Sacht legt er, was herabgefallen, ins Tuch ihr, und legt sacht ihr die Hand auf den Mund.

Weckt sie flüsternd: ›Maria.‹

Dann zog er sie mit, zog sie hinaus.

Da war, unweit Marias Haus, am Weg eine Hütte, Wohnstatt einer Witwe, die war vor Tagen verstorben. Dort hinein zog er sie, von niemand gesehen zu werden.

Und sprachen einander flüsternd nur dort. Und Joseph vertraute ihr an, was geschehen, und warnte sie vor den Verfolgern, die nach ihm und dem Flüchtigen suchen würden.

Und trug ihr auf, daß sie nach seiner Flucht den Versteckten versorge mit täglichem Brot und Wasser. Und mit Öl und Wein seine Wunden.

›Niemand darf's sehen und achte, daß keiner dir nachkommt.‹

Und als er ihr, die über das Geschehene erschrak und um ihn in Angst geraten war, das Versteck bezeichnete, jene Zisterne, die ihm die Erinnerung an Maria noch in der Nacht gewählt und gewiesen – denn Joseph sprach: ›War ich ratlos nicht hingeführt worden von *dir*, von deinem Bild nämlich, zum gemeinsamen Anfang zurück?‹ –, da sah Maria sich bei der Zisterne mit Joseph und erinnerte, zurückgeführt ebenso. Der Ort aber war ihr heilig, wo er sie weckte, und zu behüten das Schicksal, das dort aufbewahrt lag.

Und sie wurde gefaßter, als sie sah, daß ihr Bild ihn geführt hatte, und nahm es als ihren Teil am Geschehenen.

Da sprach Joseph ihr zuflüsternd: ›Zurückkehren werd ich zu dir und weiß, daß die Gefahr vorüber ist, sobald Gott mir Sein Zeichen gibt.‹

Sie wußte aber, daß dem Joseph Zeichen waren die Träume, die ihm nachts träumten und von denen er ihr manchmal erzählte. Maria aber verstand sich nicht auf Träume und sprach deshalb:

›Womit du mich betraut hast im Heimlichen, das will ich tun. Falls nun aber der Traum und sein Zeichen dir ausbleiben und du ausbleibst zu lang, will ich dir *mein* Zeichen senden, wenn ich nämlich keine Gefahr mehr sehe und du mir zurückkommen sollst.‹

Und sie zeigte ihm einen Streifenrest jenes Tuchs, des blaugefärbten, der übrig geblieben war und noch ungefärbt.

›Den‹, sprach sie, ›send ich dir nach, wenn du nichts mehr zu fürchten hast. Färb ich ihn aber, halte dich Nazaret fern.‹

Und weil sie wissen wollte, wohin sie ihm Nachricht zu senden hätte, vertraut er's ihr an.

Auf die andere Seite des Jordan werde er fliehen, durch die Schlucht des Baches Kerit hinauf zum Dorf seiner Mutter.

Würde aber in den nächsten Tagen nach ihm gesucht und gefragt, solle sie sagen, Joseph sei noch nicht aus Sepphoris zurückgekehrt und mit Arbeiten dort sicherlich aufgehalten.

Und während sie flüsterten miteinander – und stets bei sich dachten: Es ist das letztes Mal auf wie lang, daß ich sie höre, die liebe Stimme –, da band das Geheimnis, das er ins Ohr ihr geflüstert, beide enger zusammen.

Und sie wehrte's nicht, sagte keineswegs: ›Wie hast du mir aber getan und welches Unglück über uns gebracht?‹ Oder: ›Der du galtst als Gerechter und Frommer, welcher böse Geist hat dich jetzt ergriffen, solchen Wahnsinn zu tun?‹ Oder: ›Sprachst du nicht den Tod über uns, als du schuldig befreitest den Schuldigen – denn warum wurde der bestraft? –, und reißt du nun nicht den Abgrund mir auf mit der Flucht?‹

Nicht so sprach sie, die sein Flüstern hörte. Sondern bereit, das Geheimnis von ihm zu empfangen als ihres, das beide sich teilten von ihm. Und sie hütete, was er gesprochen, ihr aufgetragen, der Liebste, es vor keinem je zu verraten.

Da, in Schmerz und Vertrauen, umarmten sich beide zum Abschied.

Maria aber sandte ihn fort, denn sie war in Angst, sie würden zusammen gesehen.

Und als er gegangen, verblieb sie noch in der Hütte der

Witwe. Da sie aber das Bellen der Hunde hörte der Nachbarn, sprang sie auf in den Eingang, nachzusehen dem
Mann.

Und erkannte Joseph nicht mehr im Dunkeln.

Kapitel 11
Maria und der Ältere

Joseph verließ Nazaret gen Osten, zum Jordan zu gelangen.

Nach kurzer Zeit Wegs aber, argwöhnte er wegen der
Richtung, die er genommen. Und er dachte bei sich: Es
könnte mich, als ich hinausschlich, doch einer gesehen
haben. Denn Joseph erinnerte das Bellen der Hunde, daß es
verlief, als sei einer aufgestanden, der nachsah.

Und immer noch ging Joseph in gleicher Richtung. Und
dachte: Könnte nicht, späterhin, Maria gezwungen werden,
andern zu sagen, wohin ich Flucht nahm? Denn man
könnte sie zwingen, zumal wenn uns einer beim Abschied
gesehen.

Da hielt er an und überdachte's und kämpfte gegen Verzweiflung, die immer wieder erschöpfend einstach auf ihn.

Und als er's entschieden, mied er die Richtung gen
Jordan, ging linker Hand vom Weg und suchte nordwärts
weiter den Pfad, so weit als möglich zu kommen im Schutze
der Nacht.

Da fiel – noch war es Nacht – Verzweiflung über ihn her,
weil er Maria die tägliche Sorge um den Flüchtling geboten,
damit aber täglich Entdeckungsgefahr und grausam drohende Strafe verhängt hatte über die Frau.

Und es stachen ein auf ihn Bilder, wie sie hinginge des
Tags zum Versteck, scheinbar unbemerkt, aber verfolgt.

Und verfolgt, weil sie in der Aufregung einen Älteren aus
dem Dorfe, an dem sie vorüberging, nicht grüßte.

Und nicht grüßte, weil sie, den Krug in der Hand, das

Brot aber am Körper verborgen, in Sorge an ihm vorüberging ohne Gruß.

Der Ältere aber dächte: Was treibt die? Was las ich in ihrem Gesicht? Und warum nimmt sie hinauf ihren Weg, die doch sonst unten zu tun hat?

Und im Abstand ginge ihr der Ältere nach und sähe sie, im Abstand noch, stehenbleiben auf einem Stück Land, das niemand mehr nutzt.

Sähe sie hinknien beim morschen Baum am Fuße der Hügel, nicht ausbreiten aber das Tuch dort im welken Gras, daß es widerglänzte, als sei dort Wasser, darüber der Wind zieht, hell es hie und da kräuselnd – denn nicht trüge Maria bei sich das Tuch –, sondern der Ältere sähe sie hinknien beim morschen Baum am Fuße der Hügel und dann in den Boden eingehen.

Hinabhin verschwinden. Als werde die Frau von der Erde verschluckt.

Und dann?

Wie sähe der Ältere da nicht nach, was Maria dort treibt?

Und wie wäre sie dann nicht ausgeliefert?

Zwiefach sogleich: Ausgeliefert dem Älteren und ausgeliefert Josephs Verfolgern, die in den Dörfern nachfragen würden. Denn der Ältere würde sie ihnen ausliefern samt dem Ägypter.

Und doch könnte, noch in dieser Nacht, Joseph all das verhindern. Ihnen entgegenrennen, gestehen – und damit ablenken von ihr, von Maria. Denn wie hätte sie solche Verfolgung, solche Bedrängnis durch Angst und drohende Folter verdient?

Sondern war sie nicht eingesprungen, weiterzuführen, was er begonnen hatte? Und eingesprungen bedenkenlos? Wie der Sprung von der Mauer, die er bedenkenlos übersprang, als er den Sklaven vor dem Schlangenbiß retten wollte. So war Maria bei ihm gewesen, und ohne Rückhalt ihre Hilfe in seiner Not.

›Und diese Frau‹, sprach Joseph zu sich, ›die mir verlobt

ist, hab ich allein gelassen und ungeschützt. Und ist jetzt ohne einen, der ganz für sie stünde.‹

Umstanden war Joseph von solchen Gedanken. Und er hielt noch vor Morgengrauen bei einem felsigen Winkel, kroch außer Sicht.

Und Joseph fror vor Erschöpfung.

Da packte er aus, was er mitgebracht, nahm das Bündel, das blutverklebte Gewand, und lockerte es. Und stellte's hinein in ein Feuer, das er entfachte. Damit nicht, ergriffen ihn welche, sie Beweis bei ihm fänden der Entführung des Sklaven.

Und verbrannte vor seinen Augen das brennend gefärbte Gewand. Und wie ihm schien, alle Tage, die er's zuvor getragen, verbrannten mit jenem zu Asche.

Nur blieb – inmitten des Feuers, in das Joseph blickte – der Abend im Garten unverzehrt von den Flammen.

Heller als Flammen brannten Sklave und Baum. Und wurden nicht verzehrt von den Flammen.

Heller als Flammen brannten Schlange und Augenpracht. Und wurden nicht verzehrt von den Flammen.

Und ein Stich aus den Flammen war der Sprung auf den Hängenden zu.

Der verzehrte ihn.

Und Joseph fühlte, verzehrend wie Flammen, die Last auf dem Rücken, da Joseph sie annahm.

Und ein Wind kam auf, daß Joseph die Not tiefer spürte der Flucht und sich hingab unter den Wind, erschöpft und näher ans erkaltende Feuer rückend.

Da schlief Joseph, eingekrümmt, die Knie angezogen wie Ungeborenes, und sein Traum stieg herab, und ihm träumte.

Kapitel 12
Die Ragebilder

Treibender Regen fällt nieder auf ihn am Ort, wo er eingeschlafen, im Traum aber gerade erwacht.

So erwacht Joseph im treibenden Regen des Traums.

Da sieht er, durch eine Hürde von ihm getrennt, zwei
Löwen stehen.

Der Aufseher aber des Gartens des römischen Landhauses tritt aus dem Dickicht des Regens, peitscht deren trie-
fende Mähnen, daß sie aufjagen wütend, losgetrieben über
die Hürde, Löwen auf Joseph zu.

Und Joseph reißt aus der Asche
glühenden Scheit, daß es
aufflammt,
hält schützend vor sich
die Flamme.
Und weicht rückwärts
hinein in den
Riß
zwischen
Felsen.

Und da, am fleckigen Seil – er erkennt es, das er zu Häupten des Ägypters belassen –, seilt er sich durch den Riß hin
abwärts hinab.

Nur der Hall Tiergebrüll dringt ihm nach und, armlang
von Joseph entfernt, der Guß Regen.

Durch den Riß gesammelt fließen die Wasser, im Herab-
schuß aufzweigend aber, sich drehend und wirbelnd in
Strängen, strähnig aufsprühend in taumelndem Fall, stärker
und schwächer, herabwärts am Seil her, hinabwärts an
Joseph vorbei, vorauseilend ihm nach unten ins Dunkel.

Da, auf gewölbt-steinernem Vorsprung landet Joseph am
Seil.

Und im schwachen Licht seiner Flamme beschaut er den
Teil des Gewölbten, auf dem er zu stehen gekommen.

Und sich haltend am Seil, sieht er: feinstbehauen den Stein des Gewölbes, auf dessen Vorsprung er steht.

Und glaubt zu erkennen, daß der Teil des Gewölbten Teil ist eines mächtig steinernen Lids.

Oder – da Joseph die Grenzen der Wölbung des Lids nicht ermißt und das Auge unterm steinernen Lid nur erahnt – Teil ist einer noch mächtigeren Stirn.

Die Stirn aber Teil eines Antlitzes.

Das Antlitz aber Teil eines riesigen Bildes – aufrecht stehenden Ragebilds, wie er es bei Ismaeliten gesehen.

Das Ragebild aber selbst nur ein Teil – fühlt Joseph und ahnt es durchs Dunkel hinabhin –, Teil eines steineren Kettenstamms Ragebilder, die sich strecken hinabwärts,

Kopf

auf

Fuß

auf

Kopf

auf

Fuß

auf

Kopf

auf

Fuß gestürzt ragend.

So daß Joseph bewußt wird:

Es ist ein Tempel, in den ich am Seil mich gestürzt, ein dunkel vergessener Tempel.

So riesiger Ausmaße aber der Tempel, so grenzenlos unermeßlich, daß es Joseph, wo er stand, das Leben selbst zu sein schien, das unter ihm sich erstreckte.

Die Einsamkeit aber so grenzenlos, sich dehnend hinabhin ins Dunkel hinaus, daß er aufschrie im Aufschrei zur Frau.

Denn über sich, es ist wahr, sah er welche, zwei oder drei, darunter auch eine Frau, nicht mehr weit, die seilten ebenfalls sich herab.

Aber die Frau – denn einsam versuchte er, rufend nach ihr, die da kam, zu erkennen –, war nicht Maria.

Und doch wußte er, hinab, hier hinab, schaff ich es ohne sie nicht.

Also, wer ist sie? Und kommt sie zu mir?

Da sieht er sich gleiten hinab am Seil, sieht die Gesichter der Ragebilder, an denen das Seil ihn hinabführt.

Und erkennt sie, die Ragebilder, jedes für sich,

eins

hinab

nach

dem andern.

Denn Wissen von ihnen, den Ahnen des Joseph, fährt in ihn mit jedem Anblick vorübergleitenden, aufwärts hinaufragenden Ahnenbilds.

Und jeder Blick ruft im Anblick hervor diesen Ahn, ruft dessen Blick, der sich einblickt in ihn, den Joseph, in dem auch der Ahn sich erkennt, erkennt, was er war und wen er aufgebaut hatte aus sich: diesen, ihn, Joseph.

Und hinabfuhr Joseph an
Jakob,
an Jakob hinabhin, dem Vater, Zerscheller-Schneider des Steins
Hinabhin an Matthan, beschenkt mit der Last
Hinab an Eleazar, denn Gott war ihm Helfer
Hinab an Eliud, auf den traf Gottes Glänzen
An Achim hinab, leid- und klagegetränkt
An Zadok hinab, dem Gerechten
An Asor hinab, dem Hilfreichen, Helfer sich selbst
An Eliakim hinab, dem es aufbaute Gott

Und tiefer stieg Joseph, stieg tiefer am Seil
dem Regenstrang nach ins Dunkel nach unten

Hinab an Abiud, denn Macht und Herrlichkeit
gehören dem Vater
An Serubabel hinabhin, der brandopferte Gott
Hinabhin an Schealtiël, genannt des Gefangenen Sohn
Hinab an Jojachin, der zusehen mußte dem
Zerschmettern goldnen Gefäßes
Hinab an Eljakim, der tat, was dem Herrn mißfiel
An Joahas hinab, in Schwarzerd Ägyptens gezerrt
An Joschija hinab, dem Zermalmer der Götzen,
Erneuerer des Gebäus, der erhört das Verlorene
An Amon hinab, der mißfiel, im eigenen Hause
erschlagen

Und tiefer stieg Joseph, stieg tiefer am Seil
dem Regenstrang nach ins Dunkel nach unten

Hinab an Manasse, der als Opfer dem Baal die Söhne
verbrannt
An Hiskija hinabin, für den Gott die aus Sebulon
gütig entsühnte, die in Unreinheit kamen zu IHM
Hinabhin an Ahas, dem Sohnopferer, der die Geräte
des Hauses Gottes zerschlug
Hinab an Jotham, der erbaute die Burg, den
waldüberragenden Turm und das Tor
Hinab an Usija, der in den Tempel eindrang zu
opfern, da brach Aussatz an seiner Stirne hervor
An Amazja hinab, der die Söhne der Mörder des
Vaters verschonte
An Joas hinab, der als Kind sechs Jahre versteckt war
im Hause des Herrn
An Ahasja hinab, der floh vom Acker Naboths des
Jesreeliters und ward durchbohrt vom Pfeil Jehus,
Seines Gesalbten

Und tiefer stieg Joseph, stieg tiefer am Seil
dem Regenstrang nach ins Dunkel nach unten

Hinab an Joram, König von Juda, der sich zum Weibe
nahm die Tochter Ahabs, des Königs von Israel
An Josaphat hinabhin, der hörte das Wort des
Propheten vom bösen Geist, herausgetreten aus Gottes
Heerschar
Hinabhin an Asa, der das Greuelbild Ascherahs am
Schwarzbache Kidron verbrannt
Hinab an Abija, der Jerobeam durch Beit-El hin
nachjagte
Hinab an Rehabeam, der mit Skorpionen züchtigend
entzweiriß das Reich
An Salomo hinab, Sohn der Bath-Seba, welcher beim
Schrei der Mutter einhielt das Schwert vor dem Kind
An König David hinab, Sproß Isais, der Urias Weib
tröstete überm Tod ihres Knäbleins
An Isai hinab, dem Bethlehemiter, der holen ließ seinen
Jüngsten

Und tiefer stieg Joseph, stieg tiefer am Seil
dem Regenstrang nach ins Dunkel nach unten

Hinab an Obed, Sohn der Ruth, der stand am Eingang
zur Tenne
An Boas hinabhin, der mittnachts erwachte, ihm zu
Füßen die Frau
Hinabhin an Salma, der verteidigte Rahab, die hatte das
rote Seil
Hinab an Nahesson, der auf Moses Geheiß zur
Einweihung des Altars opferte seine Gabe
Hinab an Amminadab, in Ägypten geboren,
Schwiegervater des Aaron
An Ram hinab, dem Hohen, der sich über dem Tod des
Dieners erhängte
An Hezron hinab, der sechzigjährig die Enkelin Gileads
herbeizog zu zeugen
An Perez hinab, der durch die Bresche als erster brach

Und tiefer stieg Joseph, stieg tiefer am Seil
dem Regenstrang nach ins Dunkel nach unten

Hinab an Juda, der als Sklave sich anbot Joseph, an des
Knaben Benjamin Statt
An Jakob hinabhin, dem Gott-Ringer Israel, der wach
rang um den Ragetraum Seiner Verheißung
Hinabhin an Isaak, dem Hals des Knaben, angeritzt,
daß Blut aus ihm trat
Hinab an Abraham, Uraufbürder der Last, nach Licht
und Messer suchend im Zelt
Hinab an Terach, der abging aus Ur, mondlichter Stadt,
folgend dem Sohn in ein Land, das Gott ihm will weisen
An Nahor hinab, der sich müd schrie nach seinem Gott
An Serug hinab, der stark ward fürs Joch seiner
Sünden, die ihm zusammengeknüpft und geflochten
der Herr
An Regu hinab, der gleich einem Freund den Fremden
sich auflud, ihn dem Bösen nicht überließ im
Fluß Elend

Und tiefer stieg Joseph, stieg tiefer am Seil
dem Regenstrang nach ins Dunkel nach unten

Hinab an Peleg, dem Zerrissenen, zu dessen Lebzeit
Erde und Sprache in Teile zerbebten
An Eber hinabhin, der klammernd die Gegenseiten
zusammenhält, übersetzend vom Jenseits der Wasser
Hinabhin an Schelach, der breitend entsandte den Zweig
Hinab an Arpachsad, der auf der Grenze ihn pflückte
An Schem hinab, der die Scham des nach Alltod
Berauschten verhüllte
An Noah hinab, der gottübrig Tröster war, als der Herr
von harter Vernichtung ruhte
An Lamech hinab, dem Wilden, der sich Männer
erschlug für die Wunde, Knaben für jede Strieme

An Methuschelach hinab, dem auf Erden am längsten
zu harren erlaubt war, bis an die Flut

Und tiefer stieg Joseph, stieg tiefer am Seil.
Und streckte aus seine Hand –
da fiel nichts, das sie näßte.
Nicht Regenstrang hin ins Dunkel nach unten.
Denn hierher herab reichte Regen nicht mehr,
kein Wassertropfen erreichte die Tiefe.
Und tiefer stieg Joseph, stieg tiefer hinab

An Henoch hinabhin, der sich erging mit Gott, entrückt
war in ewigen Garten
Hinabhin an Jared, VorausNahmer des Abstiegs der
Wasser und aller im Jordan Getauchten
Hinab an Mahalalel, der im Schatten erglühte der
Augenpracht Seines Auges
Hinab an Kenan, den sein Erzeuger Enos erwarb vom
Herrn
An Enos hinab, der nur schwach war und sterblicher
Mensch, als aufragend Menschen sich Gott-Namen
nahmten
An Seth hinab, dem SproßErsatz Abels, eingesetzt für
den Toten

Bis zutiefst gestiegen war Joseph
in die Tiefe hinab,
und hinabhin, am Doppel-Ragebild
Adams
herab,
auf rosenrötlichen
Erdgrund
setzte den Fuß, wie auf
festen Teig,
den Kloß, aus dem sie
geknetet warn,

Adam,
Erde mit Odem,
er und sie,
Gott zum Bilde von Gott.
Und alle nach Adam
in Adams Bild,
gottbildernd alle in Adam.

Es waren aber vier und sechzig Ragebilder, die Joseph im Stammtraum gezählt, und vier und sechzig die Ahnen, die er anblickend sah im Hinabzug, und die einblickend in Joseph sich wiedererkannten im Seelenscherben, im Tatensplitter, den sie ihm lastend einst gesteckt, aufbauend daraus diesen, ihn, Joseph.

Da ließ Joseph vom Seil, taumelnd vom Anblick der Bilder, und fiel hin vor Adam.

Und schwach, schier bewußtlos, sank er ein in die nebeldünstende Erde.

Und als sie sich durstig über ihm zu schließen ansetzte, ihn hinabwärts zurück ins Grundlose saugend, da schrie er, schrie Joseph im Schrei.

Und da: eine Wespe.

Die flog um Joseph. Kaum zu sehen, zu hören aber mit dem Flügelschlag augenprächtigen Vogels.

Und da: ihre Schläge.

Die vertrieben die Nebel und trockneten.

So rührte Gott an ihn, Joseph.

Und an Joseph erging das Wort:

›Was siehst du?‹

Joseph hob auf seine Augen und sah.

Und Joseph sprach:

›Ich sehe einen Tiegel.‹

Und was Joseph sah, ließ ihn hoffen. Denn der Tiegel war dem Fassungslosen Gefäß, behielt, was in Flucht zu zerstieben drohte, goß Nahrung aus, wem nach ihr hungerte.

49

Und als Joseph den Tiegel sah, erkannte Gott, daß ihn hungerte.

Da sprach ER:

›Greif ihn doch. Und tu, wie ich dich heiße.‹

Und Joseph griff nach dem Tiegel.

Da sprach Gott:

›Zerschmettre den Tiegel, zerschlag ihn zu Scherben, zerschell ihn mir hin am Ragebild Adams!‹

Da ging Joseph hin und zerschlug den getragenen, den Tiegel, zerschmetterte ihn am Ragebild Adams, daß er in Unzahl Scherben zerscholl.

Und Gott sprach:

›Lies mir die Scherben, Joseph. Aber keinen Splitter, kein Morsel laß mir zurück. Lies sie mir alle gesamt!

Und eine jede bestreichend mit Speichel, zueinander zurück hafte sie neu mir zum Tiegel!

Auf daß wir, des Bruches gedenkend, halten einander Antwort und schöpfen uns Hungrigen ewige Speise.‹

So sprach Gott zu Joseph.

Da bückte sich und las Joseph den Hungrigen beiden die Scherben, die ersten, die er beieinander zerschlagen fand, zerschollen vor einer Nische am Ragebild Adams.

Es trat aber, als er sich krümmte, eines zu ihm, trat aus der Nische, noch sah er's nicht.

Und er bestrich die scherbenen Ränder mit seinem haftenden Speichel, und als er sie fügen wollte Seite an Seite, bedachte er sie, und sie hielten. Denn nach einander hungert es Gott und den Menschen, die Hungrigen beide.

Da erstarkte Joseph, gesättigt von fremdester Hoffnung. Und übersah nicht, was in ihn gekommen.

Erstarkt erwacht Joseph, erschüttert vom Traum.

Kapitel 13
Das Land der Vertriebenen

Es zog aber, als er erwachte des Morgens, hingekrümmt am erloschenen Feuer, windgetriebener Regen über ihn hin, wie eine Brücke vom Schlaf her.

Und erstarkt stand er auf, las die Scherben des Traums, in Erinnerung bedenkend das Fremde.

Und, wahrhaft, wendet sich um im Regen, blickt hinter sich: zu suchen nach dem Riß zwischen Felsen, in den er hinabgekrochen im Traum.

Denn als suche er nach jemandes Fußspur, der ihn im Schlaf besucht hatte, suchte da Joseph nach jener Öffnung im Felsen.

Und folgte Zeitlang Rinnsalen Regens, ob sie sich schlichen felseinwärts, hinein sich ergössen in Stein.

Und sah nach, ob nicht Öffnung sei dort oder da: jener Riß, in den hinab sie ins Dunkel verschwänden.

Und fand eine Stelle hinter der Schlafstatt. Die glich dem Felsen im Traum.

Aber fand nicht die Öffnung.

Da nahm Joseph Steine und stellte sie zueinander, den Ort zu markieren, wo der Riß bei Nacht sich befunden, bei Tageslicht aber nicht mehr war.

Und zertrümmerte Felsen an Felsen und legte die Bruchstücke davon ungefügt aufgehäuft inmitten der Steine. Und gedachte des Traums und der darin empfangenen Worte. Und wundernd sich ihrer, behielt sie.

Dann übergoß er die Zerschellten mit Öl und überdachte das Steingeviert mit dem Deckstein.

Und Joseph nannte den Ort Beit Re'evim, Haus der Hungrigen. Denn es hungerte sie nach einander.

Die Stelle aber, wo ihm geträumt, lag gen Mitternacht unweit von Daberat, das heißt Weidegrund.

Da zog Joseph weiter.

Und kam nächsten Tages hinab zum Ufer des Galiläischen Meers, nah einem Ort, darauf Herodes späterhin die Stadt Tiberias gründete.

Er mied aber den Ort aus besonderem Grund. Denn er suchte nach jemand, der ihn hinüberführe über den See nach Bethsaida, und hatte einst von jenem Ort aus die Reise über den See gewagt, obschon er wußte, daß viele Juden den Ort mieden. Und hatte Unglück über sich und andere damit gebracht.

Damals aber kümmerte es Joseph nur wenig, daß unrein war jener Ort, ein Friedhof, darauf Herodes späterhin gründete Tiberias, die unreine Stadt. Sondern er hatte daselbst, am Ufer des Gennesaret, die Reise hinüber begonnen.

Jetzt aber umwanderte er, ließ sie links liegen, die Gegend.

Und fand weiterziehend gen Mittag einen Mann am Ufer bei Hammat, der bessere Netze aus. Und der Fischer versicherte Joseph, er wolle ihn morgen hinüberbringen, wenn nur das Wetter sich hielte.

Bei Morgengrauen, da Joseph zu ihm ins Boot gestiegen war, stießen sie ab gen Bethsaida.

Zur Mitte des Sees hin aber trafen sie scharfe Gegenwinde. Und das Meer wurde aufgewühlt.

Da befahl Joseph dem Fischer, nicht anzukämpfen, sondern das Boot treiben zu lassen, wohin die Winde es zögen.

Und sie wurden abgetrieben zum Land Geraschim, das heißt: der Vertriebenen. Denn als Josua einst einnahm das Land, vertrieb der lebendige Gott die Einwohner und trieb die Vertriebenen her vor den Augen der Kinder Israel.

Joseph aber ließ sich aussetzen am Ufer des Lands Geraschim, dahin ihn die Winde trieben.

Und der Fischer, der ihn übergesetzt, wartete nicht bei ihm, sondern bald darauf stieß wieder ab.

Da ging Joseph an Land und erkannte den Ort, an den ihn die Winde geführt.

Kapitel 14
Der Säugling

Denn vor Jahren war er mit seiner Frau unterwegs gewesen, seiner ersten. Die war gestorben und begraben im Dorf jenseits des Jordan, dem ersten Ziel seiner Flucht, das er auch Maria, der Verlobten, benannt. Denn seine Mutter wohnte immer noch dort, im Dorf jenseits des Jordan, mit einigen aus Josephs Verwandtschaft.

Damals reiste er mit seiner Frau und ihrem ersten Kind, einem einjährigen Säugling, dem er den Namen Jesus gegeben.

Und sie waren gekommen an jenen Ort, den er nicht bedachte zu meiden, den unreinen Ort, einen Friedhof, darauf späterhin gegründet war die unreine Stadt am Gennesaret. Denn von dort aus wollten sie über den See setzen.

Und bestiegen ein Boot, Joseph und seine Frau, die trug den Säugling.

Und die Fahrt hinüber sollte sie führen zum Bruder der Frau, Josephs Schwager, der in Bethsaida wohnte. Denn ihn zu besuchen und den Seinen das Kind zu zeigen, hatte Joseph Männer bezahlt, sie hinüberzurudern.

Bethsaida aber erreichten sie nie.

Denn mitten auf dem Meer traf sie ein Sturm an und bedrohte das Boot und die in ihm fuhren.

Sie waren damals aber nicht auf der Flucht. Unschuldig wußten sie sich – nicht wie Jona. Und beteten doch alle im Boot, daß Gott sie verschone im Sturm.

Da gab die Mutter, die sich sichern wollte im wellenüberschlagenen Boot, Joseph kurze Zeit nur das Kind, ihren Säugling, den Jesus.

Gab ihm das Kind, sich zu sichern am Seil, daß sie von den Wogen nicht würde weggerissen.

Das Kind aber schrie. Und kaum übergeben dem Vater, will es zurück, aus Josephs Händen zurück in die Hände der Mutter.

Und Joseph sieht, es ist Zeit, ihr's zu geben.

Schon ist sie dabei, die Arme zu strecken nach ihm. Und Joseph, schon reicht er's zurück.

Da: die Welle –

Schlägt und erschüttert im Stand ihn.

Entreißt über Bord seinen Säugling.

Ins Aufgewühlte der Wasser hinab.

Erstarrt Joseph.

Im Schrei seiner Frau – alles soll stocken, stillestehn alles, aufbäumend erstarren die Welle, Erde, Sonne, Sterne und Winde stockstill ungeschöpft stehn, bis wiedergebäre der Schrei den Verlorenen! – erstarrt er.

Leerer Hand hört er den Schrei.

In ihm noch springt er ins Meer, taucht nach dem Kind.

Und da:

Er sieht's unter Wasser.

Schwach zwar im Dunkeln

erkennt er's.

Eine Menschenlänge nur

unter ihm.

Und stößt nach

stößt

tiefer.

Erkennt:

das Kind

fallend unter

ihm

abwärts

fällt

rasch

außer

Reichweite

von tieferer Strömung

erfaßt.

Und wie wahnsinnig

greift

er
nach
unten
stößt
nach und
nach
und
abermal
nach
mit
immer wilderen
Zügen.

Kapitel 15

Das Meer unterm Meer

Da war es Joseph, als erreiche er mit den nächsten Stößen
eine Region, die vom Grund des Sees nicht mehr fern war.

Und er sah hinab.

Und sah den Grund übersät mit gebrochenen Rädern,
mit Lanzen und algenumwundenen Streitwagen. Und stieß
hinab zu den Leichen der Krieger im Meergras und den Kadavern der Angeschirrten. Da waren übereinandergetürmt
oder quer zueinander gerissen, an Korallenbänken zerschlagen: die ägyptischen Verfolger Israels, die pharaoni-
schen Rosselenker und ziellosen Bogenschützen. Und sie
lagen im Korridor unter ihm ausgeschüttet, ertrunken im
mosebefohlenen Fluthgrab.

Und dahinab, zwischen die Leichen der Streiter, sieht er
fallen sein Kind.

Und taucht her hinter ihm. Und sucht es dort, längshin in
wirrgefalteten Gassen, die sich die Strömung gegraben, hin
zwischen Waffen und Leibern.

Und wie er vorbeitaucht hindurch, da sieht sein Auge

doch einen, in dem er, Momente lang, den Ägypter glaubt zu erkennen. An den Sklaven, den er vom Baum geschnitten, erinnert der ihn.

Dessen Rücken war morsch von Wasserlast, und der Kopf, eingesenkt, sah herab. Und er hing am Korallenhügel, an einem steilen Schaft, von der eigenen Lanze durchbohrt. Mit der Rechten schien er sie noch umfassen zu wollen, mit der Linken – die aus dem Gelenk gebrochen über Algen hintrieb und her – wies er unsicheren Weg ins Dunkel.

In die Richtung aber, in die er wies, lag versunken Miriams Brunnen, der Brunnen der Schwester Moses.

Am Erinnerer vorbei taucht Joseph.

Und da: sieht sein Kind.

Auf dem Grund des Meers ist es zu liegen gekommen und lag auf dem Schlußstein des versunkenen Brunnens der Miriam, der Schwester Moses.

Joseph aber, hastig, reckt den Arm an den Schlußstein, will heben das Kind, will's – greifen.

Da bricht ein der mächtige Schlußstein des Brunnens, bricht entzwei, als läg er belastet von schwerster Last.

Und darunter quillt's schwarz, Meer unterm Meer. Rachengleich bricht der Stein auf, verschlingt den Sohn Josephs ins Dunkel.

Joseph aber stößt nach.

Stößt hinterher und ist

mitverschlungen.

Da, von unterhalb Josephs, treibt aufrecht durchs Dunkel ein riesiger Baumstamm. Dessen Äste sind abgenommen, dessen Rinde geschält. Bleich glänzend treibt er zu Joseph durchs Dunkel herauf.

Und Joseph, schwebend darüber, sieht: Er ist hohl. Und ausgehöhlt treibt er dahin.

Und da: In den hohlen Stamm sieht Joseph fallen das Kind. Der Säugling verschwindet darin, aufgenommen, als fände er Zuflucht.

Und Joseph zieht sich heran und zieht zu sich den Stamm und hält daran fest.

Da hört er ein Pochen von innen her, aus dem Hohlen des Baums. Und sieht, ihm unter Augen, langsam und ächzend – wie Holz, wenn es ächzend im Bogen gespannt wird zum Ziel – von innen durchs Holz sich langsam herpressen, herprägen: ein Antlitz. Dem folgt die hölzerne Form eines Körpers. Entsteht so am Holze das Abbild des Kinds.

So daß Jesus, das Kind, ausgeprägt am Stamm ihm erscheint, sich abbildend darin von innen her.

Da ist es Joseph, als würde sein Kind nochmals geboren, aus dem bleichen Holz hervortreten des Baums.

Geboren aber wird es nicht gänzlich, sieht Joseph.

Nicht los kommt das Kind. Steht still die Geburt. Die Prägung von innen verharrt.

Kapitel 16

Das Mal

Auf den Wassern treibend entdeckt, wurde Joseph ins Boot gezogen.

Er schränkte beide Arme um etwas, das ihm die Frau – sie war nicht zurückzuhalten – sogleich entreißen wollte. Noch im Sturm, noch während sie Land erreichten, noch im Schutze der Felsen am Ufer, in den sie vorm Unwetter flohen: wie wahnsinnig drängte sie, ihrem Mann die Arme zu öffnen.

Zurücknehmen wollte die Mutter ihr Kind, das sie dem Mann noch eben gegeben hatte. Und rannte an gegen die Arme, die es nicht geben wollten. Und wiederholte ihr Rasen gegen ihn an, weil er die Arme verschränkt hielt. Und rasend schlug ihn, weil er nicht gab, was ihm augenblicklang übergeben gewesen, das Kind.

Die Fischer aber, die sie ans Ufer gerudert hatten, versuchten zu halten die Frau. Sie aber ließ es nicht zu. Da rissen zwei der Männer an Josephs Armen. Und die vermochten's und öffneten die verschränkten und zogen auseinander die Arme Josephs.

Und die Fischer hielten die Frau, daß sie's sehe.

Denn man hatte Joseph gefunden ohne das Kind.

Am nächsten Morgen aber, der Sturm vorübergezogen, baute Joseph mit Hilfe der Männer am Fuße des Felshügels – nahe der Stelle, wo sie Land erreicht hatten – ein Kenotaph, Leergrab und Denkmal für den Sohn des Nazoräers.

Und das Mal, das er baute, stand erinnernd an den *nezer*, das ist verdolmetscht ›Sprößling‹ und ›Sproß‹.

Denn es war prophezeit: Zerfetzt wird der Baum mit dem Eisen Gottes. Aus dem Wurzelstock aber Isais treibt ein Sproß, der wird bringen Frucht.

Nach *nezer* also, dem Sproß Isais, das ist David, der bringt die erlösende Frucht, nennen sie sich Nazoräer, die gleicherweise ihr Dorf Nazaret nennen, das ist: Sproß-Stätte, Niederlassung der Stammbrüder Josephs, die sind Söhne Davids.

Und aus Steinen baute Joseph das Grabmal dem verlorenen Sproß um die Zeit, da reifen sollte die Frucht.

Und schaffte auch einen Baum herbei, den der Sturm entwurzelt und gerissen vom Hügel und herabgestürzt hatte ans Ufer.

Und ließ entzweigen die Laubkrone und trennen den Stamm vom Wurzelstock. Und ließ den Stamm längsschnittig durchhauen, in drei lange Teile.

Und fügte die Teile in die Steinwand, daß sie standen aufrecht im Abstand zueinander. Das Teilstück aber des zugehauenen Baums, das aus der Mitte des Baums kam, war rindenlos und in die Mitte gestellt des Halbrunds, eingefügt zwischen die zwei dunkel berindeten Teile. Und es war glatt und bleich und leuchtete her. So daß sich im Halbrund hohl an den Felsrücken wölbte das Leergrab.

Und es glich einem übermannshohen kronlosen Stamm oder Turm, der halb aus dem Felsen ragte.

Da sah Joseph den Wurzelstock, den sie hatten abgeschlagen und liegengelassen.

Und er hieb ein und ordnete mit dem Eisen die Wirrnis der ragenden Wurzeln. Und er ließ umkehren den Stumpf, umwenden ihn, und umgewandt ließ ihn setzen zuoberst dem Mal. So daß die Wurzeln des Stocks aufwärts trieben, wie dunkel krönende Strahlen, die faßten Boden vom Himmel her.

Noch durch den Frühnebel des nächsten Tages, als sie das Boot wieder ins Wasser geschoben, sah Joseph herleuchten das Mal. Und Joseph schränkte die Arme um seine Frau und ließ sie vergraben ihr Weinen in seiner Schulter.

Er aber sah über die Schulter zurück.

Und nicht auf der Fahrt, nicht nach der Heimkehr ins Dorf, nicht in den Jahren darauf sprach Joseph ihr oder anderen je von den Dingen, die er gesehen im See.

Nicht vom Fluthgrab der Feinde, das er erblickt, nicht von Miriams Brunnen, der ihn verschlang, nicht vom Meer unterm Meer, in dessen Schwärze ein Hohlbaum noch trieb, blaßweiß leuchtend, von innen geprägt.

Denn er verstand sie nicht, diese Bilder, die ihm widerfahren. Versuchte sich aber an ihnen, ob er weiterkäme in ihnen, beharrend auf ihrem Sinn. Denn mit Zaummacht mächtig zogen die Bilder ihn an und ließen ihn so verharren.

Und sie bedenkend, bestreichend, innehaltend über den inneren, ließ er sie abermals zu, sah sie anwesen, die Bilder.

Da war's ihm, als sei das Gesehene immer gewesen, von jeher wirklich und wirkend, sei jetzt.

Denn angezogen von ihnen, von der Zaumkraft des mächtig Gesehenen, schien es Joseph, als stürze der Feind immer noch hinter ihm her.

Als sei immer noch und gerade geschehen die Flucht durchs ägyptische Schilfmeer.

Als habe er nun – auf der Flucht aus welcher Gefangenschaft? – den Sohn verloren im Meer.

Als sei Mose noch, und das Schilfmeer ausgegossen im See Gennesaret.

Als seien Knechtschaft und Vielgötterei neu zu durchstehen.

Als sei Freiheit: vor ihm verheißenes Land – aber welches? Er sah's nicht.

Als sei dort unten im Unterwasser – tief unter toten Verfolgern, den Vätern der toten Erstgeburt, die der Herr in der Nacht des Übersprungs sich zum Schlachtmahl geschlachtet –, als sei dort unten, unterm Meeresgrund, noch im Hohlbaum verschränkt: der Erstgeborene immer.

Als sei daher in Gefangenschaft der, der Joseph doch Zukunft bedeutet: der Sohn. Sein ertrunkener Jesus.

Davon aber sprach Joseph niemandem, daß er immer wieder hinabdachte und sich versuchte und in Versuchung war an den Bildern jenes Gesichts. Und sprach auch seiner Frau nicht davon, weil er glaubte, die Bilder würden sie stärker verstören.

Der Mutter aber des ertrunkenen Kindes wurde kein Trost. Und nie hat sie Joseph verziehen. Nicht aber, indem sie den Mann heimlich oder vor anderen beschuldigte, sondern sich selbst immer wieder in Klage ertränkend, überhäufend mit Schuld, überschritt sie alle Grenzen der Trauer.

Sie starb noch im selben Jahr nach der Rückkehr ins Dorf, Sterndorf, wo sie lebten. Es war aber das Dorf jenseits des Jordan, in das Joseph fliehen wollte, als er Maria im Haus der Witwe von Flucht gesprochen, ihr den Auftrag gegeben und genannt hatte sein Ziel. Denn Josephs Mutter wohnte noch dort, im Dorf jenseits des Jordan, am Ort, den er nach dem Tod seiner Frau, nach Nazaret ziehend, für immer verließ.

Kapitel 17
Die Hände

Nun war aber Joseph, hingetrieben vom Sturm, dem er nachgab, als er den Fischer hieß, treiben zu lassen das Boot, wieder dort angetrieben worden, wo sie ihm einst die verschränkten Arme geöffnet.

Wie vor Jahren also stieg Joseph aus dem Boot ans Ufer des Lands Geraschim, ins Land der Vertriebenen, und erkannte die Gegend, dahin ihn gezerrt die Winde.

Und er schickte sich an, aufzusuchen den Ort, an dem er gebaut hatte das Leergrab.

Und wich aus. Denn er fürchtete den Schmerz, der dort einstieße auf ihn. Also umstrich er den Ort, wie einer der weiß, daß er nicht ausweichen darf, nur noch zu schwach ist, geraden Schritts darauf loszugehen.

Und er fragte sich: Warum schlägt mich hierhin der Sturm meiner Flucht? Wäre hier, bei den Heiden, Asyl? Hier, um den Trauerort, Trost? Und was käme aus Nachgedenken an ihn, den totverlorenen, meinen Jesus, dem ich das Leben schulde?

Da war Joseph, als fühle er in seinen Händen liegen den Säugling. Als fühlten die Hände noch, beidinnenseitig, wie der Kleine sich wand zwischen ihnen, zurückstrebend im Schreien zur Mutter.

Und Joseph fühlte den Druck der eigenen Hände, wie sie sichernd um die zartkleinen Hüftknochen des Sohnes sich schlossen, ihn haltend, ihn sichernd, während der Säugling sich schon zurückwinden wollte, in der Drehung zurück aus den Händen ihm strebte.

Und fühlte in Händen die Wärme der Haut noch des Kleinen, darunter die Höcker der Hüftknochen in windender Drehung. Und der war sicher gehalten, der sich so wand. Denn Joseph hielt sichernd ihn, beidhändig haltend den Säugling, noch als der sich streckend zur Mutter hin wand.

Und Joseph fühlte, noch in sicherem Griff, den Sichwindenden, wie er die Mutter suchte, das kleine Gewicht zwischen Händen. Und unter den Händen, die sichernd hielten den Sohn, sah Joseph auftauchen die Hände der Mutter, herauftauchen die aufgehaltenen Hände der Frau. Ermutigen will sie den Mann, herabzugeben aus Händen den Sohn. Ermutigen auch den Sohn, von ihren Händen empfangen zu sein. Und will ihn greifen zurück.

Da fühlt Joseph den Schlag der Welle, Druckschlag, der plötzlich quer an ihn schlägt, daß Joseph den Stand verliert. Es ihn öffnen macht sicheren Griff seiner Hände, die sichernd die Hüften des Säuglings noch hielten.

Fühlt, wie die Hände, die Klammern der Hände, sich öffnen.

Wie die Linke hinabfährt, Joseph am Bootsrand zu stützen.

Wie die Rechte den Sohn – so geschwächt – offen läßt für den Stoß.

Denn ausstieß den Säugling die Welle. Stieß ihn aus dem Korb der Hände des Vaters. Stieß hinaus den Sichwindenden, der, nach der Mutter Hände sich reckend, in der Drehung entgleitend, gestoßen wurde hinaus.

Hinabzufahren ins Meer.

So umstrich Joseph den Moment des Verlusts, ihn teilend in immer kleinere Teile, tiefer hinsehend und tiefer noch. Als hinge, an die kleinste der Zeitscherben sich klammernd, der Finger des Kindes noch. Der Finger, an dem er ihn noch entzöge der Welle. Der Finger, an dem die Schuld Josephs sich aufheben ließe, dem Fluthgrab sich entheben ließe das Kind.

Zurück in die Hand ihm.

Da aber, einmal, nach unzähligem Lesen solcher Teile, größerer, kleinerer, kleinster, sagte Joseph bei sich:

›Nicht ich habe ihn ja verloren, sondern er wurde mir ausgestoßen. Aus der Hand mir gestoßen, zurückgetaucht in die Wasser, hinabgefahren ins Dunkel von anderer Hand. Und von welcher?‹

Und später, wie irre werdend daran, je länger er sie zusammenlas, seine Scherben, setzte er sich an einen Hügel und sprach:

›Drei rangen ihn mir aus sicherer Hand: Die Woge, die auf mich stieß und den Griff aufschlug meiner Hände. Er selbst, der windend zurückstrebte im Schrei. Die Frau, die reckend Hände aussandte nach ihm.

Aber – nun seh ich's doch ein – erst ein viertes trug ihn davon mir. Dieses vierte mußte nicht ringen um ihn, da es alles entschied. Denn weil ich mein Leben – die Linke hinabfahrend zur Sicherung, *mein* Leben zu sichern vor dem Absturz ins Meer –, weil ich *mein* Leben sichern wollte, starb er, mein Jesus. Weil ich *mein* Leben retten wollte, war die Linke zu hastig-rasch-feig und die Rechte zu schwach, standzuhalten dem Schlag. Weil ich *mein* Leben retten wollte, zu schwach, um festzuhalten im Griff den sich windenden Kleinen. Weil ich *mein* Leben retten wollte: war mein Leben zu schwach, auf die Hände der Mutter zu warten, die ihm Leben gegeben und ihn wiederempfangen wollte.‹

Kapitel 18
Der Befehl

Und Joseph mied in den ersten Tagen das leere Grabmal, in dessen Nähe der Sturm ihn gebracht hatte. Sondern wanderte dort umher und hielt sich auf in den Bergen um jenen Ort. Ging aber nicht hin.

Denn noch sah er nicht, wie sie verbunden waren, die Orte, und warum ihn die Rettung des Sklaven über Nazaret fliehen ließ bis zurück über den See, ans Ufer seines Verlorenen.

Und noch sah er nicht, wer die Orte und Zeiten verband, daß auferstünde der an die Tiefen Verlorene.

Sondern Joseph sah nur Verlorenheit.

Und er mied auch die Dörfer, die Stadt, wollte keine Begegnung. Sehnte sich aber zu sehen seine Frau, die Maria, als wüßte sie, wo zu finden wär der Vertriebene, und wüßte, dem Einsamen zu erscheinen im Traum, wäre es Zeit.

Da traf er auf einen Mann, unweit des Steilhangs der Küste, der machte sich bei verlassenen Grabhöhlen zu schaffen.

Aber nicht wie einer, der hier bestatten wollte oder gekommen war, das Grab eines Nächsten zu suchen. Sondern der Mann ging ein in die Höhlen und trat heraus, wie einer der nichts anderes mehr hatte. Denn er bewohnte die Gräber.

Und Joseph, als er ihn sah, rief ihm nicht zu, sondern beobachtete ihn.

Und je länger Joseph die Sicht zuließ, seine Augen nicht schloß vor dem Mann und nicht weiterzog, desto stärker empfand Joseph Verwandtschaft mit ihm. Es war aber die Ahnung, über jedes Mitleid hinaus, daß für Joseph ähnliches Schicksal bereitstünde. Als sage ihm jemand: ›Hier, sieh dich an. Denn wohin willst du mit dir?‹

Und Joseph sah den Mann:

Im Schatten saß er. Kauernd am Eingang zum offenen Grab.

Da bemerkte Joseph, daß der Mann sich wandte, ins Grab zu lauschen. Und als habe ihm jemand aus dem Innern der Höhle zugerufen, ihm etwas befohlen, begann der zu nicken.

Joseph aber hatte nichts vernommen.

Da sah er den Mann, wie der aufhob einen der dunkelfleckigen Steine, die vor ihm lagen am Eingang. Nämlich als habe ihm der andere aus der Höhle heraus zugerufen:

›Nimm auf den Stein!‹

Joseph aber hatte nichts vernommen.

Und der Mann hob den Stein, hob ihn zitternd. Denn er war schwer. Hob ihn zitternd aber auch, als warte er, daß der andere ihm nochmals von innen her zurufe, was zu tun sei damit.

Und kurz darauf wieder schien's Joseph, als habe der Mann Befehl empfangen aus dem Innern der Höhle. Aber ohne daß Joseph hörte, was ihm befohlen.

Da, noch im Kopfnicken, drosch der Mann mit dem Stein herab auf die eigene Hand, seine rechte. Schrie auf vor Schmerz. Und hieb nochmals ein.

Hieb ein und hieb wieder.

Und von neuem.

Und wieder.

Und schlug seine Hand, bis die Linke, die aufhob und zuschlug, ermüdete und sein Schreien, so heiser geworden, nur noch ein Krächzen war.

Da ließ er den Stein, der fiel hin vor ihn, ausrollend weich wie vollgesogener Schwamm.

Und Joseph, der es gesehen, dachte bei sich: Was hab ich mit diesem verrückten Heiden zu schaffen? Warum lasse ich's zu, seh mir das an? Helfen kann ich dem nicht. Weiß ich denn, wer ihn treibt, wer ihn traurig macht und so rasend gegen sich selbst? Was heißt hier Verwandtschaft mit diesem? Es war doch nur Mitleid, das mich ihm zusehen ließ. Denn was wäre uns beiden gemeinsam?

Aber immer noch saß Joseph da, angewidert und angezogen zugleich. Erst als das Blut geronnen, getrocknet auch war der Stein, und der Mann – es dunkelte schon – von neuem Befehl erhielt, und ihn ausführend, von neuem sich schlug mit dem Stein, da endlich schlich Joseph davon.

Kapitel 19
Virdanus

Tage darauf aber, es ließ ihn nicht los, kehrte Joseph wieder an den Ort, wo die verlassenen Grabhöhlen lagen.

Und er trug einige Früchte bei sich, die er gesammelt, und dachte: Zu essen bringe ich ihm und will mir ansehen, mit wem er da haust.

Und der Mann kauerte am Eingang der Grabhöhle, als Joseph erschien, sich ihm zeigte.

Und als der Mann ihn sah, schrie er auf. Und ängstlich, in Hast, zog sich zurück in die Höhle.

Da lief Joseph, ohne zu eilen, den Rest Wegs zum Eingang hin. Und setzte sich vor dem Grab in die Hocke und rollte zwei der Früchte hinein. Und sah hin nicht weiter, sondern aß selbst eine, geduldig, sie würden sich zeigen: Der, dem befohlen, und auch der andere, der befahl und bisher war innen geblieben.

Da erschien der Mann, den Joseph schon kannte, und stellte sich neben ihn. Wie verändert war der, der da stand, und stand ohne Furcht. Und der Mann setzte sich Joseph gegenüber, als empfinge er einen in vornehmem Zelt, und dankte ihm freundlich und sprach:

›Dank im Namen auch meines Trupps. Denn an meine Soldaten hab ich die Früchte verteilt, und sind alle satt geworden davon.‹

Da war Joseph sprachlos. Und wußte nicht, wer der Mann ist, sah aber, daß er sich nicht verstellte.

Und Joseph zögerte, wie weiter zu reden sei mit ihm. Und fragte ihn schließlich:

›Du bist ein Hauptmann? Wo ist euer Lager?‹

Da blickte ihn der Mann mißtrauisch an. Und Joseph – in Furcht, er habe dessen Zorn erregt – holte noch eine Frucht hervor, reichte sie ihm hin.

Der Mann aber streckte aus nach der Frucht die steingeschlagene Hand, als hinge die nicht in Fetzen. Und berührte die Frucht und mühsam umschloß sie. Dabei sprach er:

›Unsere Legion, weiß du es nicht, lagert bei Kursi. Wir aber gehen voran, mein Trupp, der die Wege räumt der Legion und ihr voraus säubert die Dörfer von gefährlichem Ungeziefer. Hast du's nicht schon gehört?‹

Und Joseph antwortete: ›Gehört? Ich bin hier fremd und habe niemanden, der mir berichtet. Was hätt ich gehört?‹

Da kam Unruhe über den Mann. Und die Frucht essend, als wolle er sich beruhigen am fruchtigen Fleisch, sprach er: ›Es nisten Rebellen hier, das weiß jeder. In jedem Dorf liegen sie mächtig, haben Zuhelfer da, haben dort ihre Liebchen, ganze Familien in ihre Netze verstrickt. Gemeldet wurde: Gefahr für die Legion. Es hieß: Die Rebellen planen, ihr in den Rücken zu fallen, sobald die Legion an einer bestimmten Gruppe von Dörfern vorbeizieht.

Da erhielten wir, mein Trupp und ich, vom Boten Befehl, die Dörfer sämtlich vom Rebellengesindel zu säubern. Nur drei Tage ist's her, daß ich ankam mit meinen Soldaten und den Rand der Dörfer erreichte.‹

Da deutete der Mann in verschiedene Richtungen, als lägen die Dörfer im Kreise versprengt um die Grabhöhlen, und fuhr fort:

›Als wir aber jenen Befehl erhielten, der Legion voraus zu säubern die Dörfer, frag ich den Boten: „Gilt das auch für Frauen und Kinder?" Und der Bote wies auf den Befehl, den ich hielt, wo's doch hieß: „Jeder, der Waffen trägt oder zu fliehen sucht, gilt als Rebell." Da hatt ich die Antwort. Wir also los. Und wenig später schon näherten wir uns dem ersten der Dörfer.‹

Hier veränderte sich die Stimme des Mannes wieder. Denn sie verlor ihre Sicherheit, als würfe sie ab das Panzernde, gäbe sich Blößen mit jedem Wort mehr, das sie erinnernd ausschritt:

›Gleich am Dorfeingang rannten zwei aus einem Gebüsch schreiend ins Dorf. Die Alte trug einen Stock und die Jüngere … weiß ich nicht mehr. Denn schon sandte ich zwei von den Meinen nach ihnen los, die schlugen zu. Und ich sah's. Und wir hinterher.

Da sprang mir entgegen, ich weiß nicht woher, ein Kind. War's aus einer Hütte gestolpert? Weinte es? Ich weiß es nicht mehr.

Denn jetzt ging es los, als spräng uns von überall her Gefahr in den Nacken. So daß wir zuschlugen, sie überall gut erkannten, die sich in den Löchern verkrochen, vergeblich in ihrem Hinterhalt enden mußten. Denn unsere Lanzen stachen in die Häuser hinein, in die Zisternen hinab und quer in die Kornspeicher, und drangen tiefhin noch hinab in die Brunnen. Denn selbst unters Wasser hatten sich welche versteckt, am starren Zugseil sich haltend, das sie verriet.

Unsere Entschlossenheit aber erschreckte sie so, daß kein Pfeil, kein einziger Pfeil, keine Lanze, kein geschleuderter Stein traf die Meinen.

Wir hielten, das Geschrei zum Schweigen zu bringen, Flamme an jede Hütte, die wir verriegelt fanden, Flamme an jedes Haus. Warteten, bis sie öffneten, rauchblind herausrannten in unsere Schwerter.

Und ein paar sah ich von Meinen, die hatten einige Leute zusammengetrieben am Rande der Felder.

Und der Kerl – ich kannte ihn gut, ein guter Soldat – machte Anstalten, als seien's Gefangene und als habe er Gefangene gemacht. Und weigerte sich, als ich ihn hieß: „Zuschlagen, schlag zu!"

Der weigerte sich, einzuhauen auf diese, behauptete: „Die tragen nicht Waffen." Es seien nur alte Männer, Kinder und Frauen, Säuglinge auch darunter.

Da nahm ich ihm ab sein Schwert. Und vor allen andern hab ich's gezeigt ihm. Wie ein Römer Befehle ausführt, wenn's zu schützen gilt die Legion. Und erhielt sogleich Hilfe von einigen, die mir zustechen halfen. Und wortlos, durch Taten und Tun, befeuert warn wir. Denn wortlos durchstachen wir Leiber und Kehlen, abschlugen Hände und Zungen und Haupthaar in zwei. Und so bei allen zweiundzwanzig. Denn der Kerl, der gefangennehmen wollte und dem ich abnahm das Schwert, hatte zweiundzwanzig Rebellenhelfer zusammengetrieben.

Und ich ließ nachzählen ihn, als sie schließlich lagen zu Boden am Feldrand.

Und auch von anderen erhielt ich jeweils die Zahl der von ihnen Niedergemachten.

Und es war noch am Feldrand, beim Zählen der zweiundzwanzig, wir standen noch dort, da kommt einer auf mich zu, fragt:

„Virdanus, du weinst?"

Und – siehst du – ich hatte es nicht bemerkt. Denn weinend hatte ich niedergemacht, die da fielen. Und wußte plötzlich: es war das Kind. War das Kind gewesen, das ich am Eingang des Dorfes getötet. Das war's gewesen.

Denn danach, schon im Eingang, ergriff mich der Dämon. Und ich sah ihn in anderen ebenso, einschreitend mit uns ins Dorf, wie er mir und den Unseren den Rücken stärkte, doppelnd die Wucht lanzenschleudernder Arme, fachend den Hunger unseres Schwerts und der Fackeln, die uns führten die Hände.

Denn alles wurde geschlagen, Tier und Mensch. Und wir alle taten es gleich, ließen nichts und niemanden stehen in den Dörfern.

Bis sie aufstanden wieder. Alle mir aufstanden, die ich gefällt. Allen voran das Kind.

Als ich das Kind sah, ich weiß nicht mehr wann, drüben im Dorf, wo ich mich niedergelassen hatte, ein ausgedienter Soldat – denn dort hatt ich Verwandtschaft, hatte einst eine Frau, hatte Kinder –, als ich das Kind sah … – wie lang ist es her? Nur drei Tage scheint's her, daß ich schwertschlug das Kind, daß ich's überschritt noch im Hiebe. Nur drei Tage scheint's her. Denn da: im eigenen Dorf stand es vor mir. Und brachte sie alle mit sich, brachte zu mir, Nacht für Nacht, mehr und mehr der Durchstoßenen.

Bis die, mit denen ich lebte im Dorf, mich nicht länger duldeten. Mich hinaustrieben, hierher, den Grabhöhlen zu.

Denn sie ertrugen es nicht, daß ich schrie immer wieder, und ausführte seinen Befehl. Denn das Kind bringt die Schwertdurchstoßenen heute noch zu mir, geleitet zu mir die Pfeildurchbohrten, führt an der Hand her die Lanzendurchrannten, versammelt sie um mich Nacht für Nacht. Auch am Tag, wenn ich glaube, ich könnte entkommen dem Kind im Schlaf, da gelangt's zu mir mit welchen und zeigt sie im Augenblick mir, da mein Schwert in sie fuhr. Und dann ruft das Kind mir:

„Nimm auf!"

Und ich nehme auf, was vor mir liegt. Ich gehorche. Dann ruft es:

›Schlag zu!‹

Ruft immer wieder:

„Schlag zu!"

Und ich schlag zu und gehorche.‹

Da gab Joseph dem Mann, den sie nannten Virdanus, zu essen. Nicht weil der hungrig gewesen wäre, sondern weil Joseph sah dessen Hand, wie sie gehorchen, wie sie aufnehmen wollte das nächste, den Stein, der da lag.

Und Joseph, ratlos entsetzt und doch mitleidend mit ihm, sprach zu ihm:

›Es wird regnen heut nacht, gib mir Schutz bei dir. Dann will ich dich schützen vor ihnen und vor dem Kind, wenn sie kommen. Aber laß mich dir zuvor binden die Hände, damit du dich nicht wieder schlägst, seinem Befehl nicht gehorchen kannst.‹

Und der Mann gab zurück die Frucht und ließ sich binden. Da band Joseph ihm beide Hände. Auseinander band er sie aber, hielt sie mit Strängen, daß weder die eine noch die andere den Mann erreichten. Und links und rechts, um zwei auseinanderliegende Felsblöcke im Innern der Höhle band er die Stränge.

Und als es dunkler wurde, entfachte er kein Feuer. Denn der Mann sagte, in jedem Feuer stünden Hütten und Häuser in Brand, und es warteten darin Verriegelte, ihm herauszulaufen ins Schwert.

Und Joseph schälte und schnitt die Frucht und fütterte den Gebundenen. Und er hielt ihm mit Fingern, nicht mit dem Messer, das Stück an die Lippen.

Draußen aber fiel kein Regen, alles blieb trocken und still.

Da aber, in der Nacht, Joseph schlief, kam wieder Geschrei.

Und Joseph erwachte und sah den Mann losgerissen, die Fesseln blutig am Boden. Er schlug sich aber mit Steinen, die er am Boden fand.

Da rannte Joseph los, ihm einzuhalten die Hand. Und wurde zurückgeworfen, zu Boden geschmettert von einem, der wie ein Riese um vieles war stärker als er.

Kaum lag Joseph aber am Boden, achtete der Mann nicht mehr auf ihn. Als läge da keiner. Sondern folgte jenem Befehl und, schreiend und stöhnend vor Schmerz, daß die Grabhöhle hallte davon, führte ihn wieder und wieder aus.

Joseph aber nahm, was er an Eßbarem in seiner Tasche übrig fand, und legte es an den Eingang und zog in der Nacht noch davon.

Und der Mann Virdanus ergriff ihn in vielen Gedanken, und, wie ein Ertrinkender, ließ nicht von ihm.

Kapitel 20
Die Stimme

Bald aber wußte Joseph nicht mehr, wie viele Tage vergangen waren.

Denn er blieb in der Gegend gefangen-verloren, wanderte ziellos. Bis er suchen wollte, besuchen die Stelle, wo er das Leergrab am Ufer gebaut.

Da kam es, daß er die Stelle fand, als ein Gewitter übers Land zog. Und in strömendem Regen kletterte er den Steilhang hinab zu ihr. Und hing mehrere Male am Felsen bei gefährlicher Glätte, denn Wasser wusch über die Felsen.

Und Joseph sah, daß auch unten Gefahr war. Denn übers Ufer hinaus bis ans Grabmal sprang manche Welle. So daß

Joseph wußte, alles kann weggerissen werden noch diese Nacht, schon mit der nächsten Woge.

Joseph aber stieg tiefer hinab, bis er an Felsen zum gischt-überschwemmten Ufer gelangte.

Und er stierte durch den Regen hin, suchend die Stelle des Leergrabs, denn es war dunkel geworden.

Da, als Blitze herabbrachen, sah Joseph es leuchten. Es war aber der rindenlose Stamm, den er einst zwischen die Steine in die Mitte des Mals gestellt, der leuchtete bleichge-waschen herüber.

Joseph aber suchte nach Schutz, sich unterzustellen. Denn mit dem Regen brach auch Gestein herab und schlug im Herabschlagen anderes los.

Wo das Mal aber schloß an die Felsen, da fand Joseph einige Steine in der Mauer des Mals, das er aufgerichtet, herausgebrochen am Boden. Als habe jemand wollen hin-einspähen, ob Wertvolles aufbewahrt läge.

Da stieg Joseph ins Innere des Mals und kauerte sich hin auf die Steine am Boden und umschränkte beidarmig die Knie und senkte den Kopf darauf, denn ihn fror. Joseph aber haderte mit sich und höhnte: ›Ist es so weit gekom-men? Bin ich hinabgestiegen, um Schutz zu suchen bei ihm, den ich schutzlos ließ und ertrinken?‹

Und er hörte die Gischt, angepeitscht von den Winden, hinschlagen ans Halbrund des Mals und fühlte das Wasser hinsprühen an ihn durch die Ritzen. Und dachte: Wenn die Woge mich losreißt von hier, seh ich wieder den Sohn?

Schon will er's im Geiste bejahen, als spräch er zur Woge: ›Schlag zu!‹

Da kommt ihm quer ein das Bild der Frau, die er liebt, und durchkreuzt den Geist, hält ihn ruhigend, fest, hält ihn ein.

Und Schlaf fiel auf Joseph. Und er schlief im Grabdenk-mal, das er Jesus gebaut.

Dem Kauernden aber, der umschränkt hielt die Knie, als hielte er den Geretteten, träumte von einer Stimme, die spricht:

72

›Joseph, nimm auf mein Wort und trag es aus! Denn dir wird ein Sohn geboren werden. Ihm gib zurück den Namen!‹

Da erwachte Joseph am Morgen und stieg hinauf, entschlossen, heute noch die Fesseln zu brechen des Herumirrens und Wartens. Er wollte aber den Weg nehmen zum Dorf, das er Maria als Ziel seiner Flucht genannt hatte.

Denn dort, dachte er, in Hoffnung über den Traum, werd ich erfahren, ob sie mir Zeichen gesandt hat zurückzukehren, Vermählung zu feiern mit ihr.

Kapitel 21
Das Mädchen

Und Joseph nahm den Weg gen Mittag und erreichte die Schlucht des Baches Kerit. Und ging längs des Baches, der schneidend herabfließt zum Jordan. Da lagerte sich Joseph nahe des Bachs, als es Nacht wurde.

Es waren aber Bach und Fels, wo Elija sich einst vor König Ahab verborgen und Unreine, die Raben, ihm Brot und Fleisch gebracht am Morgen und Abend und Gott den Propheten geheißen hatte: ›Trink aus dem Bach. Und daselbst verbirg dich!‹

Und Joseph des Abends, als ihn dürstete, ging hin und beugte sich übers Wasser und trank aus dem Bach.

Und sein Wasser war kalt, eisig schneidend, als fiele dort Schnee.

Und noch im Liegen fühlte er unter den Wangen bis hinab in den Bauch die Kälte des Bachs, davon er getrunken.

Am Mittag des nächsten Tages erreichte Joseph die Gegend vor Kochaba, Sterndorf der Mutter und seiner Sippe.

Und als er hinschritt zum Dorf, blieb er stehen am Feldrand. Da kam von hinter ihm her eine Gruppe Trauernder von einem Begräbnis zurück.

Und sie zogen an ihm vorbei. Und einige sahen ihn. Manche aber hielten und deuteten auf ihn: ›Ist es nicht Joseph? Ist er zurückgekehrt?‹ Und man zog ihn vom Feldrand her. Und sie begrüßten ihn.

Es war aber nicht Begrüßung, die erfuhr Joseph, sondern war ein Umklammertwerden, so heftig, daß sein Kopf zwischen Schulter und Kopf des anderen, den er noch kaum erkannt hatte, festsaß.

Da erfuhr Joseph: Auch ihr Weinen galt ihm.

Denn soeben hatten sie Josephs Mutter begraben und kehrten zurück ins Dorf. Und sprachen: ›Zu deinem Vater und zu deiner Frau haben wir sie gelegt.‹

Und einer hielt Joseph fest und wollte ihn länger nicht lassen, so daß andere schrien. Und der flüsterte unterm Geschrei in sein Ohr: ›Sie hat dich geliebt.‹ Aber als wolle er sagen: ›Und ein Undankbarer hat sie verlassen.‹

Andere küßten Joseph und weinten an ihm, während er reden hörte: ›Wie hat er's gewußt? Denn sprach sie nicht gestern noch mit uns?‹ Und einige sagten zu Joseph: ›Noch gestern war sie erwacht und sprach uns von dir.‹

Und als sie am Abend zur Trauer im Hause der Toten versammelt waren, und Joseph unter ihnen, hieß es:

›Vor Wochen schon, als sie im Sterben lag, hatten wir nach dir geschickt. Und einige in Nazaret sagten, du seist in Sepphoris beschäftigt und schon seit längerem nicht von der Arbeit zurückgekehrt. Als unsere Boten aber ...‹ – und sie deuteten auf zwei, Vater und Sohn, die gebückt in der Ecke saßen und im Dorf bei vielen aushalfen, sich ihr Brot zu verdienen – ›... als die aus Nazaret aufbrachen, weiterzuziehen gen Sepphoris, dich dort zu finden, seien sie am Ausgang von Nazaret von deiner Verlobten gehalten worden. In größter Sorge war sie um dich. Und sprach zu unseren Boten: „Geht nicht nach Sepphoris. Sondern sucht zurückhin zu euch. Denn Joseph reiste vor einiger Zeit, mit dem Ziel, euch und seine Mutter zu sehen." Und sie bestand darauf, daß unsere Boten zurückkehrten, denn sie fürchtete, es könnte dir etwas zugestoßen sein auf dem Weg hinab. Allein seist du losgezogen, allein. Nun aber, als unsere Boten zurückkehrten, im Glauben, sie würden dich antreffen bei uns, wußte niemand von dir. Heute aber kommst du zu spät.‹

Da fragte neugierig der Sohn des Boten: ›Wo warst du, als deine Mutter uns sandte, dich zu ihr zu rufen?‹ Sein Vater aber stieß ihn, zu schweigen.

Als die Leute sahen, daß Joseph nicht antworten wollte und seine Gründe verbarg, aber litt, der Toten nicht mehr Trost gewesen zu sein, da zeigten sie ihm ein kleines Mädchen. Das war sechs Jahre alt und das Töchterlein des Nachbarn.

Und man hieß sie singen ein Lied, das die Kleine der Mutter Josephs öfter gesungen. Denn seit zwei Jahren, so erzählte man, habe das Mädchen das Haus der Witwe besucht und war öfter bei ihr gesehen als bei der eigenen Mutter.

Und man setzte das Kind auf seinen Schoß, als es leise zu singen begann, daß er's höre. Und als Joseph sie singen hörte, erkannte er's: ein Lied, das die Mutter ihm sang, als er Kind gewesen im Haus, darin es nun wieder klang. Die anderen aber wußten das nicht. Und in den Silben, die das Mädchen länger behielt, langzog, als begrüße sie jemanden freudig, verweile, umhülle ihn mit Silbentuchsang, sah er die Hände der Mutter vor Augen und hörte das Lied, das ihre Lippen ihm sangen, wenn sie ihn wusch und ihn zu trocknen umhüllte.

Als einige aber aufbrachen, zog ihn das Mädchen hinaus und führte ihn an der Hand. Und es sagte, das sei, ihm etwas zu zeigen.

Die Sonne war untergegangen, der Himmel aber noch hell. Und das Kind zog ihn vors Dorf an ein Feld, dort hatte man noch nicht geerntet.

Und das Mädchen sah sich um. Als es sah, daß ihnen niemand gefolgt war, auch auf dem Pfad niemand kam spät vom Feld, da kniete es hin. Und auch Joseph sollte hinknien: so sah es zu ihm herauf.

Und da er's tat, begann sie, ihr Lied nochmals zu singen. Und ließ die Augen nicht von den Ähren des Felds, deren erste nur drei oder vier Ellen entfernt standen.

Als sie aber geendet hatte, schwieg das Kind wartend, als hätten nun Antwort zu geben die Ähren.

Und beide verharrten still.

Joseph aber wußte nicht, was sie ihm zeigen wollte, und hielt das Kind für vom Tode verwirrt. Da ergriff er ihre Hand, zurückzugehen mit ihr.

Sie aber sang es nochmals, das Lied. Nochmals hin zu den Ähren, und blieb auf den Knien vor ihnen. Und um sie mitzutrösten über die Verlorene, holt er sie ein in der Silbe des Lieds und singt's leise mit. Das Mädchen aber hört es und hebt den Blick auf zu ihm. Sieht ihn an, als hätte sie es ihm beigebracht und er, als ihr ›Sohn‹, hätt es von ihr schon gelernt.

Da, als sie's sangen, raschelte es im Korn. Und die Ähren teilten sich, denn es trat aus den Ähren heraus ein Fuchs und blieb sogleich stehen im Abstand vor ihnen.

Und das Mädchen drückte Josephs Hand fester, als sage sie: ›Siehst du, wer kommt.‹

Und sie sang für ihn. Joseph aber hielt ein. Und wieder drückte sie ihm die Hand, als sage sie: ›Deine Stimme bleibe nicht hinterher.‹ Da nahm Joseph das Lied wieder auf.

Langsam schritt der Fuchs seitlich des Feldes davon, verharrte nochmals und wandte den Kopf und sah zurück auf die Knienden her. Sein Fell aber war nicht rotbraun, sondern Joseph schien es hell, gelblich blaß von der Farbe des Korns.

Da drückte das Kind die Hand Josephs ein drittes Mal, denn er hatte dem Fuchs nachgesehen, der davonzog.

Und Joseph sah wieder her, zurück auf die Stelle, wo der Fuchs aus den Ähren getreten. Da kroch eine Schlange heraus, angelockt vom Gesang.

Und leicht – kaum rührt sie sich – drückt die Hand des Mädchens die seine ein viertes Mal: ›Nicht bewegen!‹

Da hob die Schlange auf ihren Kopf aus dem Staube des Felds.

Kapitel 22
Das Zeichen

Am nächsten Morgen, früh, noch vor Sonnenaufgang, ging Joseph zum Grab, wo beigesetzt war die Mutter.

Und das Gras war zertreten um die Stelle, wo man sie abgesetzt hatte, zu öffnen ihr Grab.

Und der Ort roch nach Salben.

Als er so stand, kam hinterher ihm der Bote, den man mit seinem Sohn nach Nazaret gesandt hatte, Joseph zu holen, als dessen Mutter im Sterben lag. Und Joseph ging auf ihn zu.

Da gab ihm der Bote ein Stück Lappen, in den etwas eingenäht war, und sagte:

›Maria, deine Verlobte, hat's mir gegeben für ihren Mann. Denn sie drängte uns, nicht nach Sepphoris zu gehen, und sandte uns damit zurück.‹

Als der Mann wieder gegangen war, riß Joseph die Naht auf und erkannte das Stück ihres Tuchs, das sie in der Nacht seiner Flucht als Zeichen ausgemacht hatten.

Es war aber ungefärbt.

Kapitel 23
Die Nebel

Am selben Tag verließ Joseph das Sterndorf der Mutter, und ging längs des Baches Kerit, den Weg zum Jordan zurück.

Und er ging hin ans Ufer des Bachs und setzte sich und beugte sich hinab. Es war aber die Stelle, wo er das eisig schneidende Wasser getrunken und der Raben des Elija gedacht.

Und Wissen schnitt ein in ihn, daß er beugend hielt inne, die Lippen noch überm Spiegel, und sprach zum Antlitz im Bach:

›Als dich dürstete hier, noch warst du Sohn.‹

Und er stand auf und trank nicht.

Da sehnte er sich, Maria zu sehen. Und ihm kam in den Sinn, wie das Mädchen im Dorfe gesungen und was es ihm verborgen gezeigt. Und er ließ das Bild der Mutter, ließ es verborgen im Kinde zurück.

Hier aber sang er zur Frau. Sang beim Gehen in der Schlucht längs des Baches zum Jordan hin. Sang sich ein Lied, das er kannte. Und Joseph dachte: Morgen bin ich bei dir, werde dich wiedersehen.

Er sang aber aus Salomos Lied beim Gang durch die Schlucht längs des Baches Kerit:

> Meine Taube, noch felsenverhüllt
> Im Sproß meines Aufstiegs verborgen
> Sehend mach mich im Angesicht dein
> Hörend mach mich im Sang deiner Stimme
> Denn süß ist die Stimme und
> Anmut dein Angesicht.

Bei Nacht schlief Joseph unweit des Jordan, wo einmündet der Bach Kerit in den Fluß. Er ging aber nicht über den Fluß, weil es dunkel geworden war im Tal.

Da träumte ihm in der Nacht, er ginge noch immer längs des Kerit, singend sein Lied, das er der Frau gesungen. Und kam an einer Stelle des Bachs vorbei und sah einen Raben sitzen am anderen Ufer. Und im Traum wußte Joseph: der hat Elijah genährt. Da kniete er hin und beugte sich übers Wasser, daraus zu trinken, denn ihn dürstete. Und er erstaunte: Eisbedeckt war der Bach und gläsern das Eis. Darin eingefroren aber zwei Tauben.

So sah es Joseph im Traum.

Bei Morgengrauen, als er erwachte, rätselte er über den Traum. Denn er verstand ihn noch nicht, war aber beunruhigt.

Joseph dachte: Welche Nahrung soll mir das sein, die der Rabe Elijahs da bringt? Denn der Bach verweigerte mir, wonach mich dürstete. Und hielt zwei Tauben umklammert, der Eisige, und verweigert ihnen das Leben.

Da erschrak Joseph, daß er gestern, wie auch im Traum dieser Nacht, von seiner Frau gesungen, sie im Lied seine Taube genannt hatte.

Und Joseph drängte es, den Fluß zu überqueren, auf Nazaret zu. Im Jordantal aber lag dichter Nebel.

Da suchte Joseph längs des Ufers nach der Furt, die er kannte und öfter benutzt hatte hinüberzugehen.

Und als er sie gefunden, stieg er in den Fluß und schritt vorsichtig voran und tauchte in die Nebel, die sich auf den Jordan gesenkt.

Nachdem er so eine Weile vorangegangen war, glaubte er sich in der Mitte des Flusses, und das Wasser reichte ihm über die Brust.

Und beim nächsten Schritt: bis zum Hals.

So daß Joseph glaubte, abgewichen zu sein oder den Ort der Furt ungenau gewählt zu haben.

Da ging er nach rechts, schritt ein Stück voran und glaubte, er ginge der Strömung entgegen. Nach wenigen Schritten aber sah er: Der Fluß zieht mit mir, abwärts steig ich. Und wandte sich nochmals um, in entgegengesetzter Richtung flußaufwärts zu gehen.

Da schien ihm nach wenigen Schritten, als strömten die Wasser von links auf ihn zu, gegen die Seite der Brust, als bewege er sich ans alte Ufer zurück.

Und er hielt verwirrt ein, weil er die Richtung verloren hatte und nicht mehr wußte, wo das Ufer lag, von dem er ausgegangen war, und wo das andere, zu dem er hinwollte.

Und einhaltend hielt still und lauschte.

Und das Wasser floß kälter als sonst, schien ihm, und tonlos schien es dahinzuziehen.

Er tastete sich weiter durch Nebel und Wasser, bis ihm das Wasser wieder reichte zur Brust. Schnürend kalt aber floß es, eisig geworden, als klammerten die Wasser um ihn.

Und abermals hielt Joseph und lauschte.

Da hörte er keinen Laut. Kein Rauschen. Nicht das Streifen des Wassers am Schilf, nicht das Schürfen des Wassers am Ufergestein.

Stille.

Und er erinnerte sich, daß es so still gewesen war einst, als er, ein Kind noch, nachts in der Wüste erwacht war und die Eltern nicht fand.

Stille.

Und er nach ihnen schrie.

Da war die Stille, die folgte den Schreien des Kinds, stiller noch als die Stille davor.

Jetzt aber am stillsten, hier in Wasser und Nebel.

Und Joseph rief, ob er von irgendher Antwort erhielte.

Aber es kam nichts, auch der Hall seiner Stimme kam nicht zurück.

Und Joseph sah auf das Wasser hinab, dessen Oberfläche unterm Nebel – kaum zwei Hand tief sah er hin – gleichmäßig war, eben und glatt.

Da tauchte Joseph den Finger hinein zu sehen, wohin die Strömung zöge, sich neu zu bestimmen die Richtung.

Aber es stand still der Jordan, nicht länger stieg er hinab. Still ohne Strömung, ohne irgend Bewegung verharrte der Fluß.

Da war's Joseph, als stünd er schon Stunden im Nebel, als sei's zeitlos eisiger Aufenthalt hier, verloren im Fluß, uferlos stehend und still.

Aber da – der Schrei eines Raben zerreißt die Nebel. Joseph sieht den Vogel über sich queren, im Eilflug querend den Menschen im Fluß.

Da ahnt Joseph, daß sich mit Maria etwas verändert, und weiß seine Frau in Gefahr.

Und er nahm durch die Wasser Richtung, folgte dem Riß durch die Nebel, den gerissen der Rabe im Flug. Und fand an das andere Ufer und eilte hinauf, Nazaret zu.

Kapitel 24
Der Name

Vor Einbruch der Nacht erreichte Joseph das Dorf der Nazoräer. Aber betrat es nicht. Sondern wich aus zu warten, bis es Nacht wäre. Denn zu besorgt war er um die Frau und wollte, ungesehen von anderen, erst reden heimlich mit ihr.

Und wartend auf die Nacht stieg er vorsichtig ums Dorf, nach der Zisterne zu sehen.

Und als er das Feld erreichte, blies ein staubiger Wind. Und er lief durch ihn hin. Und Joseph ging auf den morschen Baum zu, nahe dem er einst Wasser vermutet, aber Maria liegend gefunden hatte.

Und gleich sah er den offenen Mund der Zisterne. Denn nicht mehr bedeckt lag das Versteck.

Und als er hinzutrat, hinabsah, hinabstieg sogar, um genauer zu sehen, fand er niemanden, keine Spur mehr des Sklaven.

Da dachte Joseph: Was sorge ich mich? Er liegt nicht mehr unten, denn seine Wunden sind nach so langer Zeit längst geheilt. Sie aber wird klug alles entfernt haben – auch Bettstatt und Seil, die ich ihm gelegt –, damit späterhin nichts von ihm zeuge.

Und Joseph bemerkte, im Boden der Zisterne wuchsen einige Ähren. Und dachte: Wie seltsam. Selbst wenn sie die ins Trockne gesät und noch begossen hätte, wie kämen sie hier im Dunkeln herauf?

Da befaßte er eine der Ähren, die war hüfthoch gewachsen. Und als seine Hand sie umschloß, fand er sie reif und geneigt. Und er ließ aufwärts streichen die Finger bis zu den stachlichten Grannen.

Als es aber Nacht geworden, schlich er sich, wie beim Abschied, hinab zum Haus ihrer Eltern.

Die Hitze des Tages hatte zur Nacht kaum nachgelassen. So fand er im Haus nur einen der Brüder liegen im Schlaf.

Da stieg er leise die Leiter hinauf, die lehnte am Haus.

Und fand Maria auf dem Dach schlafend, bei den andern.

Sie lag aber der Leiter so nah und abgewandt von den anderen, zugekehrt nur der Leiter, daß Joseph wußte, sie bangte um seine Rückkehr und wollte, daß seine ausgestreckte Hand, kehrte Joseph bei Nacht, noch von der Leiter aus sie rasch wecken könnte als erste, ohne daß es erführen die andern.

Aber Joseph, auf der Sprosse stehend, war so glücklich, sie wiederzusehen, daß er den Arm, der sich ausstreckte schon, wieder einzog, hinauszuzögern die Zeit bis zum Blick ihrer Augen. Und zu betrachten, die er zu sehen ersehnt hatte, Maria.

Und da er sie schlafend betrachtete, die junge Verlobte, wich von ihm Angst, die er gefühlt hatte tagelang und die unbestimmt ihn bedrängt. Und er sah Marias Hände schlafend um die Zipfel eines Tuches gelegt, das sie fest hielt und sich bis über die Hüften gezogen.

Und Joseph erkannte das Tuch, und in den Schlüften der Falten gerafften Blaus auch Teile der bleichen Sterne.

Denn er hielt davon einen Streifen bei sich unterm Gewand, von ihr gewoben und ungefärbt, das dem Boten übergebene Zeichen.

Und er staunte sie an, die schlafende Frau, sah ihrem Atmen zu und ihren im Tuch sich fest verschränkenden Händen und dachte: So hält sie, festhaltend das Tuch bei der Nacht, noch im Schlaf fest den Augenblick unseres Himmels, da ich sie bei der Zisterne sah und meine Sternenfrau zum ersten Mal weckte.

Und Joseph beugte sich über sie und hielt inne. Und streckte aus seine Hand und berührte ihre Schulter.

Da öffnete Maria die Augen und still sah ihn an. Ihre Hände aber lösten nur schwer sich vom Tuch, auch ihn zu berühren. Still sah sie hin, als könne er Traumbild sein, von dem sie noch träumte. Still sah sie hin, als wolle sie's fassen: Jetzt ist er zurück, den ich fasse.

Und sie erhob sich.

Und mit ihm stieg hinab.

Und sie führte ihn bei der Hand. Denn sie wußte, das Haus der Witwe, in das sich beide beim Abschied gestohlen, war wieder bewohnt.

Und er, gerne ließ er sich führen von ihr. Und die Ungeduld im Griff ihrer Hand kam wie Freude.

Und sie zog ihn hinaus vors Dorf, daß niemand sie sähe. Es war aber der Weg zur Zisterne, den sie einschlug.

Da hielt er sie auf und kam ihr im Dunkeln näher, sie anzusehen. Und sie umarmten sich.

Maria aber, kaum war sie umarmt und umarmte ihn, wich ihm aus. Und sie stand gefaßt vor ihm, still. Da glaubte er, halb zu sehen, halb zu hören: Tränen, daß sie weinte vor ihm.

Joseph sprach zu ihr: ›Frau, warum weinst du?‹

Und sie schwieg.

Und Joseph sprach: ›Dein Zeichen, den Streifen Tuchs, ich erhielt ihn erst vor zwei Tagen im Dorf meiner Mutter.‹

Und sie weinte vor ihm und schwieg.

Da fragte Joseph: ›War dir von ihrem Tod schon berichtet und trauerst du nun?‹

Kaum aber hatte er gesprochen das Wort vom Tod seiner Mutter, hörte er an ihrem Weinen, daß sie nicht davon wußte. Und er nahm sie in den Arm, sie zu trösten.

›Nun bist du aber mein Trost‹, sprach er. ›Du umfängst mich, so hältst du die Trauer in Schranken.‹

Und als sie immer noch weinte, fragte er sie: ›Wie ist dir? Kanntest du sie doch kaum und –‹

Da unterbrach sie ihn, sprach: ›Joseph, wie könnt ich dir

Trost sein? Da ich doch trauere um *dich*. Dich verloren zu haben.‹

Und Joseph hielt, da wieder eindrang die alte Angst. Er sprach: ›Was redest du da? Ist die Gefahr nicht vorüber? War das nicht dein Zeichen?‹

Und sie antwortet: ›Zurückhaben wollte ich dich. Verzweiflung war also das Zeichen. Denn wie soll ich dir, mein Joseph, erklären die Zeichen?‹

›Deine Tränen? Sprichst du von –‹

›Schwanger bin ich.‹

›Schwanger …? Wie kann das sein?‹

Sie schwieg, weinte noch immer – und sah ihn doch an, ohne ihr Gesicht zu senken. So sah er ihre Verzweiflung, Augen weit aufgerissen. Da war Joseph, als sei er von der Welle geschlagen, leerhändig, beraubt. Als sei die, die vor ihm stand, beraubt ebenso – weil er die Schutzlose nicht beschützt hatte, sie ihm aus den Händen geschlagen war im Sturm, den er nicht kommen gesehen. Und geschlagen, schwach, starrstehend sprach er:

›Wie …? Mit wem warst du?‹

›Mit niemandem war ich, und niemand kam zu mir.‹

›Mit wem!‹ schrie er plötzlich, ›Gib's zu!‹

›Ich habe es dir gesagt.‹

›Nicht den Namen, nicht seinen Namen hast du gesagt! Gib ihn her, du …‹

Und Joseph stieß sie von sich, daß sie ihm aus den Augen wäre. Denn er verstand nun nichts mehr. Und hatte keinen Stand und hielt nur fest an:

›Den Namen, gib ihn mir, der bei dir war!‹

›Ich bin dir verlobt …‹

›Verlobt! – Verlogen! Rück ihn mir raus, den du deckst, der dich –‹

›… verlobt *dir*, keinem andern. Und von keinem anderen je erkannt.‹

›Du lügst! Wie du lügst! Und mir noch in die Augen siehst!‹

›Die Wahrheit sag ich.‹

›Dann sag's, sag doch, mit wem du lagst. Sag mir die Wahrheit, wie lang du's ausgehalten hast ohne mich. Du dachtest wohl, der flieht auf immer von mir, erkennt, mit wem er's hier zu tun hat, der kommt nicht mehr. Nun schnell zum andern! War's nicht so? Und zu wem hast du dich gewandt, du?‹

Da blieb sie still.

In ihrer Stille stand etwas, das war so angreifbar, daß es nicht angegriffen werden konnte. Als sei der Irrsinn, den sie ihm zu offenbaren wagte, die Wahrheit offenbar.

Aber als er bemerkte, daß ihre Stille ihn fing und ihn still sein ließ ebenfalls, da widersprach in ihm ein anderes. Und angewidert wollt er gehen, wollt fliehen wieder. Fliehen das Dorf, das noch nicht von seiner Rückkehr wußte. Denn Joseph schämte sich für sie.

Da hört er sie sagen:

›Nur du weißt es. Sonst weiß noch niemand. Aber … – ‹

›Aber was? Was denn? Wann werden sie's wissen? Sag mir's! Wenn einer dich im Schlaf sieht liegen, du im Traum – von deiner Untreue träumend – vergißt, das Tuch da um dich zu schränken? Dann? Wenn du fallen läßt deinen Sternenhimmel, ausschreitend Blöße dir gibst, daß ein jeder zeigt auf die angeschwollene Jungfrau? Dann?‹

Sie schwieg.

Joseph aber fuhr fort: ›Nicht mehr so lang, denke ich. Denn woher weißt du, daß, der mit dir lag, es nicht in aller Ohr geflüstert?‹

›Weil ich nur dir gesagt, wie's mit mir ist. Nur dir.‹

›Du überläßt es mir. Dich anzuklagen vor den andern. Wie edel!‹

›Recht so, ich überlaß es dir. Und muß dich noch dabei verteidigen. Denn du mußt wissen: Man hat uns gesehen in jener Nacht, als du mich zogst ins Haus der Witwe. Da sah uns jemand, sah dich mit mir eingehn ins dunkle Haus. Nun wird man uns anklagen, wenn's offenbar.‹

›*Wer* sah uns?‹

›Meine Mutter.‹

›Die's also bereits weiß?‹

›Sie weiß es nicht. Nur, daß du Nazaret in jener Nacht verlassen mußtest. Weiß nicht, warum. Sie ahnt vielleicht, es könnte ... –‹

›*Was* ahnt sie?‹

›... es könnte mit den Söldnern zu tun haben, die unser Dorf betraten bei Morgengrauen. Es war am dritten Tag nach deiner Flucht.‹

›Die suchten nach mir?‹

›Nach einem entflohenen Sklaven wurde gesucht. Zwei Söldner kamen, gesandt im Auftrag des Herrn eines Landguts bei Sepphoris. Sein Sklave sei verletzt, hieß es. Die Spuren auch eines Helfers, der den Ägypter mit brutaler Gewalt befreit, führten in unsere Richtung.‹

›Und?‹

›Sie durchsuchten Hütten und Häuser, da ...‹

›Was *da* ...? Versteckst du wieder, versteckst du was? Ich fühl's doch. Wen versteckst du?‹

›Da ..., als sie niemanden fanden, fragten sie, wer hier wohne. Kamen aus der Tür deines Hauses. Wo der sei, der hier wohnt, fragten sie. Und warum nicht im Dorf? Und wie lange schon nicht? Und weil's niemand wußte und sie uns drohten, trat ich vor und sagte, Josephs Haus sei es, du seist mein Verlobter, noch in Sepphoris auf längere Zeit, mit dem Bau eines Brautgemachs dort beschäftigt. Da lachten sie, daß ich errötete, als ich's aussprach. „Und hier baut er noch nichts?" fragten sie frech, daß selbst einige aus dem Dorf mitlachten, weil sie sahen, ich war in Verlegenheit. Die Söldner aber argwöhnten nicht, denn sie lachten ja über uns, glaubten zu wissen, um wen es sich handelt. So waren sie ganz meiner Absicht gefolgt.‹

›Und sahen nicht, wußten nicht – wie *ich* nicht gewußt –, womit du dich trägst.‹

›Schon bald darauf hatten sie die Durchsuchung der

Häuser beendet. Da zwang mich einer von ihnen – denn sie teilten sich auf …‹

›Zwang dich wozu …?‹

›Sie wollten nun die Zisternen und Kornspeicher sehen in der Gegend, auch die Brunnen. Und wir sollten sie hinführen.‹

›Du?‹

›Ich mit dem einen gehen. Er bestand darauf. Denn meine Mutter stellte sich vor mich. Da griff er um sie herum nach mir.‹

›Griff nach dir!‹

›Zerrte mich her, an der Mutter vorbei vor sich hin, mich wegzuführen, daß ich …–‹

›Jetzt sag es schon! Sag mir doch, daß ich's versteh!‹

›Du verstehst es nicht. Denn er hat mir nichts getan. Obschon ich's fürchtete. Ich sollte führen, vorangehen. Und zeigte ihm erst die Speicherhöhlen fürs Getreide und Öl hinterm Haus, auch einige der anderen. Aber er wollte nach außen, wollte die Speicher am Dorfrand sehen und darüber hinaus.‹

›Allein wollt er dich haben, ohne daß jemand zusähe! Gewalt dir zu tun. Sag mir nur, sag mir, daß du geschrien hast. Geschrien hast um Hilfe der andern, und daß er zu weit war gegangen mit dir, zu weit war vom Dorf, so daß niemand dein Schreien gehört.‹

›Was willst du von mir?‹

›Ich will es *verstehen*. Und bin … Wenn dir Gewalt angetan wurde, *will* ich's verstehen …‹

›Nicht aber von ihm, jenem Söldner. Nein, er sagte, die Spuren endeten schon weit vor dem Dorf. Und schimpfte auf den gestrigen Regen. Nun müsse man überall suchen. Und er bat mich um Hilfe, versprach mir Belohnung. Ob ich ihm nicht nennen könnte mögliche Verstecke. Oder einen, der wüßte, wo man ihn hingetan, diesen Sklaven. Denn sie hätten's nicht leicht, sagte er, bei dem römischen Herrn, dem sie dienten. Auch nach anderen Dörfern habe ihr Herr Söldner gesandt, nach Ruma und Gat-Hefer und nach Jafia. Und werde's denen lohnen, die fündig würden. Der Sklave habe nämlich, bevor man ihm half zu fliehen, einigen Schaden angerichtet im Haus und sei ein Wolf, ein unberechenbarer, gefährlicher Bursche. „Also auch eine Gefahr für eine junge Frau", meinte er, „deren Mann der Herrschaft das Brautgemach baut, statt zu achten darauf, wer zu Hause ums eigne Bett schleicht." So und ähnlich sprach er zu mir, als er mich mitzog hinauf und sich führen ließ. Da war's um die sechste Stunde, und alles stand still in der Hitze. Niemand auf unserem Weg. Und glaube mir, ich befürchtete, wie du jetzt befürchtest, und gab mich schon auf, als er loszog mit mir und mich anstieß, herzugehen vor ihm. Wir kamen aber in die Nähe des Streifens, den du kennst. Die Zisterne lag noch in einiger Entfernung. Und gingen nicht in die Richtung der Zisterne, sondern daran vorbei, streiften das Gebiet also nur. Und doch … – da wurde mir plötzlich schwindlig, weil mir Erinnerung kam an den Vortag. Und ich fiel hin bewußtlos. Wurde aber sogleich vom Söldner geweckt, der nun glaubte, ich wisse vom Versteck und es sei in der Nähe. Und er herrschte mich an aufzustehen. Da sahen wir plötzlich weiter oben beim morschen Baum den zweiten Söldner, der zwei Männer aus dem Dorf bei sich hatte und sie vorantrieb, ihm die Verstecke, Höhlen und Schlüfte zu zeigen. Und ich, im Aufstehen noch, sah sie über die Wiese dort oben beim morschen Baum ziehen. Da muß einer etwas entdeckt haben. Ich aber führte den Söldner, der bei mir war, nicht dort hin. Sondern der andere Söldner blieb dort oben stehen, unterm Baum, die Männer bei sich, die ihn führten. Die wußten von der Zisterne, hatten sich darin als Kinder versteckt. Und dieser zweite Söldner rief nun den meinen, winkte ihn sich herbei. Und meiner zwang mich, ihm nochmals vorauszugehen, hinauf auf die Stelle zu des Verstecks. Und wird bemerkt haben, wie ich's zu tun bekam mit der Angst. Wie schuldig ich mich umsah, noch auszuweichen. Da ruft mein Söldner, als wisse er's schon, dem jüngeren zu, der oben stand bei dem Baum: „Hast ihn gefunden, mein Sohn?" Und hält mir dabei die Lanze in den Rücken, preßt mich voran, bis an den Mund der Zisterne. Die war nun bis auf den Grund hinab sichtbar und leer. Es war, als erkennt ich sie nicht wieder, so war sie. Leer nicht nur – denn die abgerissenen Zweige und Gräser, auf die du ihn hattest gelegt, waren verschwunden –, sondern voll hochgewachsener Ähren war dort der Grund. Es wuchs Gerste, als sei fetter Boden dort unten.‹

Da sprach Joseph: ›Ich weiß. Ich sah nach dort, bevor ich dich weckte.‹

›Und wie erklärst du's?‹

›Du lenkst ab, du lenkst ab, das ist es doch. Was weiß ich, wie er aus dem Loch herauskam. Vielleicht half ihm ein anderer.‹

Und Maria sprach: ›Ein anderer. Denn allein schien's mir nicht, daß er hätte weit kommen können. Und sicher nicht ohne Spur. Denn am Tage zuvor hatte ich ihn noch gesehen.‹

›Gesehen ihn? Von wem sprichst du jetzt?‹

›Dem Sklaven. Von dem du mir aufgetragen, ich solle ihm bringen Nahrung und Wasser, auch Wein und Öl für die Wunden.‹

›Das hast du getan – und was darüber hinaus?‹

›Ich bin auch am zweiten Tag hin, hoffend, es ginge dem Menschen ein wenig besser schon. In der Nacht aber hatte's zu regnen begonnen und regnete noch am Tag. So daß ich fürchtete, die Zisterne würde mit Wasser sich füllen. Und lief dorthin durch den Regen so früh ich nur konnte. Als ich hinabstieg zu ihm, das blaue Tuch von mir nahm, weil es schwer war vom Regen, sah ich: In die Zisterne hinab war nicht viel Wasser gedrungen. Es hatte ihn aber geweckt. Und sein Fieber vom Vortag schien mir gewichen. Denn er sprach zu mir, als ich mit nassen Händen das Mitgebrachte, das Essen ihm reichte.‹

›Sprach? Was sprach er?‹

›Er dankte mir und dankte dem, der ihn hierher gebracht. Und nachdem er gegessen und ich ihm gereicht, was ich hingetragen, sah ich nach seinen Wunden. Und versorgte auch die, so gut ich konnte. Denn ich wollte nicht lange ausbleiben und hatte, wie du mir geraten, darauf geachtet, daß niemand mir folge.‹

›Dann bist du gegangen, bist gestiegen den Schacht nach oben zurück. Und?‹

›Bin nicht gegangen, nicht gestiegen zurück. Da eben weiß ich's nicht mehr.‹

›Weißt nicht mehr *was*?‹

›Weiß nicht mehr, wie ich hinaufkam. Ich weiß nur …‹

›*Was* weißt du, sag es mir?‹

›Weiß nur, daß er mich fragte. Fragte nach meinem Namen.‹

›Und du?‹

›Gab ihm den Namen. Gab meinen Namen ihm, der mich fragte. Sonst tat ich nichts … Noch seh ich's vor mir, höre mich sagen: „Maria." Und dachte dabei: Wie aber soll ich *ihn* anreden, wenn ich täglich vorbeikomme, ihn zu versorgen? Und frage ihn also, wie er mich gefragt: „Wie heißt du?" Da wandte er sich um nach mir. Aber wandte sich um, als habe er … – wie soll ich dir sagen? – darauf gewartet.‹

›Gewartet – worauf?‹

›Denn ich erkannte das Warten in seinen Augen, als habe er lange gewartet. Und war angekommen im Augenblick, da er sich wandte, sich umwandte nach mir. Und in der Wende noch gab, sprechend zu mir: seinen Namen.‹

Da schwieg sie still.

›Du gibst ihn mir nicht, diesen Namen?‹

Immer noch schwieg sie. Angestrengt aber. Als käm er ihr bald auf die Lippen. Da sagt sie:

›Ich konnt ihn nicht halten, den Namen … Weil er alles enthielt, alles gab, alles auslöschend war im ersten Verlauten. Hielt ihn nicht, diesen Namen. War gehalten von ihm. Furchtbar gehalten vom Wort seines Namens.‹

›Furchtbar gehalten?‹

›Furchtbar, weil ich ihn hörend Besinnung verlor.‹

›Du fielst zu Boden?‹

›Kann dir's nicht sagen. Ob ich zu Boden fiel, wo ich lag, ob ich lag überhaupt. Weiß nichts mehr danach. Und nichts mehr vom Namen. Nur bis zum Rande hin weiß ich's: Als er wider mich kam, dieser Name. Seine Lippen ansetzten, zu formen den Ton. Und der Ton im Verlauten der Silbe mich ansprang, mich einsog ins Netz seines Namens. Über mich schoß wie netzend-gewaltig hüllender Schatten.‹

Wieder schwieg sie.

Aber auch Joseph schwieg.

Denn als sie's sagte, traf ihn doch, was sie nicht halten, nicht mehr erinnern konnte. Nicht das Unerinnerbare traf ihn, das Wort, das alles enthielt, sondern wie vom Schatten eines Splitters davon ward er gestreift und hielt der Frau still und zerriß das Gesagte nicht mit Furcht, nicht mit Argwohn, Scham oder Eifersucht.

Da sprach sie: ›Ich lag am Rand der Zisterne, als ich erwachte. Regen fiel noch, von dem ich geweckt war. Und mich aufrichtend sah ich mein Tuch, das blaue, das ich mir vor dem Regen als Umhang umgelegt hatte. Ausgebreitet lag's neben mir. Ausgebreitet wie damals, als du mich gefunden und wecktest. Und als ich mich bückte, das Tuch zu mir zu ziehen, war der Boden, wo ich stand, regennaß, das Tuch aber, das ich in seinen Falten vom Boden hob, war trocken. Aber auch da – vom Moment, als ich hob das trockene Tuch, es um mich zu legen – bin ich ungewiß, wie ich zurückkehrte ins Dorf. Ob sogleich oder ob Stunden später und ob mich jemand gesehen. Niemand aber fragte mich danach, weder im Haus noch am Brunnen. Als sei dies alles mir heimlich geschehen. Und ich glaubte mich verrückt. Denn mit meinem Verstand war nichts mehr zu fassen davon. Und das Leben war traumgleich mir, und alles, vom Wort jenes Namens an, gleich einem Traum: Du, Joseph, der Sklave, den du gerettet und den ich doch zweimal besucht, an zwei Tagen, die Flucht, die du antratst, mein Schmerz, dich vermissend, mein Warten, mein Irrewerden selbst am Geschehnis, am Namen, der anfachend alles auslöschte und der dringt bis hierher, bis in die Stunde noch. Es ist der Name, den ich dir nicht nennen kann. Denn ich glaube, du, Joseph, trugst keinen Menschen. Und nicht Menschennamen gab er sprechend zu mir. Aber bis heute, bis ich dich sah, behielt ich's in mir und sprach davon niemand.‹

Da sie schwiegen, nahm sie Josephs Hand und legte sie auf ihren Bauch.

Und Joseph fühlte, wie seine Hand – aufsetzend – sich wölbte darüber. Da wich er aus und zog ihr ab seine Hand.

Und Joseph führte Maria zurück an das Dorf, ging aber nicht hinein.

Da sprach sie: ›Joseph, ich habe Angst.‹

Und er, obschon er ihr alles glauben wollte, konnte's doch nicht und sagte ihr nichts. Nur, daß er draußen nächtige, noch nicht zurückkehre ins eigene Haus.

So ließ Joseph sie gehen.

Kapitel 25
Die Gleichzeitigen

Und ihr nachblickend dachte er:

Klag ich sie öffentlich an, nehme ich ihr das Leben. Wie ich meiner ersten das Leben nahm, als ich den ersten zu retten nicht wußte. Denn ich weiß doch, woran sie starb.

Und dringe ich darauf, heimlich, im Einvernehmen, zu lösen den Ehevertrag, so nehme ich ihr das Leben nicht weniger. Denn wie lange noch, und wem wäre nicht offenbar, was sie im Bauch hat?

Wo *ich* aber nicht anklage, wird's ohne Gnade der Haufe tun.

Und weiter dachte er bei sich:

Wie, wenn ich mich davonmachte, nicht mehr zurückkehrte ins Dorf, aufgäbe hier, wegzöge hinauf nach Judäa,
wer kennte mich dort?

Neu würd ich beginnen, aufbauen neu, noch bin ich kräftig genug. Dann würde man mich verdammen in Nazaret.
Denn jetzt könnte Maria sagen – und hätte ihre Mutter zur
Zeugin –: ›Es ist Josephs, das Kind, der mich grundlos verließ und den im Unglück, wer weiß, Gottes Strafe ereilte.
Denn er bleibt aus.‹ Ja, sie könnte zu ihnen sagen: ›Ich aber
will warten, vielleicht ist Gott gnädig, und es reut meinen
Mann, und er kehrt zu mir zurück.‹ So stünde sie gut noch
im Unglück.

So rechnend berechnete's Joseph. Und als es aufging,
ward ihm übel davon. Denn die Rechnung war eines Gerechten, der sich nicht schert um Gott.

Da kam ihm ein, was er bemerkt hatte, als sie bei ihm
stand, ihm berichtete, wie ihr geschehen.

Denn war's nicht ... –, dachte Joseph und hielt inne. Und
von neuem begann er: War's nicht, daß sie mir sagte ... Und
sagte sie nicht: ›Es geschah so am zweiten Tage nach deiner
Flucht‹? Sagte sie nicht zu mir: ›Und es regnete, als ich hinabstieg in die Zisterne‹? ›Regnete, schon in der Nacht‹,
sagte sie's nicht?

Und regnete es nicht, schon in der Nacht, als ich erwachte morgens am fremden Ort? Und war's nicht am
zweiten Tag meiner Flucht, ja, am zweiten, da mir träumte
bei Beit Re'evim, an mir heilig benamter Stelle, der Traum
vom Hinabstieg, an den Ahnen hinab bis zum Grund, und
darunter hinab bis zu Gott?

›Könnt es gewesen sein‹, sprach da Joseph bei sich, ›daß
Maria hinabstieg in die Zisterne und ankam unten beim
Sklaven, er das Wort ihr aussprach im Namen, als auch ich
ankam unten beim Wort, das mich nannte mit Namen und
mich tragen hieß? Könnte es sein, daß diese, daß also: Name
und Wort, geschehen sind an verschiedenen Orten, aber
zur selben Stunde?‹

Und er ging und sprach laut: ›Aber was ist das?‹

So trug Joseph sich in Gedanken und ging durch die Nacht, ohne Richtung zu nehmen. Denn noch nicht wußt er, wohin.

Da kam er, denkend und redend bei sich, bis vor das Feld, in dem die Zisterne lag. Und er sah's, wich nicht anderswohin. Sondern schritt hinauf und lagerte sich beim morschen Baum, nah der Zisterne.

Und krank und zerrissen lag er, als er dachte an sie und sich dachte: Sie hat es getan.

Denn es waren wie Stimmen um ihn, die stritten, weil er das Offensichtliche sah, es aber nicht verdammen wollte, hängenblieb an der Frau – ›... die dich durchbohrt mit größtem Verrat, vergiß es nicht!‹ rief es ihm zu aus den Stimmen.

Und mehrmals stand Joseph auf, endlich zu gehen. Den Wahnsinn des Zugemuteten, den Wirrsinn des bisher Gelebten, endlich mutig im Rücken zu lassen. Endlich neu zu beginnen!

So rief es ihm überzeugend zu, als er einschlief.

Kapitel 26
Der Engel

Da träumte dem Joseph, er stünde nochmals auf dem Grunde des Abgrunds, des riesigen Tempels, von dem ihm geträumt in der zweiten Nacht seiner Flucht.

Und da, im Traum, auf dem Grunde des Abgrunds, sah er nochmals, wie er sich bückte und, Gott im Rücken, den Hungrigen beiden, sich und IHM, Scherben las, die ersten des zerschlagenen Tiegels, den Gott ihn zerschlagen geheißen.

Und Joseph sah hin und sah nochmals: den Tiegel in

Scherben zerschlagen, zerschollen vor einer Nische am Ragebild Adams.

Es trat aber, als er sich bückte, sie aufzulesen, eines zu ihm. Trat aus der Nische, noch sah er's nicht.

Und Joseph bestrich die scherbenen Ränder mit seinem haftenden Speichel. Und als er sie fügen wollte Seite an Seite, da trat hin vor ihn Einer, der war aus der Nische getreten am Ragebild Adams, als Joseph sich krümmte und ihn noch nicht sah.

Und Joseph, den scherbenen Teil nun des Traums erinnernd, sah, was geschehen war damals und nun wieder geschah:

Denn damals, im Traum, als Joseph sich krümmte, die Scherben zu lesen, da tritt aus der Nische am Ragebild Adams der Engel des Herrn.

Tritt heraus, hin vor ihn, Joseph.

Und der Engel stieß mit dem Bauch an die Stirn Josephs. Wie ein Fisch stieß er an, der dem Tauchenden stößt an die Stirn.

Und Joseph hob auf seine Augen und sah den Engel, die Stirnstelle, wo er sie angestoßen, besetzen mit seinem Finger. Aber als setze er an zum Stoß hinab auf das Herz, stand der Finger des Engels auf Josephs Stirn. Aus dem Finger floß Wort:

›Ein Sohn ist dir aufgegeben von Gott. Du sollst ihn tragen. Denn wie Maria empfängt im Fleisch, so empfängt Joseph im Traum. Und wird ausgetragen im Fleisch und im Geist, denn beide sind Leben.‹

Und Joseph gehorsamte dem Traum, den er aufnahm. Das heißt: nahm auf den Sohn und gab ihm den Namen des ersten, wie der Traum im Land der Vertriebenen ihn geheißen.

Und erwachend bei der Zisterne bewahrte Joseph ihn bei sich, den Eingeborenen. Da fügten sich Seite an Seite die Scherben, die er Gott gelesen im Traum, und hafteten aneinander, die ersten der Arbeit.

Denn Joseph kehrte nach Nazaret und nahm zu sich die Frau, Maria, und erkannte sie nicht, bis sie ihren ersten Sohn gebar.

Und Joseph hieß seinen Namen Jesus.

Kapitel 27
Das Landgut

Es begab sich aber, nah an ein halbes Jahr nach der Geburt, daß Joseph vor Morgengrauen Kind und Frau küßte und loszog gen Sepphoris. Denn in der Stadt hatte er Arbeit in jenen Tagen.

Er ging aber nicht den Weg, den er einst genommen, sondern mied im Bogen die Umgegend jenes Landguts des Römers, das am Pfad lag vor der Stadt.

Und im Bogen gehend stieß er auf andere, die auch früh unterwegs waren, zu Markte zu tragen oder Arbeit zu finden. Und einige riefen sich zu, daß sie einander wiedererkannten. Denn die Sonne war noch nicht aufgestiegen.

Joseph aber ging ruhig unterm Hin und Wider der Rufe, in Gedanken noch an den Sohn. Der hatte wach gelegen, als die Mutter noch schlief und Joseph sich nach dem Aufstehen zu ihm beugte.

Da schloß sich nämlich, kaum berührt, die Hand des Kleinen um Josephs Zeigefinger. Und umgriff zum ersten Mal. So daß Joseph den Finger nicht wegzog, sondern wartete, und den Druck der kleinen Hand genoß und sie sich einprägen ließ seinem Finger.

Und da er zeigte sein Gesicht überm Sohn, sah der auf zu ihm, immer noch haltend, strahlte, da der Finger des Vaters zwar zog, der umgreifenden kleinen Hand aber nicht mehr entkam, nur sie heraufzog ein wenig, nachzulassen wieder hinab, Besitz nun der Hand des Kleinen. Und Joseph schien's, als würde er heute nicht gehen gelassen, sondern solle bleiben, das Umschließen zu feiern mit einem, der zugriff und umschloß, ohne müde zu werden, auf immer haltend, wer sich ihm nicht willens entzog.

Joseph aber erinnerte, beim Aufgang der Sonne, als die Stadt in Sicht kam, wie Maria ihm vor Tagen das Kind übergab und er es entgegennahm an den Hüften, bevor er's stützte am Kopf und dann an sich zog, ganz an sich heran.

Denn im Moment der Übergabe, als er in Händen hielt den Säugling, dessen Hüftknochen fühlte, da war's augenblicks: als stünde Joseph im Sturm auf dem See, hielte den Sohn, der ihm wird ausgeschlagen. Da schritt Joseph breit aus, als gält es standhalten kommender Wucht. Maria aber sah, daß Joseph ruhig wurde erst, als der Sohn an ihm ruhte, und als Joseph – unter der Hand, die er schützend um ihn geschlossen – die Wärme des Kopfes des Kleinen fühlte.

Nun aber, nur mehr eine halbe Wegstunde von Sepphoris entfernt, überholte einer den Joseph. Denn Joseph, in Gedanken, war langsam gegangen.

Da rief der Vorübergehende Joseph nach hinten zu: ›Wie geht's dem Sohn des Zimmermanns?‹

Joseph hob die Augen vom Weg und freudig erkannte einen aus Gat-Hefer. Als er ihm aber Antwort zurückrufen will, sieht er die anderen, die bisher vor ihm gelaufen.

Die halten an.

Und einige, kaum sehen sie die Staubwolke aus dem Dunkel auftauchen, weichen vom Weg. Suchen sich im Gestrüpp zu verstecken.

Auch der aus Gat-Hefer, der Joseph zugerufen hatte, weicht rückwärts, zieht wortlos hinter Joseph zurück, bis hinter den Baum, an dem sie vorbeigekommen waren.

Die anderen aber, Tagelöhner, Arbeiter, Bauern, halten ihr Auge auf die Staubwolke gerichtet. Bis sie dringt an den Lichtkranz der Sonne im Aufgang und gerötet aus ihr Reiter stechen hervor.

Denn ein Trupp berittener Söldner sprengte von Westen her auf sie zu.

Die ersten aber, die auf die Gehenden trafen, waren rußgeschwärzt und schlugen auf sie herab mit der Peitsche, als triebe man Vieh, das sich verlaufen, ungeduldig zusammen, dränge es eilends zurück.

Und der sie befehligte, rief den Verängstigten zu: ›Los, ihr kommt mit! Es gibt Arbeit!‹ Und Joseph hörte ihn rufen, der am Zaum riß sein Pferd: ›Fleißige werden bezahlt.‹

Worin aber die Arbeit bestand, ließ der Hauptmann der Söldner sie nicht wissen, sondern trieb die Tagelöhner, Arbeiter und Bauern vom Weg.

Und die Söldner umgaben sie reitend, preßten drohend mit Lanze, Schwert, Peitsche, so daß sich der zusammengetriebene Haufen, wohl an die dreißig Mann, zu bewegen, ja schließlich, bepeitscht, zu rennen begann voran, in die Richtung, aus der die Söldner gekommen.

Joseph aber, da er nun rannte im Haufen, sah sich um nach dem Mann, der ihm zugerufen hatte noch auf dem Weg. Und hinter sich blickend, sieht er zu den Reitern zwei weitere stoßen. Die hetzten den Rest hinterher, verschreckte Gesichter, die sie aus den Verstecken am Weg, hinter Baum und Strauch hervorgescheucht hatten.

Aber auch als diese, doppelt bepeitscht, gleichzogen und Joseph hinübersah, erkannte er nicht unter ihnen den Mann, der ihm zugerufen.

Da sahen die ersten die Rauchwolken der Feuersbrunst, auf die man sie zutrieb.

Und Joseph wußte, noch aus der Ferne: Es ist das Landhaus des Römers, sind Garten und Gehöft, wo ich den Sklaven befreite, den Aufseher niederschlug. Dorthin bin ich zurückgetrieben.

Und ihn ergriff große Furcht, erkannt zu werden von Mägden, die ihn damals gesehen.

Da rückten die Reiter dichter an sie und trieben den Haufen stärker an, daß niemand ausweiche.

Als aber der Wind auf sie zuhielt und, von den brennenden Gebäuden her, Tiere ihnen entgegenrannten, die man zu spät befreit hatte, waren's lebendige Fackeln im Morgenlicht.

Die setzten hinirrend in Brand, was immer sie jaulend und jammernd streiften, Feld, Baum und Strauch, auch das in Scheunen Gehäufte, auch das aus Wein- und Ölpressen Gesammelte. Und der Wind trieb ihnen hinterher und fachte die Funken und schürte die Lohe, daß das Brüllen der Tiere den Lärm des Feuers noch überstieg.

Da, über die Äcker gehetzt, als er weiß, es ist kein Entkommen, wir werden zum Brand getrieben, stolpert Joseph.

Und angepeitscht von einem der Reiter, steht er auf aus dem Dreck. Und rennt weiter voran. Und hastig reibt er, was er mit Händen vom Acker geklaubt, ins Gesicht und verklebend bestreicht sich die Haare.

Und Hunde jagen herbei, treiben her neben ihnen, den Haufen bekläffend.

Da wird haltgemacht mitten im Chaos der Hilfesuchenden, der Rufe der Retter und eiligen Helfer, der blutigen Streu dem Brande Entkommener, die man, kaum aus dem Feuer Gezerrte, am Boden sich windend, zurücklassen muß, um wiederum anderen zu gehorchen, die nicht schreien: Herbei!, aber mundoffen wortlos noch brennen.

Denn am Boden krochen Mensch und Tier, ziellos, blind, lagen nah erstickt, nach Luft ringend, von Eilenden überrannt, die ins Feuer schrien, als solle wecken ihr Schreien die darin schliefen.

Und während sie aufgeteilt werden – einige von ihnen abgezogen, beim Löschen der Ställe zu helfen –, treibt man Joseph und andere weiter. An brennenden Scheunen vorbei und längs des Gesindehauses, das unversehrt schien, treibt man sie aufwärts den Hügel hinauf, wo – Joseph sieht es: in Flammen steht das weitläufige Haus, in Flammen der Garten dahinter.

Und der den Reitern befiehlt, der Hauptmann der Söldner, springt ab und eilt hinüber zum römischen Herrn.

Und Joseph sieht im Gras vor dem Haus, kaum außerhalb der aus dem Gebäude wirbelnden Feuerarme, einen Bewaffneten liegen, wimmernd mit rotbraun qualmender Kleidung, als hätten sie einen Fuchs aus dem Bau geschmäucht. Ein Kamerad, bei ihm kniend, schält ihm nur halb die Kleider vom Körper, schleift ihn davon, Abstand zu gewinnen von der Hitze des Brands.

Da stürzt eine dunkelhäutige Sklavin aus den Flammen hervor, bricht hin an der Stelle, wo der Söldner noch eben gelegen. Haar und Kleid stehen in Brand. Und in den Armen trägt sie etwas, das sieht aus wie rauchendes Tuch.

Kaum liegt sie am Boden, sind Mägde bei ihr, und – schreiend, klagend – wenden die Brennende auf den Rücken. Ersticken aber nicht das Feuer des Haars, sondern öffnen die Arme ihr mit Gewalt. Pressen sie auseinander, als suchten sie eines im rauchigen Tuch, das man den Armen entzieht.

Und die Mägde stürzen zurück – hin zum römischen Herrn. Schlagen ihm wehklagend auf das Tuch: daß es leer sei, leer.

Und Joseph tritt durch die umstehenden Reiter und wirft hin über den Kopf der Sklavin den Mantel. Und kniet und sucht zu ersticken das Feuer.

Da kommt eine Magd mit Wasser vorbei. Und Joseph greift nach ihr, tunkt seinen Mantel in ihren Trog. Und will das Gewand, noch triefend, erneut um den Kopf der Verwundeten legen.

Da greifen es sich die Hände der Verwundeten aus seinen Händen. Im rauhen Griff aber der Hände der Frau, die zugreifen um seine hastig herauf: erkennt Joseph die Ägypterin wieder. Die einst schwanger im Garten den Sklaven ihm auflud.

Und Joseph hört wirr reden die Frau. Sie redet aber von einem Kind, das sie glaubt in Armen zu halten.

Da zog Joseph zurück seine Hände.

Und im selben Augenblick zerrt ihn einer hinauf in den

Stand und weg von der Sklavin, dem Oberen zu der Söldner. Denn der Hauptmann der Söldner stand beim römischen Herrn, hatte befohlen und auf Joseph gedeutet.

Und während Joseph hingezogen wird, stößt einer her an ihn – gedrängt von der Lanze des Söldners –, vorbei in die andere Richtung. So daß Joseph noch den Kopf wendet nach ihm zurück und sieht, daß der hingeführt wird ans brennende Haus. Sieht, daß man den mit Wasser begießt und ihn mit der Spitze des Schwerts – blutig ritzt sie zwischen die Schulternbucht – antreibt, ins brennende Haus einzufallen.

Joseph aber sieht den Mann im Aufschrei noch losrennen, zwischen die Flammen hinein, da hält an, der ihn hinüber zum Hauptmann zog, und stellt Joseph hin vor den römischen Herrn.

Und während der Hauptmann der Söldner ein Goldstück dem Joseph vor Augen hält, spricht der römische Herr, aufs Haus deutend:

›Rette meinen Sohn, und ich will es dir lohnen. Im Inneren des Hauses liegt er, ein Säugling.‹

Und der ihn herbeigezogen, gleich führt er ihn weiter, mit gezogenem Schwert, zu aufs brennende Haus.

Joseph aber blickt zur Seite und sieht schon den nächsten aus seiner Gruppe hervorgezogen. Vorbei an der Ägypterin treibt man ihn, die noch auf der Stelle liegt, wo sie zusammengebrochen war.

Eine Magd aber stand bei der Ägypterin und breitete gerade ein Tuch und strich's hin über deren Leib, von dem man die schmauchenden Reste des Gewands entfernt hatte. Das Tuch aber, das die Magd breitete, war blau, so daß Joseph das Tuch sah Marias, als läge dort seine Frau.

Und in den Schritten aufs Flammenhaus zu, sprach er hinüberblickend im Innern zu ihr: ›Dich hab ich geliebt. Soll mich das Feuer jetzt trennen von dir, trennen vom Sohn? Gott meiner Väter, bewahre mich auf!‹

Da schüttete einer seitwärts Wasser auf ihn, einen Kübel

voll, aufs Gewand und aufs Haar, und der Söldner hinter ihm stieß ihn an mit der Spitze des Schwerts.

Und Joseph, triefend von Wasser, wich vor den Stößen der Spitze, wich näherhin, und im Schritt noch hörte er Schreie, Stimmen im Feuer, die schrien.

Und griff ins Gewand, zog herbei den Streifen ungefärbt Tuch, den er bei sich hielt. Es war aber der Streifen, den ihm Maria gesandt über den Jordan, daß er wiederkomme zu ihr.

Da rannte Joseph los. Und sich duckend unter die Flammen brach ein ins brennende Haus.

Kapitel 28
Der Pfeil

Im Feuer aber war's still.

Gleich traf ihn etwas am Kopf, schoß heiß herab, daß ihn die Sinne verließen.

Als er zu sich kam, wenig später, schien der Boden, auf dem er lag, zu wanken und der Brandlärm in Ferne gerückt. Durchs Flammenflüstern hin war Windhauch zu hören. Und das Hauchen kam und ging wie sein Atem.

Da kroch Joseph taumelnd einwärts über den Boden hin, bis er sich hinabpressen mußte an ihn, noch Atem zu finden. Und er schob sich am Boden entlang, der war von Schwarzplättchen und Weißplättchen übersät.

Joseph aber, als ginge es sonneverglühten Hang aufwärts, grub ein die Nägel der Finger, wo sie Halt finden mochten, zwischen den weiß und schwarz erhitzten Reihen der Plättchen.

Da erkannten Josephs Augen – die Windungen, Schlaufen, Irrstürze lesend – ein labyrinthenes Mosaik. Denn in dessen Scherbenmeer war er geraten, schob sich kriechend darüberhin.

Und er reckte den Kopf zögernd vom Boden und sah's durch den Ascheregen blitzen wie Gold von der Wand her. In der fernen Ecke aber des Raums ragte die Statue ihres Merkur. Und hinter teils glühend herabgebrochenen, teils hell brennenden Balken, sah Joseph die fremden Götter. Sah sie jagend und trinkend, zürnend und zeugend, im Augenwinkel herabstarren auf ihn: kriechenden Judenwurm. Der ins Feuer gesandt war, das Kind zu retten dem römischen Herrn. Dem Herrn, der den Knecht gnädig ausleben ließe die Lebensfrist unterm Fuße der Herrscher.

Da wollte Joseph nicht weiter, wollte schließen die Augen, liegen zu bleiben. Denn er wollte nicht sinnlos weiter kriechen dahin, ehe Gott gäbe ein Zeichen, daß ER mit ihm stünde im Feuer.

Aber da – noch bevor Joseph die Augen wieder bodenwärts wandte und gänzlich sie schloß – schoß ihm ein Bild unters Lid. War ein Pfeil.

So daß Joseph aufhob die Augen: ob er, sie öffnend, wiedersähe den Pfeil auf dem Bodenstück, das ihm beim Kriechen vor Augen gekommen.

Und da, wirklich, sieht er nochmals: den Pfeil.

Und Josephs Auge folgte am Boden dem gefiederten Schaft schwarz gebrochener Plättchen bis hin zur rötlich gezinkten Spitze des Pfeils. Und der Pfeil, von unsichtbarem Bogen geschossen, schien im Flug scharf zu verharren. Als habe gewartet der langsamste Pfeil, vorwärts zu weisen Joseph die Richtung.

Mit der Sichtung aber und Richtung des Pfeils zerriß die Stille, darin nur ein Hauchen wie Atem zu hören gewesen, und kehrten wieder Lärm Feuersturms, prasselnder Brand.

Da zog Joseph sich hin über den Pfeil, in Richtung der rötlich gezinkten Spitze der Plättchen. Denn sie schien ihm Zeichen, Gottweisung, wohin.

Und pfeilwärts kroch Joseph, nicht weichend, nicht achtend auch der brandmorschen Trümmer, die fielen.

Da stieß er, die Augen haftend am Boden, pfeilflugs erschrocken auf den entblößten Kopf eines Helden. Dem schien die Rotspitze des Geschosses zu gelten, geschnellt im Flug auf ihn zu.

Und über ihn hin schob sich Joseph und bedeckte kriechend die braun und die schwarz geordneten Scherben wild ums Haupt geworfener Haare des Helden. Denn als wände der Krieger – aber zu spät, mundoffen noch – in Ahnung sich um, waren geworfen die Strähnen, verharrend starr vor dem nahen Geschoß.

Und als Joseph lauschte, ob Stimmen zu hören wären irgendwoher im Sturm, und nichts hörte außer dem Jaulen eines Hunds, war er unsicher geworden, ob er abweichen solle vom Pfeil, nach den Tönen des Tiers sich zu richten. Denn er dachte: Der Hund könnte, beim Ausbruch des Brands noch im Haus, auf den Säugling gestoßen sein.

Da wich Joseph ab, dem Jaulen und Bellen des Hundes zu. Und fern des Pfeils und abseits seiner Richtung, die Augen gebannt an den Boden, kroch er hin keuchend und schob abermals sich, die Nägel der Finger verhakend, über ein Plättchenbild.

Darin queren im Nachen der Held und die Frau, einen Sproß mit goldenem Blatt hält der Heros. Am Zweige vorbei aber deutet der Fährmann ans andere Ufer: dort erhebt drei Häupter ein riesiger Hund.

Und jenseits des Bilds, unterm Rauch neuer Richtung, in die er gestoßen, kroch Joseph hin übers Bild einer Frau. Die besteigt, Schwert in der Hand, ein Gerüst, scheitergehäuftes Feuer. Und geschmückt stehn die Scheiter, als bestieg sie an ihnen ihr Bett.

Und das Bellen und Jaulen des Hunds tönte stärker her, heller, als röche das Tier, daß sich nähere einer.

Und die Augen Josephs, der hinkroch, streiften bodenwärts hin übers Bild eines Mannes, der beugt sich hinab beladen. Da schien es Joseph, als habe einer die Plättchen zum Bilde gelegt, der Joseph beim Tragen des ägyptischen Sklaven gesehen.

Denn im Mosaik der Scherben am Boden trägt der Held auf dem Rücken, gebückt bis zur Hocke, einen Alten davon. Trägt ihn hervor aus brennender Mauer.

Und Joseph kroch drüberhin. Und sah noch, als letztes, fern hinterm Träger der Last, eine Frauengestalt am Boden. Aber kaum mehr sich abzeichend steht sie, Gesicht und Figur von Asche beschneit, im Dunkel der Scherben verloren.

Da kroch Joseph um eine Säule her und sah den Hund angebunden. Wie verrückt riß der an der Kette und jaulte, im Riß sich immer erstickend, wenn fallender Brand ihm das Fell versengte.

Und Joseph hob aus dem Haken die Kette, und der Hund sprang auf und riß sich davon, riß hinterher die Kette. Nicht weit aber. Denn dort schon stand Feuer, und hier ragte es auch. Und doch setzte er an, der Hund, wartend. Sprang durch den Schattenschlund in die Mitte sich wölbender Flammen, verschwand in der Bresche.

Und Joseph, der's gesehen, wollte ihm nach, kroch hin in die Richtung.

Und da, kaum an der zweiten Säule vorbei, sieht er den liegen, den hatte der Söldner vor Joseph ins Feuer getrieben.

Der lag von Säulentrümmern erschlagen und, als Josephs Hand nach ihm griff, rührte sich nicht.

Vorbeikriechend schon an ihm, erkennt Joseph den Mann, der bei Sonnenaufgang, auf dem Weg gen Sepphoris, ihm zugerufen, ihn gefragt hatte nach dem Sohn. Aufgerissen waren Augen und Mund des Mannes aus Gat-Hefer, als rufe der noch im Schrei.

Da kroch Joseph, irre geworden, rückwärts davon, als stieße er ab vom Ufer eines, der erhebt sein Haupt und reißt auf nach Joseph den Schlund.

Joseph aber verlor sich nur tiefer ins Feuer, wußte nicht mehr, woher und wohin.

Und er schrie in den Brand, schrie lebendig den Schrei

des Toten aus Gat-Hefer. Als versteckten sich nur, hinter Flammen: die Lieben, hinter den brennenden Wänden: das Frühlicht am Morgen, jenseits der brechenden Säulen: schon Nazaret und der Weg nach Sepphoris, im dunkelnden Rauch und Aschegestöber: Abend, Heimkehr, Umarmung der Frau.

Da fand er sich, weiterkriechend am Boden, in einem Raum ringsumgeben von Feuer.

Und unter Flammen und Trümmerlast war schon der Boden durchbrochen. So daß Joseph an einer Stelle hinabsehen konnte in den brennenden Raum, der unter ihm lag.

Und sah unter sich, kaum zwei Armeslängen entfernt, ein stattliches Bett voll feinbestickt brennender Kissen und schmauchender Decken.

Am durchsichtigen Vorhang, der das Bett bis unter die Decke umgab, leckten die Flammen und warfen lohkreisende Gazefetzen zu Joseph empor.

Unmittelbar unter ihm aber, in der Mitte des Bettes und, schien ihm, im Zentrum der Feuer gesamt: saß eine vornehme Alte, die war gekleidet in Witwenkleidung.

Und von Polstern gestützt saß sie, die wassersüchtig geschwollenen Beine in die Schlüfte rauchender Tücher gestreckt. Und hielt in den Armen den schlafenden Säugling.

Und weil die Flammenköpfe stoßen nah bei ihr her, streicht sie manchmal nach ihnen, ausfahrend mit der Hand.

Denn sie schlägt nach ihnen, wie nach der Schnauze des Tiers, das, zu nahe gekommen, kuscht, nicht stören darf den Schlaf jenes Kleinen.

Joseph aber ruft hinab zu ihr, und den Arm reckt er nach unten, nach dem Säugling zu greifen, den die Alte ihm rettend heraufreichen soll.

Da, langsam – noch ruft er – beugt sie den Kopf in den Nacken hinab. Starrt wortlos auf zu ihm, die Getrennte.

Und ihre glanzlosen Augen, sieht Joseph, werden nie mehr sich trennen von nichts, und die Frau von keinem getrennt werden, nie mehr.

Sie aber wendet sich ab, nochmals von sich zu weisen die gierigen Flammen, die sich jetzt auf die Beine werfen, überfließen am Bogen des Armes, zu Hals und zu Haupthaar heraufströmen, hervorschießen aus dem Rauch stützender Polster, hin über die Schultern der Witwe sich winden, hinabzukräuseln hinein: in die Bucht ihrer Arme, wo's schläft.

Da stößt, daß Joseph zurückweichen muß, der Brand – mit Macht schießt er auf – durch die Öffnung im Boden.

Joseph aber, zurückgewichen, war doch angesteckt von den Augen der Alten, in die er geblickt.

Und in einem Gang, der brennende Zimmer verbindet, bricht er ermüdet zusammen. Schon lecken Flammen an ihm. Und erinnernd, wie es die Alte getan, ausfahrend den Arm, streicht die bloße Hand nach den sengenden Zungen und Köpfen.

Da, plötzlich, hört er den Säugling, den er unrettbar unter sich in flammend zusammenstoßenden Wogen verschwinden gesehen.

Hört ihn schreien, nur wenige Schritte vor sich.

Und nochmals öffnet Joseph die Augen, kriecht durch die Rauchschwaden vorwärts.

Da erkennt er – zwei Schritte entfernt – einen Mann im Brandlicht des Balkens. Und der Balken war von der Decke gefallen und hielt den Mann fest am Boden. Neben dem Balken aber lag, als sei sie ihm aus der Hand geschlagen, hingerollt eine brennende Fackel.

Rußschwarz war das Gesicht des Mannes, nah am flammenden Holz. Dahinter prasselnder Brand.

In seiner Linken aber hält der Mann Joseph entgegen den schreienden Säugling.

Da nimmt Joseph ihm ab das Kind.

Und als er's ihm nahm aus der Linken, sah er, daß ein geschmiedeter Armreif, den der Mann am rechten Unterarm trug, erhitzt vom Feuer des Balkens, sich eingebrannt hatte in dessen Haut.

Und Joseph zog aus seinem Gewand den Streifen Tuchs,

den er hatte, den ungefärbten. Und faltete den Streifen und – den Reif an den Rändern rasch fassend im Tuch – löst ihn dem Manne vom Arm.

Und der Reif sprang ab vom verbrannten Fleisch und fiel, heiß ausrollend ins Feuer zurück.

Das Kind in den Armen, preßte Joseph mit gebogenem Rücken nach hinten, hin zu den Flammen, den Balken doch zu bewegen, der festhielt den Mann.

Und als er es nicht vermochte und, halb im Stand, zu ersticken drohte, dachte er: Mit dem Kind vielleicht gelingt noch die Flucht, der Mann aber bleibt zurück.

Da kniet er hin, das Kind noch im Arm, und beugt die Schultern unter den jochgleichen Balken, preßt ein letztes Mal rückwärts nach oben, in den Stand zu kommen.

Der Balken weicht rückwärts nur wenig. Genug aber, daß Joseph den Mann, den linken Arm packend, freizuziehen vermag. Und er sieht, wie der langsam herwärts sich schiebt, ihm nachzukriechen beginnt.

Joseph aber wußte den Weg nicht mehr aus dem Feuer. Und Brand überbrüllte jedwede Stimme, die von außen kommend durch den Lärm dringen wollte.

Und sie gerieten, am Boden kriechend, ins Dunkel, ins schwarze Land brennender Räume, durch deren Rauch hin selbst Flammen kein Licht mehr warfen.

Da schnellte – von woher aus dem Dunkel, war nicht zu sagen – ein Funke ans Kind, das Joseph im Arm trug.

Und fing Feuer das Haar des Kinds, vom Hinterkopf her, als schiene ein Licht unterm Kopf. Und umfuhr rings die Locken des Kleinen, bis hinauf zu den Schläfen.

Und Joseph löschte rasch, umfahrend und dämmend das Licht mit den Händen.

Da aber, im Licht letzten Haars, sieht er, sieht noch beleuchtet: Pfeilspitze, rötlich gezinkt. Und aus Plättchen gereiht, erkennt er den Schwarzschaft des fliegend-harrenden Pfeils.

Und im Verlöschen des Lichts noch, das er gelöscht,

richtet Joseph aus seinen Körper, hinziehend sich über die Rotspitze des Pfeils. Denn der wies ihm, rückwärts gelesen, nochmals Richtung durch Brand und durch Dunkel.

Und hinkroch Joseph nach dem Ursprung des Pfeils, in die Finsternisse der Scherben, aus denen der Pfeil geschossen, man weiß nicht von wem.

Also gelangte Joseph nach außen, schob sich heraus aus brennenden Trümmern.

Kapitel 29
Das Kind

Aber der Ort, an dem Joseph hervorkroch, lag nicht auf der Seite, von der ihn die Söldner hatten ins Feuer gesandt. Sondern war der Garten hinter dem Haus.

Und das Kind im Arm, stand er auf und sah auch den Mann, der hinter ihm hergekrochen, erschöpft sich ziehen ins Gras.

Und Joseph erkannte den Baum, von dem er den Sklaven geschnitten inmitten des Gartens. Die Seite des Baums aber war glühend und rauchgeschwärzt, bis hin in die Spitzen der Krone.

Und nach dem Baum schlugen aus Flammenwülste, einwärts verbiegend die Zungen, als wollten sie ziehen in Zangen den Baum.

Taumelnd noch umging Joseph den Baum und, hinter diesem, ging vorbei an dem Brunnen. Dort standen viele in Reihen und schöpften, und andere liefen hin zwischen ihnen, und Söldner riefen Befehle und trieben sie an.

Und Joseph lief durch sie hin und kam nah bis zum römischen Herrn, der ihn ins Feuer befohlen.

Beim Römer aber stand auch die Ehefrau. Die weinte untröstlich, umgeben von anderen Frauen, die weinten und doch suchten zu trösten die Herrin.

Und Joseph trat näher, ihnen zurückzugeben den Säugling.

Da hält ihn ein Söldner auf mit dem Schwert.

Joseph, mit gebrochener Stimme, kaum kann er formen die Worte, sagt:

›Das Kind deines Herrn.‹

Da stiert der Söldner ihn an, stößt ihn zurück, daß Joseph wankt, das Kind in den Armen zu halten.

›Wag dich nicht zu ihm«, sagt er, »mit dem da!‹

Und der Söldner, da er sieht, daß Joseph es nicht versteht, zieht ihn zur Seite. Und als meine er's gut mit ihm, spricht er:

›Willst du Verrückter dem Herrn anbieten das Dunkelhäutige da? Ihn und die Herrin im Gram auch noch kränken? Bist du blind? Noch dazu ist's ein Mädchen!‹

Da gab er dem Joseph einen Tritt und trieb ihn davon.

Joseph aber, davongetrieben, sieht die Ägypterin liegen. Die hatten welche aus der Nähe des Brands hierher getragen.

Und das blaue Tuch lag noch über ihr, und über Stirn und Kopf noch Josephs Gewand.

Und Joseph sah, daß die Holzschale bei ihr kaum mehr Wasser enthielt. Da ging er hin und bückte sich zu ihr hinab, die Schale zu heben, sie am Brunnen zu füllen.

Da, als die Frau ihn sah, stieß sie aus einen Schrei. Und riß die Arme hervor unterm Tuch. Und griff nach dem Kind, das Joseph im Arm hielt.

Und eine Magd, als sie die Frau aufschreien hörte, war herbeigerannt und sah's. Und die wandte sich um, rief einer anderen zu:

›Das Kind der Ägypterin ist gefunden!‹

Da eilte auch die andere Magd herbei. Und sie bedrängten zu Häupten die Frau, die Ägypterin, der Joseph gelassen das Kind.

Die aber ließ es nicht mehr aus Händen und herzte und küßte es trotz ihrer Schmerzen. Und ließ es nicht mehr aus ihren Armen, als die Mägde waschen wollten das Mädchen. Da gossen sie Wasser aus über dem Kind, daß Ruß und Asche herabtroffen, hin über die verbrannten Hände der Mutter, die's hielt.

Joseph aber ging mit dem Holznapf zum Brunnen und wollte ihn füllen.

Da sah er den Mann, den er im Haus vom Balken befreit. Der stand in der Nähe des Brunnens und schüttete Wasser über sich aus, die Glutspuren zu löschen im Gewand, das schmauchte, und zu schwemmen den stechenden Ruß von Gesicht und Augen.

Der sieht Joseph und wortlos wirft ihm den Eimer zu, als solle Joseph ihm gleichtun: die Glutspuren löschen.

Und Joseph nahm auf den Eimer und ging an den Brunnenrand. Da blickt er zurück auf den, der dort stand. Von dem aber troff rieselnd das Wasser, als der Mann Schmutz aus den Augen sich rieb.

Und troff herab noch am Halse des Mannes, an seiner Kehle herab, sie teils umfließend, teils füllend, daß überlief die narbige Furchenschlucht, die sie teilte. Die hatte das Beil ihm kehleinwärts geschlagen.

Erst da erkennt Joseph, starrend vor Angst, den Aufseher der Knechte des Landhauses.

Der aber beachtet ihn nicht. Sondern greift sich die Zügel des Pferds, das reiterlos vorbei am brennenden Haus durch den Garten sprengt. Hält es an und springt auf.

Und er zügelt den Rappen, daß das Pferd steigt und seine Hufe niederkommen eng bei der Ägypterin.

Und er greift, die Linke am Zügel, abstreifend hinüber zur Rechten. Als wolle er abstreifen dort den Armreif. Greift aber nur an verbrannte Haut, reifum entblößtes Fleisch.

Da, zornig treibt er das Pferd an, daß es hinsprengt über die Frau – eng preßt sie an sich das Kind –, und jagt auf dem Rappen, die Menge meidend, davon.

Bei Sonnenuntergang aber, als die Trümmer noch rauchten, wurden alle dabehalten unter Bewachung.

Und es meldeten Diener dem Römer, was er gegen Mittag befürchtet, gegen Abend aber für sicher hielt: daß sein Sohn den Brand nicht überlebt hatte. Auch die Witwe, die Mutter des Römers, befand sich unter den Toten.

Da hieß es, der Römer wolle in der Stadt suchen und kreuzigen lassen die Brandstifter. Denn man glaubte, es seien Aufständische aus Sepphoris gewesen, die aufs Gut des Freunds des Herodes Feuer geworfen.

Als aber dies Gerücht die Runde machte, stand bei Joseph ein Diener des Römers, der hatte den Arbeitern, von denen man einige im Garten lagern ließ, dürftiges Essen gebracht.

Und der Diener setzte sich neben Joseph und aß, was er übrigbehalten im Korb, den er trug. Und tat wichtig und sprach, als wisse er's besser:

›Nicht aus der Stadt kam das Feuer. Weiß ich doch, woher's kam. Wett ich doch, wer's gelegt.‹

Und etwas leiser sprach er zu Joseph, denn er sah, daß der aufmerksam zuhörte:

›Einer der eigenen hat sich gerächt! Und doppelt gerächt, wenn du mich fragst‹, sprach der Diener.

Und Joseph sagte: ›So glaubst du?‹

Da antwortete ihm der Diener: ›Ich glaube es nicht, ich weiß es. Denn bei meinem Herrn war einer in Ungnade gefallen, der hat ihm die Sklaven gezüchtigt, ein Aufseher. Auch mich hat er manchmal verdroschen. Der Aufseher aber ließ vor einiger Zeit einen Sklaven entkommen, den hatte zu züchtigen ihm keiner befohlen. Er züchtigte ihn aber, ohne Erlaubnis des Herrn, aus Wut und aus Eifersucht. Denn der Sklave hatte eine geschwängert, die der Aufseher begehrte zum Liebchen. Halb tot schlug er den Sklaven. Da kamen welche, die ihn befreiten. Dem Aufseher aber zerschmetterten sie die Kehle, vergruben Messer und Beil in ihm, daß er selbst nur knapp überlebte.

Seitdem aber hatte kaum einer mehr Nutzen von ihm. Denn wem nutzt schon ein stummer Aufseher, dessen Befehle keiner bekommt und dessen Gesten niemand versteht. Auch der Herrin, hab ich gehört, wurde's unheimlich, wenn sie den Kerl sah. Und sie rief ihn nicht mehr. Unerträglich aber wurde er, als die Schwangere das Kind des entflohenen Sklaven gebar. Denn er ließ nicht von seiner Eifersucht und verfolgte sie täglich. Als das zu Ohren der Herrin kam, wurd er entlassen. Was heißt „entlassen", vom Gut hat man ihn gejagt vor Tagen. Wie einen Hund. Und hoffte, man sei ihn nun los. Letzte Nacht aber ist er zurückgekehrt, Rache zu nehmen an beiden.‹

Joseph saß neben dem Diener, der so gesprochen, und war in Gedanken und schwieg. Denn er sah den Mann vor sich, den er aus dem Feuer befreit hatte. Sah noch die Hand, die der ihm entgegengestreckt mit dem Kind.

Und Joseph dachte bei sich: Warum hätte Gott mich im Feuer bewahrt, diesen zu retten?

Da hörte Joseph Geschrei, Klageschreie durchs Dunkel her, etwa von dort, wo die Ägypterin lag, die Mutter des Mädchens. Er wußte aber noch nicht, warum.

Sondern es kamen welche, unter ihnen ein Söldner, der war nah genug gestanden, als der Diener zu Joseph vom Aufseher gesprochen und behauptet hatte, der sei's gewesen, der das Feuer gelegt. Und man griff sich den Diener und schleifte ihn an den Haaren davon.

Bald darauf aber ritten welche los. Denn es hieß, nach dem Aufseher werde gesucht. Mit Hilfe Aufständischer aus Sepphoris habe der Feuer gelegt ans Haus und an die Häuser und Scheunen umher.

Und nach Sonnenuntergang noch ließ der Römer nicht ruhen.

Denn er ließ die aus den Trümmern gesammelten Toten – die eigenen ausgenommen – sammeln und laden auf einen Karren.

Und Joseph und einigen, die sich schon in den Trümmern gemüht und die Leichen herausgezogen hatten, wurde befohlen, den Karren zu ziehen hinaus an den Rand eines Felds fern der Mauer des Gartens.

Dort hatte man eine Grube ausgehoben. Und sollten in die Grube gelegt werden die im Hause Verbrannten und die anderen Toten. Denn viele waren erst im Laufe des Nachmittags an ihren Wunden verendet. Darunter aber sah Joseph auch die, der galten die Schreie, die er vernommen, die Mutter des Mädchens, jene Ägypterin.

Denn er erkannte sie, obschon die Fackel, mit der ein Söldner umschritt Karren und Grube, wenig Licht gab. Erkannte sie an seinem Gewand, das ihr noch haftete am Kopf. Das Tuch aber, das blaue, unter dem sie beim Brunnen gelegen, hatte man von ihr genommen und die Leiche nackt auf den Karren gehoben.«

Da hielt Neith ein im Erzählen. Und Monoimos und Balthazar warteten, daß sie wiederaufnehme die Rede.

Schließlich sprach sie zu uns:

»Joseph aber sagte mir, daß auch der, der ihm half beim Tragen der Toten, erkannte die Frau und ausbrach in Tränen. Denn er kannte sie gut, und sie hatte lange Jahre im Hause gedient. Und er sagte, sie habe Asenath geheißen, die er beweine, und wiederholte dem Joseph: ›Wir kannten sie gut‹.«

Und wieder hielt Neith ein. Und wir sahen's: Denn noch rührte das Bild der Toten, davon Joseph einst Neith erzählte, noch rührte's hin durch die Worte Josephs an Neith. Und Neith sah vor sich die Worte Josephs, als sie ihren Besuchern davon erzählte, und sie weinte dabei.

Dann aber nahm sie die Rede auf und fuhr fort:

»Kaum aber hatten Joseph und der andere Träger, der die Ägypterin kannte, die Frau zu den Toten gelegt in die Grube, da rief sie einer zum Karren zurück.

Und der so gerufen, stand auf dem Karren und schob die Toten hin an den Rand, daß die Träger greifen konnten die Glieder, sie in die Grube zu legen.

Er rief aber auch zum Karren den Söldner, der mit der Fackel die Grube umschritt. Auch der solle kommen.

Und der Mann auf dem Karren zeigte Joseph und dem anderen Träger und dem Söldner, der kam mit der Fackel herbei: einen Reif. Der hing am rechten Arm eines verbrannten Mannes.

Und deutend darauf, sagte der Mann auf dem Karren, diesen Reif habe er gerade am Arm der Leiche entdeckt.

Er behauptete aber, der Reif sei der Armreif des Aufsehers der Knechte. Des Mannes also, den Reiter davongesandt waren zu suchen. Nun sei aber eiligst dem römischen Herrn zu melden: ›Der Brandstifter ist gefunden. Nicht entkam er dem Feuer, der es gelegt!‹

Da rief der Söldner, der hielt die Fackel, noch andere herbei. Die gehörten aber zum Gesinde des Landhauses und hatten begleitet den Karren hinaus bis zum Rande des Felds. Und weinend noch standen sie an der Grube über den Ihren.

Aber keiner von diesen, die traten herbei, bestätigte nun, diesen Reif habe nur einer getragen, der Aufseher. Auch war die Leiche vom Brand so entstellt, daß keiner dem Söldner versichern wollte: ›Ja, doch, der ist's.‹

Da kam ein junger Söldner herbei, der sah den Reif. Und erschrocken sprach der, er habe gekannt den Aufseher. Und: ›Ja doch, der trug diesen Reif, diesen da, und trug ihn stets am rechten Unterarm, wie dieser da.‹ An der Leiche selbst aber, sprach er, sei kaum mehr zu erkennen der, den er kannte. Und seine Stimme zitterte, als der junge Söldner hinzufügte: ›Und doch. Denn diesen Reif, diesen da … hat er getragen.‹ Und sprach, er wolle's beschwören. Und auch sein Vater, Hauptmann der Söldner, werde den Reif wiedererkennen: Denn der Aufseher habe ihn selbst geschmiedet und ihn anderen damals gezeigt.

Joseph aber, der am Karren stand und als erster war hingekommen, sagte nichts. Sondern erkannte wieder den Reif, den er dem Aufseher im brennenden Haus vom Unterarm abgezogen. Den Reif, der sprang vom verbrannten Fleisch, ausrollend ins Feuer zurück.

Der Mann auf dem Karren aber, der vorgab, den Reif gerade entdeckt zu haben, hatte mit Absicht ihn angelegt jenem Leichnam.

Da ließ der Söldner, der die Fackel darüber hielt, den Reif ziehen vom Arm des Verbrannten. Und er selbst lief damit zurück, zu melden, der Gesuchte sei gefunden.

Als Joseph und der Träger aber aufnahmen die Arbeit, Tote in die Grube zu tragen, und jenen – den Leichnam, von dem man glaubte, es sei der Aufseher – übergingen, befahl ihnen der junge Söldner: ›Auch den tragt hinab!‹

Und Joseph und der andere Träger trugen hinab die Überreste des Leichnams. Und sie wollten sie absetzen, auf anderen nämlich, die lagen bereits auf dem Grund jener Grube.

Als aber der junge Söldner die Ägypterin Asenath bei den Toten am anderen Ende der Grube liegen sah, herrschte er an die Träger: ›Nein, hierher tragt! Neben *ihr* soll er liegen.‹

Und Joseph, während sie aufnahmen die Last und trugen nochmals, hörte weiterreden den jungen Söldner zum Mann auf dem Karren. Und als sie legten den Toten an Asenaths Seite, hört er ihn sagen: ›So bettet gerecht die beiden der Tod. Denn für *die* da hatte der Tote geschmiedet den Reif, die ihn lebend immer zurückgewiesen.‹

Noch in der Nacht aber war's, da befahl der römische Herr, daß der große Baum im Garten, angeschlagen vom Feuer, gefällt werden solle.

Denn man befürchtete, Windstoß könne den Angeschlagenen reißen, der Baum aber im Fall den Brunnen zerstören.

Und als Träger und Karren vom Feldrand zurückkehrten, wo sie die Leichen in der Grube verscharrt hatten, ließ der Römer ihnen Wasser bringen, sich zu reinigen.

Da kam der Hauptmann der Söldner, zog einige ab – Joseph war unter ihnen – und nahm sie mit in den Garten zum Baum.

Und er sagte, er wolle nicht ruhen lassen, bis der Baum gefällt läge am Boden zur Mauer hin. Und wies seine Leute an, niemanden dort lagern zu lassen.

Sie brachten aber, als man die Arbeit begann, ein Becken Kohlenfeuer heran. Denn es war kalt geworden. Und es wärmten sich auch einige Diener daran, die mit Fackeln gekommen waren, zu leuchten, daß die anderen Licht hätten.

Und Joseph fror, denn ihm fehlte der Mantel, den er der Toten belassen.

Da entfernte er sich vom Baum und trat, die Axt über der Schulter, ans Feuer und stand bei ihnen und wärmte sich.

Es hielt aber eine Magd, die vorbeikam, und sagte zu ihm: ›Woher kenne ich dich?‹

Und er zog die Hände zurück vom Feuer, rieb sie und hielt sie nochmals hin. Und antwortete ihr:

›Ich kenne dich nicht.‹

Und sie sagte: ›Gehörst du nicht zum Brandstifter, nach dem sie suchen?‹

Joseph aber antwortete: ›Ich kenne ihn nicht.‹

Da sprach einer der Diener zur Magd: ›Weißt du es nicht? Den sucht man nicht mehr. Mitverbrannt soll er sein, der Kerl, als er legte die Feuer.‹

Und die Magd sah Joseph scharf an: ›Ich kenn dich woher.‹

Joseph aber nahm langsam die Axt von der Schulter, die war schwer ihm geworden.

Da sprach sie: ›Warte, mir fällt's noch ein.‹

Als Joseph aber zurückging zum Baum, aufzunehmen die Arbeit, rief sie ihm nach:

›Woher kommst du?‹

Er aber tat, als habe er's nicht gehört, trat auf die andere Seite des Baums und schlug in die Kerbe.

Und der, den er abgelöst hatte, kehrte zum Kohlenfeuer und hörte die Magd, die nachrief dem Joseph:

›Nun sag schon, woher stammst du?‹

Da trat ans Feuer, wo Joseph gestanden, der, den er abgelöst hatte, und sprach zur Magd grinsend: ›Wärm ihm das Lager, dann zeigt er dir seinen Stamm.‹

Und unterm Gelächter der Diener zog sie davon. Joseph aber ahnte, daß die Magd wiederkäme und es nicht würde ruhen lassen.

Und als er im Wechsel mit anderen schlug die Axt in den Baum, blies ein Wind durch die Krone und trug den Schlag ihrer Äxte weithin über die Trümmer. Denn nichts stand hier mehr, nur noch der Baum. Und das Maß der Zerstörung war sichtbar noch in der Nacht. Denn es fachte der Wind, wo er strich, Glut, daß sie aufglühte zundrig aus dem Dunkel der Flur, aus dem Spiegel der Felder ringsum, als hätte sternenglühender Nachthimmel sich darin vergraben.

›Sie wird es nicht ruhen lassen‹, sprach Joseph bei sich, als der Wind unruhig das Laub in der Krone bewegte, hierhin fuhr, dorthin. ›Denn sie hat mich gesehen, die Magd. Und mit jedem Schlag der Axt, den sie hört, den der Wind weithin trägt, wird sie der Erinnerung näher rücken.

Denn mit dem Schlag der Axt hab ich losgeschlagen den Sklaven. Der hing am Baum, als sie mich schlagen sah, damals. Und mit dem Schlag der Axt auch geschlagen den Aufseher. Der stürmte her auf mich, als sie mich schlagen sah jenen Schlag, der schlug in die Kehle.

Und nicht wird sie ruhen, solange der Wind nicht ruht und die Schläge noch trägt dieser Axt. Denn sah sie mich nicht mit der Axt stehen am Feuer, stehen beim Baum und zuschlagen mit der Axt meinen Schlag?‹

Da wälzte der Wind sich groß durch die Blätter des Baums, sie hochhin durchwirbelnd letztmals.

Und ausrufend laut, die Äxte abziehend unterm Ächzen des Baums, traten Joseph und die anderen Arbeiter zur Seite.

Da brach herab in Richtung zur Mauer, tosend an ihnen vorbei – wie Flügelschlag tosenden Schwarms – der Baum. Und donnerte zu Boden im Fall, daß Wind, von der Mauer zurückgestoßen, über die Kohlen des Beckens hinfuhr. Und sie auffachten hell, feuerten hell, sprühende Augenpracht.

Danach aber ließ der Hauptmann lagern die Arbeiter und versprach ihnen Bezahlung und Arbeit für morgen.

Joseph aber setzte die Axt in den Stumpf und ging längs des Baums, als bräche er sich noch Zweige und Laub für sein Lager.

Und stieg über den unteren Ast hinweg des Gefällten, daran der gepeitschte Sklave gehangen. Und im Überschritt trat hinein in den Baum.

Da ging er bald voran zwischen breiteren Ästen, stieg auf manchen dahin wie auf laubverhangenen Stegen, sich haltend an Zweigen, die seilgleich führten, nachgaben auch, wo er hindrang durch sie. Und allesamt waren sie warm noch vom Feuer, und an Stellen gloste das Laub. Bis er trat in die Tiefe des Kronlaubs, darin ihn niemand mehr sah.

Denn auch er sah hier nicht mehr hinaus, sah keines der Lichter, die er zuvor gesehen.

Und trotz der Not kam ihn an eine Freude. Die war, wie Kinder empfinden, die vorwärts sich tasten, tiefer und höher, steigend auf Ästen, die sicher sie halten.

Denn er wollte sich hintasten an einen Ort, wo er vorläufig sicher wäre, wo Äste und Laub den Mann überwölbten, Schutz gäben Joseph vor Kälte der Nacht. Und glaubte zu hören, je tiefer er stieg, das Flüstern der Säfte des Baums, die von der Wurzel getrennt sich zu retten suchten, unruhig sich sammelnd, wohin ihnen Joseph folgte.

Und da er sich nachtastete ins Innerste hin des Gewölbes des Baums, kam ihm Erinnerung an die Schlange, die er darin gesehen, und an den Vogel, der darin gelandet.

Und Joseph hielt still und glaubte am Dunkel der Gabelung, daran er sich hielt, Zeichen frischgerissener Rinde zu lesen. Und glaubte, es hätten die Krallen des Vogels oder der gepanzert-gewundene Leib jener Schlange sie hinterlassen.

Und glaubte zu hören um sich Getön, wie das leise Schwingen von Last am Gewölbe der Vielzahl der Äste. Und, je länger er lauschte, glaubte zu hören die Schlange über ihm und unter ihm und her von den Seiten, daß sie windfachend herbeikroch, als käm sie geflügelt und als seien aus Einer geworden viele, die kehrten in Vielzahl zur Mitte hin *eines* Gewölbes, in das Innerste jenes Baumes, dahinein schutzsuchend Joseph geraten war.

Da glaubte er sich verloren.

Bis er bangend erkannte, daß es das Glimmen und Glosen des Laubs sein müsse, das er hörte und sah. Denn er sah es nun wieder, sah's hoch um sich her und unter sich, sah es wie Vielzahl fernen Gestirns, als hinge um ihn gewölbt das All, als hinge's augenprächtig am Baum.

Und Joseph erkannte im Baum, daß der Ort, wo er stand und sich hielt, alle behielt und alles. Denn von dorther waren alle gehalten. Da blieb Joseph still, eingeruht, in Verborgenheiten verborgen.

Und war's, bis durchbrach zu ihm hin: eine Frauenstimme. Ihm schien aber, als riefe sie ihn heraus, als dürfe er dort nicht bleiben, der Ort ihn nicht halten.

Und Joseph folgte der Stimme. Und nach einer Weile im Dunkeln fand, daß er die Krone beinah durchquert. Denn aus der Finsternis kamen die Farben wieder in Stufen hervor, je näher er kam tastend dem Rand. Aber als seien die Farben Joseph vorausgeeilt aus dem Innersten des Gewölbes, so kamen sie vor ihn durchs Laub, und als geleiteten sie die Stimme, die ihn herausrief, so schienen sie her vom Rande der Krone.

Da hielt Joseph, noch im Innern des Kronenrands, und hörte wieder die Stimme. Und hielt, da er die Stimme gehört.

Er war aber nah der Mauer gekommen, auf die zu der Baum gefallen war und an die seine Spitzen noch reichten, so daß sich dort drängten die laubigen Äste und Zweige, sich bauschten an ihr.

Und durchs Laub des Kronenrands hin sah Joseph nieder aufs Lager einer Magd.

Die wollte sich lagern, wo schon zwei andere lagen, Mägde wie sie. Es war aber die Magd, die ihn angesprochen hatte beim Feuer und die ihn zu kennen glaubte, woher wußte sie nicht. Die aber kam tragend bei sich ein Bündel. Und legte's zu Boden und sah darin nach, denn es schrie.

Und weckte die zweite und rief sie, die bereits schlief. Und sprach zu ihr. Erst da erkannte Joseph die Stimme, die ihn gerufen heraus, bis an den Rand.

Die zweite Magd aber, die sie geweckt, entblößte die Brust und ließ säugen das Kind, das die Magd ihr reichte.

Da sah Joseph, daß es das Kind der Ägypterin war.

Und als das Mädchen gestillt war, bettete es die Magd, die es hergetragen, wieder ins Bündel. Und sie legte es bei sich, wo sie selbst sich hinlegte, nur wenig im Abstand vom Arm und nur wenig im Abstand der anderen Magd, die hatte gestillt.

Da, noch gingen Stimmen hin und her zwischen den Mägden. Aber das Kind schlief.

Und Joseph, der es sah, sah in der Ferne des Raums, tief hinter dem Säugling, aufgehen ein Band hellen Rauchs. Das mochte von fernem Feuer herstammen und zog himmelwärts, als nähm es vom Nabel des Kinds seinen Ausgang. Schnürend trieb es empor an den Stern.

Joseph aber sah es und wandte sich um.

Da wagte er's ruhig und, durch den Baum hin geschützt, überstieg die Mauer des Gartens.

An den Wachen vorbei entkam er gen Nazaret noch in der Nacht.

Zweites Buch

Die Pilger

Kapitel 30
König Joschija

Ohne Wunde war er entkommen, zwölf Jahre aber nach diesen Ereignissen ging Joseph hinauf nach Jerusalem, um Jahwe das Pessach zu halten, wie das Gesetz es uns weist, gedenkend des Mose, wie der gehalten das Pessach, das erste, und das Besprengen mit schützendem Blut, damit nicht träfe der Würger die Erstgeburt.

Und also nahm Joseph mit sich den Sohn, der den Weg hinauf nie gegangen war, auch Maria, zu opfern IHM in Jerusalem nach dem Brauche des Fests.

Sie zogen aber bei Sonnenaufgang mit anderen aus Nazaret querend das Tal Jesreel. Da kamen sie zu den Eichen bei Ofra. Denn es trafen sich dort viele, die ebenfalls hinaufzogen und aus anderen Richtungen gekommen waren.

Und manche saßen wartend schon im Schatten der Bäume, daß Verwandte und Freunde von Norden her aus Jafia und Nazaret und Sepphoris herbeikämen, mit ihnen zu ziehen, oder von Osten aus Nain und En-Dor und Schunem einträfen, sich ihnen anzuschließen.

Denn in Ofra kreuzten sich Wege. Und von Osten her kamen sie aus En-Dor, gingen aber nicht westwärts weiter den Weg gen Megiddo, sondern schlossen sich anderen an, die wie Joseph von Norden herab den Weg über Ofra nach Ginae und Dotan weiterzogen gen Mittag hinauf.

Und zu Joseph und den Seinen stießen an der Kreuzung, wo sie warteten, Verwandte, darunter Klopas und seine Söhne aus Schunem.

Und als Maria von fern her kommen sah ihre Verwandten, stand sie auf und trat unterm Schatten hervor und glaubte, Jesus sei Klopas entgegengeeilt und eile zurück schon, es ihr zu melden. Denn Jakobus, der Sohn Klopas', ähnelte Jesus und war gleichen Alters und eilte Maria entgegen, seinem Vater und Bruder voraus.

Und einander begrüßend schlossen sie sich zusammen und zogen weiter des Wegs, anderen hinterher. Denn über Ginae hinaus ins Dotantal bis vor Dotan wollte Joseph gelangen und nachtlagern dort mit den Seinen, in drei Tagesreisen hinaufzusteigen zum Fest.

Und da sie zogen, sprach Joseph mit dem Sohn, der neben ihm herlief. Denn schon bei der Kreuzung in Ofra, als sie saßen, wartend auf Klopas und die anderen, entzündete sich's, das Gespräch.

Da deutete nämlich Joseph die Straße hinab westwärts nach Megiddo. Und erinnerte den Sohn an den großen König Joschija, der bei Megiddo einst starb an der Wunde, die sich der Pfeil des Ägypters gebissen.

Und Joseph hielt still. Denn kaum hatt er's ausgesprochen, trat in den Sinn ihm das Bild:

rötlich gezinkter Pfeilspitze, aus Plättchen gereiht, Schwarzschaft fliegend-harrenden Pfeils.

Jesus aber, auch nachdem die anderen eingetroffen waren und man weiterzog, wollte hören, wie der Vater spräche von König Joschija. Denn König Joschija hatte als erster, wie sie einander erinnerten, vor langer Zeit zum Pessach nach Jerusalem gerufen das Volk.

Und Jesus verlangte, daß Joseph ihm vor allem genauer erzähle vom verlorenen Buch, wie und warum Joschija es wiedergefunden. Denn nie wurde er satt, davon zu hören.

Da sprach Joseph zu Jesus, der neben ihm herlief zu seiner Rechten am Wegrand:

›Du kennst doch die Schrift, was sie sagt vom verlorenen Buch und wie Joschija es wiedergefunden. Warum verlangst du, daß ich dir nochmals erzähle?‹

Da sprach Jesus zum Vater:

›Von allen anderen Tagen verschieden ist dieser Tag

heute. Denn heute zum ersten Mal gehe ich selbst Schritt für Schritt hinauf zu dem Ort, wo König Joschija das Verlorene fand. Mir ist aber, als kämen wir im Erzählen gleichzeitig mit ihm ins Heiligtum. Fänden gleichzeitig hin zum verlorenen Buch, wo es der König gefunden. Und hörten, gleich ihm, zum ersten Mal von seiner geheimnisvollen Entdeckung.

Erzähl also weiter, wie sie's gefunden, daß ich's mir erfahre im Gehen dorthin.‹

Und Joseph, im Gehen – noch war Megiddo zu sehen im Westen der Ebene Jesreel, und der Pfeil des Ägypters verharrte schwirrend vorm Ziel –, ließ Joschija aufleben, hob an und sprach:

›Es geschieht aber, als König Joschija regiert, da findet man das verlorene Buch. Wie aber findet man's? fragst du. Ohne Absicht, ohne Wissen, ohne danach zu suchen. Und doch richtig handelnd in allem und auf jegliche Weise. Das wird später wichtig, hör zu.

Denn Joschija hatte seinen Leuten befohlen, die Bauschäden auszubessern des Tempels in Jerusalem. Da entdeckt einer der Zimmerleute in einem Türpfosten, den er für morsch befunden, daß das Innere ausgehöhlt war.

In die innere Höhlung aber gelegt war unsichtbar geworden die Schriftrolle. Die fiel nun heraus und lag ihm zu Füßen. Da, still – seine Hand verharrte über ihr augenblicklang –, hob der Mann sie doch auf.‹

Und Jesus fiel ein und sprach zu Joseph: ›Da ward gefunden das verlorene Buch.‹

Joseph aber antwortete: ›Noch nicht gefunden war es. Denn was nutzt die Schriftrolle dem, der sie zwar greifen, aber nicht lesen kann? Ist sie gefunden, nur weil ein Blinder sie in Händen hält, der keines der Zeichen erkennt noch versteht?

Also ist, was verloren war, noch nicht gefunden, wenn es einer im Geheimen entdeckt und danach greift und hält es in Händen.

Sondern der Zimmermann nimmt sie, die Rolle, und steht auf und trägt sie hinauf zum Werkmeister, der über die Werkleute die Aufsicht hat, und händigt den Fund dem Werkmeister aus.‹

Und Jesus fiel ein und sagte: ›Da ward gefunden das verlorene Buch.‹

Aber Joseph sprach: ›Noch nicht gefunden war es. Denn der Werkmeister konnte zwar lesen die Schrift, daß der Zimmermann, der vor ihm stand, ihn lesen hörte, Laute formend über der Schrift, die er ausrollte. Aber der Werkmeister verstand nicht, was er las und sich reden hörte. Die Worte waren ihm fremd, rätselhaft doch.

So daß der Werkmeister die Rolle, die ihm der Zimmermann ausgehändigt, hinauftrug zum Großpriester Hilkija. Und der öffnete die Rolle. Und der las und verstand, was er las.‹

Und Jesus sprach: ›Da ward gefunden das verlorene Buch.‹

Joseph aber sprach: ›Noch nicht gefunden war es. Denn wer das Verlorene versteht, nicht aber Macht hat, danach zu handeln, dem bleibt es verloren.

Denn er mag es in Händen haben, es ist, als sei's nicht vorhanden. Denn ohne Wirkung verharrt es bei ihm und keine der Weisungen des verlorenen Buchs dringt nach außen.

Aber Hilkija, der Großpriester, nimmt das verlorene Buch aus den Händen des Werkmeisters und liest und versteht und trägt es hinauf zum Schreiber des Königs und überreicht ihm die Rolle, die man, im Tempel versteckt, wiedergefunden.

Und Schaphan, der Schreiber des Königs, öffnet und liest laut und versteht und weiß, was zu tun ist. Denn er weiß, wer Macht hat, zu tun, und hat das Ohr des Königs Joschija.‹

Und Jesus sprach: ›Da ward gefunden das verlorene Buch.‹

Joseph aber antwortete: ›Noch nicht gefunden war es. Denn der weiß, was zu tun ist, selten tut er's. Verantwortung lastet auf ihm überschwer. Tut er's, nichts wird mehr sein wie vorher, umgepflügt alles, die Bräuche zerscherbt. Und zu Scherben zerschmettert, was galt und verehrt war vom Volk.

So fürchtet der Schreiber, weiterzuflüstern vom verlorenen Buch, was es erinnert und vorschreibt und weist, es weiterzuflüstern ins Ohr seines Königs Joschija. Und der Schreiber zögert, verharrt. Und schließt verloren die Hände um die verlorene Rolle.

Da ist es nochmals: wie vom Balken verschluckt, unsichtbar, als sei nicht im Tempel gefunden, unter Steinen aber zu Grabe gelegt worden: das verlorene Buch.‹

›Wie aber ward es gefunden?‹ fragte Jesus, denn so hatte er noch nie reden hören den Vater vom Buch.

Und Joseph antwortete: ›Am folgenden Tag sitzt der Schreiber beim König Joschija und rechnet ihm vor, wieviel Silber die Schwellenhüter des Tempels hatten gesammelt vom Volk, die Schäden auszubessern im Heiligtum.

Denn Joschija hatte, wie du weißt, dem Schreiber befohlen und der hatte weiterverfügt dem Großpriester: einschmelzen zu lassen alle Geldstücke, die die Schwellenhüter des Tempels vom Volke gesammelt. Und der Großpriester hatte das Geschmolzene dann ausliefern lassen hinab an seine Werkmeister, die es wiederum hinab aushändigten ihren Werkleuten, den Zimmerleuten, den Bauleuten, den Vorschneidern und Maurern, daß sie das Holz und die Hausteine herrichten, daß sie ersetzen das Morsche, daß sie neu fügen Zerscherbtes. Und geschah es nicht so?‹

Und Jesus sprach: ›So geschah es. Von oben herab floß das Geschmolzene, bis es unten angelangt war.‹

Und Joseph sprach: ›Du sagst es. Wie aber? Was hatte der König Joschija angeordnet?‹

Und Jesus sprach: ›Die Schrift sagt, daß König Joschija

befahl, es solle keine Abrechnung geben bei der Aushändigung des geschmolzenen Silbers hinab an die Werkmeister. Und die wiederum sollten nicht Abrechnung halten bei der Auslieferung des Silbers hinab an die Werkleute, die Zimmerleute und Bauleute, die Vorschneider und Maurer.‹

Und Joseph fragte den Sohn: ›Sondern? Wie wollte Joschija, daß es geschähe?‹

Und Jesus sprach: ›Auf Treu und Glauben sollte ausgehändigt werden das Wertvolle. Auf Vertrauen hinabgereicht werden alles bis hin nach unten.‹

Und Joseph fuhr fort: ›So daß König Joschija vom Schreiber nicht hören will, was der sich ausgerechnet hatte: das Abgerechnete der von den Schwellenhütern des Tempels eingesammelten Silberstücke, das Gewicht des geschmolzen hinabgereicht wertvollen Silbers.

Nicht Listen des Verausgabten will der König, nicht verlesen lassen das Zählbare.

Sondern Joschija unterbricht seinen Schreiber und spricht: „Du, Schreiber, verstehst nichts. Auf Vertrauen hab ich's hinabgereicht, auf Treu und Glauben, den Wert. Daß du ihn nun mir in Zahlen faßt? Unfaßbar ist dir und den andern, wie ich's hinabgereicht. Unzählbar und unberechenbar, was ich hinabfließen ließ. Sprich mir also vom Unzählbaren, vom Unberechenbar-Unfaßbaren, das dort im Heiligtum unsichtbar wohnt.“

Da wußte der Schreiber, daß Joschija von Gott sprach, als spräche er vom verlorenen Buch.

Und der Schreiber antwortete Joschija: „Siehe, ein Zimmermann unter den Werkleuten, die unter Aufsicht arbeiten der Werkmeister, welche dein Großpriester bestellt hatte zur Ausbesserung der Schäden des Tempels – denn so hatte ich's an ihn verfügt, nachdem du es befohlen –, ein Zimmermann hat gefunden das verlorene Buch der Weisung.“

Und Joschija hieß den Schreiber vorlesen die Schriftrolle und hörte also die Rede Gottes, daß sie herausbrach aus Dunkel, Verlorenheit und Gefangenschaft. Und daß herabschoß das Wort auf den König und einfloß gefangennehmend sein Ohr und daß vernommen das Ewige auferstand im Vertrauen, das Immergültige wiedergekehrt war, unzählbar hin menschwärts zielend im Wort.

Und Joschija hörte und vernahm das Wort. Aber wie vernahm er's? Denn noch nicht war, wie du meinen könntest, gefunden das verlorene Buch.‹

Da fragte Jesus den Vater: ›Wie denn vernahm er's?‹

Und Joseph sprach: ›Nicht wie einer, der sagt: „Hier ist es, das Verlorene, laßt uns nun tun, wie uns Gott zu tun weist."

Sondern Joschija vernahm es und bewahrte es auf in sich und breitete in sich aus das Buch wie ein riesiges Tuch, das sich legte über die Jahre Dunkelheit, darin es dunkel gelegen. Und da er's so aufbewahrte, sah er entzündet und überall glimmen Gottzorn: bis tief in die Dunkelheit der Jahre Vergangenheit, in die es hin ausgerollt lag, verloren, das Buch.

Und Joschija wußte im Innern, wie entzündet war die Zornglut Jahwes, daß zuwidergehandelt wurde Seiner immergültigen Weisung, noch immer.

Also vernahm es Joschija nicht wie einer, der sagt: „Hier ist es, das Verlorene. Nun laßt uns tun dies und das entsprechend dem Wort, denn jetzt vernehmen wir's."

Sondern aufschulternd vernimmt es Joschija. Er schultert sich auf das Vergangene – denn hin ins Vergangene hinab gilt das Immergültige –, und trägt schwer am Längstvergangenen, von dem niemand gewußt.

Joschija vernimmt also und spricht nicht: „Hier ist es, das Wort." Sondern spricht: „Hier war es schon immer, das Wort, hier ist es immer gewesen, und ich habe es nicht gesehen!"

Wer so spricht, der schultert sich alles auf, der hält ohne zu rechnen Unzählbares im Vertrauen.

Und so, im Vertrauen, antwortet Gott dem Joschija. Und Joschija und sein Volk: sie werden verschont. Solange Joschija lebt.

So verharrt der Pfeil Gottes. So bringt zum Verharren die anschießende Zornglut König Joschija, der schultert die dunkle Last.

Und da, als er so tat und Anordnung gab so zu tun, Joschija, der König, da ward wieder eins das Zerscherbte.

Und nicht auf den Höhen umher im Land, sondern einzig im Heiligtum wohnt das Ziel.

Und dort zu opfern, dorthin zu kehren im Fest, ließ Joschija rufen das Volk nach Jerusalem. Und wir folgen ihm heute, wie du sagst, näher ihm kommend. Denn wir steigen hinauf, Schritt für Schritt, nach Jerusalem.‹

Und Jesus sprach: ›Also wird gefunden das verlorene Buch.‹

Und Joseph antwortete: ›Du sagst es.‹

Kapitel 31

Samuel

Joseph aber zog mit den Seinen hinaus über Ginae und gelangte durchs Dotantal bis zu den Quellen, ein Stück Wegs noch vor Dotan.

Und Joseph lagerte dort gegen Abend bei den Quellen am Hügel.

Am Feuer aber hörte man reden vom Stammvater Joseph, der bei Dotan, vom Fremden gewiesen, wiederfand seine Brüder, die Hüter der Herden, die er gesucht.

Und hörte am Feuer berichten, wie die Brüder Joseph von Ferne sahen und sprachen:

›Schaut nur, wie schaumantelstolz kommt unser Träumer daher.‹

Und wie sie hinabstießen ihn nackt in die Zisterne, ihm zerrissen den Mantel, den sie Vater Jakob blutig zurückbrachten, sprechend:

›Es zerriß unsern Joseph ein Tier.‹

Und wie sie den Bruder verkauften um zwanzig Silberstücke an vorüberziehende Ismaeliter.

Und da: wie die Brüder nachsahen dem Sklaven, ihrem Fleisch und Blut. Bis er verloren im Dunkel aus ihren Augen verschwand.

So hörte man reden am Feuer vom Stammvater Joseph, ein Stück Wegs noch vor Dotan.

Am nächsten Morgen aber brach Joseph früh auf. Denn er wollte über Tirza bis Schechem gelangen, zum Jakobsbrunnen, und wollte rasten dort zwischen den Hängen des Ebal und Garizim. Darauf weiterziehen bis Lebona, um hinter Lebona die zweite Nacht lagern zu lassen die Seinen.

Hinter Lebona aber lag Schilo, wo Gott einst Seinen Namen ließ wohnen. Dann aber verließ ER die Stätte zu Schilo und hatte verlassen das Haus, das genannt war nach Seinem Namen.

Dort also einst stand das Zelt, das heilige. Und darin, heilig augenverborgen, die Lade.

Und noch vor Schechem, bei der Hälfte des Wegs, fragte Jesus den Joseph:

›Ist es möglich, daß noch verloren liegt anderes? Wie die Schriftrolle des verlorenen Buchs dort im Tempel lange verloren lag?‹

Und Joseph antwortete:

›*Willst* du finden, findest du nichts. Keinesfalls rechne damit. Aber wie Joschija es tat, sammle zusammen den Wert. Wandle ihn aus den vielen in eins. Und gib es hinab auf Vertrauen. Denn dann kommt es herauf, blind wird's heraufgereicht aus scheinbar Geringstem. Denn hat nicht das Verlorene auch gesucht den Verlorenen? Wußte König Joschija denn, wovon er sprach, als er dem Schreiber verbot, vor ihm aufzurechnen das Silber, das Ausgeliefert-Hinabgereichte?‹

Jesus fragte: ›Sagst du, daß Joschija nicht ahnte, was sein Schreiber zurückhielt?‹

Und Joseph sprach: ›Vielmehr, als Joschija nichtsahnend

sprach, ihm zu rechnen verbot in betreff auf das Unbere-
chenbare, da wußte der Schreiber, daß nicht Joschija suchte
– denn nichtsahnend war der –, sondern das Verlorene
suchte nach ihm, nach Joschija.

Und als der Schreiber das wußte, da hielt er nicht länger
zurück, sondern gab offen heraus, was er zurückgehalten
hatte aus Furcht. Denn was er hielt, das wollte zum König.‹

Da fragte Jesus: ›Was heißt aber „zum König“, wenn es
zu mir wollte, ein verlorenes Buch zu mir wollte? Bin ich
doch weder König noch Königs Sohn.‹

Und Joseph antwortete ihm: ›König ist, wer es wie ein
Geringster vernimmt, das Verlorene. Wie ein Blinder, der's
zunächst nur greifen kann, zu halten in Händen: das aus
gehöhlter Verbergnis ihm Zugefallene.

Denn auch der bist du, ein Geringster und Blinder. Bist
sie alle hinauf: Zimmermann, Werkmeister, Großpriester,
Schreiber, und bist König dazu. Denn König ist, der alle
enthält.‹

Und Jesus antwortete: ›Nun aber sprichst du nicht mehr
von Joschija, dem König. Du hast ihn verschwinden lassen,
der's dem Volke befahl. Denn du sagst, König sei, wer mit
den Ohren es aufnimmt, demütig wie ein Geringster, bereit
die Last auszutragen, mit königlicher Macht sich befehlend.
Du hast Joschija verlassen. Warum?‹

Und Joseph sprach zu ihm: ›Da, dein verlorenes Buch.‹
Jesus aber vernahm's und bewahrte es schweigend.

Als sie gegen Mittag erreichten den Brunnen Jakobs,
sprach Jesus zum Vater: ›Wenn aber noch ein verlorenes
Buch verloren liegt, wie du für möglich hältst, wo wär es zu
finden?‹

Und Joseph sprach: ›Ich sagte dir bereits: Wo du nicht
absichtlich suchst, ohne Willen hingerätst, so daß es zu dir
kommt, sich dir offenbart.‹

Da fragte Jesus: ›Wo liegt der Ort, wenn ich ihn suchen
wollte?‹

Da antwortet ihm Joseph:

›Nur im Traum gibt es Orte, die sind nicht zu suchen. Denn keine Absicht, kein noch so fest vor dem Schlaf gefaßter Wille bringt dich dort hin.

Und nichts, was du antriffst im Traum, hast du mit Willen gemacht – und doch spricht alles von dir und handelt von deiner Sache. Denn Gott spricht es hinab, noch im Geringsten dort spricht er's zu dir, Seiner Sache.

Vor vielen Jahren aber geschah mir's: Ich sah eine Schriftrolle liegen, die fiel hinab vor mir her auf den Grund eines Sees, und ich konnt sie nicht halten. Und hatte nicht nach ihr gesucht. Und wußte nicht, was sie enthielt. Im Traum lag sie zum Greifen nah, und dann, ungreifbar, in einem ausgehöhlten Versteck aufbewahrt. Da bin ich erwacht und hab's nicht begriffen.‹

Und nachdem sie an Ebal und Garizim waren vorbeigezogen, kamen sie gegen Abend bis hinter Lebona, wo Joseph unweit Schilo nachtlagern wollte.

Sie hatten aber während der Reise immer wieder gesprochen über die Orte, da sie vorbeizogen. So daß Jesus, wovon er bis heut nur gehört hatte, sehend vernahm, indem er's durchschritt: Schritt für Schritt, hinauf und hinab durch Tal und Gebirg. So kam ihre Rede auch auf Schilo, noch bevor sie den Ort erreichten, wo Joseph nachtlagern wollte.

Und Jesus, mit großer Begeisterung sprach er vom Knäblein des Elkana und der Anna, die ihren Sohn Samuel, den einstigen Propheten, nach Schilo ins Haus Gottes gebracht.

Und sprach von den Tagen in Schilo, als des Priesters Eli Augen sich trübten. Und Gott im Traum rief den Samuel, der schlief in Seiner Halle, der Halle des Schreins, der Heiligen Lade.

Denn dort, in der Halle des Schreins, lag Samuel schlafend, als Gott ihn rief:

›Samuel!‹

Und Samuel erwacht und spricht:

›Hier bin ich.‹

Und rennt zu Eli, dem Priester, der schläft. Denn Samuel glaubte, Eli habe gerufen.

Und dreimal sendet Eli zurück ihn, denn Eli hatte nicht nach Samuel gerufen.

Da aber, als es ein viertes Mal so geschieht, und Samuel nochmals rennt zu Eli, als rufe der: ›Samuel!‹, da erkennt Eli, daß es der Herr ist, der ruft.

Und sagt zu Samuel: ›Ruft ER dich wieder, so sprich: „Rede, DU! ja, Dein Knecht hört."‹

Da kommt dem schlafenden Samuel, der umringt ist und gleichsam umwahrt von viermaligem Hören, Erwachen, Rennen und Irren, im fünften die Stimme nochmals. Und trifft in die Mitte, tiefer tief in sein Ohr, ruft:

›Samuel! Samuel!‹

Und Samuel spricht: ›Rede, ja, Dein Knecht hört.‹

Denn da war Samuel berufen von Gott.

So sprach Jesus, begeistert, in die Nähe des Orts zu ziehen, wo dies war geschehen und wo's in den Worten Jesu – denn sie erzählten es wieder – wieder geschah.

So daß Jesus, der Sohn, ansteckte begeisternd im Bild auch Joseph, den Vater.

Denn Joseph, es hörend, sah Samuel vor sich: wie Samuel träumte, als ihn in der Halle des Schreins traf der Name.

Denn der Name rief nach Samuel, hatte ihn viermal schon gerufen, das heißt aber: hatte immer schon, von Anfang an, gerufen im Ruf:

›Samuel!, Wort Gottes, dich rufe ich und habe dich gewählt von Anfang an aller Zeit und deinen Namen in mir getragen, denn du wirst mich hören im Traum und ausführen das Wort, sobald du erwachst.‹

So sah Joseph es vor sich, angesteckt durch den Sohn, der begeisterte Joseph, den Vater.

Und als sie zogen gen Schilo, wenig vor Sonnenuntergang, sprach Joseph: ›Da, ein verlorenes Buch. Womit wollen wir es vergleichen?‹

Und Jesus schwieg und sah hin auf ihn gespannt.

Da sprach Joseph: ›Das verlorene Buch ist wie die Stimme Gottes, die Samuel rufen hört. Und doch, noch erkennt er sie nicht und weiß nicht, daß er flieht.‹

Und Jesus sprach: »Und da, dreimal, sind beide einander verloren. Aus dem Vierten aber wächst Rettung. Denn verloren sind beide, bis sich der eine dem Andern entdeckt. Denn hat da der Herr nicht wiedergefunden den Sklaven, der sein Wort hört.‹

Und es war Joseph, als spräche der Sohn von Ereignissen, von denen er nicht wissen konnte. Denn sie geschahen, bevor er geboren.

Und angesteckt vom Traum und dem Ort, auf den sie zugingen, Schilo, noch vor Sonnenuntergang war's, da sprach Joseph dem Sohn vom Traum, der ihm einst träumte bei Beit Re'evim.

Er gab ihm aber nicht den Namen des Orts, auch nicht die ganze Größe des Traums, in dem er hinabgezogen war an den vier und sechzig Ragebildern der Ahnen, bis hinab zu Adam, bis hinunter vor Gott.

Sondern nur dieses sagt Joseph dem Sohn, angesteckt von Samuels Traum, den Jesus gerade erzählt hatte:

›Einst träumte mir großer Traum. Es war aber noch bevor du geboren warst. Und doch: mir sprach er von dir. Denn die Stimme des Engels: im Traum drang sie mir durch Stirne und Ohr, tiefer tief hinabhin ins Herz. Und sprach zu mir: „Ein Sohn ist dir aufgegeben von Gott. Du sollst ihn tragen. Und Jesus ihn nennen mit Namen."

Da, siehst du's? Du warst mein verlorenes Buch.‹

So sprach Joseph, unbedacht, zu Jesus, der ihn angesteckt hatte mit seiner Begeisterung vom träumenden Samuel und dessen Berufung.

Und Joseph, absichtslos sprach er von seiner Berufung. Denn der Traum berief ihn doch. Und sprach absichtslos vom Berufensein Jesu, des Sohns, den der Engel ihm angekündigt.

Und da, als sie erreicht hatten den Ort bei Schilo, ging ein jeder sich seine Stelle fürs Nachtlager suchen.

Kapitel 32

Die Grube

Es lagerte sich aber Jesus bei Jakobus, dem Sohn Klopas',
und anderen Söhnen, die sich Holz gesucht hatten fürs
Feuer. Denn sie sprachen noch nachts, gespannt auf die
Jerusalem, die sie nächsten Tags wollten erreichen.

Und stolz sah Joseph hinüber auf seinen Sohn, der entfernt sich gelagert hatte. Und erkannte ihn am Umriss
seiner Gestalt. Denn der Sohn saß umzeichnet vom Feuer,
das Haupt gebeugt, die Knie umschlungen. Als dächte er
nach, worüber der Vater ihm kurz vor Schilo gesprochen.

Dem Sohn aber, Jesus, wie er so saß, war's in Gedanken,
als richte er noch seine Statt zum Nachtlager her.

Und als sei das helle Licht: Licht der Flammen in der
Halle des Schreins zu Schilo. Als liefe er herbei und sähe
liegen in der Halle des Schreins: *sich* statt des Samuel.

Und da, in Gedanken, war's Jesus, als sei er, Jesus, gerade
zum vierten Male erwacht und liefe zum vierten Male hinüber zu Joseph, seinem Vater, der dort lag zur Nacht wie
einst Eli im Heiligen Zelt zu Schilo.

Und in Gedanken versunken schien es dem Sohn, als
habe Joseph erkannt, wer es war, der Jesus im Schlafe berief. Und als habe einst Eli dem Samuel, heute aber Joseph
dem Jesus gesagt: wie zu antworten sei, wenn ER, Jahwe,
Jesus riefe zum fünften Mal.

Als aber Maria schlief und die Seinen schliefen, auch die
Söhne drüben beim Feuer lagen im Schlaf, da kam in der
zweiten Nacht nach dem Aufbruch aus Nazaret ein Traum
zu Joseph und trat vor den Schlafenden hin, daß Joseph ihn
sehe wie mit offenen Augen.

Denn da, im Traum – vor dem Ort, darin Gott einst hatte
wohnen lassen Seinen Namen, bevor er den Ort verließ –
war Joseph verlassen.

Und nicht mehr die Seinen, die schliefen bei Nacht, sondern Stille umgab ihn, den einzigen unter der Sonne des Traums.

Denn um Joseph war's wüst und leer, zu Sand geworden das Land.

Und Brandgeruch stach in die Nase des Träumers, als habe Feuersbrunst alles im Umkreis verheert. Und alles war gelber Sand, so weit hinsah das Auge Josephs. Und die Sonne brannte hernieder.

War Wind zu hören im Traum?

Wind war zu hören. Kam aber und ging. Und blieb schließlich aus.

Und dann war es still?

Totenstill. Am hellichten Tag.

Wo stand er also, Joseph, im Traum?

Er stand auf der Stelle und sah umher und suchte hin über den Sand. Da war gelber Sand, so weit reichte das Auge.

Und suchte wohin und nach wem?

Suchte die Seinen, die ihm lieb waren über alles. Suchte, wo sie lägen oder stünden, wartend auf ihn, daß er sie wiedererkenne und nach ihnen rufe.

Und sah er welche?

Er sah niemand. Keinen Menschen. Kein Lebewesen. Auch nichts Kauerndes oder sich Krümmendes. Denn alles bis an den Horizont war gleichhin ebener Sand.

Jetzt aber, ein Schritt. Ging er nicht einen Schritt vorwärts?

Einen Schritt ging er vorwärts. Und zu hören war leise der Sand, nachgebend, weichend, sich wölbend unter der Sohle.

Dann, als er stand, rieselnd zu hören, nur leiser noch: Sandkörniges, das vom Kamm der im Hintritt entstandenen Wölbung zurückrieselte, einzelne Körner, dünig hinab vor die Zehen.

Und das noch hört er?

Er hört es, denn sonst ist nichts zu hören.

Und er fühlt – ?

Angst. Nichts als Angst. So, völlig beraubt der Seinen und seiner Welt, auf der Stelle zu stehen.

Und der Brandgeruch stach ihn, und aufstach in ihm Erinnerung an die Feuer. Zwölf Jahre war's her. Dort am Weg nach Sepphoris, als Garten, Gehöft und Landhaus niederbrannten des Römers.

Und da, kam nicht endlich ein Wind, traf an sein Ohr?

Nein, der Wind war gekommen, gegangen, blieb aus. Blieb lange Zeit aus.

Und dann kam, wie von einzelnem Windstrahl getrieben, ein einzelnes Sandkorn hin übers Land und schoß und traf die Muschel des Ohrs Josephs. Hörbar und spürbar, vernehmbar. Denn die Windung hinab rieselte es hin, einzig hinein in sein Ohr.

Und da kam ein zweites Sandkorn, windstrahlgetrieben. Und traf.

Und ein drittes und viertes, ein fünftes und sechstes. Und trafen nun schneller ein, hintereinander das siebte und achte und neunte und das zehnte schon gleichzeitig fast mit dem elften und zwölften, dreizehnten, vierzehnten.

Und schossen heran, schossen im Nu, denn schon flutete's windgetragenen Sand, schossen unzählbar die Körner im Strome. So daß Joseph unter verdunkeltem Himmel weiterzog im Geprassel, getriebenen Schritts – wohin, wußt er nicht. Und beugte das Haupt, zu sehen.

Da strauchelt er, fällt, hält aber im Fall sich noch fest. Hält sich fest, fällt nicht tiefer.

Und sieht jetzt, daß sein Fuß strauchelte, weil er hinaus über den Rand getreten war einer riesigen Grube.

Denn an deren Rand hielt er sich fest, fiel nicht tiefer.

Und da sieht er, nicht weit – er zieht sich am Rande hinüber –: eine Leiter. Die führt hinab in die Grube.

Und Joseph erreicht die Leiter und steigt sie, unters Wehen des Sands steigend, zehn Ellen hinab.

Bis zum Fuße der Leiter.

Und kommt am Fuße der Leiter auf einem Vorsprung zu stehen der Grube im Sand. Und steigt von dort abermals tiefer hinab in die Grube, eine zweite Leiter hinab, zehn Ellen tiefer.

Bis auf den Grubengrund.

Und als er den Fuß setzt auf den ebenen Grund der Grube, wohl zwanzig Ellen tief unter der windgetriebenen Sandflut, da erkennt er das Ausmaß der Grube.

Denn ihre Wandung war wie von Handwerkern säuberlich ausgeschachtet und glatt. Und war auf dem Grunde doppelt so lang und doppelt so breit wie die Tiefe, in die ihn die Leitern geführt hatten hinab.

Und das Staunen Josephs, als er das Ausmaß der Grube ermaß, in die er hinabgestiegen, verflog es schon bald?

Ermessen war nichts und wie Nachhall die Schätzung, die er mit erstem Auge geschätzt. Wie Nachhall und Raunen unter der windgetriebenen Sandflut. Und Josephs Staunen, nicht verflog es, sondern wuchs an.

Denn ein anderes als das vom Auge zunächst Erfaßte, schlug stärker an, stärker noch als das Ausmaß der Grube. Stärker noch als sein Fragen, wer sie gebaut und wer die Leitern gestellt, als sein Rätseln, ob heute, ob gestern, für morgen.

Stärker noch schlug etwas Joseph, den Träumer, der da stand auf dem Grund jener Grube, tief unter Windflut aus Sand.

Denn Joseph stand nicht allein. Und die Grube, die große, die lag nicht leer vor ihm da.

Sondern – schon geht Joseph vorsichtig hin, den ersten Schritt darauf zu, zögernd den zweiten und dritten:

Da liegt flach, inmitten der Grube, ausgestreckt, daß die Enden reichen bis vor die glattgeschachteten Wände:

Mächtig ein hölzernes Kreuz, wie er nie gesehen.

Und der Längspfahl des Kreuzes ist stämmig geschälter Pfahl, ist es aber nur bis zum Querbalken hin, der stämmig querend sich fügt in den Pfahl.

Unterhalb aber der Querung des Kreuzes ist es Pfahl nicht mehr, sondern Leiter geworden. Die zieht längs der Holme sproßabwärts ans Ende, zur ersten Sprosse hinab des Kreuzes, das lag inmitten der Grube.

Da trat Joseph heran, Schritt für Schritt, vom Anblick des gewaltigen Marterwerkzeugs schwerer beschwert. Denn das Qualgerüst zeugte ihm tiefe Angst.

Und näher kommend, fühlt er: Es bannt sie zugleich. Staut meine Angst und löscht sie. Und, kaum gelöscht, läßt sie auflohen wieder.

So daß er tastend wie durch ängstlich wucherndes Flammengestrüpp sich reißt, um vorwärts näher zu kommen.

Und Joseph bricht ins Knie, nähergekommen dem Kreuz.

Denn er vernimmt die Schreie der Holme der Leiter. Hört – als würde er wahnsinnig – menschenschreien das Holz.

Ins Ohr dringt längsgezogenes Qualgeschrei, von längsauf und längsab her der Stangen der Leiter. Und zwischenhin, quergedrängt durch den Schmerzenlärm jener, hört Joseph süßlich duftendes Gurren. Hört's zärtlich lockend – wie taubenher – gurren und zwischenhin flüstern und flackern. Es ist aber das Gurren und Locken steigender, fallender Sprossen der Leiter. Sind Sprossen, die locken bestiegen zu werden. Die schläfrig locken, zu stehen aus dem Schlaf. Noch nicht im Stand stehen die Sprossen, aber locken im Liegen herbei den Besteiger, im Schreien der Holme sich wölbend um ihn, diesen einen: ›den lieblichen Sproß unsrer Sprossen!‹ So rufen ihn nämlich die Stimmen der Leiter.

Und Joseph vernimmt's.

Da reicht hin und faßt an: Josephs Hand. Erreicht seine Rechte das schreiende Holz.

Und flammend heiß, so daß er zurückzog die Hand, war das Holz. Aber kein Feuer daran zu sehen.

Und als er die Finger zum Mund zog gerötet, sie mit Speichel zu kühlen, da roch er und schmeckte er Salz. Frisch noch, als flösse unsichtbar Meer über die Holme, bemäntle das Holz mit unsichtbar-gläsernem Mantel.

Und bernsteinbraun gelbgeädert leuchtete Joseph das Ende der Holme der Leiter. Als fiele die Angst dort der Schreie der Holme: versteinernd aufs Holz selbst zurück. Und färbte's und äderte's so, versteinernd das Holz.

Im lockenden Gurren der Sprossen aber drang's grün durch den gläsernen Mantel herauf. Und sproß und grünte hinab bis zur untersten, ersten.

Und über den untersten Sprossen – Joseph sah hin, noch auf Knien – da schwebte verharrend ein Blatt.

Und das Blatt war blau, und bläulich glimmend und glosend die gewölbten Ränder des Blatts, und es schien alt und vertrocknet. Und doch verharrte es, windgebogen an Form, wie lebendig noch schwebend, knispernd im Hauche des Winds. Denn als hielten es Winde aus Richtungen vier, die träfen hier bindend das Blatt – beugend es sanft, als sei's jung noch und frisch –, so verhielt es in Schwebe über den untersten Sprossen. Und war bläuliches Blatt überm Grün solcher Sprossen. Und sank nicht noch hob sich, noch wich hin zur Seite. Sondern harrte, kräuselnd gebogen, wie Welle vorm Fall.

Das Blatt aber ist aus dem Garten getrieben. Ist gefallen vom Baum in die Grube herab, verharrend so überm Holz. Als falle es noch, wie's gefallen. Es ist tot und lebendig, es ist salzig und süß. Und war bläuliche Nahrung des Baums.

Zu der reckte sich Joseph, gezogen. Und doch durfte er, so wußt er im Traum, noch nicht wagen, davon zu essen.

Und erwachend vom Schlaf, da war es noch früh, lag Joseph und blieb unbeweglich unter den Bildern, die er im Traume geschaut.

Und vermochte nicht, sich zu bewegen. Aber als wagte er's nicht. Als wär der Traum nicht zu Ende geschaut.

Denn gegen Ende der Bilder, kurz vor Erwachen, fand Joseph nicht mehr die Leitern, daran er war in die Grube hinabgestiegen. Weder die zweite, die reichte herab auf den

Grubengrund, noch die erste, die ihn hinabgeführt hatte zur zweiten.

Da, gefangen im Grab der Grube, wollte Joseph fliehen mit der einzigen Leiter, die blieb.

Wollte stemmen das mächtige Kreuz, über die Sprossen der Kreuzleiter hinauf zu entkommen der Grube.

Aber welcher Riese hätte's ihm aufzustellen vermocht, das Kreuz dieser Grube?

Und erwachend, aber noch nicht erwacht, ist ihm: Er kniet neben dem liegenden Kreuz und vernimmt über sich, leise wie Wind, das Treiben gläsernen Meers. Da, auf dem Grund in der Stille, wägt Joseph die Rätsel, die ihm vor Augen gestellt:

Wer hier gegraben die Grube. Und wer hier gelegt solches Kreuz. Und ob zu vergraben war im Geheimen das Kreuz, es zu vergessen? Oder ob es jüngst ausgegraben war einem, der käme, es aufzurichten erinnernd.

Wer aber hatte gelegt, was kein Mensch aufrichten kann?

Da, Joseph endlich stand auf, umstanden von den Bildern des Traums.

Und die Schwachheit, die ihn in der Grube bedroht, die ließ ihn nicht los. Noch ließ ihn der Brand, der ihm rotstach die Finger, als er berührte den Holm. Noch das Salz, das er salzig mit Zunge und Lippen geschmeckt. Und die kreuzenden, querenden Stimmen der Holme und Sprossen, sie ließen ihn nicht.

Sondern schwer stand auf Joseph, erhob sich wie ein Beladener. Als müsse er lösungslos tragen, was er geschaut. Und rückentragen hinauf nach Jerusalem die Schwere der meerig-gläsernen Last.

Kapitel 33
Jerusalem

Als sie aber den Ort, wo sie genächtigt hatten, verließen, am Morgen des dritten Tages, kniete Joseph, ungesehn von den anderen, und legte zum Zeichen der Stelle, an der ihm geträumt, fünf Steine zum Kreuz. Benamte sie aber noch nicht.

Denn hier, dachte er, will ich beten bei meiner Rückkehr und nochmals mich lagern, daß Gott zu mir spreche und ich verstünde sein Zeichen.

Und Joseph zog weiter mit den Seinen, blieb aber für sich und ging wortlos mit ihnen.

Und als er sich südwärts näherte Beit-El, wo Gott einst dem einsamen Jakob den Traum der Verheißung gesandt und gesprochen hatte herab vom Haupte der Leiter zum nordwärts hin Flüchtigen: ›Ich will dich hüten, wo all hin du gehst‹, da verglich Joseph die Träume: den Jakobs vergangener Tage und den Josephs vergangener Nacht.

Und er fürchtete sich, denn den einen schien ER zu achten, den anderen nicht.

Denn wo Jakob, dem Stammvater, die GottStimme segnete Samen und Boden, beide im Segen vermehrend, da schien sie Verdammnis zu sprechen im Baumgrab, Qual im Holze des Kreuzstamms, mit Auslöschung zu drohen: den Seinen und Joseph.

Denn hatte Joseph im Traum nicht gesucht nach den Seinen und sie nicht mehr gefunden? An ihrer Statt aber die Grube? Und darin das Kreuz?

Und Joseph dachte bei sich: Droht mir das Kreuz? Ist das die Bedeutung des Traums? Denn wär ich als Retter des flüchtigen Sklaven entdeckt worden damals, sicherlich hätten sie mich gekreuzigt. Ist noch nicht vorüber diese Gefahr, daß mich Strafe ereilte und mich einer erkennt?

Und warum liegt das Kreuz in der Grube bei Schilo, dem Ort, den Gott einst hatte verlassen? Warum kam der Traum dort zu mir, daß ich mich sähe verlassen, am Kreuz kniend unten? Wozu beruft mich der Ort dieses Traums, an dem Samuel im Traum einst berufen wurde?

Denn gehe ich nicht, wie ich berufen bin, hinauf? Gehe ich nicht hinauf, das Pessach zu feiern unserer Befreiung von Qual? Und liege dennoch gefangen in der Grube des Traums. Denn abgezogen hatte einer die Leitern. Und die, die mir blieb, war zu mächtig, sie mir aufzurichten zur Rettung.

So dachte Joseph bei sich und sprach davon keinem.

Und an Beit-El zur Linken vorbei zogen sie, und ein wenig weiter nur, bei Beerot, sahen sie von den Höhen aus schon bis hierher, bis zu uns, die wir hier heute sitzen«, sprach Neith.

»Denn von Beerot war zwar noch nicht der tieferliegende Tempel, aber die drei mächtigen Türme waren zu sehen des Palasts des Herodes. Die drei Wachttürme aber stehen unweit südlich von Golgotha, dem Hügel im alten Steinbruch, in dessen Nähe ihr dies jetzt zu hören bekommt, und stehen also unweit der übrigen Nachthütte, in die ihr heute geführt worden seid, quer herauf durch die belagerte Stadt, die sie verheeren.

So daß zwar nicht euch, aber bis zu euch hin gesehen hätten die Pilger, Joseph und die Seinen, wärt ihr damals schon hier gewesen, als er mit den Seinen von den Höhen aus spähte hierher, die drei Türme zu spähen, vorfreudig der Ankunft.

Und von dort aus zogen sie weiter durch Mizpe, zogen vorbei an Rama, durch Gibea bis zum Späherberg selbst.

Und vom Schauort hinab, gegen Abend, sahen sie und erblickten die Feuer der Stadt des Heiligtums, denn sie war voller Pilger.

Und einige sangen den Aufstiegsgesang Davids, sangen ›Zu Seinem Haus wollen wir gehen!‹.

Joseph aber, bevor er außerhalb der Umwallung der Stadt das Nachtlager aufschlug, zog mit den Seinen hinabhin, hinab zum Tor Ephraim.

Und alsbald – denn noch sangen sie's – blieben stehen Joseph, Maria, Jesus, ihre Füße in deinen Toren, Jerusalem.

Kapitel 34
Der Verlorene

Nach der Woche des Fests aber, auf der Rückreise hinab gen Nazaret, trafen sie am Abend des ersten Tags wieder bei Schilo ein.

Und Joseph wollte beten zum Herrn an eben der Stelle, wo ihm geträumt von der Grube.

Da läuft Maria herbei und klagt ihm, sie hätte gesucht und ihren Sohn nicht gefunden.

Auf dem Weg hinab aber, den sie bis Abend gegangen, hatte Maria geglaubt, Jesus zöge hinter ihnen. Denn dort sah sie ihn, sooft sie sich wandte, unter anderen ziehen, mit anderen reden.

Es war aber Jakobus gewesen, der Sohn Klopas', den sie gesehen. Und sie wußte es nicht.

Da ging Joseph und ging Maria und suchten erneut und fragten, ob ihn jemand gesehen habe.

Und Joseph selbst sagte, der Sohn sei aufgebrochen mit ihnen und, sicherlich, als sie kamen durch Gibea, habe er ihn gesehen: wie er zog hinter ihnen bei anderen, mit denen er redete.

Jakobus aber, der Sohn Klopas', wußte nicht, wo er war, Josephs Sohn. Und hatte Jesus seit dem Aufbruch nicht mehr gesehen.

Da war es Nacht schon, als sie wußten: Wir müssen zurück. Umkehren, ihn zu finden.

Sie fürchteten aber, es könnte ihm etwas zugestoßen sein. Und Joseph graute der Traum, der ihm geträumt. Denn ihm graute das drohende Zeichen:

Daß er gesucht hatte im Traum nach den Seinen und sie nicht mehr gefunden und sich gefangen gesehn in der Kreuzesgrube.

Aber als sie gingen den Weg, nicht ohne Gefahr, zurück gen Jerusalem, mit erhobener Fackel hin durch die Nacht, da sprach Joseph der Frau nicht davon. Sondern behielt die empfundene Drohung des Traumes für sich. Immer wieder aber beschwor die Verlorenheit Josephs im Traum den verlorenen Sohn.

Und im Gang zurück klagten die Eltern sich an, nicht achtsam gewesen zu sein. Nicht zu sich gezogen zu haben den Sohn. Nicht ihn – wie beim Hinaufstieg – im Gespräch gebunden zu haben, um sich sicher zu sein des Erstgeborenen.

Und Joseph, der die Fackel hielt und vorausschritt Maria, wurde still. Denn er suchte, daß sie den Weg in der Nacht nicht verlören, und betete im Innern, daß sie Gott schütze und schütze den, den sie suchten.

Aber immer wieder riß ab sein Gebet, daß er's neu mußte beginnen. Denn der Weg war steinig, und doch liefen sie, so schnell sie nur konnten.

Da erinnerte er etwas, das ihm die Mutter, als sie noch lebte und er Kind noch gewesen, öfter erzählt hatte: Wie nämlich Joseph selbst, sieben Tage nach seiner Geburt, den Eltern war abhanden gekommen. Damals aber lebte Jakob noch, Josephs Vater, und Josephs Eltern zogen am Ufer des Jordan entlang gen Jericho, hinaufzusteigen zum Pessach.

Joseph aber war, nachdem er abhanden gekommen, für tot aufgegeben. Da beobachtete jemand im Dorf, acht Wochen später, eine Frau, die legte ein Bündel bei Nacht auf die Schwelle ans Haus seiner Eltern. Und hingeeilt sei man, ein brennendes Holz in der Hand, zu sehen, was da liege.

Da erwachten die Eltern Josephs, als sie hörten die Staunenden draußen, und traten zur Tür und sahen das Kind, wie es lag auf der Schwelle, vom brennenden Holz Umstehender beschienen. Und die Umstehenden, die herbeigeeilt waren, staunten, aber bezweifelten, daß es sei den man für tot aufgegeben. Und rätselten, wer die Alte gewesen, die man absetzen sah das Bündel. Und fragten sich, wessen Kind es sei, das lag auf der Schwelle. Und hielten darüber das brennende Holz.

Die Mutter aber erkannte es gleich. Und Jakob, der Vater des Joseph, war sicher, er ist's, als er sah das kleine Mal links überm Höcker der Hüfte des Kinds und es nackt hielt unters Licht.

So hatte es seine Mutter dem Joseph, dem Kind noch, erzählt. Und Joseph später gedacht: Weniger für sich aber hielt mein Vater das Mal unters Licht jenes brennenden Holzes. Sondern, daß es sähen an mir die andern. Manche aber der Umstehenden jener Nacht blieben unüberzeugt und fanden auch unterm Licht nicht mehr den sie aufgegeben für tot.

Und bei erhobener Fackel, im Nachtgang zurück nach Jerusalem, war Joseph erinnert an jene Nacht und an die Worte der Mutter, die hatte ihm davon erzählt. Und Joseph hielt das brennende Holz, nicht zu fallen bei Nacht auf steinigem Weg. Da war's ihm auch, als suche er am Boden, bei brennendem Holz, noch auf die Schwelle zu stoßen, wo wiedergegeben wäre der Sohn.

›Denn ohne ihn‹, sprach er zu sich, ›bin auch ich verloren.‹

Und Maria rief nach ihm, ihrem Sohn, rief seinen Namen.

Und immer wieder auch begannen die beiden, hin durch die Nacht, aufzubauen den vergangenen Morgen der Reise zurück.

Wo hatte wer ihn sicher gesehen zum letzten Mal?

Und Joseph sagte: ›Beim Tor Ephraim. Dort sah ich zuletzt ihn.‹

Und Maria sagte: ›Beim Teich.‹ Und sagte: ›Er kam hinterher.‹ Und auch andere hätten später gesagt, sie hätten's gesehen: ›Dein Sohn kam hinter uns her.‹

Und Joseph sprach's aus: ›Jemand muß ihn gehindert haben weiterzugehen. Mit uns weiterzugehen.‹ Und bei sich dachte er: Muß ihn mit Gewalt doch gehindert haben.

Beide aber dachten: Welches Unheil droht uns?

Da erreichten sie bei Morgengrauen Jerusalem, das Tor Ephraim.

Und als sei es ein Tor ins Land ihres Elends, suchten sie dort und fanden ihn nicht.

Kapitel 35

Kolonos

Es roch aber zur Stunde bei Morgengrauen nach frischgebackenem Brot.

Und doch vergaßen sie Hunger und Durst. Und begannen zu durchsuchen die Wege und Winkel und Gassen und Straßen der verfugten Stadt. Und gingen sie ab und fragten nach Jesus, ihrem Sohn, in der Oberstadt bei allen, die sie kannten.

Und einer versprach ihnen Obdach für die Nacht, sollte es dunkel werden, bevor sie den Sohn gefunden.

Da gingen sie, getrennt voneinander ihn suchen.

Und Maria ging hin zum Markt, ob er dort säume, sich aufhalte bei anderen noch, zwischen den Ständen der Weber, der Händler und Tagelöhner. Und sie fürchtete sich.

Und Joseph ging zum Tempel, dort zu suchen den Sohn. Und er durchsuchte die Hallen und Stände der Händler im Tempel und ging ab den Vorhof der Heiden und suchte in den Höfen hinter den Schranken.

Und fand ihn nicht.

Auf dem Weg aber zurück durchs eng bebaute Tal, hinauf zur Oberstadt, glaubt Joseph zu sehen zwei. Und denkt: der eine von ihnen ist Jesus.

Und er ruft hinauf, ihm hinterher, sieht ihn aber nicht sich wenden, sondern die beiden sich ducken in eine Gasse.

Und Joseph rennt hinterher, die Stufen hinauf, und findet die Gasse, in die sie sich duckten, und läuft sie verlangsamt hinab. Denn er sieht beide nicht mehr.

Da öffnet sich die Gasse ein wenig, und Joseph glaubt, den einen Jungen noch verschwinden zu sehen in einem Käfig, der hüttengleich, einer von vielen, angelehnt steht einem größeren Holzbau.

Durchs Lattengittergewirr hin des Käfigs sieht Joseph schattenstreifs huschen den einen, als seien die Hüttenkäfige untereinander verbunden. Und waren voller Gerümpel, gefüllt mit buntbemalten Gehängen, Gestänge und staubigen Kisten.

Und nochmals ruft Joseph den Sohn.

Und als der nicht hört, schlüpft Joseph selbst hinterher, wo er den einen zwischen die Latten sich zwängen gesehn. Und eilt bemüht, die beiden im Halbdunkel wiederzufinden.

Und von über sich her, noch entfernt, hört Joseph Volk. Als versammelten sich welche über ihm im größeren Holzbau, um miteinander zu reden, dann aber wieder davonzugehen.

Denn es war still geworden.

Und unweit vor sich hört er die beiden, denen er nachgelaufen, den Sohn und den Freund des Sohns: flüstern und lachen und gleich darauf wieder schweigen, als versteckten sie sich.

Nochmals ruft Joseph den Sohn und versteht nicht, warum der nicht hören will.

Da hört Joseph, gedämpft, durch die Bretter der Käfige hin, eine griechische Stimme feierlich reden. Versteht aber nichts.

Und sieht, im selben Augenblick, links von ihm durch einen Einlaß zwischen Gestänge und Kisten hintreten: einen riesigen Mann. Als habe er, Joseph, den Riesen durch Rufe geweckt.

Und wütend dringt der Mann ein auf Joseph. Der aber weicht aus und klettert hin über die Kisten des Käfigs.

Da sieht er ebenfalls aufgescheucht die, denen er nachgeschlüpft war.

Denn mit dem Eindringen des Wächters waren aufgesprungen, wenig vor Joseph, die beiden, die ihn selbst für einen Wächter gehalten und die sich verborgen hatten vor ihm.

Und hinter farbigen Masken, die sie aus einer der Kisten herausgeholt hatten, waren sie versteckt. Und stürmten nun auf, schneller als Joseph, gewandter als er, und sprangen hin über die Kisten und riefen sich zu.

Da erkannte Joseph an den Stimmen der Rufer: Der Sohn ist es nicht.

Joseph selbst aber, sobald er Gelegenheit sah, wich aus vor dem Wächter und zwängte nach links sich in einen kleineren Korridor, zwischen bemalten Gehängen hindurch.

Und der Schatten des Wächters – vorbei an ihm, den Jüngeren hinterher.

Die aber waren außer Reichweite schon. Und hatten, so hörte sich's an, aus den Lattenkäfigen wieder herausgefunden. Denn Joseph hörte's anschlagen von außen, als zöge jemand klappernden Stab über die Stangen des Käfigs, zu höhnen den Wächter, der sie zu fassen gesucht.

Und die Masken, soweit Joseph die Stimmen verstand, hatten sie mitgehen lassen. Denn Joseph hörte den Wächter anderen, die vorbeizogen, zurufen:

›Aufhalten, die Räuber der Masken!‹

Da wandte der Wächter sich um, und Joseph hörte ihn wieder näher kommen. Glaubte sich aber sicher, von den Gehängen verhüllt.

Und durch die Ritzen des Holzbaus herab, weniger aber her durch die Stangen und Latten der angebauten Käfige selbst, fiel Licht hin aufs Gehänge aus Leinwand, dahinter Joseph sich sicher glaubte. Und waren bemalt, die Gehänge, die ihn umgaben.

So daß Joseph im Lichtfall sah das Gemäuer gemalt einer Stadt mit steinernem Wachtturm. Der ragte hin über Josephs Versteck bis zum Lichtfleck hinauf.

Durch ein Loch im gemalten Gehänge aber sah Joseph den Schatten des Wächters sich nähern. Der hielt immer wieder. Und unsicher schnaufend, schnaubend, sog an die Luft aus verschiedener Richtung des Käfigs, wo immer er hielt. Als geläng es ihm noch, aus dunklem Versteck Josephs Geruch zu erriechen.

Und als der Wächter sich wandte, nicht an Josephs leinener Mauer vorbei, sondern ihr näher zu treten: da packte Joseph die Angst.

Aus der Hocke heraus springt er hoch.

Und wild drängt nach hinten. Vorm Herankommenden weicht er, fällt auf den Boden, staucht blind, unterdrückt einen Schrei.

Los noch gerade zieht er sich aus dem Griff. Und dem Nachgriff des Riesen, der nachgreift nach ihm, entzieht er sich abermals.

Da stieß Josephs Rücken einen Durchlaß auf – denn rückwärts drängend entkam er dem Griff.

So daß er hinfiel – und wußte nicht wo – und vor den Füßen anderer zu liegen kam.

Und sogleich erhob er sich wieder.

Auch diese, sah Joseph, standen maskiert und – schien ihm – waren entsetzt, ihn zu sehen.

Joseph aber ließ sich nicht halten, sondern stürzte hin durch sie und glaubte: ins Freie hinaus.

Da erkennt er, daß er, kaum an ihnen vorbei, noch drängend, noch stolpernd, auf einer Bühne zu stehen kommt.

Stillsteht dort jetzt.

Und daß über ihm: Zuschauer sitzen auf Rängen im Rund, die seinen hastigen Auftritt mit Neugier bemerken.

Daß einige deuten auf ihn.

Und nur Schritte entfernt, zu seiner Linken, sieht Joseph: eine jüngere Frau.

Die hilft einem Alten nieder auf gebrochenen Stein – oder steingrau gemalten Kasten.

Und langsam nur, tastend wie ein Blinder und stützend

sich mit dem Stab, läßt jener Alte sich setzen von ihr auf den Stein – oder steingrau gemalten Kasten. Und beide tragen sie Masken.

Da fühlt Joseph die Unruhe größer werden unter den Zuschauern, die ihn bemerken. Die sehen, daß der maskenlos steht und sucht, als wisse er nicht, wohin mit dem nächsten Schritt.

Die Frau aber, die dem Blinden half, hatte noch nichts bemerkt, sah Joseph noch nicht.

Sondern fürsorglich sprach sie zum Alten.

Und Joseph, der ihre Sprache nicht spricht, erkennt doch ›topos‹, das Wort, das er in Sepphoris beim Bauen gehört, als spräch diese Griechin vom ›Ort‹ hier.

Und, gleich darauf, in der Antwort des Alten – der aber verwirrt kehrt die Maske zu Joseph – klingt's herüber wie ›teknon‹, als spräch er von Josephs Sohn, seinem ›Kind‹ – oder riefe ihn ›tekton‹, als hätte der Blinde erkannt den ›Zimmermann‹, der hier steht.

Aufgeschreckt jetzt quert Joseph die Bretter, entschlossen an beiden vorbei.

Hinter dem Alten aber hielt ein Gestänge bemalte Leinwand. Auf der war zu sehen, als grüne dort Lorbeer und als ranke sich Wein und als stünden Olivenbäume am Hügel des Hains.

Und Joseph lief dran vorbei, daß der Blick der Frauenmaske hersah und sprachlos ihm folgte.

Und als Joseph – noch im Gehen – sich zurückwandte nach ihr, betrat ein anderer die Bühne, etwa dort, wo Joseph hinausgestolpert war. Der Maskierte aber lief Joseph nun hinterher.

Da drang Joseph hinters bemalte Gehänge der Weinreben und der Ölbäume des Hains und des Lorbeergesträuchs des Hügels, fand im Halbdunkel dahinter ein zweites und drittes Gehänge und eine kleine Treppe hinab. Die führte zum Fuß der Ränge der Zuschauer.

Als aber Joseph sachte die hölzernen Stiegen der Ränge

erklomm, war er schon vergessen, und niemand beachtete ihn mehr.

Und Joseph sah, daß der dritte, der auf die Bühne gekommen, nicht lief her hinter ihm. Sondern anhielt bei der Frau und dem Alten. Und daß die Zuschauer aufmerksam hörten, was er dem Blinden zu sagen hatte und was ihn zu fragen der Blinde. Und Joseph glaubte, er höre das griechische Wort für die ›Götter‹ und, gleich darauf, reden von ›Jungfrauen‹.

Genau aber verstand er nicht, worüber sie sprachen und wer oder wo diese drei der Menge vorheuchelten zu sein. Und fand bald darauf aus dem Theater hinaus, zurück auf die Gasse.

In der Nacht aber, nach vergeblicher Suche, träumte dem Joseph:

Nicht Brandgeruch riecht er von ferne, sondern sieht selbst das Feuer. Sieht's nah.

Denn da: Es brennt der Schaft einer Axt, die er für einen gefertigt in Nazaret einst, lange war's her.

Und wirft sich das Feuer wölbend hinüber auf Pflugschar und Pfahl, daß sie brennen.

Auf Teller und Tische und Truhen, die er andern gezimmert einst, daß sie brennen und auftürmen Feuer.

Daß Schwellen und Pfosten und Türsturz, daß Wände und Werkzeug der Werkstatt: aufbrennen ins Dach, sich werfen hinüber aufs

eigene Haus, Haus Josephs, von wo die Flammen sich greifen die andern, anderen Häuser, die Joseph gebaut einst, lange war's her, und die er nun wiedererkennt:

in Flammen.

Und er sieht nah: Was er je schuf in Holz, je fügte aus Stein und deckte mit Holz, sein mit Sorge und Arbeit Bedachtes:

aufgehen in Brand.

Und sieht das Feuer lärmend hinaufstieben, sich stemmen unter die Balken, sieht's wölben sich, brüllend sich seitwärts werfen gen Norden, gen Aufgang und Untergang, nach Mittag hinauf.

So daß aufgeht umher das Land:

Flammenland ihm vor Augen.

Und von Nazaret her, südwärts von Winden getrieben, entzündet aber im Anfang durch Stichflamme seiner Arbeit – dessen ist Joseph sich im Traum schuldig bewußt –, erreicht das Feuer Jerusalem.

So daß bald, die Stadt über, Brandrauch lungert – wie ihr ihn heute auch riecht und ihn mittragt in euren Kleidern.

Und wie ihr ranntet ums Leben und nichts erkanntet, als ihr kamt in der Nacht, so sieht sich Joseph im Traum irrend hinrennen durch die Stadt, die Jerusalem.

Schuldig bergauf und hilflos talab durch die Gassen, die Gabelungen der Wege, den Sohn noch zu finden, bevor ihn die Flammen erreichen.

Da im Traum sieht er sich nochmals queren die holzgezimmerte Bühne. Verfolgt nun von flammendurchstochenem Rauch, der die Szene verdunkelt.

Und halten sieht er sich hastig bei der griechisch redenden Frau und dem Alten, dem Blinden.

Und hört sich fragen den Blinden in galiläisch verhetztem Griechisch:

Ob doch sicher sei vor dem Feuer, wer im Garten jenes Hains sich verberge?

Denn im Traum hing zur Seite und hinter dem Blinden nicht mehr bemalte Leinwand. Sondern anstieg wirklicher Hügel, windumfacht wirklich.

Und es wuchsen hier Lorbeer und Ölbaum und Wein, dichtschattig singend im Licht, durchstimmt von Stimmen des Vogels, die fachend hertrug der Wind.

Und Joseph hoffte, sein Sohn, wenn er sich im Hügel des Haines verberge, sei sicher.

Der Blinde aber und die Frau sprechen zu Joseph zugleich:

Daß der Garten Grabhügel sei und das Feuer uns alle zernichte. Selbst den Göttern sei nicht Überdauern.

Und wie Mehl und Brot riecht's am Gewande des blinden Alten, als Joseph sich abwendet im Traum.

Verzweifelt stürzt er weiter zum Hain und zieht über den Hügel des Gartens, eilt durchs aufsteigende Schreien wimmelnder Aasvögel dort. Findet aber den Sohn nicht im Hügel.

Da dringt Joseph im Traum zurück in die Gassen. Und nochmals erriecht sich den Brotgeruch, schnaufend und ansaugend die Luft, so daß er stärker ihn roch. Und es roch wie von frisch Gebackenem her.

Und weiter zieht Joseph, weiter, eilt in Verzweiflung, durchsucht die Winkel der Unterstadt.

Und vom Teich Schiloach an, nordwärts, als sende der Teich ihn aus an das Ziel, verdichtet der Brotgeruch stärker sich noch.

So daß Joseph ahnt – nein, jetzt weiß er's:

Alle Feuer, alle Feuer im Land: sie beheizen einen riesigen Ofen.

Aber da, Joseph erschrickt, als er zu stehen kommt und erkennt, daß der riesige Ofen vor ihm steht.

Es der Tempel ist.

Und Joseph sieht Priester, die suchen zu ziehen aus dem Eingang des Ofens heraus: riesig verkohlten Laib.

Und entsetzt wirft sich Joseph zu Boden.

Und die Treppen herab eilt einer der Priester, kommt an Joseph vorbei, der mit Becken, Brust, Stirn auf den Boden gepreßt liegt.

Und der Priester ruft Joseph zu: »Schon der Teig war verdorben!«

So träumte es Joseph im Traum.

Tief bedrückt erwachte Joseph am Morgen.

Denn ihm schien, der Traum bedeute, daß alles, was er im Leben gefertigt, nichtig war in den Augen Gottes. Hingeworfen ins Feuer.

Und grauenhaft lastete auf ihm – noch bei der Suche nach Jesus, die sie abermals aufnahmen am Morgen –, die Traumlast des Anfangs: Daß er nicht wußte, *wie* er erregt hatte Seinen Zorn. Und warum ihm Sein Traum solches zeigte.

›Denn worin handle ich nicht Dir gerecht, Herr?‹ sprach Joseph bei sich. Und sprach:

›Herr, gib mir Antwort, daß ich mich richte.‹

Denn er wußte nicht, wohin, es IHM richtig zu machen. Und dachte:

Aber selbst wenn ich wüßte die Richtung, die IHM gefiele, könnt ich noch abwenden das Grauen, das mich in Träumen bedrängt? Und weiß ich denn, ob nicht eben das, was mir graut, mir auch zugewiesen ist? Und daher die Richtung ist, die ER weist? Will ER denn auslöschen mich? Und verlorengehen lassen den Sohn durch meine Schuld? Daß ER auf mich deute, spräche: ›Denn achtlos hast du gelassen den Sohn, den ich dir auszutragen einst anbefahl.‹ Wenn ER so spräche zu mir ... – oder, dachte Joseph, spricht ER schon so? Spricht ER nicht hier – mich suchen lassend meinen Verlorenen –, spricht ER nicht: ›Genommen hab ich ihn dir. Denn du und deine Werke waren nicht würdig, ihn aufzunehmen‹?

So dachte Joseph bei sich. Sprach aber nicht davon der Maria, die vor Kummer am zweiten Abend, als sie den Sohn nirgends gefunden hatten, zusammenbrach.

Und Joseph saß bei ihr. Da lag Maria im Fieber, und man kümmerte sich um sie, daß sie sich stärke und wieder genese.

Kapitel 36
Das verlorene Buch

Am Morgen früh des dritten Tages aber ging Joseph auf die Suche, Maria lag noch im Schlaf.

Und Joseph ging durchs Tal hinab zum Tempelberg, wo er Jesus gesucht hatte in den Hallen schon am ersten Tag.

Und so sprach er bei sich und flüsterte:

›Behüte die Frau mir und behüte den Sohn, Herr, ich flehe Dich an, nimm sie mir nicht! Daß Du nicht sagst: „Wie Joseph verlor seinen ersten Sohn, der ertrank, und schuldig war auch am Tod seiner Frau, die den Tod des Ertrunkenen nicht überlebte, so wird er nun abermals schuldig."

Sage es nicht und laß es nicht zu! Sondern verschone sie, überspringe sie, Herr, wie einst. Und zeige mir, Herr, wohin ich mich richten soll, zu finden den Sohn, und wohin ich mich richten soll, in Deinen Augen wieder zu werden gerecht.‹

Und als er's geflüstert hatte, da fügt er hinzu:

›Aber nicht gerecht bin ich in Deinen Augen, kann es nicht sein, Herr, denn ich bin nur ein Mensch. So handle gerecht an mir, wenn ich achtlos und blind zu Dir rufe nach Richtung. Gerecht werden kann ich doch nur, wenn Du's zuläßt.‹

Und als er kam vor die Hulda-Tore des Tempels, roch es ihm in der Nase nach Brot, wie nach frischgebackenen Fladen.

So daß er anhielt und der Traum ihm wieder vor Augen stand. Und es hinter ihm lärmte, als stünde alles in Brand.

Da sah Joseph hinauf zu den Toren des Tempels und erklomm eilends die Stufen, den Eingang hinauf zum Vorhof der Heiden.

Und immer noch roch den Geruch.

Und ging hinüber, hinter die Säulen der Halle des Salomo, die zum Aufgang hin liegt. Und schritt sie hinab, riechend nach dem Geruch, den er roch.

Da, zwischen zwei Säulen, auf der Höhe des Goldenen Tors, sah er sitzen den Sohn. Gelehnt war sein Kopf an die Säule, als ruhe er aus.

Joseph aber eilte hin und sah, daß er schlief.

Da faßte Joseph ihn an den Schultern und schüttelte ihn und sah ihn öffnen die Augen.

Eben da soll Jesus dem Joseph gesagt haben: ›Vater, gefunden habe ich das verlorene Buch.‹

Wie aus dem Feuer soll Joseph ihn gezogen haben, ihn hochgerissen haben herauf, unter die Arme ihm greifend, hoch in die Luft ihn zu heben. Und dann rasch den Gang der Säulenhalle hinab und hinaus aus dem Tor des Tempels. Hastig, als stünde in Flammen das Heiligtum.

Und draußen, endlich, am Fuße der Treppen, mit Händen und Armen hielt er den Jungen an sich gedrückt.

Und Wut schoß hinzu. Und als Joseph schon nachgab der Wut, dachte er an die gewiesene Richtung und meinte: Ich habe Antwort erhalten von IHM.

Da verflog seine Wut.

Aber fest hielt er den Sohn. Fest, bis sie hinaufkamen zum Haus in die Kammer, wo er den Sohn der Mutter zurückgab.

Da brachen sie noch vor Mittag auf, die Heimreise hinab nach Nazaret anzutreten.

Und sie verließen das Viertel, wo sie Herberge hatten, und verließen die Stadt durchs Gennattor, das hieß nach dem Garten.

Das Gartentor aber stand unweit der Stelle, wo ihr heute sitzt, heute, und von ihm hört heute.

Denn durch dieses Tor zogen sie damals und wandten sich gleich dahinter nach Norden, den Pfad eng an der Stadtmauer entlang. Und der Pfad verlief gegenüber der Höhe, die sie Schädelstätte nannten, Golgotha, wo sie kreuzigten.

Keiner von ihnen aber ahnte, daß sie, kaum war er wiedergefunden, schon am Ort vorbeiliefen, wo er stürbe.

Und als Jesus linkshin sah zur Schädelstätte und verlangsamte den Schritt, da schalt ihn die Mutter, die hinter ihm herkam, und trieb an zur Eile den Sohn: ›Hier gibt's nichts zu sehen!‹

Bis an die Ecke der Stadtmauer gingen sie, wo die Umwallung Jerusalems sich wandte nach Ost. Und zogen weiter nordwärts, bis ihr Pfad mündete in die Straße nach Schechem. Und hielten den Sohn zwischen sich.

Und auf dem Weg dachte Joseph, im Auge immer den Jesus, der ging vor ihm her:

Warum wurde der Sohn uns genommen, warum zurückgehalten von wem? Und warum jetzt wiedergegeben, heil, unversehrt? Was habe ich falsch gemacht, daß ihn der Herr mir enthielt – kann es sein? Was jetzt aber, ohne mein Wissen, richtig getan, daß ER ihn mir wiedergegeben?

Und Joseph wußte es nicht.

Da sagte eine Stimme in ihm, die war klein und ging unter, während sie widersprach:

›Richtig getan hab ich das Richtende: das Gebet und das heimliche Reden zu IHM. Denn danach kam Richtung.‹

Und als er's gehört, noch im Untergehen der Stimme – schwach war sie, aber um so genauer belauscht –, sagt er ihr hinterher:

›Und noch vor meiner Rede zu IHM hätte ER es nicht gewußt? Was wiegen meine Worte vor IHM, wenn ich ausspreche, wonach mich verlangt?‹

Und Joseph dachte bei sich:

Nicht viel, nicht viel wiegen sie, meine Worte. Was wiegt schon ein Menschenwort, Wort eines Sohnes der Menschen?

Und weiter sprach er, noch in Gedanken:

›Wenn also ich Wort werden lasse, was hintritt zum WORT – was wiegt es schon?‹

Und da – er ging des Wegs noch, blieb nicht stehen – sah er's hintreten, wie er's ausgesprochen hatte im Innern. Sah hintreten das eine zum Andern.

Und sah, daß sie wiedererkannten einander.

›Wenn es aber ein Wiedererkennen gibt, das kommt durch heimliche Rede zu IHM, Wort hin zu WORT, dann gab es etwas davor, das war nicht Wiedererkennen. Denn da sah zwar einer den anderen, aber: vorbei, liefen vorbei aneinander, kein Wiedererkennen war.

Nicht im Sehen also wäre's, das Wiedererkennen, sondern im Unsichtbaren. Im Wort, das heimlich hintritt zum WORT.‹

So dachte Joseph bei sich und sah auf. Da waren sie auf der Höhe von Beit-El.

Joseph aber rief den Sohn zu sich, dass er liefe neben ihm her, zu seiner Rechten.

Und Joseph sagte zu ihm:

›Nun aber erkläre mir, was ich dich sagen hörte, als ich dich fand bei den Säulen der Halle des Salomo. Da sprachst du mir wirr, als sagtest du: „Gefunden hab ich's." Was denn gefunden?‹

Und Jesus sagte: ›Gefunden habe ich das verlorene Buch.‹

Und Joseph fragte: ›Was meinst du damit? Denn bis jetzt waren wir still, nur zu froh, dich wiedergefunden zu haben. Aber glaubst du, es würde deinen Eltern genügen: „Ich war im Hause des Herrn, meines Vaters – die ganzen drei Tage, während deren ihr mich gesucht"? Soll ich dir glauben? Denn, glaub mir, ich habe gesucht. Schon am ersten Tag bin ich dort gewesen, habe den Vorhof der Heiden, die Höfe im Heiligtum selbst, die Hallen, die Stände und Winkel all abgesucht und dich nirgends gefunden. Wo also warst du?‹

Da sprach Jesus, der neben ihm herlief zur Rechten:

›Du erinnerst dich, ich war bei euch, da zogen wir mit den andern hinaus aus der Stadt. Aber hin an den Ständen vorbei durch die Neustadt, hinaus zum Ephraimtor nahmen wir unseren Weg. Nicht wie heute, als wir durchs Gennattor kamen, dann den Weg an der Richtstätte vorbeizogen, eng an der Mauer entlang der Stadt.

Da stand plötzlich vor mir das Bild, von dem wir gesprochen, noch als wir hinaufzogen zum Pessach.

Denn da fragte ich dich, wie Joschija gefunden hatte das verlorene Buch und ob anderes noch verloren läge im Tempel.

Das Bild aber, das mich hinzog zur Frage, war nicht: die verlorene Schriftrolle in ihrem Versteck.

Sondern wie ein Befehl war's, was ich sah. Als zöge mich eine Stimme zurück zum Tempel, Bestimmtheit, der ich gehorchen mußte. Als wäre sonst alles in großer Gefahr.

Und da ich gewarnt war – ich sage ja: vorbereitet durch unser Gespräch –, lief ich eilends zur Stadt zurück.

Eilend doch in der Absicht, zu sehen, wohin die Stimme mich weist. Und nicht: mich zu verlieren oder euch verlorenzugehen. Sondern – sobald ich gefunden, wozu sie bestimmt mich – zurückzueilen zu euch, den anderen nach, dich und die Mutter einzuholen vor Mittag.

Und noch nicht, als ich lief durch die Stadt, noch nicht, als ich emporstieg die Treppen zum Vorhof des Tempels hinauf, doch dann vielleicht – ja, bei der Absperrung, die den Heiden den Zutritt verwehrt –: fiel mir auf, daß niemand mich ansieht.

Denn dort, bei den Schranken, stieß ich an einen. Unachtsam, als ich mich umsah.

Aber der, an den ich gestoßen unachtsam, ging weiter ohne ein Wort, als säh er mich nicht.‹

Da antwortete Joseph dem Sohn: ›Wer wird schon beachten den Zwölfjährigen, den Jungen? Wenn es nicht seiner ist, den er sucht.‹

Aber Jesus sprach: ›Schon beim Ephraimtor hätte's mir auffallen müssen. Keiner der Unseren, die mit euch zogen, wandte sich um oder sah mich an, sobald mir das Bild von der Stimme vor Augen stand, die sprach:

„Umkehren! Zum Tempel zurück!"

Denn ich hatte euch nachgesehen, aber keiner, auch Jakobus nicht, mit dem ich noch eben gesprochen, blickte zurück.

Mir fiel's aber nicht auf. Denn da, bei der Kehre: gab's nur die Stimme. Die rief mich.

So also jetzt auch: Ich stieß an den Mann, ohne daß er mich ansah. Denn da: Ich stehe im Vorhof des Tempels, ich bin dabei, an der Balustrade vorbeizugehen, durchschreite den Vorhof der Frauen.

Da standen welche, Mitglieder der Familie, bei der wir vor Tagen waren zu Gast. Die taten, als sähen sie mich nicht, oder sahen mich wirklich nicht. Ich grüßte und erhielt keine Antwort. Und lief an ihnen vorbei, ungesehen.

Und stieg die Stufen hinauf in den Hof Israel, als brächte ich Opfer mit den anderen Männern.

Dabei brachte ich nichts, nur den Wunsch, der Stimme zu folgen. Zu nahen dem Stimmenbild, das mir – wie ein Wunsch, den ich im Tiefsten ersehnt, nie aber zu entdekken, nie auszusprechen gewagt – deutlicher jetzt zusprach. Als ginge es mit mir zum Ziel.

Und ohne daß sie mir irgend Beachtung schenkten, als zöge nur Windhauch an ihnen vorbei, schritt ich vorbei an den Tempelwachen. Hinauf zum großen, dem viergehörnten Altar.

Und schritt zwischen Altar und Priestern hindurch, die zur Rechten zu schaffen sich machten an zusammensinkendem Opfertier.

Und hinauf – allein war ich und kein Auge auf mir –, hinauf die Treppe zum Heiligtum selbst. Durch die Tore ins Innerste gar des Tempels.

Und niemand hielt mich, niemand sprach dort mich an. Nur die Stimme. Die zog mich weiter:

Vorbei an den Schaubroten, von denen die Schrift spricht. Am Goldenen Leuchter vorbei – denn ich ging langsam, aber ich hielt nicht. Vorbei am Räucheraltar.

Ja, hinter den Vorhang trat ich, ins Allerheiligste tat ich den Schritt.

Kniete hin, angekommen. Unendlich sicher zu Haus.‹

Und Jesus, da er's Joseph erzählt hatte, sah, daß der sich entsetzte. Denn erschrocken ergriff Joseph den Arm seines Sohns, als werde er schwach und wolle sich stützen.

Aber Jesus fuhr fort und sprach:

›Ich war der Stimme gefolgt, Vater. Und dort schlief ich ein. Ich schlief, wie Samuel geschlafen.

Aber als ich die Stimme hörte, die nach mir rief – da war's, als riefe sie schon zum fünften Male und letzten.

Ja, als sei ich schon viermal hinübergerannt zu dir. Und als seist du Eli gewesen, zu dem Samuel lief, der glaubte, Eli habe gerufen.

Und im Wissen davon erwach ich, halb im Traum noch und sag: „Sprich, Vater, dein Sohn hört."

Und als ER spricht, Sein Wort zu mir, da ist, was ER sagt, gänzlich ungetrennt eins mit IHM. Und eins mit ihm, der es hört.‹

Da fragte Joseph den Sohn: ›Und Seine Worte, was hat ER gesagt?‹

Und Jesus, ihn ansehend, spricht:

›Du hast's gehört, als du mich fandest: „Gefunden habe ich das verlorene Buch."‹

Und sie lagerten zur Nacht südlich von Schilo. Und Joseph fürchtete sich, denn er fürchtete um seinen Sohn.

Ihm war, als habe Jesus, die Grenzen des Heiligtums verletzend, das Heilige verletzt und gefehlt wider die Gottheit. Und als täuschten den Sohn die Gefühle der Freude, die der empfand überm Fund. Als übertünchten sie etwas, von dem kam Gefahr.

Und davon sprach er dem Sohn und sagte:

›Denn woher nahmst du das Recht, zu überschreiten die Grenzen, hineinzugehen zu IHM, wie's nur dem Hohenpriester erlaubt ist einmal im Jahr?‹

Und auf Josephs Befürchtung antwortete Jesus:

›Ist David nicht gegangen ins Heiligtum und hat gegessen die Schaubrote, weil ihn hungerte? Warum hätte ich nicht gehen dürfen ins Allerheiligste, da mich doch hungerte. Denn mich hungerte nach IHM, mir sicher zu sein Seiner, zu ruhen in Sicherheit nach der Schlachtung des Übersprungsmahls.‹

Joseph aber schien, Jesus erzähle von seinem Eingang ins Heiligtum – der war Einriß –, an Wachen vorbei, an Schranken und hin über heilige Grenzen, im begeistert-freudigen Ton jener Träume des jungen Joseph von einst, des Sohns des Stammvaters Jakob.

Denn mit der Freude über die Bilder des Traums hatte jener Joseph, Sohn des Stammvaters Jakob, Zorn und gefährlichsten Neid bei seinen Brüdern erregt. Jakob aber, sein Vater, hatte den Sohn – den er liebte mehr als die anderen Brüder – nicht zurückgehalten zu reden vor ihnen. Nicht gehindert, auszubreiten die Bilder des Traums vor den Brüdern, darin die Garben der Brüder stellten sich rings und neigten sich vor der Garbe Josephs. Und zu spät kam Jakob, der Vater Israel, als er schalt den Sohn, der freudig-begeistert weitersprach seinen Brüdern. Denn da lag ausgebreitet hin vor den Brüdern das Bild: Sonne, Mond und elf Sterne auf Knien vor Joseph, dem Sohn und dem Bruder. Und die Brüder Josephs wurden neidisch auf ihn. Und der Vater schalt ihn zu spät und nicht vor den Brüdern.

Da, am Morgen des zweiten Tags ihrer Rückreise gen Nazaret, als sie weiterzogen, bis nach Schechem zu kommen, um dort nochmals zu übernachten beim Brunnen Jakobs, wollte Joseph nicht versäumen, zu warnen Jesus, den Sohn.

Und Joseph rief ihn herbei und sprach zu ihm auf dem Weg:

›Worüber du mir berichtet hast – dein Eingehen unsichtbar aber gerufen, bis hinter den Vorhang des Allerheiligsten –, du darfst es niemandem weitersagen! Sondern für dich behalten sollst du's.

Ich fürchte sonst einige deiner Brüder im Dorf und im Umland, die könnten dich hassen. Sei's der Entehrung halber, die sie sähen in der Tat, daß du entehrt hast das Heiligtum. Oder der Ehre wegen, die Gott dir erwiesen hat dort, wie du sagst. Und fürchte, sie möchten aus Zornesneid dich nach solchem Geständnis zerreißen. Nämlich wie sie den jungen Joseph einst auszulöschen versuchten dem Vater Israel, unserem Stammvater Jakob.

Versprich mir also, daß es niemand erfährt und du es in dir bewahrst. Denn es ist allein zwischen dir und IHM.‹

Da versprach Jesus es ihm, war willfährig und widersprach ihm in keiner Weise. Und ging zurück zur Mutter, die herkam hinter den beiden.

Und Joseph, doch fürchtete er um den Sohn.

Denn hinter der Freude in Jesu Stimme, dem Stolz über das Wunder, fraglos aufgenommen worden zu sein an allerheiligstem Ort – als träte der Sohn ins Haus seines Vaters –, hörte Joseph anderes noch.

Denn die Freude in Jesu Stimme schien Joseph Antwort auf Angst, von der ihm der Sohn *nicht* gesprochen.

Da rief Joseph abermals herbei den Sohn, daß der neben ihm herliefe, zur Rechten. Und fragt ihn beim Gehen:

›Warum hungerte dich, nochmals das Heiligtum aufzusuchen? Denn gestern sagtest du mir, dich habe gehungert zu ruhen in Sicherheit nach der Schlachtung des Pessachmahls.

Warum aber hungerte dich nach Ruhe in Sicherheit? Denn du warst doch sicher.‹

Und Jesus antwortete ihm:

›Schutzlos fühlte ich mich, als ich's sah. Denn mein Pessach, mein erstes, glich jenem ersten, der Nacht vor der Flucht aus Ägypten, als ER hinstieß Ägyptens Erstlingsgeburt.

Und als ich nicht zurückkehrte mit euch, war's, weil ich erkannte: Pfosten und Türsturz meines Eingangs sind nicht blutbestrichen. Daher: nicht verschont werden würde ich vom Verderber und Würgeengel. Denn, entgegen dem Fest, noch nicht überschritten war ich, noch nicht übersprungen, als ich zurückging zum Heiligtum und im Hunger die Grenze zu IHM überschritt.‹

Und Joseph sprach: ›Dann wäre es Furcht gewesen vor dem Verderber, die dich anfiel, als du uns nicht gefolgt bist? Wo hättest du den gesehen? Denn zusamt hatten wir während der Woche gefeiert das Gedächtnis des Übersprungs. So aber geschah's einst – und nicht dir.‹

Und Jesus antwortete ihm: ›Des Übersprungs wird erinnert, weil er immer wieder geschieht. So auch sah *ich* ihn: wieder geschehen.‹

Da sprach Joseph zum Sohn: ›Du hältst zurück. Hinter

deiner Freude wartet die Angst. Was also ängstigt dich? Und wie glich dein erstes Pessach dem ersten, daß es in Angst dich stürzt, du seist ungeschützt und der Verderber und Würgeengel sei hinter dir her?‹

Da antwortete Jesus und wollte nicht, daß die Mutter es hört. Und er lief eng bei Joseph, zu seiner Rechten, und sprach:

›Als wir vor drei Tagen aus dem Tor Ephraim kamen, die Heimreise beginnend nach Nazaret, und nahmen die Straße nach Schechem, da hielt ich an. Wie ich dir schon berichtet.

Denn etwas hielt mich zurück, wie eine Stimme, noch undeutlich aber.

Und zurück – uns entgegen und mir, der ich hielt – kamen andere, Einheimische. Die kamen vom Feld zurück in die Stadt. Und ich wandte mich um nach ihnen.

Da sah ich: Nicht zurück gingen sie durchs Tor Ephraim, durch das wir gekommen, sondern sie wichen aus. Gingen ab vom Weg und rechter Hand weiter, den Pfad eng an der Stadtmauer entlang, den wir gestern gegen Mittag genommen.

Denn gestern, nachdem du mich hattest gefunden, verließen wir Jerusalem nicht durchs Tor Ephraim, sondern durchs Gennattor zogen wir, du erinnerst dich.

Und dorthin, schien mir, zogen die anderen, die mir entgegengekommen waren vom Feld. Und ich schloß mich an. Denn auch die Stimme wies ihnen nach.

Da blieben manche stehen auf dem Pfad. Und manche lehnten schon an der Stadtmauer und sahen hinüber zum Hügel beim Garten, der dort sich erhebt.

Da erkenne ich, hin durch die Stehenden, daß sie einen hinaustreiben zum Tor, jenem Gennattor. Und hörte aus den Mündern derer, die standen am Pfad und lehnten sich an die Mauer:

Der werde gekreuzigt, den sie aus dem Gartentor treiben. Es war aber ein entlaufener Sklave, so sprachen die Stimmen, an denen ich vorbeilief. Und es hieß, er sei seinem Herrn, der fern von hier lebe, entflohen und während des Festes, unter der Woche, von welchen erkannt und gefunden.

Da trat ich zwischen die Lehnenden und stehend Gaffenden und sah: einen Ägypter. Den hatten sie blutig gepeitscht. Und der trug immer schwächer, langsamer, Schritt für Schritt, auf den Schultern das Holz, an das sie ihn kreuzigen wollten.

Und manchem – denn ich hörte sie immer noch reden – schien es richtig und passend, daß hier, nach dem Pessach, gekreuzigt wurde ein ägyptischer Sklave, der seinem Herrn entlaufen, jetzt aber gefunden war.

Und manchem – denn ich sah's ihnen an – war es, als sähe er über dem, den sie hefteten an den Pfahl, die Wasser zusammenschlagen des Schilfmeers. Und als geschähe's so unter der Hand Moses noch, die er ausreckte über das Meer. Und als würde besungen von Miriam, seiner Schwester, mit Pauken im Reigen die herrliche Tat. Ja, als sei ihnen aus Ägypten einer nachgejagt mit Rossen und Wagen, sie bis nach Jerusalem hinein zu verfolgen. Und als ließe der Herr nun römisch-hart schlagen die Wogen herab, auf daß er ertrinke am Holz, dieser Dunkelhäutige.

So redend sahen einige der Kreuzigung zu des Ägypters.

Und ich sah einen kauen, während er zusah. Sah ausspukken einen andern. Sah einen dritten nach dem Weg fragen. Um einen Tiegel feilschen den vierten. Sah einen fünften auf den Arm heben sein Kind.

Im Gennattor aber stand ich, denn bis dorthin war ich durch sie hindurchgegangen. Und hatte den Ägypter nun im Rücken, seine Spur aber unter mir, mir unter Augen:

Die blutigen Flecke, wo er gegangen, die waren noch unversteckt vom Staub, unzertreten zwischen den Füßen der Zuschauer, Spur der Passanten.

Da, Vater, vermocht ich nicht mehr, mich umzuwenden nach ihm. Als ertrüg ich nicht, mehr zu sehen.

Und doch, wandte mich um. Als *sollte* ich sehen. Und sehend erkennen, ich wußte nicht was. Wußte nicht wen, aber wandte mich um.

Da war's der Moment, als sie wandten ihn um.

Denn sie hielten ihn aufrecht zunächst so, daß er stand, das Gesicht zur Stadtmauer hin. Bevor sie ihn niederzogen und legten aufs Holz.

Da, die kleine Weile lang, als er noch stand, sah ich streifen sein Auge. Als suchte er, zu erkennen welche, die gekommen wären, ihn bis hierher zu begleiten.

Es war aber niemand. Und an niemandem hielt sein Blick. Denn es war niemand gekommen.

Es lag ja das Haus, dem er entflohen, nicht in der Stadt oder nahebei, sondern fern. So daß keiner gekommen war, ihm zum Letzten ins Auge zu sehen, fest zu halten den Blick.

Da aber, zum Letzten, flügelschlagschnell kam es her, hielt sein Auge auf mir.

Und ließ sich herab sein Auge auf meines.

Im Augenblick, da ihn die Soldaten zogen nach unten, da war's geschehen.

Und vom Auge her, das mich gesehen und in das ich gesehen, überfiel Angst mich. Und hielt mich durchbohrt.

Und einer, der bei mir stand, warnte, ich wußte nicht, wen. Denn – hört ich ihn sagen – die weinten oder bezeugten Schmerz und Mitleiden mit einem wie diesem, liefen Gefahr, von Soldaten als Sympathisanten aus der Menge gezogen und hinüber zur Schädelstätte gezerrt zu werden.

Dem Sklaven nämlich, so hörte ich ihn, hätten Helfer verholfen zur Flucht. Nach denen und deren Duldern suche man noch.

„Hüte dich also", sprach er zu einem, „denn Tränen verraten den Helfer."

Da kam über mich ein Verlassensein übermächtig. Es war aber seines, des Ägypters, das Verlassensein des Gekreuzigten meines. Und seine Einsamkeit, die hinaussah und dort niemanden kannte, war meine. Denn sie hatte erkannt mich. Und mit seiner Einsamkeit hatte sein Auge, im Letzten noch, sich niedergelassen auf meinem, dort haltend.

Und gehalten war ich und hielt. Bis ich fassen konnte nicht mehr das Verlassensein dort und mein Verlassensein hier.

Sondern mich abwandte von der Vernichtungsstätte, mich umwandte.

Und eilends hinfloh. Durchs Gartentor hin, zum Tempel zurück.

Denn Antwort wollte ich dort. Zuflucht und Aufhebung aller Verlassenheit. Sicherung, daß Verlassenheit im Innersten, wo ER wohnt, nie Wohnung habe.

Denn bei IHM wird verlassen Verlassenheit. Vor dem Tor wehrt ER ihr, läßt sie nicht einwohnen, die nicht zugelassen wird bei IHM. ER aber läßt nur zu und einzig umfängt den Seinen, auf den ER gewartet: den wiedergefundenen Sohn.

Denn so erfuhr ich's, und so wurde mir Antwort im Tempel. Nun weißt du, Vater, was mir widerfuhr und warum ich zurückblieb und was mit mir geschehen.‹

Und sie gingen still miteinander, Vater und Sohn, Jesus und Joseph.

Und Maria, die herkam hinter den beiden, sah, wie der Vater umfing mit dem Arm. Wie er an den Schultern herbeizog den Sohn. Wie er ihn an sich preßte augenblicklang, noch im Gehen.

Joseph aber, still in Gedanken, sah dem Ägypter nach, von dem Jesus sagte: ›gekreuzigt vorm Gennattor an der Vernichtungsstätte‹. Auf jenem Hügel also, an dem sie vorbeigezogen waren, nur zwei Tage her.

Und sah vor sich den, den er getragen, von einst.

Und ahnte: der könnte es sein.

Und wußte nicht, was es bedeutet. Und ob, was also dem Sohn widerfahren war, schon angekündigt gewesen im Traum von der Kreuzesgrube. Denn beim Kreuze stand doch, auf dem Grund jener Grube, Joseph im Traum. Und konnte aus der Grube nicht finden.

Aber in jenem Traum vom Kreuz in der Grube war Joseph der Verlassene. Weder vom Ägypter noch vom Sohn sprach der Traum. Nur Joseph zeigt er allein in der Grube.

Und also dachte Joseph und sprach bei sich im Innern: ›Mir gilt der Traum. Nicht dem Sohn. Und doch erinnert mich – im Ägypter – Jesu Erlebnis an etwas, von dem der Sohn gar nicht wissen kann. Es ist, als habe außen einer verraten dem Sohn, was verbindet. Was also mich und den Sohn und Maria an den gepeinigten Sklaven bindet. Den Ägypter, den ich mir einst schnitt vom Baum jenes Gartens.

Als nämlich des gekreuzigten Sklaven Auge, wie Jesus beschrieb, sich setzte auf ihn noch im Letzten, da war's doch, als entdecke das Auge sich ihm, diesem Sohn. Auf daß der Sohn sich wiederkenne im Auge.

Und der Sohn hat sich wiedererkannt. Und wollte – in großer Angst, die ihn im Erkennen befiel – Antwort erhalten und Zuflucht im Heiligtum Gottes.‹

Aber, dachte da Joseph, sehe nur ich es so?

Daß nämlich hier der Vater gekreuzigt wird vor dem Sohn? Und der Vater sich opfert vor ihm, ohne daß es wüßte der Sohn?

Denn Jesus sah es so nicht. Er wußte nicht recht, was er sah. Aber ich – wenn es der Ägypter war, den ich trug und dem ich zur Flucht verhalf damals –, ich weiß, wer es war. Und sehe es so.

Also ist es anders bei mir und wird anders gedeutet in mir, das Gesehene, von dem mir berichtet der Sohn.

Und es ist daher auch, als werde *mir* es gezeigt, hier und heute, Schritt für Schritt: gezeigt *durch* den Sohn, der neben mir hergeht und mich miterfahren ließ die Bilder, die er erfuhr.

Aber anders. Denn niemandem als mir erschienen sie *so*. Nicht dem Sohn. Und niemand als ich kann sie so deuten. Nicht der Sohn.

Also ist es, als seien sie *mir* erschienen, die Bilder, von denen Jesus berichtet. Für mich. Hier und heute, auf dem Wege erfahren.

Was also bedeutet es mir, daß der Ägypter, wenn es der Vater war, sich opferte dort vor dem Sohn?

So dachte Joseph. Und ging unsicheren Schritts – je sicherer er wurde im Gang der Gedanken.

Und, plötzlich, streckte den Arm nach dem Sohn, der neben ihm lief.

Und Maria sah es. Und sah, daß er hingriff nicht, den Sohn an sich zu drücken nochmals. Sondern weil er sich stützen mußte, geschwächt und beschwert.

Und der Stab, an dem Joseph sich hielt, glitt ihm aus kraftloser Hand.

Bald darauf nachtlagerten sie bei Schechem in der Nähe des Jakobbrunnens. Und sie schliefen ein, alle drei, vom Wort und vom Wege erschöpft.

Am Abend des dritten Tages aber, zurückkehrend über Ginae und ziehend durch Ofra, wo sich die Wege kreuzen im Tale Jesreel und der Tod Joschijas, der das Verlorene fand, westwärts liegt bei Megiddo – der Tod des von Gott verlassenen Sauls aber ostwärts, prophezeit in En-Dor –, erreichten sie bald darauf Nazaret und die Ihren.

Und man empfing sie im Dorf und brachte den von der Reise Geschwächten zu essen. Und es versammelten sich viele und umstanden sie freudig, daß sie den Sproß Josephs wiedergefunden.

Kapitel 37
Der Traum

So sah Joseph wiedergefunden auch Nazaret. Sah sein Haus, seine Werkstatt, aus der er im Traum hatte aufsteigen sehen die Flammen, die warfen Brand hinauf gen Jerusalem.

Und er erinnerte sich des Traums, darin, was er geschaffen, verbrannt war vor seinen Augen.

Und Joseph, zurückgekehrt, legte seine Hand auf alles, was er nun wiedersah – das im Traum zu Asche Vernichtete –, und legte seine Hand auf das Unversehrte.

Denn alles war unversehrt, als er kehrte zurück.

Sacht ließ er die Finger nieder aufs Holz eines Pfostens, Pflugs, Tellers, Schafts einer Axt, eines Flechtwerks der Tür. Auch auf Dinge, die kaum bemerkt waren bisher, ließ er sie nieder.

Und Joseph berührte das Verlorengesehene, weil es noch war.

Auch verweilte an manchem die Hand, als striche sie ab aschige Spur. Und hielt den Gegenstand, hinstreichend darüber mit den Kuppen der Finger. Als sähe Joseph, wie Hülle daran, noch sengenden Staub, der blieb.

Und Joseph blies drüberhin.

Denn nach der Rückkehr empfand Joseph alles als wiedergefunden, und mit der Findung des Sohns das Leben als wiedergeschenkt.

Und doch trug Joseph die Last des Gesehenen. Noch in der Freude, noch in der Unversehrtheit der Rückkehr lag sie bewahrt und wog schwer und ließ nicht von ihm.

So daß Joseph schließlich empfand wie jener, der berichtete von einem Verstorbenen. Beschreibend hatte der längerhin festgehalten am Moment, da er den noch Lebenden zum letzten Male gesehen: Denn da habe beider Blick länger aufeinander gehalten und habe nicht nur der eine, auch der andere länger zurückgeblickt. Als wolle Ungesagtes noch sagen das Auge, eines dem andern. Denn es sei ihm gewesen beim letzten Mal, als hätten es beide gewußt, auch der Verstorbene, in der Längung des Augenblicks nämlich gewußt: daß sie aufeinander hinsahen überlang. Das aber, weil sie ahnten, nein, wußten: es ist das letzte Mal.

So war's in den Tagen nach seiner Rückkehr auch Joseph. Als stelle ihm einer sein Leben vor Augen, als sähen Dinge und Menschen ihn daraus an und als seh er zurück auf alle und alles: länger als sonst. Überlang. Denn ihm war, als sei es zum letzten Mal.

Da kam jener Tage ein Traum. Bricht ein in Joseph des Nachts.

Und ins Felsengeschlüft eines Bergs entrückt ihn der Traum.

Und Joseph, bergaufwärts steigt er beschwerlich. Setzt mit Gefahr den Fuß, hält die Wange gepreßt an den Felsen, die Finger klammernd am Vorsprung. Als klimme er riesig Gemäuer, zum Berge gefugt, empor.

Fremd schien ihm der Berg.

Und da, als er den Gipfel erreicht, sich hinaufzieht und steht, erkennt er's im Traum und weiß es:

Es ist der Berg Sinai, auf dessen Haupte er steht. Der Berg, auf dem Mose empfing das Gesetz.

Denn hier, zur Rechten, sieht Joseph hin über die Wüste bis Hazeroth. Ja, bis hinauf nach der Siebenquelle Beersheba reicht das Auge des Spähers.

Und weiter noch, übers Gläserne Meer und die Opferflamme des Heiligtums in Jerusalem hin, bis nach Schilo zur Kreuzesgrube reicht Josephs Auge. Und er sieht die Grube, sieht blinken im Licht das Salz der Sprossen der Leiter.

Als habe aufgerichtet einer das Kreuz.

Und weiter noch reicht vom Berg Sinai aus das Auge des Joseph: erreicht noch Nazarets hügelumwölbtes Tal. Sieht Sepphoris Stadt und sieht die Mauer des Landhauses glühen. Und dahinter erhascht im äußersten noch: den Weißglanz des Schnees, der den Hermon bedeckt, daraus herabsteigen die Wasser des Jordan.

Soweit sah Joseph zur Rechten ins Land, vom Berge, auf den Gott ihn entrückt.

Und zur Linken sieht Joseph hinab nach Elim, auf den

Grund der zwölf Quellen und zur Wurzel der siebenzig Palmen. Und sieht hin über die Wasser des Schilfmeers bis hinein nach Ägypten.

Bis in die schwarzversteinerten Kammern des Herzens des Pharao, der sitzt auf dem Thron, reicht das Auge des Spähers.

Bis in die Unterwelt unter den Herzstein, in die sich hinabläßt die Sonne.

Bis in die Vernichtungstätten der Unterwelt, wo die Uräusgestaltigen kochen die Feinde Osiris' und die Arme des Urmeers halten den Kessel, darunter auffährt die Flamme.

Bis in die Kammer im verborgenen Raum unter der Unterwelt reicht das Auge des Spähers, wo das Auglicht der Sonne im Geheimnis neu wird geboren.

Bis hinab auf den Flügelschlag unten dort – niegehört, niegesehn – sieht es ins Unterste noch, das Auge des Joseph.

Und lichtsamig schwarz sieht's zurück in ihn, Joseph.

Von der Linken zurück, wohin er geschaut.

Und das lichtsamig Schwarze trifft den, der's erblickt.

Da sieht Joseph kommen von Mitternacht her und von Mittag, von Aufgang her und von Untergang: mächtig Gewölk.

Das drängt sich hin rings, flüchtig zum Sinai, Berg und Späher dort turmrund umdunkelnd.

Und Joseph, still steht er in der Dichte Gewölks auf dem Berg Moses, steht furchtergriffen und still im lichtsamig Dunkeln.

Unter ihm aber, um seine nackten Menschensohlen her, raucht der Berg wie brütender Ofen.

Da sucht Joseph nach dem Geruch im Rauche, darinnen er steht. Riecht aber nicht das Erz des Schmelzofens, sondern hungrig Geruch wie von Brot, das Hungrige sich erträumen.

Es rauchte aber der Berg wie ein riesiger Ofen, denn der Herr hatte sich niedergelassen darin.

Da fiel Joseph nieder, hingestreckt auf den Felsen, und preßte die Stirn an den Stein, sein Haupt an das Haupt des Berges, auf daß einbräche der Rauch in den Eingerissenen, Joseph.

Und es flog in ihn, zuflüchtig, Ruch Seines Wortes. Wie Brot war's, kam Mund zu Mund.

Und es geschah, ER sprach aus der Wolke in Joseph hinein: ›Joseph! Joseph!‹

Und Joseph – wie Samuel sprach er, wie Jesus – sprach: ›Ja, Dein Knecht hört.‹

Da sprach ER zu Joseph:

›Ich bin der Gott deiner Väter, der Gott Abrahams, der Gott Isaaks, der Gott Jakobs. Nimm doch Jesus, den Sohn, den du liebst, führ ihn hinaus und schlachte ihn mir zum Brandopfer auf dem Berg, den ich dir weisen werde.‹

Da, entsetzlich drang Schmerz in ihn, Joseph, den Mann. Daß er bebte, der Sohn der Menschen.

Denn ausgeliefert und offen war er dem empfangenen Wort, seine Stirn auf der Stirne, Haupt auf dem Haupte des Felsens.

Denn wie siedend-sengender Strahl traf ihn die Schneide des Schwerts Seiner Stimme.

Und durchbohrte Joseph hinabhin. Daß er in Augenblickshelle des Schmerzes sieht: Wer gesprochen, und Wer ihm – aus dem Innersten des Berges herauf – zugebrüllt hatte das Schlachtwort.

Drachengleich opfergefräßig, ausbruchsbereit, sah er IHN wüten im Innern des Berges.

Da erwacht vom Traum Joseph in Schweiß. Ihm trieft Haut und Haar, als habe ein Dämon auf ihm gebrütet.

Und vor Morgengrauen, im Dunkeln noch, stürzt er hinaus, als stünd er in Flammen, alle Sinne im Feuer.

Er tritt aus den Grenzen des Dorfs, will redend beruhigen sich. Will zu sich redend zur Stimme finden. Sich auszureden, was er gesehen-gehört hatte im Traum.

Und es will nicht, weicht nicht das Gesehen-Gehörte.

Als brüte es noch und niste in ihm. Das Bildwort aber des Herrn war Einriß in Joseph, raubvogelgleich griff es zu, hielt den Menschen in Krallen sich flügelunter.

Nochmals reißt Joseph sich los, rennt an und redet für sich und redet sich zu und kommt so zu Wort. Da geht er einsamen Weg.

Niemand noch in der Nacht war gegangen den Weg, den Joseph da ging, als er sagte bei sich:

›Will ER sich neu brennen den Menschen aus Stein? Denn ins Herz reißt ER mir sein Geritz und schreibt nicht außen auf steinerne Tafeln, sondern ins innerste Herz mir, daß es zu Stein werde am Schrecken Seines Geheißes. Der Tiegel aber wird IHM zerspringen, ist schon zerschlagen.‹

Und weiter spricht Joseph zum Herrn: ›Denn wie könnte ich fassen das von Dir Befohlene, ohne daß es mich sprengt?‹

Und Joseph stieg hügelan, zu sich redend, zuredend sich und zu Gott redend zugleich. Und atemlos fand er – er ging noch im Dunkeln –, daß er bis an den Ort der Zisterne gelangt war. Die Stelle, an der er Maria einst fand – ihr blaues Tuch lag gebreitet, wie Wasser gekräuselt vom Winde –, und das Versteck, darin der Sklave versteckt lag am Grunde.

Und hinknien wollte Joseph. Fiel aber wie zerschlagen zu Boden und hielt schützend die Hände über den Kopf.

Denn es war, als bräche immer von neuem in ihn Befehl Gottes:

›Jesus brandopfern, schlachten den Sohn, MIR auf dem Berg. Hinaus, Joseph, tu's!‹

Und Joseph spricht, die Hände über den Kopf gehalten, in sich gekrümmt:

›Abraham erkenne ich, der Dir den Isaak, den geliebten Sohn, den Erstling der Sarah, geführt hat hinaus. Ihn Dir zu opfern auf dem Berge Morija, den Du Abraham wiest.

Denn aus Jerusalem kommen wir, Jesus und ich und Maria, haben geopfert Dir im Heiligtum auf dem Berge Morija, wo einst opferte Abraham, der Stammvater, Dir.

Was also war Dir nicht recht am Opfer des Übersprungs, das wir opferten Dir vor Tagen, daß Du den Erstling, den eigenen, nicht überspringst? Sondern jetzt forderst: „Schlachte ihn mir!" Sagst: „Joseph, du, opfere mir den Sohn, den du liebst!"

Bedenke doch: Ich bin nicht Abraham, daß ich's wert wäre. Nämlich weder, daß Du tust an mir wie an Abraham, noch, daß Du einforderst von mir, was Abraham Dir bereits gab.

Denn Du hast es ersetzt, jenes Opfer. Und frei kam Isaak, und die Hand des Schlächters: die hieltst Du zurück überm Sohn. Denn eingebrochen war es, das Tier. Und also an Stelle Isaaks der Widder geopfert, Dir zum Zeichen und Abraham, dort auf Morija.‹

Nach diesen Worten aber schwieg Joseph und wartete auf Antwort von IHM.

Da kam keine Antwort.

Und von neuem begann Joseph:

›Hast Du mir nicht versprochen den Sohn? Nicht ihn mit Namen benannt mir? Nicht ihn mir verheißen – im Leergrab am Ufer des Sees? Hast Du ihn mir nicht anheimgegeben im Auftrag des Traums, den Du mir gnädig sandtest zu Beit Re'evim, als ich floh? Und zu Nazaret eindringlich, als ich heimkehrte am Ende der Flucht?

Und mir schien: zurückgegeben hast Du ihn mir, den Sohn, den ich im ersten Sohne verlor. Hast alles darangesetzt, daß der Verlorene würde mir wiedergefunden und daß ich's verstünde: er ist von Dir.

Und *den* sollt ich jetzt rauben der Mutter? Hinausführen, töten, im Brandopfer ihn Dir zu verbrennen?

Warne mich, Herr, daß es ein Dämon war, der in mich riß bei der Nacht. Der mich entrückte auf den Berg Sinai. Der aufschlug sein Zelt in mir und mit seiner Stimme mich wies: „Opfere Jesus!" Als sei es Gesetz, das Befohlene, so befahl es die Stimme, Gesetz, wie es Mose empfing.

Warne mich, Herr, daß ich nicht verrückt werde an Dir.

Dich nicht verfluche unterm Druck solcher Stimme. Wie es der Hinderer nämlich sich wünscht, dem Gott einst Erlaubnis gab, Hiob zu würgen.

Herr, befiehl diesem Satan. Gib ihm keine Gewalt über mich!‹

Nach solchen Worten schwieg Joseph und wartete auf Antwort von IHM.

Da kam von IHM keine.

Von neuem aber begann Joseph und sprach zum Herrn:

»Nicht Abraham bin ich, nicht Stammvater im Anfang. Und bin nicht Jephta, der Richter.

Habe nichts Dir und niemanden blind zum Opfer gelobt, wenn ich wiederfände den Sohn und zurückkehrte mit ihm aus Jerusalem, den Schatz siegreich an meiner Seite.

Sondern bin Joseph, bedenk es! Nur Mensch.

Der hatte geopfert Dir am vierzigsten Tag nach der Geburt des Sohnes: zwei Tauben. Zwei Tauben, Du erinnerst Dich, bebend und zitternd schlagender Flügel. Denn so überreichte ich sie dem Priester im Hof Israel – bebend und zitternd schlagende Flügel –, im Opfer auszulösen den Erstling, den Sohn. Wie Dein Gesetz es mich wies.

Hätte ich nicht rechtens losgekauft ihn, der rechtens Dein war als Erstling? Dann sprich zu mir, Herr!

Kann es sein?«

Nach solchen Worten schwieg Joseph und wartete auf Antwort von IHM.

Da kam nichts zur Antwort.

Nirgendwoher.

Drittes Buch

Das Opfer

Kapitel 38
Ein böser Geist

Sorge trug Joseph und fürchtete um sich und die Seinen.
Und er sah, daß der Traum vom Befehl, den Sohn zu
opfern, zwei drohende Ankündiger hatte.

Denn im Traum von der Kreuzesgrube und im Traum
vom Verbrennen der Werke war hereingebrochen die Last.
Die aber drohte: »Nichts wird dir bleiben. Du suchst die
Deinen, irrst durch Wüste und Flammen allein.«

Auch wußte Joseph, daß das Ausbleiben der Antwort,
auf die er in der Nacht nach dem Traum noch gewartet,
selbst Antwort war.

Denn als er Tage vergehen ließ, wartend, noch wartend,
kam kein Traum, kein einziger mehr. Als sei diesem Traum,
diesem letzten, nichts mehr hinzuzufügen. Unabänderlich
war er und wartete nun auf Josephs Antwort: die Ausfüh-
rung des Befehls, den Sohn IHM zu opfern.

Denn während Joseph noch wartete, auch außen sich
verschloß vor den andern, den Nachbarn in Nazaret, wurde
gewartet auf ihn. Und wuchs nur die Last mit jedem quä-
lend verwarteten Tag.

Und so auch sahen die anderen Joseph, die Nachbarn
und Nazoräer. Denn sie sahen, wie er zögerte. Wie er hielt.
Wie er wortlos abbrach, was er gerade begonnen. Und wie
er von anderen sich abschied, auswich den Nachbarn un-
ruhigen Blicks. Wie er der Frau und dem Sohn aus den
Augen ging, wo er konnte.

Und wenn welche ihm folgten, heimlich ein Stück, ihn
zu belauschen – denn sie hörten ihn sprechen mit sich –,
sagten manche: ›Er spricht voller Zorn und Vorwurf wider

sich selbst.‹ Andere aber: ›Nicht mit sich spricht er, sondern er eifert mit Gott.‹

Denn manche hatten Joseph belauscht und waren herausgetreten, vor ihn hin, und griffen ihn an über den Reden, die sie belauscht. Und sagten ihm: ›Deine Rede lästert doch Gott.‹

Da kamen sie zurück ins Dorf und sagten: ›In Wort und Tat hat er sich vergriffen an uns, seinen Nachbarn. In Sorge um ihn kamen wir hinter ihm her, wußten wir doch, daß die Sorge über den Sohn, der in Jerusalem war abhanden gekommen, ihn schwer gedrückt hatte. Und kamen ihm hinterher, mehr zu wissen. Er aber, als wir ihn reden hörten und heraustraten und uns beschwerten über die Rede, die wir belauscht, vergriff sich an uns in Wort und in Tat. Denn mit Schimpf davongejagt hat er uns, die wir kamen, zu helfen.‹

Da entsetzten sich manche und sagten: ›Es beherrscht ihn ein böser Geist.‹

Und Tage darauf hieß es: ›Ein böser Geist entführte ihn.‹ Denn manche hatten gesehen, wie Joseph, zögernd über der Arbeit, sie liegenließ. Aufbrach. Verschwand. Und niemand im Dorf wußte, wohin. Und er war auf Tage verschwunden.

Wer aber hinging zu Maria und sie fragte: ›Wo ist Joseph?‹, dem antwortete Maria: ›Er wird nach Sepphoris gegangen sein, Arbeit zu suchen.‹ Sie sahen aber, daß Maria sich sorgte, und hörten's an ihrer Stimme.

Und wer den Sohn fragte: ›Wo ist dein Vater?‹, dem sagte Jesus: ›Ich weiß es nicht. Denn er verließ unsere Werkstatt ohne ein Wort.‹

Und zweimal geschah es so. Zweimal wurde im ganzen Dorf nach ihm gesucht, auch durchsucht die Umgegend. Und niemand wußte, wohin er gegangen war.

Und Joseph blieb aus zwei Tage das erste Mal, als er verschwand. Und niemand wußte, wohin er gegangen war.

Und blieb abermals drei Tage aus beim zweiten Mal.

Und als er zurückgekehrt war das erste Mal, fragte man ihn: ›Wohin bist du gegangen? Woher kehrst du?‹

Da gab er ihnen keine Antwort.

Und beim zweiten Mal ebenso.

Und Maria und Jesus empfingen ihn zweimal, als er heimkehrte bei Nacht. Und sie ließen ihn sich setzen am Herd und sahen ihm zu. Da blieb er still, aß nicht, was ihm reichte die Frau. Sondern verharrte in der Hocke vorm Feuer.

Und noch betrachteten ihn die Schläfrigen vom Lager aus, ob ihnen nicht Antwort käme vom Mann. Und waren doch glücklich, daß der Vater zurückgekehrt war. Er aber sagte nichts, nicht, wohin Joseph gegangen, noch, woher er gekehrt.

Da behaupteten einige, er sei von einem bösen Geist entrückt worden, der habe von ihm Besitz genommen.

Kapitel 39
Die Prüfung

An den Tagen aber, da Joseph sich entzog das erste Mal und niemand ihn finden konnte, ging er hinaus, zu suchen den Berg, den Gott ihm weisen würde zur Opferstätte.

Und wie er suchte, heftete er die Augen vor sich auf den Weg, den er ging, Schritt für Schritt.

Denn darin lag seine Hoffnung: Daß, wie bei Abraham, Gott es nicht werde kommen lassen zum letzten Schritt. Nicht zur Schlachtung des Sohnes.

Denn heimlich dachte Joseph, daß mit jedem Schritt, den er suchend hinausging, nachzukommen dem Traumgeheiß, Gott ihm doch Einhalt gebieten könne: ›Joseph, kehr um!‹

Denn mit jedem Schritt hinaus, den Joseph ging, die Opferstätte zu suchen, sähe doch Gott in sein Herz, wie sein

Knecht sich quält, im Hinausgehen nachzukommen Seinem Geheiß, den Sohn IHM zu opfern.

›Mit jedem Schritt, den ich vorwärts gehe, sieht Er mich doch‹, sprach Joseph bei sich. ›Denn ich verschließe mich nicht.‹

Da, es war Mittag, und er rastete am Weg im Schatten des Felsens und wollte nicht aufheben die Augen. Denn er fürchtete, den Berg zu erspähen, den Gott ihm wiese.

Und Joseph umkreiste in Gedanken, was er anzugehen im Begriff war. Und dachte:

Wie weit läßt ER es kommen? Wie weit läßt Er mich kommen, bevor Er mir Einhalt gebietet, meine Hand mir zurückhält und verwandelt das Opfer, weil Er Einsehen hat?

Weiß Er doch, daß ich den Ausgang weiß, den es bei Abraham genommen. Wie würde Er mich da nochmals prüfen wollen?

Also kann es *die* Prüfung nicht sein, die jetzt ansteht, die ER will. Kann nicht sein die alte, nicht Abrahams Prüfung.

Und also darf ich nicht vertrauen darauf, daß ER auch mir Einhalt gebieten wird, wie Er Abraham im Letzten Einhalt geboten.

Sondern ER will den Sohn. Will, daß ich ihn wirklich schlachte. Und wirklich ihn in Flammen setze zum Brandopfer IHM.

Dieses Grauen wär Seine Absicht?

Denn weil ich Vorwissen habe und ER weiß, daß ich's habe und daher glaube, im Vorwissen sicher zu sein, mir werde Einhalt geboten von IHM, das Messer zurückgehalten, wenn ich's auf die Kehle setzte dem Sohn: eben deshalb ist jetzt nichts sicher mehr.

Nicht prüft ER mich nur, daß ich bestätigt sähe das Vorgewußte.

Sondern will prüfen mich um ein Neues. Das will Er prüfen in mir und am Sohn, den Er mir damals verhieß.

186

Für *sich* aber prüft Er's in mir, für sich.

Denn ich bin Sein Tiegel, den Er zerschmettern läßt, um sich das Neue neu zusammengesetzt zu erprüfen.

Und niemand, weder Gott, der mir sandte den Traum, noch ich, keiner von uns: soll sicher sein, wie sie ausgeht, die Probe.

Nicht sicher soll ich sein, weil ER sich's nicht wäre?

Überm Kreisen in solchen Gedanken wuchs Josephs Angst, zerrissen in ihnen verlorenzugehen. Und zerrissen zu werden von der Prüfung, die keine wäre.

Da erhob er sich und ging weiter den Weg.

Und den Weg gehend, die Augen auf den Boden geheftet, dachte er:

Wenn ich mich weigerte Seinem Geheiß, was wäre es IHM? Bin ich doch niemand. Was will Er mit mir? Sondern, wenn ich mich weigerte, nähm ER den Sohn sich nicht doch? Jederzeit? Denn den Sohn kann Er nehmen, kann auch mich überkommen im Nu. Daß wir nicht wissen, wie uns geschieht. Kann bewußtlos uns schlagen oder uns bewußtlos, ohne Gewissen, im Zorn oder Wahn schlagen lassen auf andere.

Das kann ER. Denn wir wären gezwungen auszuführen, was Ihm und wie's Ihm gefiele.

So aber nicht jetzt. Denn warum also käm ER zu mir im Traum und spräche im Bild und hieße mich: ›Geh hin und opfere mir den Sohn?‹

Denn ER könnte doch über mich kommen jederzeit. Mich vollständig überkommen, daß ich täte die Tat. Ausführte das Opfer – wie es Wahnsinnige tun, die, besessen von Gott, opfern ihr Opfer IHM.

Aber solches Opfern, von mir will Er's nicht.

Sondern bei vollem Bewußtsein will Er's von mir. Nur dann ist's Ihm Opfer.

Nicht über mich kommt Er, überkommt mich nicht, sondern kommt zu mir, tritt heran und spricht her zu mir, Ihm gegenüber.

Also kommt Er wie einer, der rechnen würde damit, daß der andere sich weigern, ja Ihm Einhalt gebieten könnte?

Und was dann? Was droht dem, der sich weigert?

Auslöschung droht ihm, immerwährend Vernichtung dem, der so handelt.

Auskratzen würde Er meinen Namen aus Seinem Buch, und getilgt würde die Stelle, die mich, Joseph, erinnert. Die mich einschließt in Gottsicherheit als im Wort Bewahrten.

Nicht den Tod stürb ich, Joseph, nicht *einen*. Sondern alle Tode auf immer.

Denn die Stelle des Namens, der mich ruft: ausgekratzt leer läg sie auf immer.

Ungeworden wär ich. Nie mehr zu sein Joseph, der war, als ich Sein war.

So dachte Joseph, als er rastete am Weg im Schatten des Felsens und wollte nicht aufheben die Augen. Denn er fürchtete, den Berg zu erspähen, den Gott ihm wiese.

Und als es Abend wurde, hob Joseph die Augen auf, weil er dachte: Das Licht verschließt sich. Heute zeigt ER ihn mir nicht mehr, sondern hat mich verschont.

Da, als er die Augen aufhob und sah, erkannte er, vor ihm sich erhebend, den Berg, den Gott ihm wies zur Stätte des Opfers.

Und Joseph erschrak. Brach hin, zerschlagen am Fuße des ragenden Bergs.

Kapitel 40

Die Steine

Am Tage darauf aber steigt, Schritt für Schritt, Joseph am Berge hinauf.

Und geht über den breiten Rücken des Bergs. Und da – bleibt er stehen.

Sieht hin auf die Stelle, wo ihm einkommt:

Hier soll ich lagern mit ihm, meinem Sohn, zur Nacht vor dem Opfer. Und hier, weiter oben, soll errichtet werden der Altar. Zusammengetragen aus Steinen – diesen und jenen dort, die ich liegen sehe im Umkreis auf dem Rücken der Höhe.

Und als Joseph gesehen den Ort und ihn ausgemessen hatte in Schritten, blieb er stehen.

Und er hockte sich hin und saß still in der Hocke auf dem Rücken des Bergs. In der Mittagshitze saß er, verharrend im Feuer und wartend in Stille.

Da erhob sich Joseph und stieg hinab auf der Schattenseite des Bergs.

Und mit jedem Schritt erhoffte er, wie er oben gehofft – als er stillstand und in Gedanken die Steine las für den Altar –, daß Einhalt gebiete ihm Gott: ›Joseph! Nicht weiter, kehr um!‹

Nichts aber gebot ihm Gott. Sondern hatte geboten.

Und Joseph stieg abwärts auf der anderen Seite des Bergs und umschritt den Berg.

Schritt für Schritt umschritt er den Berg.

Umschritt ihn dreimal.

Und umschreitend ließ er, Schritt für Schritt, größer werden die Kreise, mit denen er ihn umschritt. Als messe er aus den Berg und bedenke den Ort im Auftrage eines, der neu bauen will hier und für tauglich hält diesen Ort, das Neue hier zu erbauen. Der's aber doch bedenken sollte.

Denn so umschritt Joseph den Berg Schritt für Schritt: daß ER es bedenke.

Darauf kehrte Joseph nach Nazaret am Ende des zweiten Tages.

Und wenige Tage darauf, als Joseph sich nochmals den Seinen entzog und zum zweiten Mal in Nazaret niemand ihn finden konnte, da ging er hin, Schritt für Schritt, zum Berg, den Gott ihm gewiesen.

Er trug aber bei sich ein Schlachtmesser und ein längeres Seil.

Und das Seil, das er fand am Morgen in einer Ecke der Werkstatt, er erkannte's an seinen Spuren. Da hob er's auf.

Denn es war das Seil, mit dem die Ägypterin ihm hatte gebunden die Last auf den Rücken, den blutigen Sklaven, den Joseph davongetragen, dreizehn Jahre war's her.

Und Joseph nahm das Seil. Denn es fand sich kein anderes. Und nahm mit sich ein Messer zum Schlachten. Und legte beides heimlich hinein in die Tasche zum Beil, das er sonst darin trug.

So zog Joseph los und achtete, daß ihn niemand bemerke. Und niemand wußte, wohin er verschwand und warum.

Und Schritt für Schritt ging hin Joseph, in der Hoffnung auf Einhalt.

Er dachte aber bei sich: Warum gäbe ER mir den Sohn, den Er mir verheißen, und hat mich geheißen, ihn auszutragen? Nur um ihn mir jetzt zu nehmen und mich zu zerstören mit ihm?

Denn wie wäre mir nach dem Hinschlachten des Sohns Überleben?

Es wäre kein Leben. Also Auslöschung beider.

Und warum spricht Er mir: ›Nimm‹? Bald darauf aber: ›Gib's her! Her damit!‹

Mit Abraham ging Er so um und mit Mose. Denn befahl ER dem Mose nicht: ›Geh hin nach Ägypten, und führe hinaus mein Volk?‹ Da ging Mose, und auf dem Weg hin, in der Nacht, Gott fällt ihn an. Und würgt Mose, dem ER doch brennend geboten hatte: ›Geh hin, führe mein Volk hinaus!‹ Und wäre Zipporah nicht gewesen, da Gott raubtiergleich anfiel den Mose, und hätte sie, die Frau, nicht genommen den Stein und beschnitten die Vorhaut dem Sohn und damit berührt die Scham Moses, des Vaters, sprechend: ›Du bist mir ein Blutbräutigam‹, das Ende wäre's gewesen. Den Auftrag und Träger des Auftrags hätte ER sich vernichtet.

Wie aber wird ER es halten mit mir?

›Geh hin und opfere mir den Sohn!‹ trägt Er mir auf. Und

vernichtet damit den Auftrag, den verheißenen Sohn auszutragen.

Aber ebenso könnte ER wieder zernichten Sein Geheiß, zu opfern IHM Jesus. Wenn Er mir nur Einhalt geböte.

Denn wo wäre die Frau, die mich retten würde bei Nacht, wie sie Mose gerettet? Daß auch ich bliebe verschont, wenn ER raubtiergleich auf mich fiele, mich würgte?

An mir aber wird ER nicht handeln, wie ER an Mose gehandelt. Denn Er weiß doch: ich habe Vorwissen und weiß, wie Er mit Mose verfuhr. Und hätte aus diesem Grunde bitten können Maria, mit mir zu reisen zum Berg, über mir dort zu wachen bei Nacht, wenn ich glaubte, ER wird umgehen mit mir wie mit Mose.

Sondern niemandem hab ich gesagt, wohin ich gehe, auch beim zweiten Mal nicht. Auf daß alles bleibe zwischen IHM und mir.

Wenn Er Neues an mir probieren will, mir zur Prüfung, dann darf ich nicht gehen und sagen: ›ER wird mit mir umgehen wie mit Mose. Wird mich anfallen. Wird Auftrag und Beauftragten zu zernichten suchen.‹ Sondern ich soll gehen und sagen: ›Ich weiß noch nicht, wie es kommen wird. Denn WIR wissen's noch nicht. Dorthin sind unterwegs ER und ich, Joseph, sein Knecht.‹

So dachte Joseph und erreichte am Abend den Fuß des Berges und stieg hinauf.

Er lagerte aber oben, wo sich der Rücken des Bergs ausbreitet, ein Stück Weges unterhalb der Stelle, die ausersehen war für den Bau des Altars.

Und am Morgen darauf begann Joseph zu sammeln die Steine, trug sie hinauf zum Ort des Altars. Und begann, sie zu schichten zu einem Altar.

Joseph aber ging hin zu jedem Stein, den er wählte. Schritt für Schritt trat er hin auf ihn zu, auf einen jeden von ihnen. Dann hob er den Stein, einen jeden von ihnen, hob ihn beidhändig an, hinauf bis zur Hüfte, oder schulterte ihn hinauf auf die Schulter und trug ihn, Schritt für Schritt, an den bestimmten Ort und dort schichtete zum Altar jeden von ihnen, einen auflastend, anlastend dem andern.

Und Joseph ging in der Hoffnung, ihm könne, von einem Schritt auf den andern, Einhalt geboten werden von Gott.

Es überkam ihn aber beim Tragen der Steine Trübnis und Stumpfheit. So daß er wie aus ödem Schlaf erwachte, wenn er beim Aufheben, Tragen, beim Absetzen oder Schichten der Steine sich riß die Haut und gewahr wurde: den Altar baue ich, IHM zu schlachten meinen geliebten Sohn.

An manchen Steinen aber, die Joseph bemerkte, die er aufhob und hinauftrug an den bestimmten Ort, schien ihn etwas wachzurufen. Und schien zu wecken seine Aufmerksamkeit für das, was er auszuführen geheißen war.

Denn da war's, als riefen Zeichnungen in den Steinen – die eingelagerten Adern nämlich, die Bildern gleichen – bildgleich zu Joseph.

Und es war, als erinnerte das so geäderte Gestein zeichnend an Messer und Stiche, an zackendes Feuerschlagen, an gewundenes Seil oder geschlungene Schlaufen, an die Höhle des Herds, wo sie saßen zu Haus, an Nazarets Tal zwischen Hügeln, an den Hügel, der war Altar.

Und er sah Adernverlauf bildgleich an der Oberfläche der Steine und war wachgerufen darüber, erinnert.

Andere Steine aber, die Joseph aufhob, machten vergessen, erinnerten den Träger an nichts mehr. Als flösse aus ihrer Schwere nur Einschläferndes in die Arme des Trägers, als sickerten Stumpfheit und Trübnis ins Herz Josephs. So daß er nicht mehr bedachte, was gesammelt, getragen und aufgeschichtet wurde unter Trübnis und Stumpfheit.

Da war's rettend ein Schmerz, der ihn weckte. War's zerrissene Haut, die ihn wachrief.

Und wach ging er wieder, Schritt für Schritt wieder, gehalten von Hoffnung: Gott wird Einhalt gebieten.

Und als der Altar war gebaut, da sammelte Joseph das Holz für das Brandopfer. Und schlug und spaltete mit dem Beil Scheite bereit.

Er wickelte die Scheite aber in Tierhaut und versteckte das Gespaltene in einer Grube, die er grub nah beim Altar.

Und versteckte dort auch – aufs Holz gelegt, unter die Haut – das Schlachtmesser, das er mitgebracht hatte.

Und legte zuoberst das Seil, mit dem er binden müßte Hände und Füße dem Sohn, und dazu einen Beutel mit Feuerstahl, Stein und Schwamm.

Und all das deckte er zu, unter die Haut. Und schüttete Erde auf das Versteck. Und setzte darauf einen Stein, den er heraufgetragen zur Stelle.

Den letzten.

Und Joseph lagerte zur Nacht ein Stück Wegs unterhalb der Stelle und sammelte Holz für ein Feuer.

Er sammelte aber mit für die Nacht, in der er hier lagern müßte mit Jesus.

Und tief bedrückt hielt er an, immer wieder, hoffte auf Einhalt, ein Wort von IHM.

Da fiel ihm auf, als er vom Sammeln zurückkehrte zur Stelle des Nachtlagers, daß der Altar, den er gebaut hatte, vom Lager aus nicht zu sehen war.

Denn der Ort des Altars lag hinauf ein Stück Wegs.

Joseph aber, in seiner Verzweiflung über das Tageswerk, das hinter ihm lag, nahm es als Hoffnungszeichen, daß der Ort so unsichtbar lag.

Darauf kehrte Joseph zurück nach Nazaret am Ende des dritten Tages.

Und sie wunderten sich und fragten ihn, wo er gewesen.

Er aber blieb für sich und antwortete ihnen nicht. Auch nicht der Frau, auch nicht dem Sohn.

Sondern lauschte für sie und für sich im Innersten auf das neue Gebot, das widerriefe den Traum. Und bat Gott um Einhalt.

Und noch Tage ging er so, wartend mit jedem Schritt, jedem Blick, auf ein Zeichen von IHM.

Da fühlte Joseph: Es schnürt sich alles zur Stille hin.

Denn auf mich zu kommt kein Wort, kommt kein Zeichen, kein Traum mehr erscheint.

Und es war ihm, als werde's still und stiller geschnürt. Als werde alles stillegewürgt, damit Stille sei endlich.

Auf daß ER Joseph handeln sehe, ihn ausführen sehe das Gebotene.

Kapitel 41
Der Abschied

Da rüstete sich Joseph, fortzuziehen mit Jesus zum Opfer.

Und die im Dorfe atmeten auf, denn man sprach: ›Wir hören, er will hinaus, zu opfern ein Sühneopfer. Versöhnt soll Joseph zurückkehren, vom bösen Dämon erlöst.‹

Daß Joseph aber Jesus mitnahm, ließ sie vermuten, die Qual des Vaters, den Sohn in Jerusalem schon verloren zu glauben, habe mit dem bevorstehenden Opfer zu tun. Denn einige wußten: ›Schon den Sohn seiner ersten Frau hat er verloren, der ihm ertrank.‹

Und Joseph nahm mit sich die Eselin. Und hieß Jesus aufladen aufs Tier, was sie bräuchten.

Und da es noch früh war am Morgen ging Joseph hin, Schritt für Schritt, und trat zu den Tieren und beugte sich über sie.

Da, mitten aus ihnen, griff er nach dem Lamm einer Ziege, das er sich wählte. Und er trug es hinaus.

Joseph aber band das Lamm an, bevor er's auflud dem Tragtier. Und als er den Strick zog um den Hals des Lamms, sich dabei in die Hocke setzte, festzubinden am Pflock das Lamm, da bemerkt er: Es leckt den Strick, an den ich's gebunden. Und fühlt darauf: Jetzt leckt es meine Hand.

Und da alles bereit war, wehte ein leichter Wind Joseph entgegen, und es roch nach Brot.

Denn Maria hatte hinausgetragen zur Reise und verstaut

in die Taschen am Lasttier frischgebackene Fladen. Es waren aber Fladen von besonderem Korn, daraus Joseph sie backen geheißen die Fladen. Denn sie waren fürs Opfer bestimmt, wußte Maria, das Joseph bereiten will Gott. Auch hatte sie aufgefüllt Schläuche mit Wasser, das sie vom Brunnen herbeigetragen.

Joseph aber ging nochmals ins Haus, als fehle ihm eines. Und er stand im Haus, ohne die anderen, die warteten draußen.

Und Joseph sah sich um, wie er sich umgesehen vor Tagen, als er zurückgekehrt war aus Jerusalem und unversehrt hatte alles wiedergefunden. Mit dem Rücken zum Eingang stand er und übersah's.

Und Maria, besorgt, daß ihnen noch etwas fehle, kam ihm nach. Und eintretend ins Haus sprach sie hinter ihm:

›Was fehlt dir?‹

Da wandte Joseph sich um.

Aber Joseph sprach nicht, sah sie nur länger an. Denn er wünschte sich, daß sie ansehe ihm, was bevorstand. Daß sie's lese in seinen Augen.

Sie aber, die schon Wochen ihn so bedrückt gesehen und sich vom Opfer erhoffte Erlösung für Joseph von seiner Qual, über die er mit niemandem sprach, ahnte nicht, warum er, der hielt länger den Blick, hinsah auf sie.

Daher auch aus ihren Augen: kein Zeichen des Einhalts.

Da gab Joseph vor, er habe gefunden, was ihm gefehlt. Und griff mit der Hand an die Hüfte:

›Hab ich's doch bei mir.‹

Und sie trat hinzu und fragt: ›Was denn?‹

Da spricht er: ›Du weißt's doch …‹, greift ins Gewand querhin bis zur Hüfte und zieht hervor den Zipfel des Tuchstreifs, der lag überm linken Höcker der Hüfte. Denn mit dem Zeichen hatte Maria ihn einst zu sich zurückgerufen.

Da sieht Joseph in die Augen der Frau, die lachen ihn an. Noch näher trat sie. Denn sie hatte gewußt, was er bei sich hielt an der Hüfte.

Aber Gott ließ nicht sehen Maria, nicht ahnen, wer vor ihr stand und was ihrem Mann, ihrem Sohn bevorstünde. Sondern froh ließ ER sie hintreten vor Joseph, ließ auf die Zehenspitzen sie stehen, ihn umfangen. Und sie küßte Joseph, umarmend den Mann.

Und dann wandte sich um und trat, ihm voraus, aus dem Einlaß des Hauses. Und draußen umarmte zum Abschied den Sohn.

Und als sie den Sohn hatte geküßt, sah sie sich um. Denn Joseph war nicht herausgekommen zu ihnen.

Da sah sie ihn stehen im Dunkel des Hauses. Wie wartend, nur Schritte hinter der Schwelle.

Sie aber dachte noch: Warum sieht er uns zu und kommt nicht heraus?

Da trat aus dem Haus Joseph. Und nahm mit sich Jesus, den Sohn, den er liebte. Und führte ihn hinaus, ihn zu opfern.

Kapitel 42
Der Berg

Nachdem Sohn und Vater aber verlassen hatten Nazaret, ging Joseph voraus.

Denn er hatte dem Sohn nicht gesagt, wo der Berg liegt. Nur, daß der Berg von Gott ihm gewiesen werde.

Und wenn Jesus dem Vater gleichziehen wollte, zu seiner Rechten am Wegrand ihm beizukommen, beschleunigte Joseph den Schritt, wich ihm aus. Und Jesus sah, daß Josephs Seele betrübt war.

Als sie hielten, zu trinken vom Wasser, fragt Jesus: ›Vater, was bedrückt dich?‹

Da wandte sich Joseph ab und zog weiter, ohne getrunken zu haben.

Und Joseph zog voraus ein Stück Wegs und wartete nicht

auf ihn, der hinterherkam. Joseph aber weinte. Und der Sohn sah es nicht, hörte es nicht, denn er kam hinterher.

Joseph aber ging voraus, sprach zu Gott:

»Herr, laß mich rechten mit Dir, wie Abraham mit Dir rechtete um die Städte, die Du wolltest vernichten.

Nicht aber die Städte zu retten, rechtete Abraham mit Dir. Sondern zu retten die Menschen in ihnen. Zu retten die wenigen darin, Lot und die Seinen, die du ihm übrigließest.

Denn Abraham sprach zu Dir, ohne sich abzuwenden. Offen zugewandt Dir.

Sieh doch, Herr, so spreche ich zu Dir. Zu rechten mit Dir.

Denn nicht wie Abraham um die Städte, nicht um einige in ihren Mauern, sondern um einen nur, einen einzigen, bitte ich Dich. Der Gerechtigkeit halber, die Dein ist. Meinen Sohn doch bewahre! Verschone ihn noch, in dem aufbewahrt sind: Städte und Menschen und eingeboren die Welt.«

So sprach Joseph zu Gott. Und ging voraus, daß es nicht höre der Sohn.

Und als sie noch vor Abend erreichten die Gegend und der Berg schon in Sicht kam – Joseph aber sah, daß Jesus erkannte ihr Ziel –, da schritt Joseph voraus und umging den Berg.

Umging ihn, als liege das Ziel noch vor ihnen.

Und zur Nacht lagerten sie fern des Bergs, der lag fern hinter ihnen im Rücken. Als führe Josephs Weg nicht dorthin, sondern in andere Richtung.

Und als Jesus schlief, ging Joseph hinaus in die Ebene und kniete hin und beugte sich unter Gott.

Denn er wußte, daß er IHM ausgewichen war.

Und im Dunkel vor Anbruch des Tages kniete Joseph immer noch dort, abseits. Und beugte sich unter Gott. Und doch abermals begann er sein Reden zu Gott, sprach:

›Wäre ich nicht ausgewichen vorhin, sondern hinaufgegangen, zu nachtlagern mit dem Sohn am vorgesehenen

Ort auf dem Rücken des Berges – sage mir, Herr –, wäre ich dann, jetzt und zu dieser Stunde, beim Opfern schon?

Wären mir blutig die Hände schon, jetzt und zu dieser Stunde?

Wären uneingehalten von Dir meine Hände, die ich aufhalte Dir, jetzt und zu dieser Stunde?

Wärest gesättigt Du schon vom aufsteigenden Rauch meines Opfers, des geschlachteten Sohns, den ich opferte Dir, jetzt und zu dieser Stunde?

Bliebe ungetilgt Dir also mein Name im Buch, wie der Abrahams Dir auf Weltzeit?

Und was wäre – stünd ich zu dieser Stunde am Altar vor der Flamme Dir –, was wäre im Namen noch? Was enthielte sie noch, die Namenskapsel *Opferer Joseph*? Was bliebe darin aufzubewahren, wert Dir auf Weltzeit, wenn ich geopfert hätte den Sohn jetzt und zu dieser Stunde?

Wären's die Triefefinger, die?

Wären sie aufzubewahren und wert Dir, die blutigen? Denn die Zeit wird sie trocknen.

Wäre's das Hartherz des Opferers Joseph?

Aufzubewahren wär's wert? Denn erfroren ist es, das Herz, vor Deinem Befehl. Läg es nun aufbewahrt in der Kapsel, in Verwesung verstockt, beispielhaft aber im Gehorsam?

Blieben Triefefinger und Hartherz Dir übrig, aufbewahrt in der Kapsel des Namens, wert Dir auf immer, auf Weltzeit ungetilgt in Deinem Buch?‹

So sprach Joseph zu Gott, kniend vor Anbruch des Tages.

Da brach an der Morgen des zweiten Tags ihrer Reise zum Opferberg.

Joseph aber schritt Jesus voraus in andere Richtung. Denn er umkreiste den Berg in so weitem Bogen, daß der Berg außer Sicht blieb Morgen und Mittag hindurch.

Und nochmals, bei sich sprach er, dem Sohn vorausgehend, mit Jahwe:

›Warum hast Du *mir* Dich gezeigt im Traum? Warum nicht ihr, nicht Maria?

Und warum nicht gefordert von Maria, Dir darzubringen das Opfer, den Sohn? Glaubst Du, die Mutter ginge heute an meiner Statt hier?

Ich aber glaube, Du hast nicht zu ihr gesprochen, denn sie weiß nichts von Deinem Geheiß, und Du hast ihr die Augen verschlossen. Denn nicht hat sie's gelesen in meinen, als ich schied, gestern morgen. Ahnt nicht, was ich ausführen soll.

Um das Opfer hast Du sie nicht gebeten, es darzubringen Dir auf dem Berge. Denn Du hattest bereits ihre Antwort:

Denn sie hat empfangen.

Nun spreche ich zu Dir, spreche aus, was Dir längst ansichtig ist:

Denn auch ich habe empfangen.

Und war Dir untertan, als ich empfing und gebar, was Du mir in Träumen befahlst.

Bedenke es, Herr!

War ich nicht wie diese Frau, die gebar und Dich nicht verstieß? War ich's nicht, als ich Deinen Boten, den Traum, nicht verstieß und sie dann, daraus erwacht, nicht verstieß, sondern die Frau nahm in meinen Namen hinein zu mir, die Schwangere zu beschützen?

War nicht mein Name da Dein Name und ihrer?

Warst nicht Du mitgeboren?

Und Dein Sohn, kam er nicht in die Welt, als ich gehorchte dem Traum und in die Welt ihn brachte in meinen Namen hinein, zum Schutz?

War das nicht Dein Sohn, in mir zur Welt gekommen? Der Gleichzeitige meiner Seele dem Gleichzeitigen ihres Leibes?

Denn keiner der Eheleute war darin Vorgänger dem anderen.

Und war ich da nicht Dein Sohn? Sohn geworden, indem ich Dich willentlich gegen und über meine Absichten setzte und dem Vater wirkliche Hand wurde in Wirklichkeit? Zu verwirklichen daher Deinen, nicht meinen Willen?‹

Da hielt Joseph inne, denn er sah, daß Gott im Kreise bog seine Gedanken. Daß sie doch liefen zurück auf IHN zu, Seinem Willen nicht zu entkommen.

Denn wie Joseph versucht hatte, im Kreise zu biegen den Weg um den Berg, ohne ihn anzugehen, sondern auszuweichen dem Pfad auf ihn zu, so bog Gott Josephs Gedanken im Kreise zurück auf Sich zu.

Aber auch Jesus hatte bemerkt und am Morgen geahnt, daß Joseph sie führte im Kreis um den einsamen Ort, jenen Berg, den Jesus am Ende des ersten Tages gesehen.

Kapitel 43
Das Lamm

Da wollte Joseph abermals ausweichen und nicht nehmen den Weg auf den Berg zu. Denn in den Stunden vor Abend war der Berg wieder in Sichtweite getaucht.

Jesus aber fragte den Vater und wies hin mit der Hand auf die Anhöhe: ›Ist dies nicht der Berg, da wir opfern sollen?‹

Da sprach Joseph: ›Du sagst es.‹

Und Joseph wich ab von der Richtung, in die er gezogen war, ohne ein weiteres Wort.

Und ging auf den Berg zu.

Da lenkte auch Jesus ein und kam hinterher mit dem Lasttier.

Und als sie sich näherten dem Fuß der Anhöhe, sahen sie welche kommen zu Pferde. Die zogen hintereinander gemächlich den schmalen Pfad vom Bergrücken herab.

Und Joseph zählte sechs Mann, die ihn und den Sohn nun ebenfalls sahen. Und er dachte: Ausweichen, bevor sie noch näher kommen, zurück!

Kaum aber hatten die ersten der Gruppe erspäht diese

zwei, sprengten sie den andern voraus, auf Joseph und Jesus zu.

Und der eine drängte vorbei an ihnen zu Pferde, abzuschneiden die Umkehr.

Aber weiter taten sie nichts. Sondern hielten Vater und Sohn umstellt, wartend, daß die andern herabziehend einträfen.

Und als die kamen herbei, springt der, der rückwärts den Weg verstellte, vom Pferd. Und kommt von hinter Jesus her, nimmt ihm den Strick, an dem Jesus gezogen die Eselin.

Und schlägt Jesus ins Gesicht, als der nicht losläßt.

So daß Jesus zu Boden stürzt. Im Fall aber entgleitet der Strick seiner Hand.

Den sich nun doch greift der andere.

Da fragt einer der gerade Hinzugekommenen vom Pferde herab Joseph:

›Was sucht ihr hier?‹

Und Joseph antwortet dem Reiter, der ihm noch jung erscheint:

›Wir kommen, auf der Anhöhe ein Opfer darzubringen dem Herrn, unserem Gott.‹

Der Ältere aber der Reiter, der des Jüngeren Vater sein mochte – denn sie ähnelten einander –, läßt sein Pferd halten neben dem Sohn und fragt Joseph:

›Sag, kenne ich dich nicht woher?‹

Da glaubte Joseph zu erkennen die Stimme des Älteren, der ihn gefragt. Denn auch sein Gesicht schien ihm bekannt. Joseph aber wußte nicht mehr, woher.

Und Joseph antwortete: ›Nein. Woher solltet Ihr mich kennen?‹

Nochmals fragte der Ältere: ›Woher kommt ihr denn?‹

Und Joseph antwortet ihm: ›Aus Nazaret sind wir.‹

Der Jüngere aber, der Jesus niedergeschlagen und an sich genommen den Strick, an dem sie die Eselin führten, rief sogleich zum Älteren und den anderen – über Jesu und Josephs Köpfe hinweg:

›Habt also acht! Mit Königssöhnen habt ihr's zu tun. Zwar sind Nazoräer keine Drachme Lösegeld wert – nicht mal den Strick, mit dem man sie bände. Dafür eingebildet genug, der Erlöser selbst werde einst, der Sproß Davids, ihrer Sippschaft entstammen.‹

Da ließ der Jüngere vom Strick unterm Lachen der anderen und hob vom Rücken der Eselin das gebundene Lamm.

Und wollte damit vorbei an ihnen, an Jesus und Joseph, es dem Anführer zu geben. Denn der hatte darauf gewiesen.

Und der Anführer, jener Ältere, den Joseph zu kennen glaubte, er wußte nicht mehr, woher, lachte und sprach zu Joseph:

›Heute wird nichts aus eurem Opfer.‹

Und hieß einen andern durchsuchen die an die Eselin gegürteten Taschen und Körbe und Schläuche. Und während der durchsuchte, was sie sonst auf das Tier gepackt, trug der Jüngere das Lamm an Jesus und Joseph vorbei zum Anführer.

Da sprang Jesus hinter ihm her und schrie, das Lamm sei für Gott, niemanden sonst.

Und Jesus entriß ihm das Lamm.

Und mehrere sprangen, als sie das sahen, vom Pferde.

Der Jüngere aber, dem es Jesus entrissen, der zog sein Messer und griff Jesus am Schopfe von hinten.

In die Knie zwang er Jesus, hinab in die Knie. Und setzte ihm, der noch immer nicht hergab das Lamm, sondern fest es umklammert hielt, auf die Kehle die Schneide des Messers. Als wollt er ihn schächten hier, auf der Stelle.

Da sah's Joseph und fiel vor dem Anführer nieder. Und er schrie zum Berittenen hinauf:

›Halte ein, Herr! Verschone den Sohn, meinen Jesus, dein Knecht fleht zu dir! Halte ein, laß mich opfern!‹

Er hatte aber den Anführer ›Herr‹ genannt, als spräch er zu Gott. Und als er ihn ›Herr‹ nannte, nicht vorbeigesehen am Anführer der Räuber, sondern, als säße dort Gott, beritten zu Pferde, in der Gestalt des Führers der Bande.

Da schlugen sie Joseph nieder. Denn als das Pferd ihres Anführers scheute vorm Kniefall und Aufschrei Josephs, der retten wollte das Leben des Sohns, glaubten sie bedroht ihren Führer.

Und seitwärts, mit einem Schlag, schlugen sie ohnmächtig den Vater.

Daß der Kniende umfiel zu Boden.

Als Joseph erwachte, war die Sonne untergegangen, noch aber Lichts genug, um zu sehen.

Und Joseph erkannte den Sohn, der über ihn gebeugt herabsah auf ihn.

Da griff Joseph nach dem Sohn, griff nach seinem Gesicht, beidhändig griff er nach ihm, seinem Lieben.

Und tastete ängstlich ihm nach der Kehle.

Und zog Jesu Gesicht nach unten, nach unten zu sich. Und umfaßte die Schultern dem Sohn und drückte ihn an sich.

Denn Jesus, sah er, war unversehrt.

Nachdem sie nämlich Joseph hatten niedergeschlagen, befahl der Anführer allen aufzusitzen. Auch dem, der die Messerschneide auf Jesu Kehle gesetzt.

Aufsitzen! hieß er ihn.

Da stieß der Räuber mit einem Tritt Jesus von sich.

Ein anderer aber nahm sich das Lamm – das brach aus Jesu Umklammerung, als er fiel – und hob es auf und setzte es wieder aufs Lasttier und band das Lamm fest. Und sie stiegen auf ihre Pferde und zerrten am Strick hinter sich her das Lasttier und daran alles, was Jesus und Joseph herbeigetragen, und zogen davon.

Als Joseph aber erwacht war und sich versichert hatte, daß unversehrt war der Sohn, da wies Jesus hinüber zum Horizont.

Dort: noch ein Staubstreif war sichtbar der Zahl ziehender Räuber.

Joseph aber erhob sich, gebückt vom Schmerz des Schlags, den er erhalten.

Da sah er am Boden einen Brotfladen liegen. Der war herausgefallen, als man die Taschen des Lasttiers durchsuchte.

Und Joseph hockte sich hin und hob auf das Brot, es war ungebrochen.

Und beklopfte es vorsichtig und blies drüberhin, daß der Sand davon abfiele. Und blies an den Sand, als bliese er heiße Asche von Frischgebackenem.

Da fiel Joseph ein, woher er die Stimme kannte des Anführers. Woher sein Gesicht, woher auch das des Jüngeren, der sein Sohn gewesen sein mochte, ihm bekannt war – von lange her.

Denn der Anführer der Räuber war es, der – dreizehn Jahre her – Joseph und die anderen Arbeiter vom Weg nach Sepphoris hatte abgetrieben. Und war damals Hauptmann gewesen der Söldner des römischen Herrn. Vom Weg hatte der sie treiben lassen, hinübergepeitscht im Lauf. Bis hin zum brennenden Landhaus und Garten des Römers.

Und Joseph, erinnernd, erkannte die Stimme, die ihn und die andern – auch den Mann aus Gat-Hefer – ins Feuer befohlen hatte. Denn dieselbe Stimme war es gewesen, die ihn später hieß fällen im Garten den Baum.

Da hörte Joseph, als er noch saß in der Hocke, Jesus ihn fragen:

›Vater, wie werden wir opfern, da sie mir nicht ließen das Lamm?‹

Und es schwieg Joseph. Und er stand auf aus der Hocke.

Da kreuzten ihn Bilder, die hatte er lange nicht mehr gesehen, zogen vorbei ihm vor Augen.

Und abwesend stand Joseph, stand still, als stünd er im Baum.

Denn als sei er soeben gestiegen, sich zu retten im Baum, der einst gefällt lag im Garten des Römers, so stand er. Den Baum aber hatte zu fällen befohlen der Hauptmann der Söldner.

Und es war still gewesen im Baum. War warm noch von Brandhitze das Dickicht der Äste und Zweige, an die Joseph tastete einst, so stillstehend im Innern des Baums.

Und als lausche er nach draußen, nach Stimmen, stand er, als stünd er im Gewölbe des Baums noch. Als wäre Joseph noch dort, als stünde er jetzt bereit, zurückzufliehen nach Hause. Nach Nazaret jetzt, wo der Sohn war geboren und die Frau auf ihn wartete.

Und Joseph war – je länger er hintastend stand bei dem alten Bild: seine Hand auf der Rinde des Baums, des gefällten, in den er gestiegen –, als seien frisch gerissene Zeichen zu lesen, die erschienen in der Rinde des Baums, geritzt wie von Krallen, von gepanzertem Leib eingeschleift.

Da, nochmals, hörte Joseph den Sohn wiederholen die Frage:

›Wie sollen wir opfern, da sie uns nahmen das Lamm?‹

Joseph aber antwortete, als läs er die Zeichen. Als fänd er sie eingeschrieben der Rinde des Baums, in dem er immer noch stand, stillstehend dort, als stünd er im Baum jenes Gartens. Und Joseph las sie tastend mit Fingern, las sie zusammen, sprach aus:

›Der Herr wird sich ein Opfer ersehen.‹

Und Joseph wandte sich, weiterzugehen. Da zog er hinauf zum Rücken des Berges mit seinem Sohn.

Als sie aber hinaufzogen den Pfad, fragte abermals Jesus:

›Sag, warum sprachst du jenen Räuber an, als stünde vor dir der lebendige Gott?‹

Und Joseph antwortete ihm:

›Weil ER es war. In ihn hineingesenkt hatte ER sich, der Gewalt hatte über dein Leben.‹

Da schwieg Joseph.

Denn Joseph selbst sah, was geschehen war, als Zeichen, daß Gott sich den Sohn durch Gewalt anderer würde nehmen und den Sohn hintöten lassen umsonst, weil Joseph IHM ausgewichen war.

Jesus aber lief hinterher, den schmalen Pfad aufwärts.

Und Joseph hörte die Stimme des Sohns, die sprach hinter ihm:

›Vater, wir sehen verwandt. Denn als ich entriß ihm das Lamm und der Räuber mir mit dem Messer durchfahren wollte die Kehle, die er mich zwang ihm hinzuhalten, da riefst du zu ihrem Anführer hinauf, als stünde da Gott.

Und da war mir ebenso, denn ich fühlte: nicht unser Lamm will ER, sondern zum Opfer uns selbst.‹

Joseph aber hörte, daß Vorwissen war in der Stimme des Sohns, der doch nicht wissen konnte, daß er zum Opfer bestimmt war.

Und Joseph glaubte, ein Splitter vom Traumgeheiß Gottes – das doch nur Joseph erhalten hatte – sei in die Stimme des Unschuldigen eingedrungen, des Sohns, und habe sich geschlichen ins Wort.

Denn es sprach doch aus Jesus, als solle Joseph durch die Stimme des Sohns hin Gott sprechen hören, der sagt:

›Opfere! Denn der Sohn weiß genug und ist eingestimmt, nun zum Opfer geneigt. Siehe, dein Sohn ahnt, wen ich fordere.‹

Joseph aber war, als werde er versucht durch die Stimme des Unschuldigen, darin stak Splitter Traumgeheiß.

Da sprach er zur Antwort – und weniger zum Sohn sprach er als zur Stimme, die er hinter sich aus Jesu Worten glaubte herauszuhören – und sagte:

›ER verfolgt mich, weil ich noch nicht geopfert habe. Denn wie Jona, der auswich dem Auftrag, bin ich IHM ausgewichen. Da kommt ER über mich im Sturm.‹

Und Joseph schwieg nach diesen Worten.

Als sie aber dabei waren, den Rücken des Bergs zu erreichen, da, auf den letzten Schritten, hört Joseph abermals von hinter sich her die Stimme des Sohns, der sagt:

›Heute, Vater, hast du mein Leben gerettet. Da gehört es ganz dir. Nicht aber wie das Leben eines Sohnes, sondern wie das eines Ausgelieferten. Denn Gott gab's in deine Hand.‹

Und abermals war es Joseph, als habe sich Einer geschlichen in die Stimme des Unschuldigen und spräche darin, ihn versuchend.

Joseph aber – wieder antwortete er weniger dem Sohn als der Stimme, die er hinter sich herkommend aus Jesu Worten zu hören glaubte – sprach:

›Sohn, nicht mir bist du ausgeliefert. Gott sind wir ausgeliefert.‹

Und sie erreichten bei Dunkelheit, im Lichte des Vollmonds, die Stelle auf dem Bergrücken, da Joseph vor Tagen gelagert hatte zur Nacht.

Der Steinaltar aber, den Joseph gebaut hatte zur Opferung, war nicht zu sehen von hier. Denn der lag hinauf ein Stück Weges.

Kapitel 44
Das Zeichen des Jona

Jesus, kaum hatten sie die Stelle erreicht, die Joseph gewählt hatte zum Lager, saß nieder erschöpft und schlief ein.

Joseph aber holte vom Holz, das er aufbewahrt hatte am Ort. Und ging hinauf zur Stelle vor dem Altar, wo er vergraben hatte das Opfergerät.

Und nur den Feuerbeutel nahm er heraus. Bedeckte wieder den Rest und streute Erde darüberhin.

Und schritt hinabkehrend zur Lagerstelle zurück.

Da lag vor ihm und schlief der Sohn Josephs. Der lag auf der Seite, den Kopf auf der Erde.

Und Joseph kniete sich hin, Feuer zu schlagen.

Dreimal schlug er vergeblich mit dem Feuerstahl. Schlug hinabhin über den Speerglanz, den runden Funkenstein, den er hielt.

Da roch und sah er, schlagend ein viertes Mal: den Funken vor sich, aufgefangen vom Zunder.

Und hob den Schwamm mit der winzig glimmenden Glut.

Und ruhig-sacht blies sie an.

Daß er's aufglimmen sah und roch das Zündbare.

Und er umgab sacht das Glimmen mit Stroh und Trocknem, das er gesammelt, und umwölbte den winzigen Herd, ihn einfaltend ins Gewölbe des Nests.

Und blies ins Innere des Nests und hielt's beidhändig empor in den Wind, der's fachend durchfuhr.

Und sah aufgehen im Nest, enggezogen und fein, Rauchschnur herauf aus der Hülle umwölbender Halme.

Da sah er stechen aus der Wurzel der Rauchschnur den ersten Finger der Flamme. Ein Aufschießen war's, entsprossen dem Nest.

Denn sohnhaftig heiß stach die Flamme empor und übermuthell.

Und Joseph legte's hinab zum andern, das er zur Nahrung der Flamme bereitgestellt, und nährte die Flamme.

Und stellte und legte gebrochenes Holz kreisrund zur Spitze, ein Stück am anderen gegenüber gestützt. Und wartete und hegte es, bis aufloderte und wärmend brannte das Feuer zum Nachtlager ihnen.

Da weckte Joseph den Sohn, der noch davor schlief.

Und Jesus erwachte und setzte sich hin, dem Vater gegenüber ans Feuer.

Und der schläfrige Sohn fragte ihn nicht:

›Womit hast du dies Feuer gemacht? Wo fandst du den Speerglanz, und wer gab dir den Stahl, der neben dir liegt – da uns die Räuber doch alles genommen?‹

Sondern Jesus sah's nicht.

Und Joseph teilte den Brotfladen und, übers Feuer hin, reichte Jesus den Teil.

Und sah hungrig essen den Sohn vom Brot.

Und als Jesus gegessen hatte, gab ihm Joseph auch seinen Teil. Denn Joseph hatte nicht davon zu essen vermocht.

Es war aber Brot, gebacken vom Korn der Gerste, die Joseph auf dem Grund der Zisterne wachsen gesehen. Denn dort, wo sonst nichts wuchs, hatte er abgelegt den Ägypter, Stunden nach seiner Befreiung. Und dort im Versteck hatte der Sklave seinen Namen geteilt mit Maria. Und der Name, kaum vernommen, nahm gefangen Maria, daß sie ohnmächtig fiel. Als aber Maria erwacht war, fand sie leer die Zisterne und hochaufgeschossen und grün die grannigen Ähren am Grund. Und nur drei Tage darauf kehrte sie abermals hin und stieg hinab und raufte gelblichte Ähren. Und sammelte jedes der Körner der Ähren und bewahrte sie auf.

So wollte auch Joseph, als er teilte das Brot mit Jesus und essen ließ seinen Sohn, Gott erinnern und eingedenk sein, da sie aßen Sein Brot.

Und nachdem Jesus gegessen hatte das Brot, auch den Teil, den Joseph sich brach, ohne zu essen davon, da sprach Jesus zum Vater:

›Als du mich wecktest, träumte mir vom Zeichen des Jona. Denn im Traum wies es mir einer, ein Alter. Und der Alte sagte im Traum mir:

„Schau hin: das Zeichen des Jona!"

Nun aber, schon im Erwachen, wußte ich nicht mehr, was ich gesehen und ob ich erkannte, was er mir wies: jenes Zeichen des Jona. Denn kaum erwacht: nicht mehr sehe ich's vor mir.‹

So sprach Jesus zum Vater. Und wieder, da war es zum dritten Mal, schien es Joseph, als höre er – durch die Stimme des Sohns hin – aufstechen die Stimme, die wie im Nest darin lag. Als schlüge Flamme empor, opferheischend im Stich, die sprach zu Joseph:

›Wahrlich, wie der Ausweicher Jona bist du im Sturm. Und werden die Wasser dein Schiff samt Schiffsherrn und Schiffsleuten zerstören. Weil du dich noch nicht ergeben hast Gott. Noch nicht hinspringst zum Opfer.‹

So hörte Joseph stechen die Stimme, hin durch die Worte Jesu empor.

Joseph aber wußte, daß vor Ende der Nacht, noch vor Aufgang der Sonne, der Sohn IHM müßte zum Brandopfer dargebracht worden sein.

Und Joseph antwortete Jesus – mehr noch aber der Stimme in der Stimme des Sohns – und sprach:

›Was ist es, das Zeichen des Jona? Ist es nicht, daß Gott Jona bewahrte und ihm ließ das Leben und ihn entkommen ließ dem großen Fisch, den Er Jona zubestimmt hatte als Hölle und Grab? Ihn entkommen ließ ER, entkommen, und ließ Jona leben!

Denn das wäre das Zeichen: daß ER durch den Untergang hin bewahrt.

Hätte das dir also jener Alte gewiesen im Traum?

Und wozu hätte er's dir gewiesen? Und wozu *mir* jetzt gewiesen?

Denn wozu hör ich's also von dir, daß ich es sah jetzt vor mir?‹

Und Jesus bedachte, was Joseph gesagt.

Und beide hörten umgehen den Wind, während sie schwiegen.

Darin Tierrufe wild, hergetragen vom Wind.

Da sprach, übers flackernd-wärmende Feuer hin, Jesus zum Vater:

›Das mag es sein, das Zeichen des Jona, wie du es deutest.

Aber noch während du sprachst, fiel mir ein, was ein Alter uns erzählte vor Wochen während der Reise. Da stiegen wir alle hinauf zum Fest nach Jerusalem.

Es war aber einer aus Gat-Hefer, der so sprach. Denn in Gat-Hefer rühmen sich ja unsere Nachbarn, daß Jona in ihrem Ort ist geboren. Und Jakobus und ich, wir liefen eine Zeitlang zur Seite ihm, jenem Alten aus Gat-Hefer.

Da sprach der Alte von Jona und meinte, die Schrift, wie *wir* sie kennten, sei nicht alles, was es zu berichten gibt über ihn, Jona, den großen Propheten aus Gat-Hefer.

Und um uns zu prüfen, was wir denn wüßten, fragte der Alte den Jakobus, der neben ihm herging, zwischen mir und dem Alten:

„Denn was weißt du schon über Jona?"

Jakobus aber antwortete ihm, während wir liefen, dem Alten zur Seite:

„Ich weiß, daß der Herr senden wollte Jona nach Ninive, in die große Stadt. Zu predigen wider Ninive. Denn die Bosheit der Stadt war gekommen vor Gott.

Ich weiß auch, daß Jona, kaum hatt er erhalten den Auftrag, nicht ging nach Ninive, nicht in die große Stadt, sondern bestieg ein Schiff. Denn weit weg fliehen wollte Jona vor Gott, hin nach Tarschisch.

Und weiß, daß Gott kam, herkam im Sturm übers Schiff, in dem Jona schlief auf dem Meer. Und drohte, es zu zerreißen im Sturm.

Und als die Schiffsleute erkannten durchs geworfene Los, warum dies Böse über sie gekommen – denn das Los fiel auf Jona –, da gestand Jona ihnen, daß er vor Gottes Antlitz sei flüchtig.

Und den Schiffsleuten riet Jona:

‚Ergreift mich und schleudert mich ins Meer. Daß das Meer von euch ab sich stille! Denn ich erkenne, daß meinethalb dieser große Sturm wider euch ist.'

Da schleuderten sie Jona ins Meer.

Und verschlungen ward Jona von einem großen Fisch.

Und Jona betet drei Tage, drei Nächte im Dunkel der Hölle des Fischleibs zu Gott.

Da hört Gott Jonas Stimme.

Und der große Fisch, auffahrend aus der Tiefe, speit Jona aufs Trockne zurück.

Und ich weiß: Nochmals sprach Gott zu Jona.

Endlich geht Jona nach Ninive. Drei Tage durchgeht er die große Stadt, ausrufend seinen Bewohnern:

‚Ninive wird untergehen – noch vierzig Tage, zählt sie!'

Da glaubten die Einwohner Ninives dem Propheten und seinem Gott. Und sie riefen Kasteiung aus, Buße. Denn sie hofften:

‚Umkehren möge der Gott, daß wir nicht untergehen.'

Da sah Gott ihr Tun, daß sie umkehrten von ihrem bösen Weg.

Und ER tat nicht, was Er ihnen durch Jona angedroht.

Nun aber: erboste sich Jona darüber, daß ausblieb der Untergang, den er angedroht.

Und zu Gott sagt Jona: ‚Ich hab's ja gewußt: milde würdest Du's ausgehen lassen. Denn gern erbarmst Du Dich Reuiger. Deshalb auch bin ich geflohen vor Dir, Dir zuvorzukommen nämlich. Denn ich wußte's ja: Ninive wirst Du verschonen. Und umstürzen Deine Drohung, sie umzustürzen.'"‹

So berichtete Jesus dem Vater von Befragung und Antwort Jakobus' und sah ins wärmende Feuer. Dann fuhr er fort:

›Der Alte aber unterbrach damals den Jakobus, der etwa so berichtet hatte, was er wußte vom Buch Jona, und weiterberichten wollte. Aber weder Jakobus noch mich, die wir eine Zeitlang zur Seite ihm liefen, ließ der Alte zu Ende berichten von Jona.

Jona aber hatte sich doch, nach seiner Erbosung wider Gott – wie das Buch berichtet und du ja weißt –, der Stadt Ninive gegenübergesetzt. Östlich von ihr macht er sich eine Hütte, darunter zu sitzen im Schatten, zuzusehen, was in der Stadt nun werde geschehen.

Und seltsam dünkte mich, daß der Alte gerade hier unterbrach den Jakobus, kurz vor dem Ende seines Berichts. Der doch ziemlich getreu war, schien mir.

Überhaupt aber: Immer schon seltsam erschien mir die Stelle, wenn ich sie hörte, von Jonas Erbosung. Und seltsam, daß Jona sich erboste darüber, daß die Einwohner Ninives waren gerettet und Gott den Reuigen Erbarmen doch schenkte.

Und mir schien's eine Ausrede und nicht wahrhaftig gesprochen vor Gott, was Jona vorbringt für seine Erbosung, kaum war verschont jene Stadt.

Nämlich: Jona habe sich erbost, sagt er selbst, weil er gewußt habe, Gott werde es lassen milde ausgehen mit ihr, dieser Stadt. Und sagt von sich: Jona sei vor Gottes Antlitz geflohen, nur um Gottes Langmut und Milde zuvorzukommen.

Seltsam fand ich diese Stelle schon immer.

Und doch: hatte nie länger bedacht sie. Bis zu jenem Moment, da der Alte aus Gat-Hefer Jakobus' Bericht unterbrach und zu uns, die wir eine Zeitlang neben ihm herliefen, sprach:

„Vom Buch Jona berichtest du richtig, Jakobus."

Da zögerte aber der Alte, als wolle er ausweichen, uns doch nicht mitteilen, sondern für sich behalten, was er noch wußte.

Und wir hielten still, mit ihm still. Bis der Alte schließlich fortfuhr und sprach:

„Aber den Anfang kennst du nicht, Jakobus, wie könntest du verstehen das Ende? Kennst nicht den Anfang, weil das Buch Jona und die anderen Bücher nicht berichten davon. Denn wie geschah Gottes Rede zu Jona?"

So fragte der Alte uns, die wir herliefen ihm zur Seite, beim Hinaufsteigen nach Jerusalem noch. Und da wir schwiegen und hielten still, mit ihm still, sprach der Alte:

„Ich weiß den Anfang, hört zu! Gottrede geschah Jona im Traum."

Und der Alte fuhr fort:

„Da aber, noch bevor die Gottrede geschah, mit der das Buch Jona beginnt, trat in den Traum Jonas der Anfang, ein Bild:

Denn in ihn, Jona, auf das Lager des Schläfers herab, stach – speerend durch seinen Körper, daß der Träumer sich krümmte im Schlaf:

Verheerende Sicht.

Denn der Traum öffnet die Augen dem Jona über brennender Stadt.

Über menschenrotflutendem Untergang.

Über allgassengehetzt und brandnachgesetzt und kreuz-und-quer hingehastetem, auswegslos allversperrendem: Flammentod.

Über Menschen und Tieren. Schonungslos zornverbranntem Gewimmel: unterm Geflamm Seines Zorns.

Und solches trat Jona vor Augen im Traum, solches Gesicht.

Aufflammend trat es brüllend herauf:

Treppengeschrei zu Tode Gehetzter, die treppauf dem Schläfer sich stürzen, über die Schwelle des Augenrands in ihn zu kommen, hinein, wie zur Rettung in Jona hinein.

Da aber erst beginnt der Beginn des Buchs Jona.

Da erst kam – als die Flamme verloschen, der Rauch sich noch kaum verzogen, und flammenheiß lag der Kopf Jonas –, da erst kam und geschah Seine Rede an ihn, Jona. Kam und geschah und traf Jona Sein Auftrag.

Und Gott sprach zu Jona: ‚Steh auf, wandre nach Ninive der großen Stadt, und predige wider sie, daß ihre Bosheit vor mich gekommen ist.‘

Und *davor* floh Jona, und suchte er zu entkommen: daß er ankündigen müsse Ninive den sicheren Untergang: ‚Zählt die Tage! Denn euren Untergang hab ich gesehen.‘

Davor floh Jona.

Denn wahrhaftig sprechend – so fürchtete Jona –, wahrhaftig zu ihnen redend, den Einwohnern Ninives, würde er wiedererkennen die Gesichter, die ihm der Traum hatte gezeigt. Würde sagen müssen den Menschen:

‚Dein Gesicht und auch deines, ja, deines … – denn *dich* meine ich, Fremder – habe ich schon gesehn in den Flammen. Ihr wart tot, durcheinandergeworfen, und branntet. Und deinen Mund hab ich aufschreien hören, Fremder, als du suchtest zu fliehen. Und dich sah ich, Fremde, dich und die Deinen, die bei dir stehen: und hörte eure Schreie, als ihr euch stürztet die Treppen herauf, treppauf zu entkommen, und sah euch herauf, ins Auge herein mir rennen, als sei euch Gesehnen noch Rettung im Seher, dem aufhält das Auge der Gott.'

Davor floh Jona: *Die* nicht sehen zu müssen, die er nie wiedersehen würde. Zu Menschen nicht reden zu müssen von ihrem beschlossenen Untergang, den Jona beschlossen wußte im Augenbilde des Traums.

Davor wich aus und hetzte Jona davon. Und *dem* zu entkommen, bestieg er das Schiff und wollte fliehen nach Tarschisch, das ist: ans Ende der Welt. Und Jona floh, kaum vom Traume erwacht, floh vor dem Antlitz Gottes. Denn SEIN Gesicht hatte hineingestarrt in Jona, hatte eingestarrt solchen Unterganges Beschluß. Und Worte solchen Auftrags ihm eingeblickt."

So sprach zu uns – zu Jakobus und mir, die wir eine Zeitlang herliefen ihm zur Seite – der Alte aus Gat-Hefer, und hatte uns sehen gemacht den Anfang *vor* dem Anfang des Buchs, von dem wir nichts wußten.‹

Und Jesus hatte geendet und sah übers Feuer hinweg, an dem er saß mit dem Vater. Sah hinüber zu Joseph, mit dem er saß auf dem Berge zur Nacht.

Und noch immer schien Joseph, es spreche aus Jesu Stimme eine zweite Stimme zu ihm. Und als dränge sie ihn erinnernd ans Opfer, daß es geschehe vor Morgengrauen.

Und dieser Stimme antwortete Joseph, mehr noch als der Stimme des Sohns, und sprach:

›Gott aber – siehst du nicht? – verschonte die Stadt Ninive, wie das Buch Jona berichtet. Denn sie wurde nicht umgestürzt. Und Menschenreue genügte, daß unterging Gottes Zorn. Hätte Jona also falsch gelesen die Bilder, die ihm vor Augen gehalten sein Traum? War's das, was er sagen wollte, jener Alte aus Gat-Hefer, der zu euch sprach, dir und Jakobus?‹

Da antwortete ihm Jesus:

›So dachte ich auch. Denn verschont wurde Ninive, als

sie sich reuig zeigten. Der Alte aber, neben dem wir herliefen, Jakobus und ich, meinte: wir verstünden es nicht.
Und sprach zu uns, Ninive sei nicht etwa verschont worden, weil man sich dort reuig gezeigt. Reue der Menschen
sei nicht gewesen der Grund für ihr Überleben. Sondern:
Beschlossen hatte Gott den Untergang Ninives. Beschlossen!

Da war's das Ausweichen Jonas allein, das Rettung
brachte der Stadt und den Menschen. Denn es ist Jonas
Hinabsprung ins Dunkel der Wasser, Jonas Marter hinter
den Toren der Hölle, Jonas Untergang todgleich im Leibe
des Fischs: Taten, die langmütig-wissend anbliesen Gott,
daß aufglimme in IHM und um IHN her: Langmut, Reue,
Besinnung, Erbarmen. Denn Jona im Ausweichen trug es
und taucht es – im Sprung noch – zur Reife der Zeit. Auf
daß beiden möglich würde Besinnung und Einhalt, Menschen und Gott.

Da verstanden wir neu die Tat Jonas, verstanden die
Flucht, die uns der Alte aus Gat-Hefer hatte gedeutet.‹

So sprach Jesus. Joseph aber, der hörte die Stimme noch
in der Stimme Jesu, war verwirrt über die Antwort, die er
gehört. Und bei sich dachte er: Denn wie müßte *ich* handeln, um zu handeln wie Jona, Erbarmen noch zu erreichen
hier? Ist doch der Rachen, in den Gott mich springen heißt:
die Tat selbst, das geforderte Opfer.

Das sprach Joseph zu Jesus: ›Wie hieß denn der Alte, der
so zu euch sprach, zu Jakobus und dir?‹

Jesus aber wußte nicht dessen Namen und sprach: ›Mir
kam er bekannt vor, der Mann. Er sagte, er sei einer aus
Gat-Hefer. Warum fragst du nach seinem Namen?‹

Da antwortete Joseph: ›Sollen wir glauben, was irgendein
Alter von Jona vorgab zu wissen und euch Jungen bei der
Reise zum Besten gab? Denn es ist außerhalb des im Buch
Jona Berichteten.‹

Da sprach Jesus: ›Wunderbar aber scheint mir's und
wahr. Und jetzt auch verstehe ich Jonas Erbosen nach der

Verschonung der Stadt. Denn noch trägt er den Zorn, trägt ihn für Gott noch. Daß ER nicht über sie käme, nicht aufflamme wieder Sein Zorn über ihnen. Und deshalb sitzt Jona im Aufgang, wartet östlich der Stadt im Schatten der Hütte. Und achtet, grimmigen Angesichts, ob SEIN Erbarmen sich hält.‹

Joseph aber antwortete dem Sohn:

›Und doch: Jenseits des Buchs, außerhalb der Schrift – wissen wir's nicht? – liegt sie zerstört, diese Stadt, Ninive. Und wer hat sie gestürzt, wenn nicht Gott, der sandte dem Jona im Traum das Gesicht?

Denn ER stürzt selbst das Ende der Schrift. Über das Buch hinaus schreibt sich's weiter. Schreibt sich aus in uns, dieses Buch. Wunderbar doch, mein Sohn, du hast recht. Denn ich sehe dich bei mir. Und sehe länger hin, Gott weiß es, übers Feuer hinaus.‹

Da schwieg Joseph und sah hinüber zum Sohn, den er liebte.

Und noch im Hinüber-Sehen zu ihm sah Joseph Bilder stürzen herab des gerade mit ihm Gesprochenen. Die stürzten durch Joseph hindurch:

Da, Joseph sieht Jona – der hinabspringt ins stürmende Meer.

Sieht ihn erst fallen hinab durch die Wasser, dann erkennt er:

Jona öffnet die Arme, krümmt sich hinabwärts. Willens ist Jona, beidarmig tiefer zu rudern. Noch im Ertrinken: nicht hinabtreiben lassen will er sich. Sondern nachstoßen will er, das Ziel zu erreichen.

Joseph aber erkannte, daß Jonas Ziel längst das seine gewesen:

Da, der Leib des Sohnes, der vor Joseph in die Tiefe der Wasser hinabsinkt. Flüchtig sinkt dieser Leib hinab, wie vor ihm fliehender Fischleib.

Und Joseph sah – am Feuer sitzend, dem Sohn gegenüber –, was Jona gesehen hatte.

Da erkannte Joseph den Rachen des Fischleibs des Großen Fischs, der aufwärts stieß, auftat das Maul und verschlingend den Sohnleib verschloß.

Und Jesus sah, daß sein Vater zitterte, ihm gegenüber am Feuer. Als sähe der Vater etwas, das ihn aufs furchtbarste hatte ergriffen.

Und Jesus wußte nicht, was Joseph gesehen hatte. Denn als er ihn fragte, blieb Joseph stumm.

Und Angst ergriff Jesus, stumm ihn packend am Schopf. Als entblöße sie ihm die Kehle. Wie nur Stunden zuvor jener Räuber, der zuzustoßen schon angesetzt hatte sein Messer und Jesus in Todesangst hielt.

Da sagte Jesus: ›Vater, ich habe Angst. Mir ist, als stünd er über mir noch mit dem Messer.‹

Joseph aber wandte sich ab, hielt ins Feuer den Blick. Und Jesus schien es, als sei der Vater noch in Gedanken übers zuvor Gesagte.

Da legte sich Jesus abermals hin auf die Seite. Und er rückte zum Feuer, daß es ihn wärme. Denn fast niedergebrannt war inzwischen das Holz.

Und er sprach: ›Ich wünschte mir, Vater, daß wir ausmachten miteinander ein Zeichen. Denn, sieh doch, die Kehle hätt er mir aufgetrennt, hättest du nicht gerufen und den Anführer um mein Leben gefleht.‹

Und Jesus glaubte, er sähe Joseph zunicken dem Wort. Und redete weiter zu ihm:

›Da kam mir der Wunsch – öfter schon dacht ich daran, nur hab ich's dir nie gesagt, auch nicht der Mutter –, auszumachen ein Zeichen. Denn wenn einer stürbe von uns, also stirbt vor dem andern – ich oder du, denn wer weiß das –, so wünschte ich mir, daß dem Überlebenden – dir oder mir, denn wer weiß das – würde gegeben ein Zeichen. Und das Zeichen, das zwischen uns zu Lebzeiten vereinbart, würde hinausreichen noch über den Tod des anderen – dich oder mich, denn wer weiß das. Das Zeichen aber – wenn's einträfe – soll dem Überlebenden bedeuten vom Toten: als stünd er selbst da, spräche: „Sei getrost, denn ich bin noch ... Bin dir über den Tod ... komme im ... –"‹

So sprach Jesus, müder werdend, den Abstand schläfrig vergrößernd der Worte, der letzten des Sohns, bevor er einschlief.

Da war's, als warte der Sohn noch auf Antwort des Vaters, der einspringen sollte zu schließen:

›... im Zeichen des Jona.‹

Ob Joseph aber, der jenseits des Feuers saß, ihm gegenüber, hörte, was der Sohn sich so wünschte für beide – das Zeichen, Zeichen des Jona –, wissen wir nicht.

Da lag Jesus, als habe er sich durchs Reden vom Zeichen die Angst vertrieben. Und Joseph damit das Zeichen gegeben.

Hingestreckt lag der Sohn und schlief.

Joseph aber erhob sich.

Kapitel 45
Der Gebundene

Und zum Sohn hinab sprach Joseph, als säße der Sohn wach noch am Feuer und schliefe nicht:

›Ich höre Schreie wilder Tiere. Bald wird das Feuer ausgehen, das sie abhält näher zu kommen.‹

Da nahm Joseph einen brennenden Ast und entfernte sich vom Feuer und lauschte hinaus in die Nacht.

Und Joseph glaubte, Geräusch wilder Tiere zu hören, streunender Berglöwen und Wölfe, die auf dem Rücken des Berges jagten.

Und er ging hinauf ein Stück Wegs, zur Stelle vor dem Altar, wo er vergraben hatte das Opfergerät.

Und aus dem Versteck nahm er Scheite Holz, die er dort

aufbewahrt hatte. Und bedeckte den Rest wieder mit Tierhaut und streute Erde darüberhin.

Und als er zurückkehrte zum Feuer, sieht er, daß Jesus schläft.

Da weckt Joseph den Sohn und sagt: ›Wache mit mir, daß nicht ausgehe das Feuer. Noch jagt draußen wildes Getier.‹

Und Joseph legte Holz nach ins Feuer, von den neuen Scheiten, die waren gespalten.

Und der schläfrige Sohn fragt ihn nicht, als er Joseph nachlegen sieht: ›Mit welchem Beil hast du gespalten das Holz, da uns die Räuber doch alles genommen?‹

Da erhob sich Joseph abermals und nahm einen brennenden Ast und entfernte sich damit vom Feuer.

Und er ging hinauf ein Stück Wegs zur Stelle vor dem Altar, wo er vergraben hatte das Opfergerät.

Und aus dem Versteck nimmt er das Seil, das bereitgelegt war, und hebt es heraus. Und bedeckte den Rest mit Tierhaut und streute Erde darüberhin.

Und er fühlte das Seil, das er hielt in der Hand, und dachte: ›Wen soll es noch halten? Ich werde zerrissen.‹

Da lauschte Joseph hinaus in die Nacht. Und hörte umgehen Getier.

Joseph aber betete zu Gott, der ihm gesandt hatte den Traum und die Träume, die Joseph geführt hatten bis hierher.

Das Seil vor den Knien, betete Joseph zu Gott:

›Laß es nicht kommen. Verschone uns doch!‹

Da fiel Joseph auf sein Angesicht und sprach:

›Herr, ich bitte Dich: Nicht in den Riß stelle mich und den Sohn!‹

Und Joseph wartete auf Antwort.

Und als er schweißnasser Hand griff nach dem brennenden Ast, den er angelehnt hatte, sah er im Flackerlicht die eigene Hand blutig benetzt. Und sah:

Blutstropfen fallen von seiner Stirn. Die näßten herab frisch auf die Windungen des Seils, da Joseph neigte sein Antlitz zu Boden.

Und als Joseph zur Lagerstelle zurückkehrte zum dritten Mal, fand er den Sohn abermals schlafend.

Und er weckte Jesus, dessen Augen waren voll Schlafs.

Das spricht Joseph zum Schläfrigen:

›Siehe, die Stunde ist da, daß ausgehen wird das Licht dieses Feuers. Und es könnte uns anfallen wildes Getier, das hier umgeht. Laß mich uns binden. Damit einer – aufgeschreckt von irgend Geräusch – sogleich den anderen wecke, schon mit der ersten Bewegung. Und stünden wir auch im Dunkeln, so zöge das Seil doch den einen hin durchs Dunkel zum andern zurück. Und wir blieben verbunden.‹

Der schläfrige Sohn aber fragte Joseph nicht, als er ihm band das Seil um die Rechte und den Knoten festzog überm Gelenk: ›Woher hast du das Seil, da uns die Räuber doch alles genommen?‹

Sondern, kaum war er gebunden, schlief Jesus abermals ein.

Da legte sich Joseph zu Boden und hielt das Seil fest in Händen, das führte hin durch die Nacht, bei schwächer werdendem Feuer, hinüber zum Sohn.

Und Joseph, in größter Unruhe, betete abermals und fand nicht Ruhe. Die Windungen des Seils aber klebten naß im Teller der Hand.

Da plötzlich war's ihm, als röche er Tiergeruch, hergetragen vom Wind.

Und Joseph stand auf und lauschte.

Und fand alles still.

Da lag das Feuer still in der Glut, und die Scheite gefallen, rotatmend im Wind.

Und Geruch wilden Tiers ging hin über ihn, als sei's nah.

Und Joseph ging hinüber zum Sohn, bei sich tragend das Ende des Seils, das er in Händen gehalten.

Und er fand den Sohn schlafend und kniete hin und beugte sich über ihn. Und er sah, wie der Sohn bäuchlings da lag, die rechte Wange auf Josephs Mantel ruhend, den

Rist seines Fußes aber bis zur Kniekehle des gestreckten Beins hochgezogen, in die Wärme dort einzutauchen der Kehle des Knies.

Und nahm in die Hand die Hand seines Sohns, die andere, die war noch ungebunden.

Und band mit dem Seil auch die Linke dem Sohn.

Da führte Joseph hinab das Seil, von den gebundenen Händen hinab zu den Füßen des Schlafenden.

Und ebenso band sie ihm beide.

Da, als Joseph gebunden hatte Jesus, den Sohn, war es Mitternacht.

Und Joseph stand auf und ließ ihn.

Und schritt hinauf ein Stück Wegs, langsam, hinauf zum Altar.

Und ging zwiefach gefangen, denn gebunden von Gott war er und gebunden im Gebundensein seines Sohns.

Und er kam hin zur Stelle vor dem Altar, wo er vergraben hatte das Opfergerät.

Und gräbt auf das Versteck und hebt aus die übrigen Scheite und schichtet sie zum Brandopfer auf dem Altar.

Und bückt sich hinab und kniet und hebt als letztes aus dem Versteck, was er gelegt hatte zum Seil, mit dem geschehen war Jesu Bindung: das Opfermesser.

Aus dem Versteck hervor hebt er's, das Messer, als letztes.

Da lag die Grube leer und leer darin Tierhaut, und er ließ sie und streute nicht Erde darüberhin.

Sondern abermals Tiergeräusch hört er. Und dreht sich zum Wind.

Das Messer im Griff, geht er gegen den Wind, duckt sich seitlich vorbei am Altar.

Denn er hatte Berglöwen gehört.

Kapitel 46
Tor der Finsternis

Und der Wind bläst Joseph an ins Gesicht.

Da, im Schein des Monds, sieht Joseph zwei Löwen. Kaum einen Steinwurf entfernt.

Und die Löwen kauerten sich hin über eine Felsenkluft, aus deren Mitte es finsterte. Und kauerten dort, als hüteten sie, lagernd über dem Einlaß, das Tor Finsternis.

Und die Raubtiere blickten hinaus in die Nacht, abgewandt noch von Joseph, als lauerten sie hinaus auf eines, das kommt.

Joseph aber erkannte die Stelle Finsternis, der Höhlenkluft Einlaß, darüber sie lagen. Denn vor Tagen noch war er hingegangen und her, von dort herzuschaffen Steine zum Bau des Altars.

In jenem Moment war's, das Hinkauern der Löwen gerade geschehen, da kommt, hergetragen vom Wind, Geräusch ans Ohr Josephs. Aus der Richtung, in die lauernd sich streckten die Kauernden dort.

Und still hält sich Joseph, geduckt hinab an den Steinrand.

Umgreifend das Messer, kaum atmend.

Da weicht Wolkenstreif vorüber am Mond.

Daß es heller wird augenblicks.

Und Joseph sieht einen Reiter, der langsam sich nähert, her über die Breite des Bergrückens hin.

Und Joseph denkt: Hat er unser Feuer gesehen aus der Ferne?

Da blickt Joseph hinter sich, hinabhin zum Lager, wo dunkel der Sohn liegt.

Und Joseph erkennt schwachglühend die Glut dort, über die hinstreicht der Wind.

Und zurück blickt Joseph zum Reiter, der näher kommt.

Und denkt: Ist es einer aus der Schar Räuber?

Da – denn näher herbei zog der Reiter – ahnt Joseph:

Nah vorbeikommen wird er, der Reiter, und an eben der Stelle, darüber kauern die Löwen.

Gebannt aber sieht's Joseph. Warnt nicht den, der da näher reitet.

Und denkt: ›Wie könnte der aber gehören zur Schar jener Räuber? Die zogen doch hinter mir ab, vor untergegangener Sonne. Der aber kommt von Aufgang.‹

Und in diesem Moment – nicht ausstieß Joseph die Warnung. Sah nur gebannt.

Da fielen die Löwen den Reiter an. Springen im Sprung über ihn her.

Reißen im Riß vom Pferd ihn herab.

Und Joseph sieht, daß ein Fuß des Gerissenen festhängt im Bügel des Sattels.

Sieht das Pferd steigen.

Ausweichen will es den Löwen.

Hört das Stampfen der Hufe, das Wiehern. Hört das Widerfauchen und Brüllen Getiers.

Keinen Schrei aber hört, keinen Laut vernimmt Joseph vom Reiter.

Geschleift wird der vom Pferd, das davonsetzen will.

Da wirft sich einer der Berglöwen auf den im Steigbügel hangenden Reiter.

Wird – augenblicks auf dem Körper – schon mitgeschleift vom flüchtigen Pferd.

Doch umklammern die Pranken. Und das Maul reißt sich tief in die Beute. Und der Löwe gibt sie nicht frei.

Abermals bäumt das Pferd.

Da bricht los die Last.

Leer schlägt der Steigbügel an die blutige Flanke.

Und das Pferd jagt davon. Entkommt längs des Pfads zwischen Felsen.

Da sah Joseph die Löwen sich hinlagern. Aufs stumme Opfer streckten sie sich. Fauchend einander und zerrend daran.

Bis sie, ruhiger geworden, kauerten Rücken an Rücken und begannen, es zu zerfleischen.

Kapitel 47
Die Wende

Da wich Joseph zurück vor dem Anblick. In Furcht und Erschütterung wich er zurück.

Und weichend zurück: mit dem Rücken stieß er an den Altar, der aus Steinen geschichtet zum Opfer bereitstand des Sohns.

Und brach nieder dort.

Und niedergebrochen, doch wandte sich hin zum Altar.

Und aufstützte sich an den Steinen.

Bis er kniete davor.

Da betete Joseph, als träte er hin vor den Herrn. Gebückt beladen mit Last, zitternd vor Furcht, entschlossen, die Bresche zu schließen dem Feind.

Und sprach kniend vor IHM, das Opfermesser umklammernd im Griff:

›Herr, Deinem Willen gehorche ich nicht. Nicht opfern werde ich Dir den Sohn. Denn er weiß nicht, daß Du ihn forderst. Willst Du ein Opfer, so nimm an seiner Statt mich!‹

Da verdunkelten sich die Steine vor Joseph.

Er blickte auf und sah die Wolke, die löschte das Mondlicht.

Und dann Geräusch. Hinter sich.

Er springt auf, wendet sich um – fürchtet ein Tier, das sich anschleicht von hinten.

Da sieht Joseph einen, der in Entfernung hinterm Stein hervorspringt.

Und als Joseph – das Messer im Griff noch – auf den zugehen will, zu erkennen glaubt dessen Gestalt:

Stumm rennt der eilends davon.

Da läuft Joseph ihm hinterher.

Und zitternd vor Furcht, die jetzt dringt in den Vater, ihn entmächtigend überkommt, flieht Joseph hinab aufs Lager zu, wo er ließ den gebundenen Sohn.

Kapitel 48
Die Spuren

Und findet die Feuerstelle leer. Findet den Sohn nicht mehr, den Schlafenden, den er dort hatte gebunden.

Sondern die Fesseln, durchbrannt. Ein Teil des Seils glimmt in der Aschenglut. Darüber kämmt funkenstiebend der Wind.

Da läßt Joseph fallen das Messer und ruft nach dem Sohn. Und rennt hinaus und, rufend nach ihm, sucht zu fassen noch die Gestalt.

Und lauter ruft ihn, der Sohn solle sich zeigen. Nicht Furcht tragen doch vor dem Vater!

Ruft, bis sein Rufen entsetzlich wird.

Laut trägt sein Schrei nach dem Sohn durch die Nacht.

Der Sohn aber zeigt sich nicht.

Und ob er bereits geflohen hinab oder noch sich versteckt auf dem Rücken des Bergs, Joseph wußte es nicht.

Und stieg zwischen Felsen hin, suchend und rufend.

Und wenn er fällt, suchend im Dunkel, hastig richtet sich wieder auf, er könnt ihn versäumen. Und ruft und sucht weiter.

Da rief Joseph ein letztes Mal nach dem Sohn, rief vom Berge herab, gerichtet zur Ebene hin, die sie vortags gekommen, rief den Namen des Sohns.

Klagend bei höchster Schuld stieß er ihn aus, diesen Namen, schrie ihn heraus, sich windend im Schmerz des Verlusts. Schrie, als könnt er zerreißen Finsternis mit dem Namen des Sohns, schrie – so klang der Schrei noch am Ende –, als suche im Schrei aus dem Tod sich zu rufen ein Toter.

Nirgendwoher hört er Antwort.

Und Joseph wartete.

Niemand kam.

Da kehrte Joseph zurück zur Feuerstelle, wo der Sohn aufgewacht war, die Fesseln an sich entdeckt haben mußte.

Hier! dachte Joseph, hier wird der Gefesselte gewußt haben, wen sich der Vater zum Opfer ersehen.

Und Joseph las die Spuren. Sah vor sich den Unschuldigen, der sich wälzt in den Fesseln, dann hindrängt ans Feuer, wahnsinnig vor Furcht, er könne recht haben, werde recht haben: der Vater hat ihn gefesselt zum Opfer.

Und Joseph sieht die Steine ums Feuer, daran der Sohn aufgerieben hatte die feuergesengten Fesseln.

Da denkt Joseph bei sich: Dann aber wird er, endlich befreit, nach mir gesucht haben, mein Sohn. Und doch, in Angst, versteckte sich bei der Suche.

Denn der Sohn würde ihn gesucht haben, dachte Joseph. Und gehofft haben würde der Sohn, es täusche ihn nur seine Angst. Denn die Fesseln an beiden Händen, die Fesseln an beiden Füßen, der Vater würde sie ihm erklären, ihm lösen das Rätsel vom Wahnsinn seines Gebundenseins. Die Angst würde weichen, wenn er ihn doch nur fände, den Vater. Da schließlich fand er ihn.

Fand ihn oben, ein Stück Wegs hinauf, kniend an einem Altar.

Der Sohn aber wußte nicht, daß – ein Stück Wegs hinauf, außer Sicht – ein Altar schon gebaut war zum Opfer.

Und nun sieht schon geschichtet darauf das Opferholz. Sieht den Vater, das Opfermesser im Griff, betend davor, mit dem Rücken zu ihm.

Da wendet der Vater sich um – und erkennt, wer sich ihm dorthin genähert.

Und der Sohn rennt davon. Flieht im Glauben, der Vater verfolge sein Opfer.

Er hört dessen Rufe und fürchtet sich vor dem Schlächter. Denn der rennt hinter ihm her, das Messer im Griff, den Sohn zu ergreifen.

So las Joseph die Spuren. Und so, dachte er, wird es gesehen haben, der fliehen mußte vor mir, mein Sohn.

Da hört Joseph, der gelangt war an die Stelle, wo aufsprang der Sohn hinterm Stein, um vor ihm zu fliehen:

Geräusch der Raubtiere noch. Die brüllten, als stritten sie sich beim Zerfleischen des Opfers.

Joseph aber war's, als sei, wo der Reiter gefallen, er selbst gefällt worden.

Als säße dort Gott, wartend, ihn sich als Opfer-Ersatz zu zerreißen.

Kapitel 49

Der Stummgeschlagene

Da rennt Joseph hinab, wahnsinnig vor Schmerz, sich vor die Tiere zu werfen.

Vorzuwerfen IHM sich zum Fraß.

Und als er kommt auf sie zu, sehen Joseph die Löwen.

Aber satt und müde verlassen beide die Stätte. Weichen ihm aus. Und kaum fauchen sie Joseph, der keuchend rasch näher geeilt war, hin zwischen sie.

Und verschwinden im Dunkel hinter den Felsen, als überließen sie anderem Tier nun das Aas.

Da sieht Joseph liegen den aufgerissenen Leichnam des Reiters.

Hingerollt liegt, wenig abseits, vom Rumpf blutig getrennt, dessen Kopf.

Joseph aber geht hin, denn er sieht die aufgerissenen Augen. Will hin, sie zu schließen.

Da, sich hinabbeugend – die Hand ausgestreckt – erkennt er Antlitz und Blick.

Joseph, als stäch ihn tödlicher Stich, fällt seitwärts. Liegend noch schaut er hin, als glaube er's nicht.

Und kriecht nochmals zurück. Und im Abstand, den er zu diesem Gesicht nur zweimal gehabt, versichert sich Joseph:

Unter brennendem Joch eines Balkens hervor zog ich diesen.

Entkam seinem Messer, mit dem er einstach auf mich im Garten, dreizehn Jahre ist's her.

Da war es der Aufseher der Knechte, dessen Kopf auf-starrt zu ihm.

Und Joseph sah den Kopf des Mannes gerissen vom Rumpf auf der Höhe etwa der Kehle, in die einst Josephs Beil war gebrochen von vorn, als er ihn stummschlug im Garten.

Kapitel 50
Der Zerrissene

Da war's Joseph, als schlösse eisern sich hier ein Kreis, langher geplant, der war mit der Befreiung des Sklaven aus den Händen des Aufsehers begonnen.

Als hätte Gott, dem Joseph sich widersetzte, den Kreis hier zugezogen-verschlossen.

Um auszuschließen den Joseph.

Und Joseph dachte bei sich, sprechend: ›Um mich be-schlossen hatte ER ihn und längst, diesen Kreis. Ihn zu schließen am Tag, da ich mich weigerte IHM. Abgeschnit-ten hat Er den Weg heute nacht mir zum Sohn. Und nicht mehr kann ich zurück zu den Meinen. Denn weil ich nicht gab, was nicht mein war, ließ Er mir nichts.‹

Halb betäubt – denn er kann nicht fassen, was zerschmet-tert nun vor ihm liegt –, steht Joseph auf, wankt.

Stützend sich am Gestein, sieht er ins Halbrund der Fel-sen eintauchen den Schatten eines Wolfs: den Weg zum Ka-daver hin suchend.

Und Joseph wirft nach Steinen mit ihm. Und schreit mit heiserer Stimme, vertreibt ihn.

Und Joseph denkt bei sich: Ich will begraben den Leich-nam.

Da sieht er das Dunkel der Felsspalte, über der die beiden Löwen gelauert hatten.

Und er nimmt in die Hände den Kopf des Aufsehers und

trägt ihn hinüber. Und steht still vor dem Dunkel der Höhlenkluft dort im Felsen.

Und wirft hinein einen Stein und wartet.

Da kriecht Joseph hinein ins Dunkel ein Stück und setzt ab den Kopf. Und kriecht zurück aus der Kluft. Denn er sah, daß sie taugte zum Grab, das er verschließen wollte mit einem Stein.

Und Joseph kehrte zurück zum Kadaver, die zerfleischten Reste des Leichnams hinüberzuziehn ins Dunkel des Felsens.

Da aber geschieht's.

Denn als Joseph sich bückt, hinüberzuzerren den Körper, reißt Josephs Gewand.

Den Riß hört er – und sieht hin.

Und sah eingerissen, von unten her: sein Gewand.

Und sieht, daß blutbeschmutzt ist, das da riß von unten her, sein Gewand. Denn vom Aufheben und Tragen und Legen des Kopfes war es besudelt.

Da ließ Joseph liegen den Kadaver, bückte sich nicht, ihn hinüberzuschleifen zur Felspalte hin.

Sondern ging langsam um die furchtbar entstellte Leiche im Kreis und sprach bei sich:

›Bin ich im Kreis nicht wie dieser? Denn entstellt hat ER mich und zerrissen. Und hat mich zerrissen dem Sohn: Denn seinen *Mörder* glaubte Jesus zu sehen, als er mich sah am Altar. Hat den wahnsinnigen Vater erkannt, der hinterhältig ihn band, um den Sohn zur Schlachtung als Opfertier zu zerreißen.

Denn so zerrissen die Löwen diesen, den Aufseher, der nochmals kreuzte mein Leben. Auf daß ich sähe, hinsähe auf ihn hinab: mich zu erkennen in ihm.

In seinem unfreiwilligen Opfer: mein willens verweigertes, das mich zerreißt. Und im Zerrissenen noch den Sohn, den ER mich hieß zerreißen.

Denn ich habe Gott nicht gehorcht. Und mit Wissen tat ich's, als ich das Sohnopfer IHM verweigerte.

Und wußte, ER würde mich auskratzen, zerfleischen den Namen, aus Seinem Buch tilgen Joseph.

Daß niemand mich mehr erkenne.

Wie diesen da, dessen Kadaver zerrissen liegt, niemand wird mehr erkennen.

Seine sinnlose Flucht durch die Nacht soll ich verstehen als meine, die sollte sinnlos hier enden. Denn ich verstand nicht den Sinn des geforderten Opfers. Und habe es IHM verweigert.‹

Da erinnerte sich Joseph, als er die Leiche umging, daß, der da lag, für begraben galt bei Sepphoris, dreizehn Jahre war's her.

Denn Joseph selbst hatte ihn in die Grube beim Feld gelegt und ihn, mit anderen Verbrannten, dort auch begraben. Hatten sie doch geglaubt, in der Nacht noch des Brands, sie hätten die Leiche des Aufsehers und Brandstifters in den Trümmern des Landhauses gefunden.

Joseph aber, der den Aufseher hatte fliehen sehen zu Pferd, damals hat er geschwiegen und ihnen nicht widersprochen.

Jetzt aber, als er hinabsah auf den Zerfleischten, da fühlte Joseph:

›Ja, wie diesen, hat ER mich zerrissen, willentlich. Denn Er hat gelauert auf mich und auf ihn. Und riß unsere Bahnen ineinander am Tag, als ich stieg in den Garten, ER mich kreuzen ließ den Weg des Aufsehers.

Daher will auch ich nicht, daß sie suchen nach mir. Denn nach dem Aufseher sucht niemand mehr. Und keiner soll mehr mich erkennen. Sondern für tot und begraben will ich gelten wie dieser, der ihnen im Brand starb bei Sepphoris. Vor dem ich einst floh, zu befreien den Sklaven. Und der mich heute erreicht.

Und ich glaube: erreicht hat er mich kreuzend, auf daß ich stumm träte an seine Statt. Zu büßen die Überschreitung von damals und heute. So schließt sich der Kreis. Und so wären Zerrissene eins noch: von *Einem* nämlich zerrissen.‹

Da, als Joseph so zu sich gesprochen, griff er sein Gewand an der Stelle, wo es war eingerissen von unten her.

Und er riß daran heraufhin und zerriß es.

Es war aber Gewand, das Maria ihm gewoben aus einem Stück. Und er wußte's, noch beim Zerreißen war's ihm bewußt. Und beim Zerreißen des Gewebes kam's ihm: Ich zerreiße, was Maria gewoben.

Und in Stücke, wild, ohne Ordnung riß er das Gewand und zerriß es in Schmerzen und schrecklichen Klageschreien.

Und tauchte das Zerrissene – die Fetzen kreuz und quer – ins Blut des Aufsehers. Zog's hin durch den zerfleischten Kadaver. Daß es sich vollsog, das Zerrissene.

Und zog dem Aufseher ab, was ihm blieb, die Fetzen des Obergewands und Untergewands, die der Reiter getragen.

Zog ihm alles ab und legte's beiseite und zog ihm über und legte ihm an: die blutgetränkt und gerissenen Streifen jenes Gewands, das Maria gewoben und das zerrissen nun Joseph.

Und hinabsehend auf den toten Aufseher, den er mit Josephs Streifen versehn, dachte er fremde Gedanken, die drängten sich her. Kamen nah, starrten in ihn hinein, bald nicht mehr fremd ihm.

Denn als er sich fragte: Wird der Sohn melden, was er gesehen, wenn er zurückgekehrt ist nach Nazaret? Und: Was wird er melden?, da dachte Joseph bei sich, nackt aus der Hocke aufstehend, um zu besehen die Leiche:

Was immer der Sohn melden wird und für sich gesehen zu haben glaubt, mein blutig Gewand – wie es jetzt jenem anliegt in Streifen – wird's überdecken und wird ihm und den andern überstimmen die Zweifel.

Da sah Joseph, daß er ein Letztes vergessen. Und erinnernd griff er sich an die Hüfte.

Denn wohl hatte er dem Aufseher abgezogen den Gürtel und den seinen mühsam ihm umgelegt. Beim Zerreißen des Gewands aber hatte er nicht geachtet des Tuchstreifs, den er bei sich trug immer, seit Maria ihn zu sich zurückgerufen, dreizehn Jahre war's her.

Und er fand den Streif liegend abseits, nicht am Kadaver.

Der Streif wird von mir gefallen sein, dachte er, als ich zerriß mein Gewand.

Und er hockte sich hin und wollte ihn aufheben. Denn sogleich dachte er: Aber das soll mir bleiben, so will ich's.

Und er dachte, noch bevor er den Streif anrührte: Da ist es, mein Zeichen des Jona. Auf daß ich Licht hätte unten, sie nie vergäße, von denen Gott mich getrennt.

Und er hob ihn empor, zu besehen den Streifen im Mondlicht, ob Blut daran gekommen wäre oder ob nicht.

Und Joseph sah hin, als prüfe er etwas, das er Gott in die Waagschale nachwerfen wollte, seiner Gerechtigkeit halber, als wolle er wägen lassen IHN, was in Worte so übersetzt wäre:

›Was uns anzog in Liebe, uns band Mann und Frau, war in Gehorsam gewoben zu DIR. Läßt Du mir *dieses* noch? Wiegt es?‹

Und als er's hielt und prüfte, so gut sein Auge sehen mochte, sah Joseph, was er vergessen hatte – es war nur gering: war gedoppelt versengte Spur.

Denn kaum hielt er das Tuch unters Mondlicht, sah er die dunklen Male der Stelle, auf die Joseph das Tuch einst gesetzt hatte im Brand, dem Aufseher abzuziehen den flammenerhitzten Armreif.

Und entdeckte im nächsten Augenblick Blut auch daran. Denn die Finger, mit denen er's eben noch aufgehoben, waren blutig vom Eintauchen der Streifen ins Blut.

Und Joseph dachte: ER läßt es mir nicht. Nichts soll mir bleiben. Denn es wiegt nichts vor IHM.

Da nahm er den Streifen Tuchs und tauchte ihn in die zerrissene linke Hüfte des Toten und schob den Streif unter den Gürtel, den er ihm angezogen, unter einen der Fetzen, die er zerrissen und blutig gelegt hatte dorthin.

Und er hockte vor dem Kadaver, an den er Hand angelegt, und zitterte.

Denn er sah: Da liegt Joseph zerrissen.

Die Bücher des Aufstiegs

Viertes Buch

Der Tote

Kapitel 51
Die Höhlenkluft

Eben dort hob Joseph auf die Reste des Gewands, die er der Leiche des Aufsehers abgezogen hatte, und trug sie hinüber zur Felsspalte und kroch hinein damit und ließ nichts zurück.

Und er kniete gebückt im Innern der Kluft. Und grub mit Steinscherbe und Hand, ausscharrend im Boden ein Erdloch.

Und tastete und maß mit der Hand, bis es tief genug war, und legte hinein den Kopf des Aufsehers, dazu die Reste seines Gewands. Und breitete Erde darüber.

Sobald aber die Hände nicht mehr gruben und hervorklaubten Erde und Stein und preßten und glätteten und er still kniete gebückt, nackt in der Enge der Kluft, ausstieß den Atem erschöpft, bis er leiser wurde, da begann Joseph wieder zu zittern am Köper, daß es ihn schüttelte.

Und er legte sich flach, Beruhigung zu finden am Boden.

Und fand sie nicht, sondern wurde geschüttelt.

Und stemmte liegend Hände und Füße seitwärts wider die Felswand der Kluft, den Körper zu halten.

Da, schließlich, schien es, er schlafe ein vor Erschöpfung.

Aber hinter sich hört er Geräusch, das ihn weckt. Und hastig, noch in der Kluft, rückt er zusammen.

Schreit, zu vertreiben das Tier.

Und in der Hocke, gebückt, zwängt er sich um in der Enge der Kluft, schreiend noch, sich ruckend zu wenden zum Eingang.

Da verstummt sein Schrei.

Denn am Eingang zeigt sich nur Mondlicht.

Vorsichtig kriecht er die wenigen Schritte zum Eingang zurück. Glaubt dort zu erkennen Spur noch des Wolfs, den er schreiend vertrieb.

Da fällt ihm ein, daß auch *seine* Spuren hierher noch führen.

Und er kriecht hinaus, und mit Gesträuch, das er bricht, tilgt er die Spuren von Reiter und Pferd, die führten zum Ort. Und tilgt die Spur auch des Pferds, die führt vom Ort hinauf vorbei am Altar. Er tilgt sie beide, mühsam mit letzten Kräften noch tilgt er.

Und kehrt zum Felsspalt zurück und tilgt seine Spur auch dorthin, bis an den Rand noch der Öffnung.

Ungetilgt aber sieht und beläßt er die Spur, die eine, die führt in stürzendem Lauf vom Stein herab an den Ort, dahin er eilte, wahnsinnig geworden am Gottgeschehen, sich vor die Raubtiere zu werfen.

Und Joseph kroch zurück in die Kluft und kniete, das Gesicht gerichtet zum Eingang. Und erschöpft fiel er zur Seite, hin an die Wand, und schlief ein.

Nochmals da kehrt der Wolf.

Und Joseph schrickt auf vom Schlaf: Sieht das Tier, Schritte entfernt vor der Öffnung.

Sieht stillstehen das Tier.

Nochmals da vertreibt er's.

Und er lehnt sich hockend gegen die Wand im Innern der Kluft. Und schläft ein.

Abermals kommt der Wolf.

Und diesmal steht er im Eingang schon, knurrend, und fletscht die Zähne zum Angriff, als Joseph erwacht.

Da schlägt Joseph nach ihm mit dem Stein und wirft ihm den Stein hinterher und vertreibt das Tier abermals.

Und wieder lehnt Joseph zur Seite sich in der Kluft und nickt ein. Und erwacht, aufgeschreckt, als habe er Geräusch gehört vor der Höhle. Und dachte: Wen noch verteidige ich? Denn an Sohnes Statt würde ER mich töten, wenn's IHM gefiele.

Und doch lauschte Joseph verkrampft, ob das Tier nochmals käme.

Da kam Morgen und Anbruch des Lichts.

Und Joseph sah das Licht vor der Höhle blaßbläulich nisten im Umriß des Körpers, der draußen lag. Sah's rötlich hertasten in der Verheerung.

Und tiefer kroch rückwärts, tiefer ins Dunkel der Kluft.

Kapitel 52
Das Nagen

Es ist Tag, als Joseph in der Höhle erwacht. Bei halbem Bewußtsein nur sieht er vor sich, draußen, in brennender Mittagssonne, den Ort, wo der Körper liegt. Sieht seinen Leichnam.

Aasvögel sitzen daran. Hörbar sind Nagen und Zerren der Schnäbel. Flügelschlag, wenn sie streitig die Plätze wechseln.

Und er will sie vertreiben. Aber kaum vermag er den Arm zu bewegen. Schwach nur umgreift er den Stein, schleudert ihn nicht mehr nach ihnen.

In Starre verfällt ihm der Körper. Da kreuzt glosend durch ihn ein Gedanke: Tot sehen sich nur Tote.

Erschöpft schließt er die Augen, dumpf wartend, dumpf bewußt sich des Grauens, das sein Leben behält.

Bis Müdigkeit und Erschöpfung ihn übertäubt, den Schmerz zerrinnen macht Schlaf.

Kapitel 53
Das zweite Herz

Er erwacht, von Stimmen geweckt. Noch mit geschlossenen Augen hört er ihr Rufen.

Sie rufen seinen Namen.

Eine scheint näher, vielleicht von der Stelle her, wo er nachts lagerte mit dem Sohn.

Zwei andere fernerher hörbar, aus der Richtung etwa des Steinaltars, die rufen nach Joseph.

Die Stimme Marias erkennt er, zwischen zwei anderen, rufend nach ihm.

Und eine vierte – es ist Jesus, der ruft nach dem Vater –, die nähert sich von hinter der Höhlenkluft her.

Und Kreise ziehend hört Joseph den Klang ihrer Rufe um diesen Ort, das Rufen der Stimmen nach Joseph, die suchen nach dem Verlorenen.

Da hört Joseph den Schrei.

Und ohne sich zu bewegen, hebt er die Augen, späht hin durch den Felsspalt nach draußen ins Licht.

Sieht liegen am Ort den Kadaver.

Hört stürzen den Schrei von den Felsen herab.

Da stürzt in die Grenzen des Ausschnitts, durch den hin Joseph sieht auf den Ort: linksher sein Sohn.

Der rennt noch im Schrei, aufjagend Aasvögel, die wollen nicht weichen. Bis er sie treibt davon.

Und sieht also heranstürzen ihn, den Sohn, sieht ihn halten, dem ausgeht der Atem zum Schrei.

Sieht den Sohn zögernd stehen vor der Leiche.

Sieht ihn anheben den Arm, abzuhalten den Ruch der Verwesung. Sieht ihn schützen die Augen vor dem, der zu sehen ist dort.

Und er hört den Sohn rufen nach den anderen. Hört ihn schreien, sie sollen herbei.

Aber noch umgeht allein dort der Sohn. Umgeht zögernd im Kreis, was bleibt vom Kadaver.

Und Joseph sieht, wie er sich bückt, in die Hocke geht.

Und da …

Joseph sieht's:

Da glaubt zu erkennen der Sohn das Gewand.

Greift aber nicht hin an das blutig verklebte.

Und da, Joseph sieht's:

Erkennt Jesus den Gürtel.

Denn jetzt tastet der Sohn hin. Schon berühren die Finger den Gurt. Da zieht er die Hand wie aus Feuer zurück.

Und Joseph sieht ihm an die Gedanken, die schuldig und zweifelnd bestürzen den Sohn.

Denn der Sohn glaubt, das Grauen betrachtend, er habe den Vater im Stich gelassen. Ausgeliefert war der gewesen wildem Getier, vor dem der Vater den Sohn noch in der Nacht gewarnt hatte.

Da stößt tiefe Schuld in ihn, Jesus. Und Joseph sieht's, er sieht hin:

Daß der Sohn nochmals greift, nochmals zu prüfen, hin an den Gürtel.

Und der Sohn umgreift den Gürtel mit seiner Hand. Und erkennt ohne Zweifel den Gürtel des Vaters.

Rückwärts stößt ihn der Schreck, als er erkennt, rückwärts, so daß ein Teil des Gürtels unterm Kadaver hervorweicht, ihm bleibt in der Hand, die hingriff.

Und wieder sieht Joseph die Gedanken des Sohns. Sieht Ahnung nisten in Jesus, Wissen tasten nach ihm, der hält noch den Gürtel.

Ahnung, daß der Sohn im Angsterwachen der Nacht alles falsch gedeutet, mißdeutet hatte das Seil, darin er gefesselt sich fand. Mißverstanden hatte den Anblick des Vaters, der kniete vor fertigem Steinaltar. Und grundlos sich fürchtete vor Josephs Hand, die das Opfermesser umgriff.

Wissen, daß er, Jesus, feige vom Dämon getrieben, hinabfloh in jener Nacht. Und dem Vater, der dem Sohn doch verzweifelt nachgerufen, Hilfe verweigert hatte. Hilfe nämlich, als Joseph – wie Jesus nun schuldig zu wissen glaubte – in größter Gefahr war: dem Raubtier, das ihn zerreißen würde, schon gegenüberstand. Denn wie lang war gewesen, wie in höchster Verzweiflung ausgestoßen der letzte Schrei seines Namens nach ihm, Jesus.

Und Joseph sah, wie der Sohn in der Hocke noch sitzend,

sich hinabfliehen sah, den Bergrücken hinab, und verfolgt war vom ausgestoßenen Schrei, den er immer noch hörte.

Da hört Joseph den Schrei der Maria.

Die erscheint im Ausschnitt der Felsenkluft, durch die hinsieht Joseph.

Und sie tritt an den Ort hin, den Mantel im Arm, den Joseph gelassen hatte am Feuer. Am Feuer, daran lagerte Joseph zwei Nächte zuvor mit dem Sohn.

Und Joseph sieht, wie sie steht, seinen Mantel im Arm, ihn glattstreichend, als glätte und säubere sie doch den Stoff. Als läge glatt nicht genug, den sie fand im Staub vor der Asche des Feuers.

Und die glattstreicht immer den Mantel, sieht er blicken hinab auf den Sohn, der rückwärts gestoßen im Schreck noch den Gürtel hält in der Hand.

Da sieht er Maria hinknien. Sieht sie nehmen dem Sohn, was er hält.

Und Maria erkennt den Gürtel des Joseph.

Da sieht Joseph, wie ausgeht ihr Arm, aus über den Toten. Furchtsam hält sie den Arm über dem, der da liegt.

Und Joseph sieht ihre Finger kommen herab, zu lesen die Streifen blutig zerrißnen Gewands.

Und er sieht: früh schon erkennt sie's.

Und sieht, wie sie's doch bei sich noch hält, ohne den andern davon zu sagen. Als könnten ihre Finger, die immer wieder berührten die Streifen, am Ende lesen ein anderes doch. Da, schließlich, hört er sie sagen:

›Es ist, was ich ihm gewoben.‹

Da waren hinzugekommen Klopas, der Mann der Maria – das ist jene, die Schwester war der Maria –, und Jakobus, Klopas' Sohn.

Und sie hörten Maria sagen:

›Es ist Josephs Gewand.‹

Und sie standen am Ort still und sahen's.

Da wollte Klopas sie stützen, ihr aufhelfen von dort, daß sie stünde, und sie wegziehn vom Ort.

Aber Maria, noch im Aufrichten, windet sich aus Klopas' Hand, schreit auf und greift abwärts.

Und nochmals kniet hin.

Und zur Hüfte des Toten hinauf fährt ihre Hand. Und zieht von der Stelle dort um die Hüfte: verklebten Gewandrest. Da sieht sie etwas und – zuckt zurück.

Und nochmals: greift ihre Hand, es aus der Hüfte zu heben. Hervorzuziehen den Streif. Den Streifen Tuchs, der dort lag unterm Fetzen Gewand, überm Höcker der linken Hüfte.

Und Joseph sieht, wie Maria hielt auf dem Teller der Hand den Streifen. Den hatte sie einst ihm zum Zeichen gesandt, herbeizurufen ihn zu sich, nachdem er geflohen.

Sie hebt ihn an ihre Lippen, küßt ihn mit ihrem Kuß.

Da beugt sich Maria über den Toten, legt ihm zurück den Streif auf die Hüfte: ihr Zeichen ihm.

Und Joseph sieht das. Los schlägt's in ihm, daß er schreien will:

›Ich bin es, hier! Seht her, ich lebe!‹

Und hervorbrechen will er, zu den Seinen hervor aus der Kluft.

Aber gelähmt liegt er vornübergebeugt auf den Knien. Keinen Finger vermag er, noch bei größter Anstrengung nicht, vorzustrecken in ihre Richtung. Und der Mund, mit dem er hinausschreien will zu ihnen, keine Sehne der Kiefer bewegt sich, kein Laut von Lippen geformt, nicht ein Röcheln ist hörbar.

Und starr sieht er mit Augen, die er schließen will, offen. Und Josephs Lider schließen sich nicht über ihnen.

Da ist dem Gelähmten, als habe ihn befallen die Starre, ihn eingeholt endlich, zu spät. Die Starre, die ihn befallen hätte, noch zeitig zur Rettung des Sohns vor dem Opfer. Die Starre, die ihm gelähmt hätte den Arm, noch zeitig zum Einhalt des Stichs, hätte Joseph Gott nur gehorcht.

Denn Starre befiel einst Abrahams Arm und Abrahams Hand, als er IHM auf der Schlachtstatt hinmetzen wollte den Sohn, Isaak. Da, unterm Ruf Seines Boten, der Einhalt gebot Abraham, hatte befallen Starre den Arm und die Hand Abrahams, die das Metzmesser hielt.

Und Joseph dachte: Hättest Du auch erstarren lassen mir meine Hand?

Nun aber hielt Starre Joseph zurück, herauszuschreien nach ihnen. Hielt ihn zurück, aus dem Dunkel hervorzukommen, der Kluft zu entkriechen.

Und Joseph war es, als hindere Gott ihn, zum Leben zu kehren, da Joseph es IHM zu geben verweigerte.

Denn die Weigerung, mit der Joseph verweigerte, die war Starre. Und war nicht Starre herabbefohlen, sondern Starre, die IHM zuvorkam. Die aber hatte ein Mensch selbst sich befohlen, als er starr sich weigerte zu opfern den Sohn.

Da dachte Joseph, sprechend zu Gott:

›Machst Du Dich über mich lustig und äffst mir nach die Starre, mit der ich zu geben mich weigerte, was ich nicht geben konnte?

Denn er war doch nicht mein. Ich aber fürchtig Gottes. Denn aus Furcht, daß Du mit Starre zu spät mich befallen könntest, war ich nicht Abraham. Legte das Messer nicht an die Kehle dem Sohn.

Sieh doch, Du bestätigst die Furcht mir. Denn jetzt: spät hast Du mich starr gemacht. Machst mich stumm.

Nur anstarren soll ich die Folgen der Weigerung.

So verstarre doch mir auch das Herz. Denn das läßt Du unerstarrt.

Schick Deine Hand nach ihm aus, daß es starr werde. Oder willst Du, daß es langsam, über Zeit hin, an der Qual des Gesehnen versteinert?

Erfreut Dich, daß ich hinsehe, ohne Macht, wegzurollen den Stein, der mich mit Starre begräbt?‹

Da löste sich, an der Seite der Kluft, daran Joseph kniend vornübergebeugt lehnte:

Ein Stein.

Fiel nicht herab, aber gab nach ein Stück seitwärts. Daß die Last Joseph, die lehnte an ihm, hinabglitt zu Boden.

Da fiel Joseph gänzlich nach vorn. Und seine Stirn fiel auf lehmigen Boden der Felsspalte.

Und den starrgeöffneten Augen schloß der Boden der Höhle das Licht.

Und ihm war, als spiele einer mit ihm. Als ließe ihn einer fallen in Kinderglauben hinab: Wer die Augen verschließt, anderen bleibt er verborgen.

Joseph aber hört das Klageschreien Marias und die Stimmen der andern, die sich mühten um sie.

Da auch erkennt er ein Tönen, das er Jahre nicht mehr vernommen. Das letzte Mal aber vernahm, als Joseph in Nazaret auf den Eingang seines Hauses war zugegangen. Denn einst beim Eingang fand er sein Kind, das saß da und weinte.

So aber, viele Jahre nicht mehr gehört, war das Tönen jetzt, das zu ihm drang jetzt in die Kluft. Und das er jetzt wiedererkannte, der Vater.

Da stach ihn ein Schmerz, als durchzittere Lanzenschaft sein Herz, es zu spalten.

Und er fühlte ein Pochen und hörte schlagen ein zweites Herz, das schlug in der Stirn.

Schlug ihm los in der Stirn, als hätt es nur immer gewartet, jetzt loszuschlagen.

Und im Gegenschlag schlug es zum Herzen, das zu spalten drohte und das erzitterte unterm Gehörten.

In der Stirn schlug es ihm, jenes Herz. Pochte los gegenschlägig. Denn zwischen die Schläge des alten Herzens fiel es und schlug anderen Takt, jenes neue.

Da überkam Ohnmacht und nahm ihn.

Kapitel 54
Der Getilgte

Als Joseph in Starrnis erwachte, hört er welche sich nähern dem Felsspalt.

Hört, daß sie tragend sich nähern, und sieht nicht, was sie tragen herbei.

Jesus aber, Jakobus, Klopas und Maria, die gekommen waren, Joseph zu finden, hatten die Überreste des Leichnams, daran sie Joseph wiederzuerkennen und gefunden zu haben glaubten, in eine Hülle Tuchs gelegt und die Hülle mit Seil umwunden und näherten sich damit Josephs Versteck in der Kluft.

Joseph nun hörte die Stimme des Klopas, der Anweisung gab Jakobus und Jesus beim Tragen.

Da hört er nah Klopas, unmittelbar. Hört ihn knien am Einlaß der Kluft. Hört das Knirschen sandiger Felssplitter unter den Knien, die sich beugen mit Last. Hört das Atmen der Träger, die halten das vom Strick umwundene Tuch.

Da rücken und schieben die Träger den Leichnam hinein in die Kluft. Helfen einander, zur Gänze hinein ihn zu rükken.

Und vornübergebeugt am Boden, fühlt Joseph das Reiben und Kratzen der kreuz-und-quer schlingenden Stricke und der rauhen Windungen des Seils, damit das Tuch war umwunden des Leichnams. Denn es rieben rauh an der Haut ihm die Stricke, als die Männer schoben und rückten den Toten hinein, bis er lag zur Gänze auf Josephs Rücken.

Aber wie war es möglich, daß niemand ihn sah? Niemand erkannte den, der da lag und der rückentrug den Kadaver des Aufsehers? Als läge da niemand, so war's.

Denn wie würde Joseph, der da starr lag und nackt, sonst nicht bemerkt?

Da war es Joseph, als sei er nicht mehr.

Denn, die hineinschoben die Hülle mit dem Leichnam des Toten, umschlossen vom Seil, die bemerkten nicht Joseph.

Und Joseph dachte: Bin ich denn tot bereits, zu erwachen nun unterm Toten, den sie auflasten meinem Rücken?

Joseph aber, noch während man über ihn hinzog die Hülle des Toten, hörte das Pochen des zweiten Herzens, das gegenschlug ihm in der Stirn.

Und dachte: Ist dies das Herz, das mich einschlägt ins Totenreich? Abzulösen das alte Herz und die Kammern des alten?

Aber fühlte ich nicht das Reiben und Schürfen des rauhen Seils hin über die Haut, meine Haut, und fühlte ich nicht das Hinschleifen des Tuchs über den nackten Rücken, bis hinab zu den nackten Gliedern?

Wie wäre ich tot also?

Denn Klopas – ich höre ihn stöhnen – zieht und packt die Hülle am Seil, während die Söhne nachstoßen ruckhaft. Bis ganz auf mir liegt und mich deckt der andere.

Warum denn sieht niemand, entsetzt sich und zieht mich heraus?

Da glaubte Joseph, Gott habe ihn unsichtbar gemacht oder verschlossen die Sinne den Seinen. Daß sie nicht sähen: Joseph, den Gott hatte aufgehoben. Joseph, den ER hatte ausgehoben – und ließ ihn nicht wissen, wofür.

Und doch pochte ihm immer entgegen das Stirnherz, als spräche es eilig:

›Öffne, öffne mir!‹

Da hörte Joseph sich entfernen die Träger, Klopas, Jakobus und Jesus.

Und Joseph glaubte, Maria sei näher getreten. Und hörte sie weinend stehen am Eingang der Kluft.

Bis sie wegtrat beiseite, andere vorzulassen. Und abermals schrie sie auf.

Da hörte Joseph die Schritte der andern, die trugen herbei den Stein, den Eingang zu schließen der Kluft.

Die Felsplatte aber, die sie trugen und setzten, schlug mehrmals auf am Einlaß. Denn sie lehnten den Stein, rückten und richteten ihn, daß er schloß.

Und Joseph hörte und fühlte, daß tiefere Dunkelheit wurde. Und Dunkelheit sickerte tiefer durch Lehm und Sand, die ihm am Boden schlossen die starr offenen Augen.

Da preßten Verdammnis und Trauer beisammen auf ihn herab.

Und Joseph hörte von draußen Klopas, wie er vor dem Stein spricht, sie wollten hinauf zu dem Ort, zu opfern auf Josephs Altar. Und er hörte sie flüstern und sich entfernen hinauf.

Aber es blieb einer.

Da glaubte Joseph zu erkennen den Sohn.

Denn als der schlug mit Stein auf den Stein, der die Öffnung verschloß, sprangen ab von der Felsplatte Splitter und Staub, und Joseph hörte ihn husten.

Und erkannte den Sohn.

Und immer wieder hört er ihn schlagen, hört Kratzen und Schaben und Schlagegeräusch.

Und das Schlagen des Steins auf den Stein: aufschlagen fühlt er's, eins werden – nah kommen, näher – dem Pochen des Herzens in seiner Stirn.

Bis beide sich decken, das Schlagen von außen und das Pochen von innen.

Da ist's Joseph, der nicht weiß, was geschieht, und ihre Stimmen nicht mehr hört, als hörte er im Schlagen und Kratzen und Schaben, was er nun sieht, vor sich sieht:

das Ausgeschabtwerden seines Namens.

Denn sich ausgeschlagen sieht er, aus dem Gedächtnis der Seinen geschabt sieht er sich. Und sieht die Hand, Schlag auf Schlag, tilgen den Namen:

Sieht also ›Joseph‹,

… den Namen,

… die letzte Namenspur noch:

gelöscht aus dem Buch des Lebens:

So überkam Ohnmacht und nahm ihn.

Kapitel 55
Der Glanz

Nacht ist. Da erweckt ihn das pochende Schlagen.

Stirnherz weckt auf den Gelähmten.

Und er bewegt sich.

Die Lippen schnappen nach Staub, und Erde dringt in sich öffnenden Mund.

Da hebt sandig die Stirn sich vom Boden, die platt gelegen, niedergepreßt war drei Tage.

Ruckt nach oben der Kopf.

Und die Hände, starr vormals, zieht der Erwachende seitlich herauf. Sich aufzustützen, die Brust zu stemmen vom Boden.

Und durch die Flügel der Nase dringt Verwesungsgeruch des Toten, der liegt auf ihm.

Da speit er aus vor sich hin den Sand, den die Zähne mahlten.

Und schließt die trockenen Augen und öffnet sie wieder. Und nochmals schließt sie. Und reibt sich die Augen frei mit der Hand.

Da sieht er einen Streifen Mondlicht. Der sinkt durch die Ritzen, wo die Platte schließt den Eingang der Kluft.

Und wo er ausgespien hatte den Staub, sieht er einen Streif Lichts darauf glänzen. Nicht still aber sieht er es glänzen, sondern sieht's zittern wie Perlen, fädig verbunden, sieht Bläschen sich senken und heben, die er dort ausgespien.

Und er schickt hin die Hand, von Augen und Stirn her, die er eben, als er's entdeckte, noch rieb. Schickt die Hand hinabhin zur Stelle, die sich senkt und sich hebt, als läg unterm Schleim atmend Lebendiges.

Da wird ihm bewußt, kaum berührt er die Stelle aus Schleim und aus Sand, daß das Stirnherz aufgehört hatte zu pochen.

Unter ihm lag's, auf der Stelle, wo die Stirn hatte hingepreßt, als er starr lag.

Denn unter den Fingern der Hand, die nun berührten die Stelle, pochte es weiter. Senkte und hob sich in Glanz, was unterm Ausgespienen verscharrt saß.

Da rührte Joseph hin und fühlte die Weiche und ließ seitlich fahren hinab die Hand in den Sand und hob heraus in der Kuhle der Hand eine Kröte.

Und pochend sah er Bewegung unterm Rücken der Kröte, die saß in der Kuhle der Hand.

Und ihr Herz schlug, er fühlte's, und sah tanzen die Punkte auf ihrem Rücken, lebendigen Glanz. Und fädignaß stieg und sank Mondlicht in ihnen.

Da sprang die Kröte nach vorn aus der Kuhle der Hand, sprang dem Ausgang zu.

Und Joseph, beide Arme aufstützend, kroch ihr nach. Zog mühsam sich unterm Kadaver hervor, zur Felsplatte hin, die den Ausgang verschloß.

Und Joseph stieß an den Stein und legte die Schulter dagegen. Und vermochte nichts, denn er war noch zu schwach. Und er lehnte sich an die Platte, erschöpft.

Durch die Ritzen aber hört er den Nachtwind und fühlt dessen Kälte.

Und der Nackte fror. Reckt aber doch den Hals nach den Ritzen, zu atmen davon.

Stunden später – wieder ist er erwacht – versucht er nochmals, sich entgegenzustemmen dem Stein.

Und diesmal legt er den Rücken gegen die Platte, stemmt an. Und sichert zur Stütze die Beine auf kantigem Vorsprung der Wände.

Da fällt die Platte nach hinten im Stoß. Und im Lärm noch der gefallenen wendet sich Joseph und sieht sie gefallen. Und sieht um sie her aufwirbeln Staub, von mondhellem Nachtwind durchfahren. Joseph aber, auf Händen und Knien, kriecht heraus aus der Felskluft.

Und am Felsen gestützt sucht er sich aufzurichten. Und stützt sich, die ersten Schritte von dort.

Bricht aber zusammen, noch kraftlos.

Sobald er's aufs neue versucht, erkennt er: Ich weiß nicht, wohin.

Da kriecht er, weil er nicht gehen kann, eine Weile lang durch den Sand. Kriecht, bis die Kräfte ihn wieder verlassen.

Kapitel 56
Der Umhüllte

Als er erwacht, liegt Joseph in sengender Sonne. Er schließt die Augen zu Schlitzen, richtet taumelnd sich auf aus den Knien.

Da sieht er, kaum dreißig Schritte hinter der Stelle, zu der er noch kriechend gelangt war, den Eingang der Kluft.

Und aus ihrer Schwärze hervor sieht Joseph tauchen den Wolf.

Vorsichtig, stillstehend, lauscht das Tier. Beäugt den staubigen Platz vor der Kluft, den Halbring aus Felsen und Steinen.

Auf Joseph hält nun sein Blick.

Und Joseph steht still. Sieht auf ihn zurück. Und erkennt: Zwischen den Kiefern des Mauls trägt der Wolf Knochen. Die er nun vor sich legt und an denen er nagt.

Da läßt er von ihnen. Lauscht nochmals, stellt die Ohren.

Und nimmt die ausgescharrten wieder ins Maul und zieht sich ins Dunkel der Kluft zurück.

Kaum hatte Joseph sich abgewandt, sich gesetzt in den Schatten der Felsen, die lagen der Höhlenkluft gegenüber, da hört er Pferdegetrappel.

Aus der Ebene vor dem Berg hört er's kommen.

Und er verkroch sich in die Schatten, hielt das Ohr auf den Boden und lauschte, ob näher kämen die Reiter.

Und wartete.

Bis er nichts mehr vernahm.

Da war's abermals Nacht, als Joseph erwachte zwischen Felsen, über ihm Sterne und Mond. Und ein mächtiger Wind zog über den Rücken des Bergs und fuhr über die Felsen hin, daß Joseph fror.

Und Joseph querte die Lichtung und trat hin bis vor die Kluft und las kleinere Steine dort auf. Und er warf welche hinein in die Höhlung.

Und wartete draußen im Wind.

Da kniete er hin und reckte sich vor, hinein in die Kluft, und tastete nach der Hülle, in die sie den Toten hatten geschnürt. Und als er fand die erste Windung des Seils, zerrte er, mit der Hand umgreifend, rückwärts das Tuch, samt eingebundener Last, rückwärts nach außen.

Jetzt sieht er, daß der hintere Teil der Umschnürung aufgenagt war, aufgerissen dort die Umhüllung.

Und kaum bückt er sich nach dem Seil, erkennt er den Wolf, der zurückwill zur Höhle. Dem Stoßwind entgegen rückt langsam das Tier der Felsspalte näher, vor der Joseph noch steht.

Da zog Joseph den Toten ab von der Kluft. Und er schleifte die Hülle am Boden, daß das Ende des Tuchs aufwirbelte Staub, hingebogen vom Wind.

Und sieht nachsetzen den Wolf.

Und streitet mit ihm, der ihm streitig machen will, was die Hülle enthält, und mit Fängen nachschnappt und einreißt ins Tuch.

Da hielt Joseph das Tuch fest, hielt es am Seil, während er zog und rückwärts weiterschleifte den Toten, zurück zu den Felsen, auf die andere Seite des Felsenrunds.

Und er bewarf mit Steinen den Wolf und vertrieb ihn.

Und hockte sich bei den Felsen und eilig band los die Seile, mit denen sie hatten umwunden die Hülle am oberen und am unteren Teil, sie bindend der Mitte zu.

Und frierend stand er auf und zerrte am Tuch. Riß an ihm und trat nach, den Kadaver aus der Umhüllung zu wälzen.

Und wie verrückt zog er, kaum war's getan, das Tuch um

sich. Schloß es fest um sich und band's fest mit einem der Seile.

Und achtete nicht weiter des Toten, sondern hockte sich hin zwischen die Felsen. Und Hände, Füße und Kopf zog er ein, unterm Tuch sich zu bergen. Und zitternd saß er darunter, zog sich das Tuch immer wieder hin an die Haut, als läge es nirgendwo eng genug an.

Da, als er sah, was ihn so umhüllte, durchfuhr's ihn. Denn er sah, daß das Ende des Seils, an dem er den Toten gezogen und mit dem er das Tuch nun an sich gebunden, versengt war. Und sah im blut-und-staubbeschmutzten Gewebe, damit er umhüllt war, mehrfach noch Sternenkreuz.

Da erkannte Joseph, daß sie zur Umhüllung des Kadavers Marias Tuch verwandt hatten. Zur Umbindung der Hülle aber das geteilte Seil, das sie gefunden hatten beim Feuer der Lagerstelle.

Denn es war das Seil, mit dem Joseph einst trug den Äpypter und das er aus Nazaret mitgenommen zum Opferberg. Damit war Jesus gebunden und daraus hatte er sich befreit, als er's hielt an die Glut.

Nun aber, da Joseph saß umhüllt vom Tuch, mit dem die Seinen hatten auch den Toten zu Grabe gelegt, fühlte er, wie betäubt, wirre Gedanken noch ruhelos kreisen. Und hätte Joseph sie zu ordnen, sie zu übersetzen vermocht, er hätte gesprochen:

›Warum brachten sie, die ich liebe, herbei dieses Tuch? Warum dieses für mich und kein anderes? Denn wie zur Beruhigung hatten sie's einem Kranken gebracht, der beruhigt werden sollte durch das Tuch, das er kannte. Denn das langvertraute, ihr blaues, sie gedachten's mir umzulegen, sobald sie mich fänden. Daß ich ruhiger würde darin, eingehüllt darin aufgehoben während des Rückwegs und, noch bevor sie mich heimgeschafft hätten, wie zu Hause schon wäre.

Denn der Sohn, als er eintraf in Nazaret ohne den Vater, wird ihnen so berichtet haben von mir: „Unser Kranker, der alle in Unruhe versetzt hatte seit der Rückkehr vom Pessach, nun ist er rasend geworden, rasend in der Nacht seines angekündigten Opfers. Helft mir doch also, ihn zu beruhigen, kommt mit und helft heimführen den Vater!"

Da wohl nahm sie das Tuch, meine Frau, das mir lieb war, sie wußte's. Sie nahm's aber von unserem Lager, hob's auf. Denn dort, ausgebreitet querhin zu Füßen des Bettes, hatte's gelegen, das blaue Tuch, auf dem ich sie einst getragen. Das blaue Tuch, neben dem sie lag, als ich sie einst am windgekräuselten Wasser entdeckte.‹

So kreiste's gedankenruhlos in Joseph, trieb es in Scherben wirbelnd in ihm.

Er aber zog es enger, das Tuch, als risse das Tier noch daran.

Plötzlich schrak er auf, suchte im Mondlicht zurück den Weg, wo er ausgeschüttet die Überreste des Toten.

Und hockte davor und suchte darin.

Und fand den Gürtel, zog ihn aber nicht hervor. Sondern darunter, zog aus den Teilen darunter hervor: den Streifen Tuchs, den Maria dorthin gelegt hatte dem Toten, zurückgelegt ihm, wie zum Zeichen.

Da nahm Joseph den Streifen und schloß ihn an sich unter das Seil nah der Hüfte.

Und er grub an der Stelle vor den Felsen, wo ausgeschüttet lagen die Reste, eine Grube. Und schob die Reste hinein und deckte sie zu mit Sand und hob und setzte zwei Steine darauf, daß kein Tier sie ausscharre dort.

Und als er's getan, hockte er dort, den Arm erhoben gegen die Stöße des Winds. Da sah er hinüber zum Einlaß der Felsspalte, aus der er den Toten gezogen. Und ging nochmals hinüber, gebückt gegen den Wind. Denn er wollte die umgestoßene Felsplatte aufrichten, die Höhlenkluft so zu verschließen, wie sie gelassen hatten die Seinen.

Da fehlt ihm aber die Kraft, aufzurichten die Felsplatte, sie an die alte Stelle hinüberzurücken. Denn er richtet sie auf, preßt aufwärts die Platte mit Händen, daß sie auf der

Kante steht vor ihm, vermag aber nicht mehr, sie näher zu rücken der Kluft.

Hält inne.

Nicht aber Atem zu holen von der Anstrengung des Aufstemmens. Sondern um mit der Hand zurückzutasten zu einer Stelle der Felsplatte, auf der sie eben noch lag, seine Hand. Sie zurückzulegen darauf.

Und Josephs Hand fand wieder die Stelle, wo sie Rillen ertastet hatte, Rillen in der Platte des Steins. Die Rillen aber waren geritzt, geschabt, geschlagen in die Oberfläche des Schließsteins.

Zu schwach aber war das Mondlicht, wo er aufgestemmt hatte den Stein, so daß Joseph die Zeichen – denn Zeichen waren es, hier eingeschlagen – nicht zu entziffern vermochte.

Und nochmals war's ihm, als läg er im Felsspalt verborgen, die Hülle des Toten auf seinem Rücken, und hörte das Schlagen und Ritzen, das Schaben und Kratzen, das so vernichtend ihm war gewesen, als er's vernommen. Denn zu tilgen schien es ihm seinen Namen.

Da fährt Joseph die Zeichen, die er gerade entdeckt, unter der Hand nochmals ab. Und erkennt, es ist Schrift. Und tastet jetzt einzeln die Zeichen, fährt mit dem Finger einzeln sie ab.

Aber liest er, versteht er, was er da liest, mit dem Finger fahrend durchliest?

Denn er kann es nicht glauben.

Nochmals führt er, gegen die Platte gestemmt, die Fingerspitze über die Zeichen, in ihre gemeißelten Gräben hinab. Läßt die Kuppe des Fingers ihn führen dort, läßt die kantig eingeschlagenen Rillen leiten den Finger, dem er lesend nachfolgt nochmals.

Und nochmals – er kann es nicht glauben.

Denn so spricht zu ihm, was er liest, so sprechen die in die Deckplatte gemeißelten Worte im Stein:

Nach
Drei

Tagen
Lebe

Joseph steht aus der Hocke, taumelt.

Und es kippt her die Felsplatte, fällt zu Boden zurück, auf ihn zu.

Joseph weicht rückwärts, die Augen geheftet, als stünden noch vor ihm die Worte. Arm und Finger fahren ausgestreckt durch den Wind, als strichen sie, immer geführt, durch die Rillen hin des letzten der vier.

Zurück aber weicht er. Weicht zurück vor dem Wort, das ihn liest.

Bis sein Rücken stößt an die Felsen. Da kauert er hin und hüllt schränkend um sich das Tuch.

Kapitel 57

Das Lungern

Und Joseph, die Nacht hindurch, blieb unterm Tuch. Er vermochte aber nicht zu sammeln, was zertrümmert lag vor ihm. Denn es kam nicht in Ordnung, was er dachte und fühlte.

Da stand er auf, noch war es Nacht.

Und ging abermals hin, auf die Felsplatte zu, die da lag. Und er ging in die Hocke vor ihr und schob seine Hände unter die Kanten der Platte, als wolle er den Stein aufstemmen nochmals, nochmals zu lesen die Worte.

Da wagte er nicht, aufzuheben den Stein. Und hob ihn nicht. Aus Furcht nämlich, keines der Worte mehr vorzufinden.

In derselben Nacht aber noch wollt er verlassen den Ort und hinabsteigen den Berg auf der anderen Seite. Wegzuziehen, weg von dem Ort, an dem Gott ihn zerschlagen und dem Weigerer durchschnitten hatte das Leben.

Aber er fand sich gebunden an ihn, diesen Ort. Denn

zweimal versuchte Joseph hinauszugehen, hin durch die Felsen, den Weg hinab, den der Reiter gekommen war, drei Tage her.

Und zögerte und wurde gehalten, als würde es ihm verweigert.

Denn Joseph war, als hielte ihn einer, als sei er gezogen zurück an den Ort. Und wie Joseph zunächst umgangen hatte den Opferberg, erst nach der zweiten Umgehung hinaufstieg mit Jesus, und wie er beim Herangehen an den Berg gezögert hatte, ihn zu erreichen, zweimal ihn umging, bis er am dritten Tag anstieg hinauf mit dem Sohn, so auch, als Joseph verlassen wollte den Opferberg noch in der Nacht.

Joseph aber dachte: angekettet bin ich doch an den letzten Ort, wo ich Leben gehabt. Wie ein lungernder Geist, der nicht kommt davon los.

Und er verließ den Ort nicht.

Kapitel 58
Der Schrei

Da kam bei Morgengrauen des folgenden Tages Jesus, der Sohn, nochmals zum Grab, in das sie den Toten gelegt hatten.

Er kam aber allein.

Und er schritt, von der alten Feuerstelle heraufziehend, hin zur Höhlenkluft in den Felsen.

Als er sich aber der Felsspalte nähert, sieht er gestürzt den Stein, der deckte das Grab.

Da rennt er los zur Öffnung und bückt sich hinein und späht in die Kluft.

Und sieht nichts.

Und erneut bückt er sich, sieht hinein. Und kriecht dann hinein, mit Händen zu greifen.

Und greift nichts.

Und seine Hände durchtasten hineinwärts, bis er's begreift: Hier ist nichts. Er ist nicht mehr hier.

Da drängt er zurück aus dem Grab, denn ihn schaudert.

Jesus aber bleibt stehen vor dem Grab.

Steht in Entsetzen.

Plötzlich wendet er sich. Blickt sich um, als beobachte ihn einer.

Ja, als habe der, der hinwegstieß den Stein, soeben verlassen den Ort. Und als sei ihm noch nachzurufen.

Freudig entsetzt blickt er im Kreis.

Eilig steigt er hinauf, erklimmt die Felsen, über die Felsspalte hinaus. Oben zu stehen, zu spähen in die Runde nach ihm, der verlassen das Grab.

Und enttäuscht erst, dann aber wieder wie irrewerdend vor Freude, erspäht er auch fernhin keine Gestalt.

Da stieg Jesus hinab und kniete hin an den Ort. Und kniend gebückt vor der Öffnung der Kluft betet er stumm.

Und er beugt hinabwärts die Stirn, bis sie Sand berührt. Und als sie Sand berührte, die Stirn, lag Jesus, wie Joseph im Grab war gelegen.

Und da Jesus endete sein Gebet, fühlt seine Hand, als sie vom Boden sich abzog: das Seil.

Es war aber der andere Teil jenes Seils, durch das Jesus war gebunden worden von Joseph und mit dem sie später umwanden das Tuch, in das sie gebettet den Toten.

Und Jesus hob's auf und fand die durchbrannten Enden der Fasern, wo er durchsengt hatte das Seil an der Glut. Und strich übers Rauh-Gehärtete hin mit den Fingern der Hand und schwärzte sie daran.

Und er nahm das Stück Seil und flocht es sich um den Gurt, den er trug.

Da, unter Anstrengung, stemmte Jesus aufwärts die Felsplatte und rückte sie zurück an die Stelle, zu decken den Eingang zur Kluft.

Joseph aber hatte all das gesehen. Und saß hinter höher gelegenem Felsen, der Kluft gegenüber.

Und sah aufstemmen Jesus die Felsplatte abermals, sie hinüberzurücken und zu verschließen das Grab.

Und verstand's nicht. War es doch leer.

Und Joseph dachte: Was beabsichtigt er? Soll niemand bemerken, daß es leer ist, das Grab? Soll nur er es wissen? Und will nun hüten solches Wissen? Und warum hob er auf das Seil, flocht es um seinen Gurt, als hätt ich es ihm belassen zum Zeichen? Sprach er nicht noch vor Tagen zu mir, er wünsche sich ein Zeichen vereinbart, das hinausreiche noch über den Tod des andern? Und glaubt nun wohl, das Seil sei mein Zeichen an ihn? Und über den Tod hinaus? Denn er bindet sich's um, als sollt ich den Sohn doch zu mir ziehen im Dunkeln, zu schließen den Bruch, der entstanden.

Da sieht Joseph den Jesus, wie der legen will den Stein auf den Eingang.

Die Platte aber entgleitet den Händen. Hart schlägt sie auf an der Felswand.

Und Joseph erkennt, was Jesus nah sieht. Denn ein Teil der oberen Schicht der Felsplatte löst sich ab durch den Aufschlag.

Und die Schicht bricht herab und schlägt auf, liegt in Scherben am Fuße des Eingangs.

Da sieht Joseph, wie Jesu Hand abfährt die Stelle, aus der herabbrach die Schicht. Und waren gelöscht die Rillen und Zeichen, nach deren Spur sie noch suchte, die Hand, Joseph sah's.

Aber *daß* sie dort suchte, die Hand, Jesu Hand, war Joseph Zeichen, daß sie eingeritzt waren wirklich von ihm, seinem Sohn. Daß sie erfahrbar in Rillen zu lesen gewesen in jener Nacht, als Josephs Hand sie entdeckte und las die vier eingegrabenen Worte. Wer aber hatte geheißen den Sohn, einzuschlagen dem Felsen solches Geheiß? Denn es war ja, als hieße der Sohn den Toten nach drei Tagen auferstehen und leben.

Und Joseph dachte: Warum aber hat mein Sohn, als er leer fand das Grab, nicht gerufen nach mir? Denn er rief nicht hinaus nach mir ›Vater, wo bist du?‹. Glaubt er, ich sei herausgekrochen als Geist? Er sähe mich nicht, wenn ich vor ihm stünde? Hörte mich nicht, wenn ich riefe nach ihm?

Da wollte Joseph hervortreten, hinterm Felsen hervor. Und schreien nach Jesus.

Durchschreien wollte er, was Joseph in Ketten hielt hier.

Wollte schreien den Schrei, der alles zurückholt, alles aufdeckt und wieder lebendig macht.

Und also trat Joseph hinter dem Felsen hervor und zeigte sich und schrie.

Aber – kein Laut kam aus ihm. Der Mund, weit geöffnet zum Schrei, blieb stumm.

Da stand er, von Grauen gepackt. Regungslos blickte Joseph hinab.

Und blieb ungesehen.

Jesus aber ging davon und verließ den Ort.

Kapitel 59
Der Sohn der Alten

In der Wüste nun, die umgab den Berg, erhob sich ein Sandsturm. Der verdunkelte den Horizont und zog herauf gegen den Berg noch am selben Tag.

Da trat Joseph aus dem Schutz der Felsen hervor und stellte sich in den Sturm.

Und gebeugt vom Sturm verließ er den Berg. Stieg tastend durch dunkelnden Staubwind hinabwärts den Pfad, den drei Nächte zuvor der Reiter gekommen war.

Da war ihm, als peitschten Sand und Staub auf ihn ein, den Verlassenen noch zu strafen für sein Verlassensein, den Heimatlosen für den Verlust seiner Heimat.

Und als er erreichte die Ebene und irrte und tappte hin durch die Winde, nicht wußte, ist es Tag oder Nacht, da wetzten die Winde sich an ihm und wollten ihn schinden. Und er ließ sie und schützte sich nicht unterm Tuch.

Denn bedeckt war Joseph mit der Schande des Ungehorsams und bloßgestellt in der Scham, auf immer beraubt zu sein der Familie, der Freunde, der Sippe.

Und die Winde rissen an ihm. Und ihr Gebrüll schrie um ihn. Abzuziehen, was ihn noch band, zu tilgen die Spur seiner Bindung. Und das Schreien des Winds, in den er sich bückte, geschunden zu werden, war hoffnungsvoll tilgend.

Und ihm war, als würde er losgewaschen im Sand. Denn Gott hatte ihn verlassen.

Joseph aber sprach in den Wind:

›Ich weiß, warum du mich verlassen hast.‹

Und wenn Joseph ermattete, zu schwach war, zu kriechen im Sturm, sprach er ins Dunkel hinein, vornübergebeugt:

»Was noch soll ich Dir, Herr? Stoß herab, mach ein Ende!«

Und als er im Dunkeln lag unterm Wind, hungerte ihn.

Und er sah etwas vor sich im Sand, das sah aus, als beugten sich Ähren vor ihm, die waren in Beugen gestoßen vom Wind, hergebogen zu ihm, als verneigten sie sich.

Und er suchte nach ihnen zu fassen, denn ihn hungerte. Und vermochte nicht, sie zu greifen. Denn wohin er auch griff und wie weit er sich schleppte, nach ihnen zu greifen, sie beugten sich nicht seinem Griff.

Da ließ er ab und dachte: Wie könnten Ähren hier wachsen im Sand? Ich träume! Und dachte: Und doch sah ich einst Ähren auf dem Grund einer trocknen Zisterne, hüfthoch gewachsen im Dunkeln.

So dachte er und griff nochmals hin.

Da wurden die Bogen der Ähren vom Sturm aus der Beuge zu Boden gedrückt, lagen flach und dunkel, so daß er glaubte, zerrissene Reste der Leiche, die er auf dem Rücken des Berges begraben, im Wind vor sich liegen zu sehen. Und sie bewegten sich mit den Stößen des Winds.

Erschrocken zog er zurück seine Hand. Und ein Wort,

das Joseph gesagt hatte einmal im Hohn, trat vor ihn hin. Und ob es auch alt war, so alt: längst vergessen, stand's plötzlich vor ihm und sprach zu ihm höhnend, er hörte's: ›... bist schon gestorben!‹

Denn viele Jahre zuvor, es war bei der Arbeit am Bau in Sepphoris, hatte Joseph einst einen ägyptischen Arbeiter gehöhnt, der behauptete vom ägyptischen Gott der Toten: ›Wer den toten Osiris schaut, der kann nicht sterben.‹

Joseph aber hatte damals etwas hingesagt und zu jenem gesprochen im Hohn: ›Was für ein Gott soll das sein, der tot liegt, in Stücke zerrissen, wie du uns sagst? Ahne ich doch, warum nicht sterben kann, wer Osiris schaut. Denn wer den Toten schaut, *ist* schon gestorben – und daher *kann* nicht mehr sterben.‹

Und mit andern hatte er damals gelacht. Jetzt aber ergriff Joseph Schaudern. Und er schleppte sich weg von der Stelle, als habe er zu greifen gesucht ins Reich eines toten Gottes, Gottes der Toten, den er nicht kannte. Und er fürchtete, daß er gesehen hatte, was er zum anderen damals im Hohn gesprochen.

Und ihm drang hinterher ein Wort und verfolgte ihn: ›Bist schon gestorben.‹

Der Sandsturm aber hielt an Tage und Nächte. So daß Joseph nicht mehr unterschied Tage und Nächte, denn wo immer der Sturm mächtig war, da hielt an die Nacht.

Einmal, als er zusammenbrach im Dunkeln und der Sturm hinfauchte über ihn, griff er matt an sein Gewand, das Tuch sich über den Kopf zu ziehen, darunter zu atmen.

Und mit der Hand noch fühlte er, daß der Zipfel des Tuchs, nach dem er gegriffen, schon unter Sand lag, zugeschüttet vom Wind. Da zog er's hervor und schob sich darunter, daß er bedeckt wäre vom Tuch.

Joseph aber sah, daß er nicht sein Tuch aufgehoben hatte, sondern ein anderes, das war vom Sand vergrabene Zeltbahn. Und war also nicht unter sein Tuch geschlüpft, sondern unter den Rand eines niedrigen Zelts.

Und er sah hin in das Zelt, daß es notdürftig aufgerichtet war an kurzem Stab. Und sah eine Alte, die halb lag und halb lehnte am Stab, der stak in der Mitte des Zelts. Denn wie einen Rocken zwischen Schulter und Arm umhielt sie den Stab, der emporhielt das Zelt, das bestießen die Winde.

Und sie lehnte am Stab und zugleich streckte aus ihre Rechte, Joseph konnte nicht sehen, wohin.

Da rückte er tiefer ins Zelt, um zu sehen.

Vor der Alten aber brannte ein Lämpchen, und Joseph sah's nicht, aber erkannte doch, was es trübhin beschien.

Denn braun und gelb tauchte sein Schein an den zitternden Bauch eines Pferdes, das lag flach vor der Frau zu Boden.

Und die Hand der Frau kam und ging durch das Licht, gelb und braun, und trug Salbe, die troff im Licht von den Fingern der Alten.

Und sie bestrich mit der Rechten ruhig die Flanke des Tiers, das vor ihr lag zur Mitte des Zelts.

Und Joseph hörte das Schnaufen der Nüstern des Pferdes und roch den scharfen Geruch der Salbe, mit der sie bestrich. Und er sah ein Zittern, das schoß hin übers Fell des Pferds bis hinab zu den Fesseln, daß ausschlug der Schweif.

Da erkannte Joseph das Pferd an den Wunden, die sie bestrich. Denn es war blutige Prankenspur am Bauch und der Flanke, über die hinstrich die Hand der Alten. Und war sichtbar, wo sich die Berglöwen zum Raub gerissen hatten den Reiter und nachgesetzt hatten dem Pferd, das entkam.

Und als Joseph erkannte das Pferd, wurde hörbar ein Murmeln der Frau. Denn sie sprach und sang zu dem Tier, während sie seine Wunden bestrich.

Da hörte Joseph sich sagen: ›Wessen Pferd denn besingst du?‹

Die Alte aber antwortete, als habe sie schon eine Zeitlang bemerkt, daß Joseph hinter ihr ins Zelt gerückt war. Denn sie sprach, ohne sich umzuwenden:

»Es ist das Pferd des Sohns Amaleks, das knapp der

Schlachtung entkam. Dunkelheit zog übers Land, da kehrte es reiterlos zu mir zurück.‹

Und Joseph erschrak, als er hörte Amaleks Namen, der den Erzfeind beschwor aller Juden. Denn die Alte hatte den ehemaligen Aufseher der Knechte, der doch das Pferd geritten hatte, ›Sohn Amaleks‹ genannt.

Nun war's Joseph, kaum hatte er ihre Worte vernommen und war erstarrt vor Schreck überm Namen des Erzfeinds, als trügen ihn Hände unsichtbar und legten ihn ab vor der Alten.

Und ihm war, als liege er dort, wo das Pferd noch eben gelegen, liege flach vor der Frau zu Boden.

Und Joseph fühlte, wie ihre Hand bestrich seinen Rükken, wie sie bestrichen hatte die blutige Flanke des Pferds.

Und Joseph hörte sich sagen zu ihr: ›Warum bestreicht mich deine Hand?‹

Da antwortet die Stimme der Alten, die spricht: ›Zum Trost bestreicht sie dich.‹

Und nochmals hörte Joseph sich fragen: ›Weißt du denn um mein Leid?‹

Da sprach die Frau: ›Getrennt von den Lebenden gehst du unter den Toten.‹

Und Joseph, nochmals erschrak er zutiefst, hörte sich sprechen:

›Bin ich denn tot?‹

Da antwortete ihm die Frau: ›Fühl meine Hand. Deinen Rücken bestreicht sie. Dich zu trösten hin durch den Tod.‹

Da bestrich ihre Hand seinen Rücken mit Tröstung über die Wunde des Todes.

Und es sank ein Tröstung in Joseph. Ein Maß nur, das sie einstrich in seinen Rücken. Und war Tröstung, nach der ihn hungerte. Er aber hatte es nicht gewußt.

Da, als der Hunger um ein Maß nur gestillt war, hört Joseph sich sprechen:

›Mich dürstet.‹

Die Stimme der Alten aber fuhr ihn an, daß ein Zittern hinschoß durch Joseph bis hinab in die Ferse. Und die Frau ließ absinken die Hand, die strich ab von ihm, und sprach:

›Hingab ich meinen Sohn, der zerrissen wurde für dich. Vergossen sein Blut fürs Blut deines Sohnes. Und noch dürstet dich? Du trankst davon, aber begreifst nicht.‹

In ihren letzten Worten aber schrie schon der Wind.

Da stießen Bilder her auf ihn zu, darin Joseph nochmals sah kommen den Reiter, den Pfad hinaufwärts zu Pferde, sich hinnähern unter die Stelle des Felsens bei Nacht.

Und sah die Löwen sich lagern über dem Felsspalt. Sah sie ansetzen zum Sprung, ihr Opfer zu reißen. Und sich selbst sah er, Joseph.

Denn stand er nicht, da er den Reiter gesehen, unweit des Steinaltars? Und lagen nicht geschichtet auf dem Altar, feuerbereit, die Scheite zum Brandopfer, die er gehoben hatte aus dem Versteck beim Altar? Und lag nicht im Schlaf gefesselt der Sohn, den er gebunden, der Jesus? Und hielt Joseph nicht in der Hand das Opfermesser, das er gehoben hatte als letztes aus dem Versteck?

Da war's geschehen: Er hörte Tiergeräusch, drehte zum Wind sich. Und das Messer im Griff, ging er gegen den Wind, duckte vorbei am Altar. Denn er hatte Berglöwen gehört. Und der Wind blies ihn an ins Gesicht. Und im Schein des Monds sah Joseph zwei Löwen, kaum einen Steinwurf entfernt. Und sie kauerten sich hin über der Felsspalte, aus deren Mitte es finsterte, als hüteten sie dort, sich lagernd über dem Einlaß, das Tor Finsternis.

Da kam der Reiter den Pfad herauf, kam geritten auf seinem Pferd, der Sohn Amaleks auf dem Pferd des Sohns Amaleks.

Und Joseph dachte überdenkend die Bilder: Und was wäre geschehen, wäre der Sohn Amaleks nicht gekommen, wäre er nicht ›hingegeben für dich‹ – wie die Alte zu mir gesprochen? Wäre der Reiter später gekommen, nie gekommen, nicht dort vorbeigekommen, an jener Stelle beim Felsspalt, nicht in jenem Moment heraufgeritten, der Reiter, wie hätt ich gehandelt?

Wie hätte ich gehandelt ohne jenen, Sohn Amaleks, da geschichtet schon lagen die Scheite, da gebunden mein Sohn, handumgriffen das Opfermesser?

Wäre der, den sie hieß ›meinen Sohn, Sohn Amaleks‹, wäre *der* nicht gekommen zur Stunde, so hätten die Löwen nicht Witterung genommen, nichts hätte das Opfer, das Gott von mir wollte, durchkreuzt.

Denn erst als ich sah, wie sie rissen vom Pferd den Reiter – den sie nennt ihren Sohn, Sohn Amaleks –, sah, wie er fiel der Gewalt und zerrissen war vor meinen Augen, da war aufgehoben mein Opfer. War die Schlachtung des Sohnes durchkreuzt.

So sah's und so dachte es Joseph. Wie ihm aber nicht mehr unterscheidbar waren Tage und Nächte – denn wo immer der Sturm mächtig war, da hielt an die Nacht –, da griffen ineinander Wachen und Traum und hielten, wohin Josephs Auge auch fiel, einander umschlungen.

Joseph aber erwachte im Sturm, der war schwächer geworden, und sah das Trüblicht der Sonne.

Und er grub sich hervor aus dem Sand, der auf ihm geschüttet lag. Da war's, als hätte die Alte das Zelt abgebrochen, sei weitergezogen, denn es fehlte von ihr jede Spur.

Da fiel ab von Joseph der Sand, der absank streichend den Rücken, als sei's die Hand noch der Alten, die bestrich seine Wunde. Und Joseph wußte, wofür. Und hörte noch ihre Worte, als habe sie eben zu ihm gesprochen: ›Dich zu trösten hin durch den Tod.‹

Da dürstete Joseph.

Und er erinnerte sich der Worte der Alten, als habe sie eben zu ihm gesprochen:

›Hingab ich meinen Sohn, der zerrissen wurde für dich. Vergossen sein Blut fürs Blut deines Sohnes. Und noch dürstet dich? Du trankst davon, aber begreifst nicht.‹

Und Joseph suchte zu verstehen ihr Wort. Und begriff es nicht.

So irrte Joseph fort durch den Sturm, bis das Licht sich nochmals verschloß.

Kapitel 60
Die Tränen

Da blieb Josephs Durst ungestillt. Mit jedem Schritt aber drohten die Kräfte ihn zu verlassen.

Und Joseph hielt und kauerte sich hin auf den Sand.

Und als nach Zeit der Lärm des Sturms sank um ein Maß und einfiel wieder das Trüblicht, da hörte Joseph Stimmen.

Und bald darauf geht einer rufend an Joseph vorbei.

Und hätte fast gestreift Joseph, der da lag hingekauert im Sand.

Und hätte ihn sehen müssen, ja, Joseph schien: sah ihn.

Denn zwar ging der Mann vornübergebeugt im Sturm, schränkend die Hand vors Gesicht, aber Joseph glaubte, er sah ihn hinabsehen, ohne dem Blick Josephs auszuweichen. Denn knapp – aber ohne Joseph, der kauernd da lag, zu berühren – schritt der Mann an Joseph vorbei.

Und als Joseph sich wandte, ihm nachzusehen, wohin er geht und nach wem er ruft, erkannte Joseph drüben Kamele. Die ruhten auf Sand, und Diener saßen bei ihnen. Und die Diener sprangen auf, als der Mann näher kam.

Und Joseph hörte ihn anherrschen die Diener, und er hörte das Japsen und Bellen von Hunden im Lager um ihn her.

Da erkannte Joseph, daß er im Dunkel des Sturms geraten war zwischen Fremde, eine Händlerkarawane, die, in kleinen Gruppen verstreut, um ihn her lagerte.

Und er fand Trost in den Stimmen, die er hörte, hingehen und wider, herbeigetragen vom Wind.

Und war doch in Furcht. Denn er sprach im Innern bei sich, wie alle, die dürsten:

›Was, wenn sie mich in ihrer Mitte entdecken? Werden sie nicht glauben, ich sei ein Dieb, der sich zum Raub heimlich zwischen sie stahl?‹

Und weiter sprach er im Innern bei sich:

›Aber sähen sie nicht, daß ich matt bin und meine kraftlosen Arme nichts rauben, die Beine nichts mehr davontragen können? Und sähen sie nicht, daß mich dürstet?‹

Und er dachte bei sich: Sofort würden sie's sehen. Der erste schon würde's bemerken. Ja, er hat es bemerkt! Denn wie knapp lief er an mir vorbei! Da vielleicht sah er schon, wie sehr mich dürstet. Und lief hinüber zu seinen Dienern, sie anzuherrschen, die's nicht bemerkt hatten, sie anzuweisen:

›Bringt dem dort zu trinken – und träufelt ihm erst davon auf die geschundenen Lippen, daß er wisse, was zu ihm kommt, daß er's schmecke und erwarte und zu euch hinauf öffne die Augen, daß er sieht endlich: Es wird ihm gereicht! Und wenn er getrunken hat, wartet bei ihm, denn sein Durst ist groß. Und derweil nehmt ein wenig davon in die Hand und streicht ihm Tropfen davon über Stirn und Augen und löst ihm den Sand von den schelfrigen Wangen! Und bleibt auch darüber hinaus bei ihm, macht ein Feuer! Denn durchfroren ist er vom Wind. Und führt ein Gespräch unter euch, auf daß eure Stimmen hingehen über ihn und her, daß er's höre und sich erwärme am Laut eurer Stimmen! Und redet sehnsüchtig von denen, zu denen wir ziehen und die wir erreichen werden, schon in einigen Tagen! Denn nachläßt der Sturm und wird nachlassen an Kraft mehr und mehr. So redet über ihm, daß er ruhig werde an der Gegenwart eurer Worte. Denn ihn hungert und dürstet auch danach.‹

So dachte Joseph von dem, der eben noch an ihm vorbeigegangen im Sand.

Da überkam Joseph erneut Scham und Furcht, so entdeckt zu werden inmitten der Fremden. Denn er sah hin zu den Kamelen und Dienern, die saßen dort drüben. Von den Dienern aber war keiner, der ihn bemerkte.

Und niemand sah den, der da lag unter ihnen.

Da wandte Joseph sich in die andere Richtung und wollte das Tuch über sich ziehen, denn er dachte:

Nur ausruhen will ich mich unter ihnen. Und bemerkten sie mich, vielleicht verwehrt es mir keiner, und sie sagen: ›Lassen wir ihn doch schlafen unter uns, wer ist er schon, es kennt ihn ja niemand. Und was nähme er sich schon in den Schlaf an unseren Stimmen, die der Wind hierhin und dorthin davonträgt? Lassen wir ihn!‹

So dachte Joseph, der kauernd im Sand lag und zu vergessen suchte den Durst und das Tuch über sich hinzog.

Da hört er aus der Richtung, zu der er sich hingewandt hatte, die Stimme eines, der sprach und klang nah.

Und Joseph zog zurück das Tuch und suchte zu erkennen den, der da sprach, und zu verstehen die Worte.

Und er sah einen liegen, nur Schritte entfernt, unter Dekken, die abhielten den Sand, und vor einem Kohlenfeuer. Und ein anderer lag ihm gegenüber auf der anderen Seite des Feuers, den Rücken zu Joseph.

Und wärmend kam's windgetragen herüber und trug auch die Stimme, die Joseph verstand.

Und da Joseph den anderen, zu dem die Stimme doch sprach, nicht sehen konnte, nur den dunklen Umriß eines, der lag und zuhörte und schwieg, des Redenden Gesicht aber im Feuer der Kohle trüb aufschien, während er sprach, war's Joseph, als spreche der zu *ihm* und als sei der sein Gegenüber am Feuer, der dunkle Umriß dazwischen aber nur vom Wind aufgeweht.

So daß Joseph lauschte, als sei die Rede an ihn gerichtet des Redenden.

Und schon die ersten Worte, die Joseph vernahm, kamen wie Antwort auf etwas, nachdem ihn zu wissen verlangte.

Denn Joseph hörte sprechen den Fremden:

›Du wirst nicht erlöst.‹

Da war's Joseph, als spreche der Fremde von Josephs Verdammnis. Als sehe der Fremde Joseph gekettet im Totenreich liegen, ohne Hoffnung auf einen, der ihn erlöst aus abgeschiedenster Dunkelheit.

Und Joseph hörte das Wort:

›... Tränen.‹

Und ihm war, als spreche der Fremde von Tränen, die Joseph geweint, als er in Dunkelheit lag im Grab. Und die er geweint, als er lag im Sturm, da ihn dürstete.

Und Joseph hörte ihn reden das Wort:

›... Die Geschiedenen.‹

Da war ihm, als spreche der Fremde von Joseph und von allem, davon Gott ihn geschieden.

Und Joseph rückte näher, keines der Worte zu versäumen, die der Fremde doch sprach, als spreche er zu Joseph.

Und hörte sagen den Fremden:

›Erinnere's gut: Du wirst nicht erlöst. Nein, keiner von uns wird erlöst, bis die Tränen Esaus versiegen.‹

Das hörte Joseph und dachte: Der Fremde redet von Esau, uralter Geschichte, von Esaus Tränen, als Jakob dem Esau die Erstgeburt abkaufte für ein Linsengericht. Abstahl dem Bruder auch allverheißenden Segen.

Denn von unter den Händen Isaaks weg, des erblindeten Vaters, der lag im Sterben, stahl Jakob den einzigen Segen. Stahl ihn ab seinem Bruder Esau.

Und Esaus Gram war so groß, daß er weinte und trachtete Jakob nach dem Leben.

Jakob aber entkam, rettend durch Flucht sich und uns Spätere, das Haus Jakob.

So dachte Joseph bei sich und hörte weiter reden den Fremden, der sprach zum andern, als spreche er zu Joseph:

›Weißt du aber, woher sie kommen, die Tränen Esaus? Und weißt du, wohin sie kehren?

Denn ohne dies Wissen, wenn keiner mehr weiß, woher

und wohin, werden nie mehr versiegen die Tränen Esaus, die Geschiedenen unwissend nie mehr kehren zu erinnernd-bedachter Einung. Sondern unterm Kriegsjoch nur werden sie eins. Nämlich eins im Tod erschlagen das andere.‹

Da dachte Joseph bei sich, als spräch er zur Antwort dem Fremden: ›Ich weiß nicht woher und weiß nicht wohin. Sage mir also, woher sie kommen, die Tränen, und wohin sie kehren. Ist mir doch, als weint ich die Tränen Esaus. Denn geraubt wurde mir der Segen, der mir versprochen war.‹

Und Joseph hörte antworten den Fremden, als spreche der zu Joseph:

Kapitel 61

Der Brunnen

›Die Geschichte der Tränen Esaus weist wohin und woher, denn sie weist hinab und hinauf. Hinauf aber gehe ich, gehe von Esaus Generationen hinauf, wenn ich rede von Mose und Miriam.

Und rede vom Volk der Israeliten, das Mose heraufge-führt hatte aus Ägypten, von unterm Joche Ägyptens her-vor und hin durchs Schilfmeer herauf und hinaus in die Wüste.

Da dürsteten aber die Israeliten, die standen bei Raphi-dim in der Wüste nahe dem Berg Sinai und hatten kein Wasser.

Und sie murrten wider Mose und sprachen: „Warum hast du uns aus Ägypten ziehen lassen, daß du uns, unsere Kinder und unser Vieh vor Durst sterben läßt?"

Mose aber sprach zu Gott: „Was soll ich mit dem Volk tun?"

Da wies Gott Mose, mit den Ältesten Israels zu gehen zum Felsen und mit dem Stab zu schlagen den Felsen, daß Wasser fließe und trinke das Volk.

Zur gleichen Zeit aber, da Mose noch sprach zu Gott, ging hinaus Miriam, die Schwester Moses und Aarons, die Frau Hurs, nach Wasser zu suchen, denn das Volk dürstete. Und sie wußte nicht, daß Mose mit Gott sprach und Antwort erhielt.

Sondern Miriam selbst hatte Sucher hinausgesandt in drei Richtungen des Himmels und ließ suchen nach Wasser. Allein ging sie aber in die vierte, zu suchen nach Aufgang hin ebenfalls.

Und Miriam kam in eine Gegend der Wüste, da sah sie einen Amalekiter.

Ein Junge war es, kaum zehn Jahre alt. Der warf etwas in einen Schacht zwischen Felsen hinab.

Und als sie's sah, weil sie dürstete, dachte Miriam: Der Junge warf ein Seil, daran wohl ein Eimer gebunden ist. Und warf's in einen Brunnen, daraus wohl Wasser zu schöpfen wäre.

Da sah sie entgleiten dem Jungen das Ende des Seils, daß er aufschrie. Und der Junge war verzweifelt und rannte davon, um Hilfe zu holen.

Da ging Miriam, die Schwester Moses, hin und sah nach, wo der Junge sich zu schaffen gemacht.

Es war aber nur ein dunkles Loch und roch nicht nach Wasser. Ein alter Mann lag darin, ein Amalekiter, der war hinabgestürzt.

Und Miriam bemerkte das Ende des Seils, das dem Jungen entglitten war. Denn es lag auf einem Vorsprung im Schacht.

Mit ausgerecktem Arm noch ergriff sie's und hob es in Fingerspitzen nach oben zurück.

Dann zog sie am Seil den Alten heraus aus dem Schacht und sah: Er wird sterben an seinen Wunden.

Der alte Amalekiter aber redete verstört. Und zog Miriam beim Reden immer wieder zu sich am Seil, das er festhielt in Händen. Und Miriam ihrerseits hielt fest am Seil, daran sie den Alten herausgezogen, hielt es um ihre Hand gewunden und folgte herbei, da er herbei sie zog. Und beugte sich über den Alten, von ihm herbeigezogen.

Da – lauschte Miriam der Stimme des Amalekiters? Sie lauschte ihr.

Und Miriam begriff, der Alte war blind und hielt sie für seinen Sohn, dem er dankte. Denn er dankte ihr als dem Sohn, der hinabgeworfenen hatte das Seil, ihn zu retten. Und der Alte sprach mit der Stimme Sterbender, die nur noch Stunden haben zu leben.

Weil Miriam den Sterbenden aber nicht enttäuschen wollte – denn wer allein im Sterben liegt bei Fremden, der ist nicht zu trösten –, sprach sie nicht: ›Dein Sohn eilte davon, Hilfe zu holen, denn ihm entglitt das Seil. Deine Wunden sind tief, und nicht weiß ich, ob du deinen Sohn wiedersiehst, bevor du stirbst.‹

So sprach Miriam nicht. Sondern ließ sich herbeiziehen vom Seil, an dem der Alte ziehend herbeizog die er hielt für den Sohn.

Und als er sagte: „Höre, mein Sohn‹", da antwortete Miriam: „Vater, hier bin ich."

Und sie griff am Seil entlang, sich vortastend zu seiner Hand, und – als sie sah, daß ihre Antwort ›Vater, hier bin ich‹ den Alten ließ ruhiger atmen – da wagte sie's und berührte seine Hand, die das Seil umschlossen hielt.

Denn mit den Fingerspitzen strich sie ihm sacht hin und her über den Handrücken bis zu den krampfweißen Kuppen der Knöchel, darunter er hielt das Seil faustvergraben.

Da sprach der sterbende Amalekiter zu Miriam, der Jüdin, im Glauben, sein Sohn knie bei ihm, und sagte:

„Mein Sohn, bevor mich der Tod ereilt, will ich dir geben dein Erbe, dem Sohn das Geheimnis der Quelle, die wandert mit uns und quellt herauf auf ein Wort, das geheim bleiben muß, niemandem darfst du es geben. Denn die Quelle, die wandert mit uns, reicht zu Esau hinab, unserem Stammvater. Darunter aber hinab noch reicht sie, unter Adam, den ersten Menschen, hinab reicht sie, hinab bis zu Gott.

Denn Gott erschuf die Quelle am zweiten Tage, als Er schied die Wasser. Und die Feste, die Gott machte, schied das Wasser unter der Feste von dem Wasser über der Feste. Das war auch der Ursprung der Quelle, von der ich dir sage.

Denn über der Scheidung aus Gott kamen Tränen.

So daß am Ende des zweiten Tages der Schöpfung der Welt nicht geschrieben steht: Und Gott sah, daß es gut war.

Denn zwei Tränen der Scheidung entsprangen dem Auge, die verbanden im Fall sich wieder zu einer.

Das ist die Quelle und Ursprung des Wassers, von dem wir leben."

So hatte der Amalekiter zu Miriam gesprochen und fragte die er hielt für den Sohn: „Hörst du mich noch, mein Sohn?"

Und Miriam, die Jüdin, gebunden an ihn, denn sie wollte ihn nicht enttäuschen, antwortete: „Vater, sprich weiter, dein Sohn hört dich."

Da fuhr fort der Alte: „Aus dieser Quelle aber nähren sich und diese Quelle speisen alle, die weinen über der Trennung, die raubt das Eine und spaltet das Einzige entzwei.

So raubte Jakob, der Sohn Isaaks, den Segen, mit dem Isaak segnen wollte Esau, den Erstgeborenen und Bruder Jakobs. Isaak aber ist der Vater des Esau, unseres Stammvaters, von dem wir kommen. Denn Esau zeugte Eliphaz und Eliphaz zeugte Amalek.

So daß Jakob spaltete Brudereinheit, und Ordnung, die einte, brach er entzwei.

Da weinte Esau verzweifelt und bat Isaak, seinen Vater, ob er nicht hätte noch Segen für ihn. Denn Jakob war ihm zuvorgekommen und ließ sich verkleiden und hatte sich ausgegeben als Esau, den Erstgeborenen, dem allein zustand der Segen des Erstgeborenen.

Und Isaak, im Glauben, er segne Esau, seinen Erstgeborenen, gab den Segen an Jakob.

Und hatte nichts mehr für Esau, der erhob seine Stimme:

‚Hast du denn nur *einen* Segen, mein Vater? Segne mich auch, mein Vater!'

Sondern zu Esau, der über die Maßen betrübt war sehr und weinte, sprach Isaak, sein Vater:

‚Siehe, du wirst wohnen ohne Fettigkeit der Erde und ohne Tau des Himmels von oben her. Von deinem Schwert wirst du dich nähren, und deinem Bruder sollst du dienen. Aber es wird geschehen, daß du einmal sein Joch von deinem Halse reißen wirst.'

Da geschah's in der Nacht, als Esau Tränen weinte und nachging den Worten des Vaters, ob nicht doch Segen zu finden wäre in ihnen, daß Esau sich wunderte.

Denn hatte nicht sein Vater Isaak zu ihm gesprochen, Esau werde wohnen *ohne Tau des Himmels von oben her*?

Und als Esau das Wort des Vaters bedachte, brütend darüber es hegte, da kam, als er durchging das Wort des Vaters, hinschreitend durchs trocken-segenlose, siehe, da sproß, als er hinschritt durchs Trocken-Segenlose des Zelts, wo er Tränen vergoß, siehe, da drang es unter seiner Ferse empor. Und Esau sah's glänzen und quellen.

Und war Tau des Himmels von unten her.

Nicht von oben her aber sproß Tau des Himmels. Von unten her quoll er auf sprießend, dunstend und feuchtend die Erde.

Und Esau sah hin: da war's eine Quelle lebendigen Wassers.

Und Esau roch an ihr und schmeckte von ihr, und in seinem Zelt trank von ihr. Denn sie war süß.

Esau aber glaubte, das Salz, das er auch in ihr schmeckte, stamme von seinen Tränen. Denn da war ihm noch nicht offenbart der Ursprung der Quelle, daß sie von Tränen genährt war, den Ersten Gottes. Und nachgenährt war von allen nach diesen gottvergossenen, von menschenvergossenen nachgenährt war und heraufquellte zu nähren die, die dürsten nach Einigung.

Himmel oben, Himmel unten.

Das ist die Quelle, die wandert und die herbeigerufen erscheint dir von unten. Daher wisse die Scheidung, um derentwillen wir dürsten, und wisse, woher kommt, was uns tränkt, und wohin kehrt, was wir mit Tränen beweinen.

Denn nur darin ist Heilung für uns. Und aus dieser Quelle, die wandert mit dir, wo immer du wissend sie aufrufst, mein Sohn, wird Heilung auch denen, die nach uns kommen.

Wo du aber vergißt dies dein Erbe des Brunnens oder abhanden kommt, was ich dir gab hier im Wort, da wird Scheidung sich wenden zu Krieg und zu Irrsinn. Und wird unerinnerbar aufgespalten entzwei, was brüderlich einig im Vater gewesen war eins: und der Brunnen verschüttet auf immer.

So aber rufst du ihn auf zu dir und dem Volk, wo immer euch dürstet. Sohn, sprich nun nach deinem Vater:

> Brunnen, komm zeitenherauf aus dem Ursprung
> Komm empor aus dem ZwieFall der Einen
> Der Träne, die sich zusammengefunden
> Träne Gottes, die wuchs Träne Adams
> Die wuchs Träne Isaaks
> Die wuchs Träne Esaus
> Die wuchs, daß wir leben von ihr
> Daß wir dürsten nach ihr
> Die wuchs, aller Tränen zu tränken.«

Da sprach Miriam nach die Worte, die der Alte sterbend ihr zusprach.

Denn der Segen des Amalekiters, das Erbe des Sohns, ist der wandernde Brunnen, heraufgerufen mit diesen Worten.

Und kaum hatte Miriam die Worte gesprochen, da verstarb der Alte unter der Hand, mit der sie rührte an seine, seilumwunden die beiden.

Und unterm Kopf des Alten empor sah es Miriam drängen, sah's glänzen-sprießen wie Tau, wie Tau des Himmels von unten her, sah's feuchten, dann quellen wie Brunnen lebendigen Wassers.

Und Miriam roch am Wasser und schmeckte von ihm. Und am Ort selbst, wo sie kniete, trank von ihm. Denn es war süß.

Miriam aber schmeckte auch Salz darin, denn ihr war offenbart, woraus die Quelle gewachsen.

Und sie behielt fest, was ihr war widerfahren, und fest die Worte im Glauben.

Und kehrte zurück zum Volk und zu Mose.

Und rief den Brunnen herauf.

Da gab auch Miriam zu trinken jedem, den dürstete, aus dem wandernden Brunnen.

Denn Miriam rief ihn, rief ihn empor in Erinnerung ans Erbe des Amalekiters und im Wissen um das darin bewahrte Geheimnis.

Und das Volk sprach von Miriams Brunnen, der wanderte mit Miriam und tränkte das Volk die Jahre des Irrsals hindurch in der Wüste.

Am Tag aber selbst, als sie zurückkehrte nach Raphidim und bei sich bewahrte die Worte des sterbenden Amalekiters und vor dem Volk stand der Israeliten, in sich gekehrt aber heraufrief die wandernde Quelle und sie allesamt tränkte, da ahnte nicht Miriam, was sie heraufgerufen.

Denn es kam tags darauf, wie aus dem Nichts, Amalek und fiel her übers Volk.

Und die Amalekiter drohten auszulöschen das Volk Israel. Und nährten sich mit dem Schwert an den Männern Josuas, des Sohns Nuns.

Und Mose ging mit Aaron, seinem Bruder, und mit Hur, Miriams Ehemann, auf die Höhe des Hügels und sah hinab auf das Schlachten, das wütete.

Und wenn Mose seine Hand emporhielt, siegte Israel. Wenn er aber seine Hand sinken ließ, siegte Amalek. Aber Mose wurden die Hände schwer. Darum nahmen Aaron und Hur einen Stein und legten ihn hin, daß Mose sich daraufsetzte. Aaron aber und Hur stützten ihm die Hände, auf jeder Seite einer. So blieben seine Hände erhoben, bis die Sonne unterging. Und Josua überwältigte Amalek und sein Volk durch des Schwertes Schärfe.

Und der Herr sprach zu Mose: „Schreibe dies zum Gedächtnis in ein Buch und präge es Josua ein. Denn Ich will Amalek unter dem Himmel austilgen, daß man seiner nicht mehr gedenke."

Da hörte Miriam von den Worten, die der Herr sprach zu Mose, und sie hörte die Worte des Herrn, der sprach:

„Ich will Amalek unter dem Himmel austilgen, daß man seiner nicht mehr gedenke."

Und Miriam dachte bei sich: Warum bin ich mit Schuld beladen? Unschuldig war ich doch, als ich ausging und suchte nach Wasser für alle, die dürsteten. Unschuldig war ich, als ich heraufzog den tödlich Verletzten, den Amalekiter, und seine Hand hielt, zu trösten den Alten. Und war ich nicht unschuldig, als ich nicht von ihm wich, ihm zum Trost sein wollte ein Sohn?

Unschuldig war ich. Denn ich war nicht in Absicht gekommen, zu töten den Vater. Nicht in Absicht gekommen, zu rauben Segen und Erbe dem Sohn.

Wer hat mich ausgesandt nach Aufgang? Und wer ließ mich, als ich ausging, finden Vater und Sohn? Wer hieß mich ziehen den Nachfahren Esaus, Israels Bruder, den Amalekiter aus der Tiefe des Felsens hervor? Denn wer ließ dürsten das Volk, ließ es schreien nach Wasser, daß Mose, mein Bruder, fürchtete, sie würden ihn steinigen?

Wer denn?

Wenn nicht der Herr selbst?

Der aber spricht nun zu Mose: „Austilgen will Ich das Volk Amaleks, ausrotten mit Haut und Haar."

So dachte Miriam bei sich und dachte so gehend durchs Schlachtfeld, hin durch die schwertzerfressenen Toten des Tages, Tausende Israels unter Tausenden Amaleks.

Und Miriam war erdrückt vom Geschrei. Denn ausstießen die Frauen Schreie und weinten, wo sie entdeckten die Männer in leblosen Haufen.

Und als Miriam sie tränkte am Abend, heraufrief das Wasser des Brunnens, da verschloß sie in sich, wer's ihr gegeben und woraus es bestand und worauf er gegründet war, dieser ihr wandernder Brunnen.

Denn Miriam war in Furcht, sie würden sie steinigen, ihr die Schuld geben am Angriff Amaleks.

Da, nachts noch im Zelt, hört sie herandringen von fern Schreien und Weinen der Amalekiterfrauen. Denn ein Überlebender der Schlacht hatte Frauen und Kinder Stunden später erreicht und meldete ihnen: „Wir liegen bei Raphidim. Zieht davon, keiner kehrt mehr zurück. Unser Brunnen ist leer."

So glaubte Miriam es zu hören, so drang es von fern in ihr Ohr, nachts noch im Zelt nach der Schlacht. Und sie litt daran, denn sie fühlte sich ohne Schuld schuldig und war erdrückt von der Last.‹

Da schwieg der Fremde, der gesprochen hatte, als spreche er zu Joseph.

Und Joseph sah die Worte, die er belauscht, sah vor sich den Brunnen leer, sah es dringen empor von unten herauf, sah die Wasser schwarz quillen und füllen den Schacht mit Wassern, die schossen höher empor, sah's rachengleich schnappen nach ihm, der hinabsah – jetzt verschlungen vom Meer –, und sah's treiben empor durch das Dunkel, sah bleich glänzen einen riesigen Baumstamm, der trieb auf ihn zu.

Da wußte Joseph: Ich kenne das Wasser des Brunnens der Miriam, des Brunnens Esaus, des Brunnens der Tränen Gottes, von denen jener erzählte, dem ich gelauscht, als spreche er zu mir. Denn es treibt verloren darin zu mir, im hohlen Pfosten des Baums – ich höre sein Pochen –, mein erster Sohn im Meer unterm Meer.

Und doch schien es Joseph – nachsehend den Worten jenes, dem er gelauscht, nachsehend dem Bleichglänzen des

Baums, den er wiedergesehn im Dunkel der Wasser –, als hätt er geschaut einen Splitter vom Glanz des Tages im Brunnen der längsten Nacht.

Und Joseph pochte das Herz, und ihn ergriff erneut gro-ßer Durst, und ihn dürstete. Da zog er zusammen all seine Kraft und stand auf und stellte sich aufrecht.

Niemand aber bemerkte ihn, weder der, der geredet hatte, als spreche er zu ihm, noch der, der auf Josephs Seite des Feuers gelegen.

Da war es abermals, als sei Joseph nicht.

Joseph aber ging gebückt hinüber zu den Kamelen und suchte am Gepäck, das lagerte dort. Und keiner der Diener, die es umsaßen, achtete seiner.

Und er griff sich einen der Wasserschläuche. Und ihm schien, als höre er Wasser darin. Ja, er sah es fließen heraus und fühlte den Wasserstrahl, der ihn ansprang.

Aber konnte nichts trinken.

Denn Wasser floß über die Lippen, erfüllte den Mund und rann hinab an der Haut, rann versiegend ins Tuch bei der Hüfte. Joseph aber konnte nichts schlucken, vermochte keinen Tropfen des Wassers zu zwingen kehlabwärts nach innen hinab.

Denn wie seine Stimme, so verschlossen sich Kehle und Mund.

Da zog Joseph dürstend davon. Und abermals verschwand er im Sturm.

Kapitel 62

Der Nachen

Wie lange Joseph gegangen war, weiß er nicht mehr. Da erwacht er im Schatten eines Steins.

Denn hinter den Stein hatte Joseph sich gelegt, Schutz suchend vor der Wucht des Winds.

Und als er erwachte, waren gestillt die Winde.

Da in der Stille verließ Joseph den Schatten, denn ihn dürstete.

Und er kroch hinaus unter die Sonne, die brannte herab.

Und Joseph hörte ein Rauschen von Wassern, hörte sie kommen und löschend vergehn und roch salzige Luft.

Da erklimmt er den Kamm des Hügels, der vor ihm lag, und sieht hinab auf das Meer.

Und Joseph ging hin und trat in die Wellen, die wuschen und kühlten ihn.

Und von Durst überwältigt trank er in ihnen, und gierig trank viel.

Am Strand aber lag ein brüchiger Nachen.

In dessen Boden fehlten zur Mitte drei Planken, und Wellen umspülten den Bug bis hinauf an das Leck.

Da ruhte Joseph sich aus, denn die Wand des Nachens gab Schatten.

Und Joseph streckte sich hin, längs des Schattens des Nachens, daß an seinen Beinen, bis hinauf zu den Knien, leckten die Wellen. Und ein leichter Wind strich über den Strand und fuhr kühlend auch um die Schattenseite des Nachens.

Und Joseph lag, den Kopf gestützt auf die Hand, da bemerkte er eine Wespe.

Die kroch über den Sand auf den Wellensaum zu.

Und Joseph sah hin und sah, sie war alt und müde und konnte sich nicht mehr erheben vom Sand.

Denn sobald sie die Flügel bewegte, sah Joseph sie zur Seite gedrückt werden vom Wind, der ergriff ihre Flügel. Und der Wind schleifte die Wespe am gleitenden Schaum der Brandung entlang.

Kaum aber läßt sie der Wind, schon kriecht die Wespe von neuem aufs Wasser zu.

Und Joseph denkt: In ihren sicheren Tod.

Und jetzt, Joseph sieht's, überschwemmt wird sie mitgerissen vom Schaumsaum der Welle, der gleitet herauf und hinweg über sie und zurück gleitet wieder.

Da liegt sie, immer noch sichtbar, im nassen Sand, nur ein wenig nach unten verrückt. Kaum aufrichten kann sie sich, flügellos nach dem Rückzug der Welle, die ihr aussriß die Flügel.

Aber sie putzt sich. Und nochmals geht stolpernd aufs Wasser zu.

Da greift Joseph aus mit der Linken und hebt im Teller der Hand heraus das Maß Sand, darauf sie noch kriecht. Und versetzt es hinaufhin, sich gegenüber, zur Höhe der Schultern herauf.

Und jetzt: sieht ihr zu, wie sie den Hügel, den der Handteller absetzte, hinabwärts absucht erneut.

Da tappt sie wirr, an den Fuß des Hügels gelangt, weiter, seitlich zunächst, wird umgestoßen vom Wind, müht sich auf erneut und ändert die Richtung.

Hinabhin, nochmals den Wellen entgegen.

Das verfolgt Joseph.

Und doch will er die Augen verschließen.

Übelkeit überkommt ihn und zustechend: Durst. Und Schmerzen packen die Eingeweide.

Da hört er im letzten Hinsehen noch Flügelrauschen im Rauschen des Meers, sieht die Wespe des Stammbaumtraums auffliegen über den Scherben.

Und Joseph kriecht aus dem Schatten des Nachens, unstet, auf Knie und Hände gestützt. Schleppt sich hin richtungslos, windgestoßen.

Bis er einhält und, geschüttelt am ganzen Körper, sich am Fuße des Hügels erbricht.

Kapitel 63
Die Augen

Zur Nacht hin, gegen Winter, im Gebirge Samariens war's, da stürzte Joseph vom Weg. Und er überschlug sich im Fall, fiel den Steilhang tief abwärts.

Auf dem Grund eines Grabens erwacht er frierend im Dunkeln. Richtet mühsam sich auf, noch kann er gehen.

Da stößt er tastend auf Knochen.

Seine Augen, kaum ans Dunkel gewöhnt, erkennen Gerippe, Reste zerschlagener Menschenschädel und Tierskelette.

Da sucht Joseph den Hang zu erklimmen zurück.

Die Finger aber, kältestarr, biegen sich nicht mehr zur Klammer, nachzuziehen den Körper.

Da läßt Joseph ab und sucht längs der Felswand, dem Hang gegenüber, auf dem Grunde des Grabens nach Höhlung, nach Schutz vor der Kälte.

Und wie er noch sucht, findet er, unterm Vorsprung der Felsen, den Leib einer Kuh. Und Joseph sah, vom Fall erschlagen, war sie noch unverwest.

Da strich er über ihr kaltes Fell bis hinab zu den Hinterbeinen. Die hatte sie längs des massigen Körpers gelagert, als habe sie sich verendend hierher geschleppt, fügsam den Leib in die Höhlung gewichtet, auf ihren Tod zu warten.

Und Joseph stieg hinter sie und schob und stieß und zwängte sich ein zwischen Kuhleib und Wandung des Felsens. Und als er glaubte, darin genügend Schutz vor der Kälte gefunden zu haben, schlief er ein.

Denn noch im Einschlafen fühlte er, daß der Platz, in den er sich hatte gedrängt, ihn wärmte. Und fand aufgehoben das kleine Maß Wärme, das sein erschöpfter Körper gab von sich, aufgehoben im Fell des Tiers, das die Wärme ihm aufhob und wiedergab, als sei Joseph vom Fell der Kuh gänzlich umnäht.

Und ihm wurde so warm in der Enge, daß er erwachte.
Da war es Morgen.

Und er fand, als er sich zwischen Stein und Tierleib hervorschob, halb tastend, halb sehend: den Nacken der Kuh rechtshin verbogen.

Da erschrak Joseph und hastig erhob sich. Und sah, daß die Kuh seitwärts bog ihren Nacken, ihr Kopf rückwärtshin nach ihm suchte.

Joseph aber, als träume ihm noch, stellte sich hin vor das Tier.

Und sah, daß der Nacken der Kuh sich streckte und ihr Kopf ihm folgte, während er sie umging.

Und fand, ob er vor ihr zur Linken hinschritt oder hin zur Rechten, daß die Kuh den Kopf schwenkte nach seinem Schritt und ihre Augen beharrten auf ihm.

Und nicht vorzustellen die Freude, die Joseph durchfuhr, da er Augen gefunden, die ihn sahen also und beharrten auf ihm.

Denn sie blieben ruhend auf ihm, wo er auch stand, ob er sich hierhin bewegte, ob dorthin.

Und gleich versuchte er's wieder, aus Furcht noch, er träume. Und schritt hin ein Stück und wandte sich rückwärts.

Und da: Sah sie hersehen zu ihm, die Augen.

Und schritt her, am Tier vorbei, und sah im Vorbeigehen folgen Nacken und Kopf.

Und wieder stand still und wandte sich rückwärts. Und wieder sah hersehen die ruhigen, die Augen, die beharrten auf ihm.

Da kehrte er um und kniete hin vor sie, ihr bestreichend den Kopf und den Nacken und die Stelle über den Augen.

Und sein Herz zitterte, da hersahen auf ihn die Augen des Tiers. Und sein Herz pochte zitternd, da er sich hinsehen sah in ihnen, den Augen des Tiers. Und er sah sich gesehen und sah sich kniend gewölbt im Weiß ihrer Augen.

Und sie beharrte ruhig auf Joseph.

Da, als er, sehend Gesehener, sie bestrich, öffnete sie ihr Maul. Und Joseph fühlte ihre trockene Zunge, daß sie dürstete, wie ihn dürstete.

Und er sprach zu ihr und nochmals ging ein Stück hin abseits, sah zurück, ob sie wäre.

Und abermals – wie zum ersten Mal – sah, daß sie hersah zu ihm, daß er war.

Da ging er los und suchte im Graben, ob er Nahrung fände für sie und für sich. Und als er fand zwischen Knochen dürftiges Gras, aber kein Wasser, da hob er die Augen und furchtsam blickte zurück.

Und sah sie nicht mehr.

Und sah nicht, daß er um eine Biegung im Graben gelaufen war, und wußte nicht, warum er sie nicht mehr sah.

Und stürzte zurück, um die Biegung zurück, bis er sie vor sich sah wieder, viele Schritte zwar noch entfernt, aber da:

Herwendend zu ihm Nacken und Kopf und Augen.

Und Joseph fraß von dürftigem Gras wie das Rind, bei dem er lagerte und zu dem er sprach und dessen Augen ihm folgten.

Kapitel 64

Der Blutbogen

Da träumte dem Joseph zur Nacht, er stehe noch auf dem Berg, auf den er mit Jesus gestiegen.

Und da er sich wandte im Traum, sieht er vor sich den Steinaltar und sieht:

das Opfer, nochmals in der Schwebe.

Denn quer über Holzscheite hin liegt obenauf rücklings gefesselt der Sohn.

Und es dröhnt Gottes Stimme: ›Ihn opfere mir!‹

Und Joseph, wie Abraham tritt er heran, wider Willen Abraham gleich, wider Willen *eines* Willens mit IHM. Schlachtmesserhand.

Da bricht, den Altarstein berührend, das Knie, bricht zusammen die ganze Gestalt, der abrahamitische Joseph.

Und er fällt, kauert kraftlos zerschlagen rücklings am Opferstein.

Und Joseph kann nicht. Nicht schlachten den Sohn. Er vermag es IHM nicht.

Sondern jetzt: Sammelt zerschlagenen Willen nochmals, und heftet und klebt und fügt dürftig zusammen, was er willentlich findet. Und Joseph umgreift das Messer erneut, noch im Sitzen, lehnend noch am Altar:

zieht den eigenen Kopf tief in den Nacken, reckt die Kehle hinauf und will nachziehen das Messer, spricht:

›Ich schneide mich auf!‹

Da öffnet, öffnet über ihm sich der Sohn, der liegt über Joseph, rücklings auf Scheiten gebunden.

Denn der Kopf des Sohnes, abwärts hängt er, überragend den Scheiterrand.

Und abwärtshin öffnet sein Mund sich, jetzt strömt herab Blut, quillt abwärtshin auf gebogener Bahn, trifft hin an die Lippen Josephs, dessen Mund sich eröffnet, es aufwärts gereckt zu empfangen.

Daß es strömt einwärts in Joseph hinein, ihn tränkend, ihn stillend, ihn zur Gänze im Bogen erfüllend, das Blut.

Kapitel 65
Joseph, der Sohn

Da erwacht Joseph vom Traum, aufgerissenen Munds, in den das Naß sich ergießt. Und Nachtregen schüttet, einwärts gebeugt vom Felsvorsprung her, abwärts im Bogen, und es füllt ihm den Mund.

Und erschrocken, im Bad noch des Traums, trinkt er's und stillt seinen Durst.

Und sieht auch das Tier, wie es säuft aus steinerner Traufe.

Und Joseph steht zitternd am Felsen im Regen, beströmt, und erinnernd das schrecklich stärkende Traumbild.

Denn es stand vor ihm, und er stand in ihm, daß er nichts anderes mehr sehen konnte.

Schrecklich aber war, daß sie Kraft gab, die Bilderflut einstürzenden Bluts. Daß der Strom lebendig brannte in ihm und er eintrank im Traum das Blut seines Sohns ohne Zögern. Es hinabtrank in sich ohne Furcht. Sich öffnend dem Aufgetanen ohne Schrecken darüber, wer's ihm gegeben und von wem er's genommen, das Blut.

Einem Berauschten gleich stand er im Regen. Wie einer, der stünde ebenso ruhig im Feuerofen der Töpfer.

Als aber der Regen nachließ, dachte Joseph: Wie soll ich deuten den Traum, das mir eingezeugt brennend Erfahrene, von dem ich getrunken?

Spricht ER nicht mir: ›Der Sohn hat den Vater getränkt. Sohnesblut fließt nun im Vater. Joseph ist Sohn geworden. Der Vater dem Blute nach Sohn‹?

Und Joseph fürchtete sich vor dem Bild und vor seiner Deutung. Denn er schloß für sich und sprach im Innern bei sich: ›Es bedeutet, daß Gott das verweigerte Sohnopfer nun fordert von mir. Denn hatte ich IHM nicht zugerufen: „Nimm mich statt seiner!“‹

Da erschien dem Joseph nochmals vor Augen das erste Auftreffen der Tropfen, die herabwärts ihn ansprangen im Traum.

Und er fühlte wieder – als geschehe's jetzt! – den Schmerz der sich ungewohnt dehnenden Sehnen und Stränge der Kiefer, als er weit auftat den Traummund, im Bogen aufzunehmen das wirkliche Blut. Und fühlte Freude schier Irrsinns, als Leben – alle Hindernisse durchbrennend – hinabstieg in ihn, Stufe um Stufe sich ausstach den Menschen, ihn schachtend, brennend und schächtend, ihn zersplitternd umzuschaffen inwendig.

Da wieder bezweifelte Joseph das Nachgedachte. Denn im Innern sprach er bei sich: ›Warum schüf ER mich neu erst, nur das Opfer zu tauschen? Was trägt ER im Sinn, mich auf dem Grund noch des Grabens neu auszustechen, mich in tiefer Dunkelheit zu betäuben mit Freude?‹

Und wieder wurde Joseph bewußt der Schrecken des Bildes, das er am eigenen Leib erfahren. Und er fürchtete sich vor dem Traum und dachte: Ich soll wahnsinnig werden an IHM. Überm Blut, das ich IHM zu opfern mich weigerte, soll ich wahnsinnig werden. Denn ich Wahnsinniger nahm auf in *mich*, was ER gefordert hatte für sich. Und die Freude darüber ist Wahnsinn.

Da war Joseph bedrückt und wandte sich ab und kehrte zurück, sich zu kauern unter dem Vorsprung der Felsen beim Tier.

Und er fand es nicht mehr.

Leer war es dort, nur felsige Wandung.

Kein Nacken, der sich wandte nach ihm. Und nicht mehr die beharrten auf ihm, die Augen.

So daß nichts blieb als der Traum. Nichts blieb als das gerade Bedachte. Nichts blieb, als darauf zu beharren.

Da sah Joseph es an nochmals. Sah, als sehe er mit Augen, was gerade geschehen und woraus er im Regen erwacht war. Sah das Bild, Bildersturz, stürzen auf ihn herab.

Sah, wie er trank.

Und hinsehend streckte er vor sich die Arme. Und fühlte Kraft in den Gliedern.

Und bog krümmend die Hände zu Klammern, stark genug, nachzuziehen übers nasse Geröll den Körper am Steilhang.

Da stieg er hinauf aus dem Graben.

Der letzte Zug aber – denn über den Rand der Grube hinauf zog er sich –, der gelang Joseph zur Mitte der Nacht.

Fünftes Buch

Die Räuber

Kapitel 66
Der Wächter

Pochenden Herzens blieb Joseph erschöpft am Rande der Grube liegen.

Nicht lang aber, da wurde er anderer gewahr, die umhin lagen und schliefen, unweit der Grube, aus der er gestiegen.

Und er schlich an ihnen vorbei bergabwärts, weil ihm in dieser Richtung nur wenige der Schlafenden lagen im Weg.

Kaum aber war er am letzten vorbei, der wie ein eingeschlafener Wächter abseits bei den Tieren ruhte, war Joseph gezwungen, zu halten und rasch sich zu ducken.

Denn dort hatten Tiere seine Witterung aufgenommen und eines der Pferde hatte gewiehert.

Da blieb Joseph reglos liegen und, nach einer Weile, langsam wandte den Kopf rückwärts der Wache zu, ob sie über der Unruhe des Pferds erwacht sei und, aufgestanden, schon suche.

Und sah, wie die Wache da lag, immer noch hingestreckt, schlafend. Da war es die Lage des Mannes, wie er bäuchlings hingestreckt lag – die rechte Wange auf dem Mantel ruhend, den Rist des linken Fußes bis zur Kniekehle des gestreckten Beins hochgezogen, in die Wärme dort einzutauchen der Kehle des Knies –, die war's, die Haltung des Schlafenden, die Joseph erinnerte an den Sohn.

Denn so hatte er Jesus oft schlafend gefunden nächtens im Haus. Auch in der Nacht auf dem Berg, als er hintrat an ihn, mit dem Seil den schlafenden Sohn zum Opfer zu binden, lag der Sohn wie jetzt dieser, der Wächter.

Da überkam Joseph, als er sah die ausgestreckte Gestalt des Wächters, der schlief, Sehnsucht, die Seinen wiederzusehen. Denn wie ein Zeichen wollte er lesen, was er so sah. Als habe der Sohn ihm gesandt ein Zeichen, ihn zu erinnern zurück. Ihn wie am Seil durch die Nacht zurückzuziehen nach Nazaret.

Oder war's anders zu lesen? Und der so Schlafende ihm Zeichen, daß niemals vergessen wäre das Binden des Sohnes zum Opfer? Sondern auf immer verstellt der Rückweg zum Sohn?

Da wollte Joseph umgehen diesen Erinnerer, den Wächter. So vorsichtig aber, daß er, ein Stück weit, doch enger hinging, wie verzaubert vom Anblick des heimlichen Zeichens.

Da fiel auch sein Auge auf eines der Tiere, eine Eselin, die stand nicht weit hinterm Schlafenden, den Pferden zur Seite.

Und Joseph sah, daß es die Eselin war, mit der er und Jesus aufgebrochen waren zum Berg, die war von berittenen Räubern weggeführt worden. Da schlich Joseph hin, sie loszubinden.

Die Eselin aber witterte ihn. Schon hergewandt war ihr Haupt, schon ihm zublickend, soweit es zuließ der Strick, der sie band.

Da, sacht, legte Joseph seine Hand auf die Nüstern des Tiers. Und strich bis hinauf zu den Ohren ihr, sie zu beruhigen, und tat, wie er gewohnt war einst.

Durch die Nähe des Tiers aber war ihm, als müsse er im Dunkel nur die Augen aufheben: Dort lägen sie schon, denen er zugehörte, dort schliefen Maria und Sohn am vertrauten Ort.

Und er band das Tier los, zog es leise davon.

Da – jemandes Hand!

Schnellt herbei – ihn ergreifend.

Und Joseph – halb reißt er sich los. Würde ganz sich losreißen und hält doch schon – wie gebannt vom ihn Haltenden.

Anstarrend ihn, der da zugegriffen.

Denn nicht nur war's, als risse sie ihn, diese Hand – die

erste Hand eines Menschen, die ihn seit der Opfernacht angerührt –, aus der Unsichtbarkeit der Geister zurück unter die Lebenden.

Sondern im ersten Augenblick schien es Joseph, als stünde Jesus selbst, kaum zehn Jahre älter, im Dunkeln vor ihm.

Der aber vor ihm stand, zugreifend, war der Wächter, der eben noch hatte geschlafen oder sich schlafend gestellt.

Und Augen und Stirn des Wächters ähnelten Augen und Stirn Jesu.

So daß Joseph, der die Kraft dazu wohl gehabt hätte, vollends vergaß, sich loszureißen vom Wächter. Und gebannt war von ihm, ihn anstarrte nur.

Und still und willenlos, erschrocken die Augen auf ihn geheftet, stand Joseph noch, als jener die Seinen herbeirief, die anderen Räuber, die er geweckt hatte mit Rufen.

Kapitel 67
Die Befragung

Und einige kamen und rings hielten Fackeln über den, der berauben wollte die Räuber.

Aber Joseph sah nicht auf die andern, sondern im wechselnden Flammenschein hingebannt aufs Gesicht des Wächters, dessen Ähnlichkeit ihn ergriffen. Und ließ sich gefangen führen von ihr, dieser Ähnlichkeit, die ihn band an den Sohn.

Da ruft einer: ›Wen hast du da, Jesus?‹

Denn den Wächter, der Joseph erfaßt hatte, den hört Joseph mit Namen gerufen: Jesus.

Und dieser Jesus, der Wachposten, der Joseph festhielt, antwortet dem Anführer der Bande:

›Eselin und Pferde wollt er uns wegführen, der Dreckskerl. Ich aber dachte, Jakobus sei es. Und daß mein Bruder, wider dein Befürchten, zurückgekehrt sei zum Vater.‹

Da tritt der Anführer der Bande, dem Jesus geantwortet hatte, an den Wächter und seinen Gefangenen heran und spricht:

›In der Tat. Als hätt er seinen totgeglaubten Bruder wiedergefunden, so starrt er dich an. Seht ihr? Mein Sohn hat ihn verhext!‹

Und willig lachen die andern. Da greift der Anführer Joseph am Schopf und wendet ihn her.

›Sprich! Woher kommst du? Wie hast du unser Versteck gefunden? In wessen Auftrag?‹

Und Jesus tritt Joseph ins Knie, daß er hinkniet vor dem Führer der Bande.

›Sprich!‹ befiehlt ihm auch Jesus.

Da öffnet Joseph den Mund. Und die Kiefer bewegt er, blickt verzweifelt empor zu dem, der ihn anherrscht.

Kein Wort bringt er heraus.

›Bist du stumm?‹ ruft der Anführer.

Aber Jesus, mit Gewalt zwingt er Josephs Kopf genickabwärts am Schopf, greift zerrend am Bart um das Kinn und dringt mit der Hand in den klaffenden Mund. Da ruft er, Josephs Zunge im Griff:

›Hab sie, die er vorgibt verloren zu haben!‹

Nochmals tritt der Anführer der Bande, der hieß Dymas mit Namen, näher an Joseph heran. Und Dymas spricht ruhig zu Joseph:

›Antworte, oder man reißt dir die Zunge heraus.‹

Und Dymas nickt zu Jesus, daß der loslasse den Griff um die Zunge.

Und Jesus läßt Joseph, der zitternd kniet. Anblickt den Anführer und nun öffnet den Mund zum Schrei.

Da schwillt das Geäder am Hals und bebt die Ader querhin der Stirn. Kein Laut aber entkommt Josephs Kehle.

Jesus ruft Dymas zu: ›Er lügt uns was vor. Siehst du nicht, Vater!‹

Und Jesus greift nach dem Messer, will dem Knienden durch die Zunge damit.

›Woher, sagst du, kam er?‹ unterbricht Dymas, der Anführer der Bande, Jesus, den Sohn.

Da deutet Jesus bergabwärts.

Und Dymas, sofort befiehlt er dem Jüngeren neben ihm,
bergabwärts zu reiten.

›Gemas‹, sagt er, ohne seinen Blick zu wenden von Joseph, ›sieh nach, ob er allein oder mit anderen hierher fand!‹

Zugleich aber weist Dymas seine Männer an, still sich zu
rüsten zum Aufbruch.

Joseph aber hatte nicht bergabwärts, sondern zum Graben hinüber gedeutet. Denn von dorther war er gekommen.
Und Dymas, der Anführer der Bande, sah es wohl, als er
fragte Jesus, den Sohn.

Und Joseph deutete, zitternder Hand, noch immer dorthin, da war Gemas, der Reiter, den Dymas aussandte, schon
auf und davon.

›Was willst du noch?‹ sprach da Dymas zu Joseph, denn
noch immer deutete der, schüttelnd den Arm hinüber zum
Abgrund des Grabens.

Da befahl Dymas dem Jesus, festzubinden an einer Hand
den Gefangenen, ihm Lauf zu lassen am Seil, daß er zeige,
ohne entkommen zu können.

So ging Joseph, von Jesus gebunden, stumm deutend zu
auf den Abgrund. Blieb stehen dort, gehalten vom Seil an
der Hand. Und wies mit der anderen hinab in den Grund.

Und Joseph, da sie verständnislos blickten, kniete hin.
Und nochmals, als habe er gerade den Rand erklommen der
Grube, kriecht er herbei.

Und stellt sich auf mühsam.

Und geht, am Seil immer noch, vorbei an dem Ort, wo er
schlafend gefunden den Wächter, den Jesus. Und deutet hin
auf den Ort und dann hinüber auf Jesus.

Und rasch legt er sich hin und stellt sich, als schliefe
er ausgestreckt, und zieht den Rist nach des Fußes, hinauf
zur Kehle des anderen Beins, wie schlafend gelegen war
Jesus.

Und steht wieder auf – schon lachen einige – und umgeht Jesus, der da gleichsam noch liegt, auf die Tiere zuhaltend.

Und plötzlich wirft beide Arme empor, den freien und den noch angeseilten, als habe er freudig wiedergefunden. Und dann deutet beidhändig auf die Eselin.

Und geht zu ihr hin und streichelt sie.

Dann – er deutet auf Jesus, der ihn hält noch am Seil – greift Joseph sich selbst, packt sich anderer Hand am Arm und zieht sich herbei, stolpernd vor Dymas zurück.

Da lachten welche, die zugesehen hatten dem Stummen. Und sie vermuteten, Joseph sei unter denen gewesen, die sie vor längerem in die Grube geworfen. Und es hieß, der Narr da habe's wohl überlebt. Und einer behauptete, er erkenne ihn wieder.

Dymas aber, ihr Anführer, bemerkte als einziger, daß dem Joseph gefolgt war die Eselin, ohne daß der sie geführt, noch herbeigezogen, noch zu sich gelockt hätte.

Sondern losgebunden war die Eselin hergetrottet zum Gebundenen, mit der Stirn ihm unter den Arm gefahren, mit dem Maul ihm unter die Hand, zu graben im Hohlen der Hand, als liege dort für sie ein Bissen bereit.

Da erkannte Dymas Joseph als Herrn, der kaum wiederzuerkennen war, nämlich als den Besitzer der Eselin, die sie ihm einst genommen am Berg. Und Dymas sagte es auch den andern.

›Mein Sohn Jakobus war damals nicht dabei. Ich aber erinnere mich. Denn der da kniet, der kniete auch damals vor mir. Aus Nazaret kam er. Und flehte ums Leben seines Sohnes. Ja, doch … Ist er das nicht? Sprich, bist du's?‹

Da verleugnete Joseph, schüttelnd den Kopf.

›Du lügst. Du mußt es doch sein, Nazarener. Ein Esel hat dich verraten!‹

Und wieder, unterm Lachen der anderen, leugnete Joseph.

›Warum versteckst du dich? Du wärst nicht, dessen Sohn ich verschont?‹

Da leugnete Joseph abermals. Und am Seil zog er sich hinüber, kriechend dem Abgrund zu. Und abermals deutete hinab, als verstünde er nicht, wovon Dymas gesprochen.

Und Dymas erzürnte. Und wollte Jesus das Seil aus der Hand reißen, einzuschlagen auf Joseph.

Kapitel 68

Die Verratenen

Es war aber im selben Moment, daß eintraf Gemas, zurückkehrte der Reiter, den Dymas ausgesandt hatte.

Und Gemas sprengte zwischen sie im Galopp.

›Ein Trupp Berittener‹, rief er, ›ist auf dem Weg herauf zum Versteck!‹

Und die Zügel herumreißend beugt er sich tief herab, Dymas zu: ›Vater, wir sind verraten. Jakobus reitet mit ihnen.‹

Joseph aber war nah genug, daß er's hörte.

Da bestieg Dymas das Pferd, das ihm einer herbeigeführt, und sah Jesus, wie er Joseph trat mit Füßen, ihn hinabstoßen wollte:

›In den Abgrund, du Narr, aus dem du gekrochen!‹

Dymas aber sprach zu Jesus: ›Hat er nicht Glück gebracht dir, dieser Stumme? Ohne ihn schliefst du doch noch. Uns aber hätten die nahenden Häscher den Garaus gemacht.‹

Da befahl Dymas, Joseph gebunden aufs Pferd zu setzen, das sonst Jakobus geritten. Und er hieß Gemas, seinen anderen Sohn, das Pferd hinter sich herziehen, auf den Gefangenen achten.

Was ihm Gemas aber insgeheim mitgeteilt hatte, daß nämlich Jakobus ritt unter ihren Verfolgern, das gab Dymas nicht an die anderen weiter.

Kapitel 69
Die Rückengeborene

Da ließ Dymas seine Rotte die Nacht hindurch reiten ohne Rast. Und er trieb sie an, wo immer sie säumten.

Und als, noch in den Stunden vor Morgengrauen, Regen fiel so dicht, daß einer kaum mehr das Pferd des andern sah, ließ Dymas nicht halten, sondern immer noch trieb sie an.

Und als einer vom Pferd fiel, ritt Dymas, ihr Anführer, herbei und herrschte sie an, da sie säumten.

Denn er sah nicht den, der vom Pferd gefallen im Schlamm lag.

Der Mann aber konnte sich nicht mehr aufrichten aus eigener Kraft, denn er hatte viel Blut verloren. Und während ihn zwei in den Stand hoben, ihn stützten, hörte Joseph sie sagen, der strenge Ritt habe ihm unverheilte Wunden an Bein und Hüfte aufgerissen.

Dymas aber, ohne vom Pferd zu steigen, hieß sie den Geschwächten hinter Joseph aufs Pferd heben, ihn aufrecht sitzend mit Stricken am Gefangenen sichern. Und sagte, der Rücken des Stummen werde ihn stützen.

Da hob man den Gefallenen zu Joseph hinauf, umband ihm notdürftig die Wunden und fesselte ihn an den Rücken Josephs.

Joseph aber hatte Mühe, sich während des Ritts aufrecht zu halten. Bewußtlos lag ihm im Rücken der Mann, schwankende Last, die ihn immer wieder drohte hinabzureißen.

Und als es Tag wurde, zählte Joseph sechzehn Berittene im Regen vor ihm, und vier, die mit Lasttieren folgten.

Dymas aber ließ sie nicht rasten, sondern trieb sie weiter. Und ließ nicht ab bis zum Einbruch der Nacht.

Da fand man Unterschlupf zwischen Felsen.

Sie lagerten aber erschöpft nicht beisammen, sondern in kleineren Gruppen, ins Trockene unter den Schutz der Felsen gedrängt. Und einige, obschon Dymas es verboten hatte, entzündeten Feuer.

Als man aber Joseph vom Pferd hob, ließ Gemas ihn gefesselt. Und Gemas hieß die beiden, die bei ihm saßen, Joseph neben den Verwundeten legen. Denn den Verwundeten hatten sie losgebunden von Josephs Rücken und herab zu Boden gelegt.

Da erst erkannte Joseph, daß es Jesus war, der ihm bewußtlos im Rücken gelegen.

Den verwundeten Jesus aber rückten sie näher ans Feuer, denn er wurde vom Fieber geschüttelt.

Und Gemas, mit ein paar Stößen, schob Joseph dicht an den Zitternden. Auf daß Joseph liege Rücken an Rücken mit dem Verwundeten und Josephs Rücken wärme den Rücken Jesu.

Da trat Gemas zu Joseph. Und in der Höhlung rußiger Hand hielt er ihm hin einen Bissen. Joseph aber war zu erschöpft, sich rasch genug zu recken hinauf. Da schob Gemas den Bissen in Josephs Mund, ungeduldig, wie einem Tier, das ihm fraß aus der Hand.

Als Gemas nun das Feuer verließ, sich zu beraten mit Dymas, hörte Joseph die beiden anderen, wie sie redeten über Gemas.

So erfuhr Joseph, daß Gemas nicht der einzige Sohn war des Dymas. Auch Jakobus und Jesus waren dessen Söhne, Halbbrüder des Gemas. Vor einem Jahr aber erst waren Jakobus und Jesus zur Bande gestoßen. Denn als Dymas vom Tod ihrer Mutter erfuhr, hatte er sie, lange von diesen Söhnen getrennt, holen lassen. Die Halbbrüder aber neideten Gemas, dem jüngeren, daß nur er das Vertrauen des Vaters genoß und der Vater ihn offen bevorzugte.

Da glaubte einer der beiden, die auf der anderen Seite des Feuers über Gemas sprachen, den verletzten Jesus im Fieber reden zu hören.

Und auch Joseph glaubte, Jesus im Fieber rufen zu hören nach seinem Bruder Jakobus.

Da vermutete einer der beiden, die über Gemas und seine Halbbrüder gesprochen hatten, der fiebernde Jesus kämpfe im Traum noch um seinen gefallenen Bruder Jakobus. Und sie sagten, Jesus riefe im Traum nach Jakobus, den er retten wollte.

Vor Tagen nämlich war Dymas' Bande in einen Hinterhalt geraten. Ein Trupp Söldner hatte viele von ihnen niedergemacht und selbst Jakobus, Dymas' Sohn, mußte halbtot zurückgelassen werden.

Jesus aber, den man verbissen zu Jakobus sich durchkämpfen gesehen, war von den Söldnern nahezu umstellt, als Dymas ihn, in den Kreis brechend, im letzten Moment rettend zu sich aufs Pferd zog.

Da setzte einer der Söldner nach und verletzte Jesus noch mit der Lanze an Hüfte und Bein.

Die Überlebenden aber flohen ohne Jakobus, gefolgt von Dymas und dem geretteten Jesus, ins Gebirge zurück.

So hörte Joseph die beiden sagen am Feuer, als er belauschte ihr Gespräch. Und lauschte hin noch, bis deren Stimmen immer leiser erschienen. Und zunahm das Prasseln Feuers und Regens.

Da entstand aber, noch bevor er entkräftet einschlief, Welt hinter ihm. Und ward kleinste Welt eingenistet, geboren hinter ihm, in der Enge zwischen den Rücken.

Denn unbeständig und heiß fühlte Joseph im Rücken das Bild, als sei es vom Fieber des Jesus entzündet, des verletzten, und sei vom Rücken des andern übergesprungen auf ihn.

Denn da trug Joseph – er sah's, das Bild – nochmals die Frau auf dem Rücken. Trug Maria zum ersten Mal.

Und sah sich selbst, wie er sie trug, von der Zisterne her die Wiese herab, nazaretwärts. Sah die Rückengetragene erst wachend getragen, dann schlafend seinem Rücken anliegen.

Und sah sich ankündigen ihre Ankunft, sah sie erwachen, erwacht.

Da lud er sie ab und wandte sich um nach ihr.

Und sah sie vor sich stehen: Da stand eine andere und war doch dieselbe.

Und Joseph fühlte und bestrich ihre Haut.

Schwarz wie Kohle war da ihr Körper. Und war weiß-umglüht das Blau ihrer Augen. Und beide ihm aufgetan, fremd, wie aus größter Ferne zu ihm gekommen. Und doch war sie vertraut, wie vom Anfang der Zeit her vertraut, beschert, ihm bestimmt, diese Frau.

Bestimmt dazu, sich einst vor ihn zu stellen. Aus seinem Rücken heraus vor ihn zu treten, daß Joseph sehe die Joseph von jeher im Rücken getragen, die Frau. Und daß sie ihm von heute an weise den Weg, der ihm bestimmt war, ihn begleite hinab und hinauf, diese Frau.

So träumte Joseph und so sah er's im Traum.

Denn im Engraum zwischen den Rücken – seines und des verletzten Jesus – sah Joseph entstehen die Welt im Rücken, die war diese schwarze Frau, geboren aus der Fieberwunde des Jesus, empfangen im Gefäß zwischen den Rücken. Und sie stellte sich aus Josephs Rücken heraus zum ersten Mal vor ihn hin, ihn zu führen den Weg durch die Einsamkeit, die ihm bestimmt war.

Da erkannte Joseph wieder die Frau, die er lange schon rückengetragen, ohne's zu wissen. Denn er wußte nicht, daß sie von jeher bei ihm gewesen, hatte sie nie gesehen.

Aber gerufen nach ihr hatte er, doch gerufen. Vierzehn Jahre war's her, in der Nacht nach der Flucht aus Nazaret. Und daran erinnerte Joseph sich jetzt, da sie vor ihm stand jetzt.

Erinnerte sich, wie er, vierzehn Jahre war's her, im Traum hing am Seil, das erste Ragebild eines vergessenen Tempels riesiger Ausmaße vor sich, das erste von vielen, die hinabwärts dann folgten.

Und erinnerte sich: So grenzenlos unermeßlich war der vergessene Tempel, daß er Joseph das Leben selbst zu sein schien, das unter ihm hin sich erstreckte.

Und erinnerte sich, daß die Dunkelheit und die Einsamkeit unter ihm damals so schmerzlich erschien, daß er aufgeschrien hatte nach ihr, nach der Frau.

Und erinnerte sich, daß er aufgesehen hatte damals, hinauf.

Und erinnerte sich, daß er eine sah, die seilte sich zu ihm herab.

Und erinnerte sich, daß die Frau, nach der er gerufen, nicht Maria war. Denn er erkannte sie nicht, die gerufen schon kam.

Jetzt aber, jetzt im Traum erkannte er sie, die Fremde, die war vor ihn getreten, die Längstvertraute, die er verzweifelt gerufen und ohne die nicht weiter hinab, nicht tiefer zu gehen wäre hinabwärts im Leben.

Da war schwarz wie Kohle ihr Körper und war weißumglüht das Blau ihrer Augen. Und schien tief hinab ihm voraus das Licht ihrer Augen, beschien beiden hinabwärts den Weg.

So war's, war von jeher gewesen. Aber jetzt erst, jetzt aus dem Rücken erstanden, war's neue Welt, neue Sicht auf das Leben. Und jetzt erst im Traum so erkannt und Joseph erinnerbar, beim Erwachen bewußt noch.

Denn Joseph hatte es so erfahren und mir bezeugt, daß er's so erfahren. Auf daß ich, Neith, ihm Zeugin sei. Wie auch ihr mir werdet Zeugen sein, ihr werdet's erfahren.

Solches also hatte geträumt Joseph, Rücken an Rücken mit dem fiebernden Jesus.

Und Joseph erwachte gefesselt bei Morgengrauen, wachgestoßen von Gemas' Tritten.

Denn Dymas befahl ihnen weiterzuziehen. Da hoben sie den Gefangenen unterm Felsenvorsprung hervor, hinaus in den Regen aufs Pferd und banden ihn rittlings wiederum an.

Und sie weckten auch den Verletzten, den Jesus. Da fand man das Fieber gewichen von ihm.

Er aber schien ihnen noch schläfrig und schwach. Und weil sie nicht länger säumen wollten, banden sie abermals ihn hinter Joseph aufs Pferd, an Josephs Rücken ihn sichernd.

Da zog man, als Dymas zum Aufbruch rief, weiter bei anhaltendem Regen.

Kapitel 70
Der Bericht

Sobald Jesus wieder zu sich kam und bei Kräften sich fand, beschimpfte er Gemas und die, die ihn an den Stummen gebunden hatten, und trug es ihnen mit Flüchen tagelang nach.

Und er zerriß seine Kleider und warf sie ins Feuer vor Joseph und den anderen zum Zeichen des Ekels, als hafte nun Aussatz an seinem Gewand.

Das aber geschah, als Gemas den Jesus zürnen hörte dem Stummen. Da wollte Gemas ihn beschwichtigen und sagte, der Stumme habe Jesus im Fieber nächtens doch den Rükken gewärmt. Jesus aber, kaum hatt er's erfahren, zog sich die Kleider vom Leib und stand nackt vor den Flammen. Und er glühte vor Wut, daß keiner wagte, ihn anzusehen.

Und Jesus stand beim Feuer und stach mit dem Stock ins Gehäufte und hob empor, was der Stock erfaßte, daß emporlodernd schneller fräßen die Flammen das vom Stummen beschmutzte Gewand, das Jesus abgelegt hatte.

Joseph aber sah nieder und fühlte um sich die Arme der Frau, der fremdvertrauten, die im Traum war zu ihm herabgestiegen. Und er saß im Schein ihrer Augen. Und hielt fest an ihr, wiederholend ihr Bild, wie er's erinnernd herbeirief, entsprungen dem Hohlraum der Rücken.

Und da, das Geheimnis des Bilds schloß ihn ein. Er sah und wurde gesehen und blieb darin unversehrt.

Tage darauf aber ließ Dymas durchschneiden Josephs Fesseln. Und Jesus höhnte ihn darum. Und er ging um und warnte alle, sie seien in Gefahr, denn Dymas habe dem Stummen die Fesseln durchschnitten. Jesus aber behielt Joseph im Auge.

So erspähte er ihn, als Joseph abseits sitzend mit ungebundener Hand unterm Lumpen hervor sich den Streifen Tuchs zog, den er bewahrt hielt an der Hüfte, den mit dem Stern.

Und Jesus sah, daß der Stumme sich den Streifen vor Augen hielt, lang ihn betrachtend. Und ihn zurücklegen wollte, zurück an die Hüfte.

Da sprang Jesus herbei und stracks schlug zu mit dem Stock.

Und der Streifen fiel hin, aus den Fingern geschlagen.

Und mit der Spitze des Stocks ward er aufgehoben, empor, und weggeworfen vor Joseph.

Und Jesus stieß ihn weg abermals, diesen Streifen, da er sah, daß Joseph nachsetzte, ihn wieder zu greifen.

Und abermals schlug mit dem Stock auf die Finger des Stummen, als sie greifen wollten danach. Stieß ihn weg wieder, den Streifen, weg.

Und rief dabei anderen zu, herzusehen, wie er den Stummen nachsetzen mache, zu erlangen den dreckigen Lumpen.

Und zuletzt zog er den Lumpen Joseph weg vor der Nase, unterm Lachen der andern über den Stummen, der immer nur wieder nachkroch, einen Zipfel davon zu erhaschen.

Zog das Stück dann, auf die Spitze des Stocks gespießt, bis zu einem der Feuerringe und warf's in die Flammen.

Und wie staunten sie, lachten und grölten, daß der Stumme, obschon Jesus ihn mit Stockschlägen abhalten wollte – ›Zu seiner Rettung doch nur!‹ wie Jesus rief –, hineingriff ins Feuer, ohne zu zögern.

Und auszog den brennenden Streifen, heraus. Ihn löschte am Körper. Sogleich aber zurück sich zog, noch während sie lachten, wegzuverstecken an sich, was er gerettet.

Da ließen sie ihn.

Aber wo immer Jesus Gelegenheit hatte, behandelte er den Stummen roh. Und er trat ihn mit Tritten, wenn er im

Wege stand oder nicht schnell genug wich. Und er verfluchte ihn mit Flüchen.

Dymas aber ließ Joseph dienen den Räubern, ließ ihn tragen und handreichen, ließ ihn Feuer machen und kochen, wo immer sie abstiegen und er rasten ließ seine Rotte.

Es war aber später am Morgen des Tages, als Dymas dem Joseph die Fesseln gelöst hatte und nachließ der Regen, da sprach Dymas zu den Seinen, die er um sich versammelte.

Und Dymas sagte ihnen, er glaube, man sei nun sicher vor den Verfolgern.

Jetzt auch sei Zeit, ihnen nicht länger zu verhehlen, was Gemas vor Tagen gesehen.

Da hieß Dymas den Gemas berichten, was er gesehen. Und Gemas trat vor und sprach zu ihnen: ›Ihr erinnert euch, als der Stumme war von Jesus entdeckt und mitten unter uns ins Lager gekommen, da sandte Dymas mich nachzusehen, ob der Stumme allein oder als Späher für andere, die hinter ihm folgten, gekommen sei. So erspähte ich – ich wollte schon kehrtmachen – unsere Verfolger: den Trupp, der uns nachsetzte. Und ich sah sie heraufdrängen, den Pfad auf unser Versteck zu. Da floh ich zurück, es zu melden.

Unter ihnen aber – denn jetzt sollt ihr's wissen – erspähte ich auch einen der Unseren. Nicht aber halbtot, wie wir ihn zurückgelassen vor Tagen, als Jesus, ihn zu befreien, verletzt worden war. Auch nicht gefesselt quer übers Pferd gebunden, sondern aufrecht sie führend, wohin nur *er* den Weg wußte: Jakobus, mein Bruder.

Denn Jakobus ritt mit unsern Verfolgern und führte herauf sie den Pfad.‹

So sprach Gemas. Darauf verwunderten sich alle, und schimpften und verdammten solchen Verräter.

Jesus aber schrie zwischen sie: ›Glaubt ihr dem Angsthasen dort, meinem Halbbruder Gemas?

Denn der war schon auf und davon, die eigene Haut zu retten, als ich vor Tagen noch einschlug auf viele, zu retten den einen, Jakobus, den Bruder.

Wo wart ihr da? Wo wart ihr alle?

Hätte Dymas, mein Vater – der ihn auch liegen sah, unseren Jakobus, dem Tod nahe liegen sah –, hätte er mich nicht aufgegriffen, Dymas, mein Vater, nicht mich gehoben aufs Pferd ... Jakobus hätte jetzt keinen Verteidiger mehr.

Gemas aber, der sich nun schuldig fühlt, meinen Bruder und mich im Stich gelassen zu haben – wie er wohl jeden von euch hätte im Stich gelassen –, Gemas will ihn nun schuldig sehen. Ja, sah meinen Bruder als Schuldigen, sah ihn in tiefster Nacht als Anführer gar unsrer Verfolger und sah also – hört mir her! –, sah *den* als Verräter, den er selbst hatte verraten.‹

So sprach Jesus zu ihnen.

Gemas aber blieb ruhig und antwortete, neben Jakobus seien Fackelträger geritten, sein Gesicht habe er sicher erkannt.

Jesus aber sprach: ›Jetzt holt, der sich schuldig fühlt, ihn zurückgelassen zu haben, noch Lichter herbei, holt sie sich her aus der Nacht, steckt sie dem zur Begleitung auf, den er im Dunkeln erkannt haben will.

Jakobus aber – Gemas, ich versichere's dir – hat dir längst vergeben die Flucht, hat allen vergeben die Schuld, als sie sich flüchten mußten, dem Hinterhalt zu entkommen, in den wir geraten waren. Sein Schwert zog die an, die hinter euch hergestürzt wären. Jakobus war's doch, der einen jeden von euch hat gerettet!‹

Da sah Dymas, daß Jesu Rede Wirkung hatte bei ihnen und manche offen anzweifelten Gemas' Bericht und Zwiestreit alle ergriff.

Und Dymas schritt ein und sagte, der Weg zum Versteck sei verraten worden, soviel sei doch gewiß. ›Von wem denn hätten die Verfolger gewußt, wo wir uns lagern?‹

Da aber lenkte auch Jesus ein, überraschend, und sprach: ›Daß Jakobus unter ihnen ritt, bezweifle ich weiterhin. Denn ich kenne meinen Bruder, kenne ihn besser als Gemas hier, der sein Gedächtnis will uns beschmutzen. Nur frage

ich mich – wie sich Dymas, mein Vater, wohl gefragt haben
muß –: Was, wenn sie Jakobus vor seinem Tod noch gefoltert hätten? Hätte der Bruder preisgegeben unser Versteck
unter Folter? Fragt euch! Denn wer von uns hielte stand
unter Folter? Und wär's so gewesen, doppelt fühlt ich mich
schuldig, wie jeder hier, den ich kenne, wie ihr alle: Jakobus, den Bruder, solcher Qual überlassen zu haben.‹

Da sah Dymas, ihr Anführer, daß Gemas' Zeugnis nicht
angenommen war bei den Leuten, und schwieg. Und er
selbst trug Zweifel, ob Gemas richtig gesehen habe. Denn
obschon er Gemas bevorzugte, liebte er seine drei Söhne
und trug schwer daran – Jesus traf es genau –, den einen
gerettet, Jakobus aber seinen Häschern überlassen zu
haben.

Kapitel 71
Der Spion

Wenige Tage darauf geschah es, daß einer von Dymas'
Männern Joseph abzusteigen befahl und ihn hieß, nach
einem Sack Getreide zu suchen, der auf dem Weg, den sie
gekommen, von einem der Lasttiere gefallen war.

Da ging Joseph zurück ein Stück Wegs, bis er sah den
Sack liegen am Wegrand.

Als er sich aber wandte, jenem zuzurufen, er habe gefunden, da war keiner der Bande zu sehen, Dymas und seine
Leute hinter der nächsten Biegung des Weges verschwunden.

Langsam ging Joseph die Schritte hin auf den Sack zu, es
mochten kaum mehr als dreißig gewesen sein.

Und es ging in ihm um, denn er dachte an Flucht. Er-
wägte aber auch, ob man ihn nicht – im Augenblick selbst –
prüfe.

Denn hatte, der ihm den Auftrag gegeben, nicht kurz

zuvor mit Gemas gesprochen? Und war Dymas nicht vorbeigeritten am Auftraggeber, ihm zuredend?

Joseph suchte sich zu erinnern. Und sah nichts mehr vor sich – nur den Sack, der mit jedem Schritt näher lag.

Und er dachte bei sich: Wenn jetzt einer zurückkritte oder sähe nach mir von einem Versteck aus, so sähe er: wie ich zehn Schritte, neun noch, acht, sieben, sechs vor mir habe. Und der mich so sähe, würde nur sagen: Der Stumme ist säumig.

Und Joseph dachte bei sich: Sechs Schritte, fünf vielleicht sind es noch, vier, drei, zwei ... –

Da hielt Joseph und wandte sich abermals um.

Und niemand kam hinterher, und war keiner zu sehen.

Da wandte er sich zurück und, im letzten Schritt erst, am Sack schon vorbei, hört er's.

Ein Wiehern.

Und bleibt im Erschrecken noch stehen.

Da war in der Richtung, aus der sie gekommen, hinter der letzten Biegung, ein Pferd sichtbar, vom Hügel nur halb verdeckt. Das Pferd schien reiterlos und scharrte im Sand mit dem Huf.

Joseph aber glaubte zu erkennen, wem es gehört. Und sah den Reiter doch nicht.

Da ging er geduckt auf den Hügel zu und spähte hinüber. Und sah, daß es Jesus war, der dahinter Steine setzte und fügte.

Da zog sich Joseph zurück. Hört aber selbst jeden Schritt, den er ging, die Böschung hinabwärts. Denn unterm Gewicht seiner Sohlen löste sich, hörbar noch, kleinstes Geröll, rieselnd hinab bis zum Fuße des Hügels.

Da, wieder beim Sack, lädt er rasch ihn sich auf. Schon hört er hinter sich Jesus zu Pferde.

Der sprengt herbei, herrscht ihn an, was er hier suche. ›Spionierst du mir nach?‹

Jesus aber, vom Pferd herab, schlug mit dem Stock auf Joseph ein. Da wußte Joseph, so sicher ihn traf dessen

Stock, daß Jesus Steine gefügt hatte, zu hinterlassen Zeichen und Richtung für andere, die Söldner und Häscher, die Dymas' Bande verfolgten.

Denn nicht nur fühlte er Jesu Hiebe wütender treffen, eindringlicher, rascher, Schlag für Schlag. Ihm wurde auch bewußt, daß sein wehrloses Hinnehmen der Schläge nur bestärkte Jesu Verdacht: Der Stumme weiß, wofür er geprügelt wird, denn er hat mich gesehen und gelesen das Zeichen, das ich gesetzt.

Joseph aber ließ es zu und wehrte sich nicht, und den Schlägen Jesu wich er nicht aus.

Denn im Moment, da er am Hügel sich aufgerichtet und Jesus erspäht hatte, wie dieser Zeichen legte zu aller Hinrichtung und Untergang, war es dem Joseph, als sehe er, wie damals sein Sohn gesehen haben mußte, als er aufstand hinter dem Felsen und erspäht hatte den Vater, der am Steinaltar stand, das Messer zur Hinrichtung seines Sohns schon in der Hand.

Und Joseph wich den Schlägen nicht aus, weil ihm schien, daß in Jesus, dem Sohne Dymas', *sein* Sohn ihn schlug, strafend Joseph für jeden Stein, den er gesetzt und gefügt hatte zum beschlossenen Opfer und Untergang Jesu.

Da ritt der ihnen entgegen, der Joseph den Auftrag gegeben hatte, aufzulesen den Sack, der vom Lasttier gefallen war.

Und der ritt nun herbei und schimpfte auf Jesus, daß er mit Schlägen aufhielt den Stummen, der trug geschultert den Sack.

Jesus aber gab vor, er habe geglaubt, der Gefangene wolle fliehen.

Da trieb der andere Joseph voran, zurückzutragen den Sack, ihn aufzubinden dem Lasttier.

Und Joseph eilte voran und entkam weiteren Schlägen. Er wußte aber nicht, ob andere – etwa Gemas oder Dymas – ihn hatten beobachtet: Flieht unser Gefangener, sobald er sich glaubt allein? Und Joseph wußte nicht, ob deshalb zurückgeritten war jener, nach Joseph zu sehen.

Sondern er ahnte nur eines: Daß Jesus sich wußte entdeckt. Von Joseph entdeckt. Denn Joseph hatte ihn Zeichen hinterlassen sehen den Verfolgern.

Joseph aber schloß daraus: Nun muß Jesus fürchten, daß ich ihn an Dymas und Gemas verrate.

Da war Joseph sich sicher: Jesus wird mich bei nächster Gelegenheit töten.

Kapitel 72
Der Dämon

Es war aber wenig später, als sie vorbeizogen an Jerusalem und kamen ins Hochland Judäas, nahe bei Bethlehem, der Stadt Davids, daß Dymas hielt vor Abend im Hügelschatten, sie absteigen ließ und ruhen.

Und Joseph sammelte Holz fürs Feuer.

Da sah er, vom Kamm aus des Hügels, weidendes Tier am Fuße der anderen Seite.

Auch ein Bauerngehöft sah er in guter Entfernung. Und fern eine Frau, schattenschwarz so fern.

Die schritt hervor aus dem Rauch, der aufstieg vom Hof. Und Joseph glaubte zu sehen, sie trug auf dem Kopf einen Krug.

Da war's, als stünde sie still, den Arm erhoben zum Krug. Und da war's, als sähe sie her, zu Joseph her aus der Ferne.

Und Joseph sah aufsteigen Rauch, schlank und gerade. Und bei Windesstille stillstehen auch sie.

Des Nachts aber, als alle schliefen, erwacht Joseph in Schrecken. Denn er glaubt: Es ist Jesus, der sich über mich beugt, mich zu würgen.

Da war es ein Fremder.

Der aber beugt sich über ihn und mit blutigem Finger bestreicht ihm die Lippen, daß der Sudel träuft bis hinab in die Winkel des Munds. Und der Fremde behaucht die Stirn Josephs mit Hauch, der roch nach rauchendem Blut.

Da erhob sich der Fremde, schritt hin zum nächsten und, sich über ihn beugend, bestreicht seine Lippen mit Blut. Darauf senkt er zur Stirn herab seinen Mund und behaucht mit Bluthauch den Schläfer, wie er behaucht hatte Joseph mit blutigem Hauch.

Und so ging er um und beugte sich über alle, die schliefen.

Und allen von Dymas' Leuten, die lagen und schliefen, bestrich er die Lippen mit Blut seines Bluts und behauchte die Stirn eines jeden mit dem Rauch seines Bluts. Und bevor er verschwand, war keiner, der wachte, nur Joseph erwacht.

Da schlief Joseph nicht mehr. Sondern lag in Angst und Zittern, weil er ahnte, was sie alle hatte erfaßt. Daß auch er wäre besudelt damit. Daß ihn dürsten würde und hungern danach. Denn nach Grausamkeit schmeckte, bis in die Mundwinkel hinein, die sich auftaten, das ihm Aufgeträufte.

Und mit der Spitze der Zunge fuhr Joseph an seiner Lippe entlang. Und sogleich schoß ihm Wut zu, und dürstete Blutdurst erhitzend die Glieder. Und er vergrub die Hände im Boden und hielt sich fest an den Wurzeln.

Da ahnte Joseph: Schon am Morgen ginge es um unter allen. Und die Hitze würde sich stärken im Kreis. Und bald wär's beschlossen und rasch darauf ausgeführt. Denn es war längst beschlossen, über den Schläfern gestiftet vom Fremden, einem Engelsdämon, der umgegangen war unter ihnen und hatte sie alle mit blutiger Botschaft beträuft und behaucht.

Da hörte er einen von Dymas' Leuten, der lag bereits wach hinter ihm. Geweckt, so dachte Joseph, vom Fremden wie ich.

Und der spielte auf einer Flöte drei Töne, die sich nicht zueinander finden wollten, nur flohen her voreinander, hastig geblasen. Da war's Joseph, als höre er am Rande der Töne etwas wie Menschenschrei, der um die Töne her wuchs, abgerissen nur immer vom Schrei, der wuchs um den nächsten.

Und Joseph sah hin, daß, der erwacht war, blies auf knöcherner Flöte, die war aus Menschenknochen geschnitzt. Und hörte hin, dass der Mißton Schrei war, als spräche der Knochen vom Verbrechen immer des Schnitzers, der aufgewacht war, auf Menschen zu spielen. Und als Joseph hörte den Mißton, dessen Schreie flohen her voreinander, wollte er ausweichen um sein Leben.

Bei sich aber dachte er: Zwingen muß ich sie, mich in Fesseln zu legen. Damit mir die Hände gebunden sind, wenn ausbricht der Durst nach dem Blut.

Joseph fürchtete aber, daß, was immer er anstellte, um in Fesseln gelegt zu werden von ihnen, Jesus zum Anlaß nähme, ihn zu töten.

Da lag Joseph angstgebannt lange und wußte nicht, wie er's anstellen sollte, sich zu retten vor dem Kommenden, das beschlossen war.

Als aber graute der Morgen, die ersten erwachten, sich zu den Tönen der Flöte erhoben vom Lager, stand Joseph auf, griff flink das Messer des nächsten und lief hin und ritzte die Säcke und Schläuche auf, die bei den Packeseln lagen.

So daß ausflossen Trank und Nahrung.

Und man sah ihm noch mundoffen zu, als er wie ein Verrückter auch begann, zu zertrümmern die Krüge, sie aufhob und am Boden zerschmetterte.

Da ergriffen ihn welche.

Und Joseph sah herbeieilen Jesus.

Von vorn auf ihn zu rannte Jesus mit gezogenem Schwert und kam atemlos nah.

Da schlug einer den Stummen von hinten bewußtlos.

Kapitel 73
Die Unschuldigen

Als Joseph erwachte, stachen ihn Rauch und Brandgeruch. Bäuchlings fand er sich über ein Tragtier gebunden, an Händen und Füßen gefesselt.

Das Tier, auf dem er lag, stand mit anderen Tragtieren gebunden an einen Baum nah beim Gehöft. Es war aber das Gehöft, das er am Abend zuvor vom Kamm des Hügels aus liegen gesehen.

Und als Joseph sah, wie die Rotte verfuhr – denn kaum zwanzig Schritte vom Baum entfernt sah er sie hasten übers Gehöft Schreienden hinterher, sah sie Fliehende durchrennen mit dem Schwert –, da dürstete es Joseph: unter ihnen zu sein.

Denn mit Dymas, Gemas und den anderen hungerte es ihn zu rasen, zu rauben, zu morden, zu spießen und hängen.

Und er reckte wutrot den Kopf von der Flanke des Lasttiers und schrie stimmlose Grimassen, als könnten die Vorbeihastenden hören den Stummen, sein ›Schneidet mich los!‹ und sein ›Laßt mich hinzu!‹.

Denn der Stumme gierte hinüber, flehte an, wen immer er rauben sah, wen immer durchspießen flüchtige Bauern. Und er zerriß sich die Ecken des Munds, der stumm schrie:

›Holt mich, daß ich's euch zeige!‹

Und wenn Joseph die Räuber aus dem Haus zerren sah Männer am Fuß, Frauen am Schopf, schrie jammernd sein Mund:

›Laßt's *mich* machen, her mit mir!‹

Und winselnd sprach seine stumme Grimasse: ›Nehmt mich doch mit!‹, als er sah welche, die nicht schonen wollten der Kinder.

Aber es beachtete im Blutrausch keiner den Stummen, sah niemand sein Drängen, sein Betteln und Flehen, loszubinden und loszulassen den Wütendsten unter ihnen. Denn als die Flammen Haus und Hof fraßen, wandte keiner im Rausch noch den Kopf.

Joseph aber rüttelte wilder nur an den Fesseln, daß sie sich tiefer rissen in seine Gelenke. Und aufgeweicht drang die Fessel durch seine Linke hinab bis zum Knochen.

Er aber fühlte nicht Blutfluß noch Schmerz. Denn es war die Schärfe der Grausamkeiten, die Joseph gewillt war zu tun: *Die* saß ihm im Knochen. Und schnitt tief nur, immer tiefer, ihm zu sprengen die Fessel.

Schließlich brüllt Joseph stumm geifernd zur Rotte, die Mundwinkel platzten ihm auf:

›Vors Messer! Ich stoß sie euch durch.‹

Da verschloß windgestoßener Rauch ihm die Sicht. Noch aber vor Gier hielt er geöffnet die Augen.

Er hört: windhergestoßen Wassergeräusch.

So leise aber, daß er einzelne Tropfen heraushört, wo eben noch Brandlärm und Schrei zerrissen die Luft.

Und sieht windstill weilen den Rauch.

Da sieht er: teilt sich der Rauch.

Sieht: Sich nähern eine Frauengestalt.

Die tritt hin, bis vor sein Gesicht. Und mit Wasser bestreicht ihm die Lippen.

Und Joseph sieht, es ist Wasser aus ihrem Krug.

Und ihr Finger ist schwarz. Schwarz wie der Rest ihres Leibs, schwarz wie Kohle.

Und Joseph schließt seine Augen.

Da fühlt er die Kuppe des Fingers. Die ist warm wie sonnengewärmte Rinde des Brots.

Und die Frau führt ihn, der die Augen geschlossen hält. Und sie zieht ihn herbei an der Hand.

Und den Rauch teilend geht sie voran.

Und als sie hält wiederum, da bestreicht sie Joseph mit Wasser die Augen.

Mit Wasser, das fließt übers Lidrund bis in die Winkel der Augen.

Und als Joseph die Augen aufschlägt, senkt sich Abendlicht übers Land.

Da führt ihn die Frau in die Stadt Davids, ins goldene Tor Bethlehems führt sie voran.

Und hält, hält ein letztes Mal, unterm Bogen hält an.

Denn dort im Tor Bethlehem umarmt sie ihn. Als ihren Mann unterm Bogen des Tors umarmt sie den Joseph. Und beugt ihn zu sich herab.

Und küßt ihn im bogenen Eingang liebevoll lang: Küßt ihn als Braut.

Da fiel Regen.

Und Joseph erwachte, bäuchlings gebunden quer überm Packtier.

Und ein Reiter der Rotte zog's hinter sich her.

Dichter Regen aber floß Joseph über die schmerzenden Hände und Füße. Und er wollte sich winden und vermochte es nicht. Denn als sie sahen, daß Joseph sich suchte loszureißen, hatte man den Stummen, trotz seiner Wunden, noch enger ans Tier geschnürt.

In den Lachen des hufzertretenen schlammigen Pfads aber sah Joseph schwimmen die Asche des Brands, die der Regen von ihnen wusch.

Und sah in Pfützen sich sammeln das Blut der Unschuldigen, das abfloß von der Reihe der Reiter, die hatten sich damit besudelt.

Und auch von Joseph troff Blut noch. Denn wo er sich gerissen hatte, eins mit dem mordenden Haufen zu sein, troff's an den Fesseln und fiel ununterscheidbar von seinen Händen ins Blut der andern hinab.

Kapitel 74
Der Sündenbock

Hinter Bethlehem ließ Dymas die Bande ostwärts reiten, zu nächtigen in der Wüste Jeruel.

Und erst am Abend, als der Regen sich legte, stiegen sie ab.

Da sie aber verteilten den Raub, erkannten sie, daß das meiste, was sie an Gütern, an Kleidern und an Gerät sich aufgeladen und fortgeschleppt hatten, von Feuer und Wasser verdorben war, die Kleider aber versengt, schäbig oder zerrissen.

Und sie beschuldigten einander, von den Bauern versteckte Schätze, die sie angeblich gesehen, zwischen den Leichen oder in brennenden Trümmern liegengelassen zu haben.

Und Dymas sah, daß Mürbe und Mutlosigkeit fiel über alle, als erwache die Bande aus einem Rausch. Er schwieg aber still, obwohl er die Männer ihm grollen hörte.

Da rief Jesus sie auf, zu schlachten zwei Böcke von den Tieren, die man den Bauern geraubt. Und sie entzündeten Feuer und schlachteten und brieten die Böcke.

Als aber Jesus sah, daß Gemas hinging, auch dem gefesselten Joseph davon zu essen zu geben, kam er herbei und sprach:

›Paß auf, wen du fütterst! Verschlingen will er uns alle. Ein Raubtier, der da. Gib ihm ein Messer, und er drischt's durch die Kehle dir.‹

Da war Gemas zögerlich geworden und warf zu Boden, was er dem Stummen gebracht, und wandte sich ab.

Joseph aber hatte gehört Jesu Worte, und ihm schien: sollte sie hören. Denn ihm war, als spräche Jesus vom Opfermesser, das Joseph in der Hand gehalten, als er den Sohn zum letzten Mal sah. Ja, als reichten die Worte seines Anschuldigers noch weiter zurück, Jahre hinab, bis in den Garten des Römers. Denn als habe zugesehen sein Widersacher zur Stunde selbst, habe herabgeblickt aus der Krone des Baums noch, darunter Joseph dem Aufseher schlug durch die Kehle, so klangen die Worte Jesu in Josephs Ohr.

Joseph aber, gefesselt, suchte näher zu rücken ans Stück, das Gemas fallen gelassen. Und ohne Gebrauch der Hände, die man ihm rückengebunden, stieß er und rückte er, mit Nase und Wange, ins Eck sich den Bissen.

Und er nagte mit den Zähnen daran wie ein Hund.

Da kam Jesus zu ihm, kam allein.

Und als Jesus ihn kauen sah, beugte er sich herab und sprach:

›Verdient hast du nichts. Hast dir die Hände nicht blutig gemacht. Frißt faul, Unschuldslamm, was andere geschlachtet. Schlimmer noch: du bist im Glauben, gefangen entkommen zu sein. Zu liegen in Unschuld gefesselt.

Du meinst, du hättest nur angesehn, was andere ausgeführt, nur zugesehen von Ferne. Nicht aber selbst eingerissen die Leiber, nicht selbst auslaufen lassen, wodurch wir gewatet.

Ich aber sage dir, Stummer, und versichere dir: Einer hat deine stummen Schreie gehört und zählt sie dazu. Mehr noch.

Denn hättest du dein Leben heute morgen nicht zu retten gesucht, hättest nicht eingerissen die Säcke und Beutel und zerschlagen unsere Krüge, so wäre kein Hunger, kein Gedanke an Durst uns gekommen. Und niemand hätte gesprochen: Woher nehmen wir's uns?

Sondern wir hätten's gehabt, hätten es bei uns getragen in vollen Säcken, in Beuteln und festen Krügen, randvoll, und wären friedlich vorbeigezogen an jenem Gehöft. Und du – hättest das Leben der Unschuldigen gerettet.

Weil du aber selbst unschuldig bleiben wolltest und andere listig zwangst, dich zu binden, um ja nicht schuldig zu werden, gib dir jetzt alle Schuld!

Denn „unschuldig" gebunden, hast du aufgerissen den Anfang, den ersten Funken geworfen, hineingeblasen und aufgebläht uns Flammenhunger und stechenden Durst. Du hast, sage ich dir, jeden der Stiche gelenkt, die fielen vor Bethlehem, jedes Schwert geführt, das zustach und trank, das zustach und fraß. Denn in deinem Namen wurde vergossen.

Du aber dünkst dich immer noch schuldlos!

Jetzt willst du ihn ausspucken, den Bissen? Ist dir im Halse steckengeblieben, den er dir hingeworfen? Schmeckt dir nicht mehr? Wärst du daran erstickt, ich hätte dir deine Schuld vergeben.‹

So sprach Jesus zu Joseph.

Dann ging er und setzte sich zu Gemas hinüber, der saß mit anderen.

Im Winkel aber, wo Joseph lag, waren ihm ihre Stimmen hörbar, als säßen sie wenig über ihm.

Da hörte Joseph reden den Jesus:

›Nun blickt nicht so sauer. Gebt zu, die Böcke schmecken besonders gut. Genau was wir brauchen, nach solcher Strapaze. Rast und Ruhe. Das erinnert mich an den Alten, der bei uns wohnte und unserer verwitweten Mutter ein Zugeld gab, daß wir nicht verhungerten. Da warst du wohl gerade geboren, mein Gemas. Dymas aber, der Vater, ließ sich viele Jahre schon nicht mehr blicken bei uns.‹

So sprach Jesus. Und Gemas, der Verdacht nahm, Jesus wolle die schwarze Stimmung der Männer nutzen, sich gegen Dymas zu wenden und anzuzweifeln den Mann, der sie führte, antwortete ihm vor den Männern und sagte:

›Gib acht, wie du redest. Immer nur klagst du an und spielst mit dem Feuer.‹

Jesus aber gab Gemas zur Antwort:

›Was willst du? Vom Alten rede ich nur, der wohnte bei uns. Von seinen herrlichen Böcken aus alten Tagen red ich doch nur. Denn er erzählte uns, den „verwaisten Junghelden“ – wie er uns Kinder nannte –, von seinem Vater und von dessen Vater wiederum und von seinem Urgroßvater. Denn ihm und den Seinen war der Vater jeweils geblieben. Und so trug sich die Geschichte von jenen Böcken weiter hinauf bis zu ihm und zu uns.‹

Da rief einer dazwischen mit vollem Maul: ›Von welchen Böcken denn?‹

Und Jesus fuhr fort:

›Die Vorfahren jenes Alten aber lebten in der Nähe eines Dorfes – wo, weiß ich nicht mehr, es war wohl im Süden. Und sie hielten den Brauch, alljährlich am Tag der Versöhnung, einen Sündenbock aus dem Dorf zu treiben, hinaus in die Wüste. Ein zweiter war als Schlachtopfer bestimmt und den ließen sie nicht.

Der andere Sündenbock aber wurde, wie er uns erzählte, bei den Hörnern mit einem blutroten Wollfaden umwunden und aus dem Dorfe hinausgetrieben.

Nun erklärte der Alte uns, wie seine Vorfahren es hielten: Denn am Tag selbst lagen sie auf der Lauer, unweit des Dorfes. Und folgten dem Tier und den beiden, die's trieben hinaus. Und sie wußten, die werden das Tier stürzen von einem Felsen, vorbestimmt, in den Abgrund hinab einer Schlucht. Unten aber warteten schon welche der Seinen, versteckt, daß man herabstürze den Bock. Denen halfen die andern wenig später und warfen Seile hinab, das Erschlagene wieder heraufzuschaffen.

Kein Fleisch aber habe ihnen je so geschmeckt, sei so sättigend gewesen, so stärkend-versöhnend wie das Fleisch des alljährlichen Sündenbocks, den sie sich schnappten.

Denn die Sünden der andern, erzählte der Alte uns, seien besonders nahrhaft und hielten lang vor.‹

So sprach Jesus zu Gemas und anderen.

Joseph aber, der hörte, wie sie lachten darüber beim Essen der Böcke, dachte und sprach im Innern zu Gott:

›Und wessen Sünde ist so groß, daß sie durch den Tod des Sohnes gesühnt werden müßte? Stumm hast DU mich gemacht – wie ich ihn, den Aufseher, stumm geschlagen. Aber hast DU mein Leben gerettet, wie ich das des Sklaven gerettet, als ich ihn losschnitt?

Vielmehr hältst DU mich angebunden unter Sündern und machst mich zu ihrem Sklaven. Und DU läßt mich bestreichen vom Engel mit Blut, dann aber führen von Frauenhand bis unters Tor.

DU verfährst mit mir, wie Du willst.

Wo ist da Gerechtigkeit, daß ich's verstünde?‹

So sprach Joseph im Innern bei sich und lauschte, daß er Antwort vernehme.

Es drangen aber die Stimmen der anderen wieder zu ihm, die saßen beisammen.

Und Joseph hörte sprechen den Jesus:

›Versteht einer von euch, warum Dymas, mein Vater, uns unentwegt weitertreibt? Und ziellos umher, wie mir scheint. Wohin soll es denn gehen? frage ich mich. Längst hätten wir wenden sollen, zurück nach Samarien.‹

Da sprach Gemas:

›Ich vermute, es geht in den Graben. Von dort aber wohl hinauf, den Jordan entlang, Mitternacht zu.‹

Und weiter ließ Jesus sich hören:

›Reiten läßt Dymas, als säßen uns noch immer Verfolger im Nacken. Unsere Männer aber brauchen Ruhe und Rast, ein paar Tage, wieder zu Kräften zu kommen.‹

›Dann geh doch und rede mit ihm‹, sagte Gemas. ›Von mir läßt er sich nicht umstimmen.‹

Da sprach Jesus:

›Immer eigenartiger wird unser Vater, scheint mir. Unverständlich ist mir zum Beispiel, warum wir den Stummen hinter uns herziehen. Der uns doch alle gefährdet und uns mutwillig Schaden zufügte, als er die Krüge zertrümmerte und die Schläuche und Säcke durchstach, ihr seid Zeugen.

Denn zu nichts ist der nütze. Und der Esel, auf den wir ihn binden, könnte wahrhaft anderes tragen, einige von uns zu entlasten.

Nein, in ständiger Gefahr schweben wir, wenn ich's bedenke: Der Stumme könnte sich nochmals befreien. Und einigen von uns das Messer in die Kehle stoßen, bevor er entläuft.

Wenn er aber entläuft, wird er uns andere hinterherhetzen. So wahr ich hier sitze, ich weiß nicht, warum Dymas nicht einschreitet. Warum unser Anführer uns nicht schützt vor solcher Gefahr.‹

Nun murrten einige und stimmten Jesus zu und sagten, Joseph sei nur gefährliche Last, zu nichts nutze.

Da sprach Gemas zu Jesus:

›Hast du nicht gehört, wie der Vater zu dir sprach vor einiger Zeit, er habe dir Glück gebracht, jener Stumme? Und uns Glück gebracht in der Nacht, als er zu uns stieß und ich hinausritt, entdeckte unsere Verfolger? Und gerade noch rechtzeitig, wie wir dann sahen. Du erinnerst dich nicht?‹

Da antwortete Jesus:

›Das sehe ich anders. Denn daß uns nachgesetzt wurde, sah ich als Unglück. Und das Zeichen dafür war dieser Stumme.

Unglück verfolgt uns seither – sonst hätten wir heute nacht reiche Beute verteilt. Statt dessen war's, richtig besehen, kaum mehr als verkohltes Lumpenzeug – wie es dem Stummen dort klebt am Leib.

Aber du, Gemas, bist nicht weniger unvernünftig, scheint mir. Bringst dem Stummen noch zu essen, der es sich nicht verdient.‹

Da sprach Gemas zu Jesus – aber erst, als die anderen aufstanden, näher ans Feuer zu rücken, er sich allein glaubte mit ihm:

›Vor einiger Zeit, Bruder – ihr wart noch nicht lange bei uns, du und Jakobus, der Vater hatte euch holen lassen nach dem Tod eurer Mutter ... –‹

Schon unterbrach ihn Jesus: ›Was erzählst du mir meine Geschichte?‹

Da antwortet Gemas ihm:

›Du fragst, warum Dymas ihn hält, diesen Stummen, ihn immer noch mit uns führt. Ich sage: Wenige Zeit nachdem ihr zu uns gekommen wart, da war sich – ihr beide habt es sicher bemerkt – der Vater keineswegs sicher, ob er nicht einen Fehler gemacht, euch aus Sepphoris zur Bande zu holen.

Denn damals, du erinnerst dich, wart ihr nur immer gram dem Vater, wütend, daß er eure Mutter verlassen und später euch, wie Verwaiste, ließ ohne Nachricht von sich.

Und Dymas erwog, ihr habt es geahnt, euch abermals aufzugeben. Euch fortzusenden und zu verlassen.

Da war's eine kleine Gruppe von uns, die – erinnerst du dich? – jenem Stummen begegnete. Du selbst warst dabei, dein Bruder Jakobus aber mit anderen fern in unserem Versteck in den Bergen. Erinnerst du nun?‹

Da sprach Jesus: ›Keine Ahnung, wovon du sprichst.‹

Und Gemas antwortete:

›Wir zogen den Berghügel abwärts auf Pferden, auf engem Pfade war's. Da kamen entgegen uns Vater und Sohn, die hinterherzogen eine Eselin. Die beiden aber wollten an uns vorbei. „Auf dem Berge zu opfern", so hieß es.

Es war aber jener Stumme, waren er und sein Sohn. Denn Dymas erkannte ihn wieder.

Damals nahmst du das Lamm, das sie auf ihr Tier hatten gebunden, trugst es Dymas zu. Da fiel dich der Sohn an und will's dir nicht lassen, das Tier. Denn es sei ja ihr Opfertier, schrie der Sohn.‹

Jesus unterbrach Gemas abermals und sprach:

›Ich erinnere mich dunkel. Nur, warum erzählst du das alles, schaffst es herauf? Es sei denn, du behauptest – was ich immer heimlich vermutet habe –, daß der Stumme nur spielt. Denn damals war er nicht stumm gewesen, sondern schrie lauthals zu Dymas hinauf um sein Leben!‹

Da antwortete Gemas dem Jesus:

›Dann erinnerst du also! Aber erinnerst nicht das Entscheidende. Daß er Dymas nämlich nicht um *sein* Leben bat, sondern um das seines Sohnes. Dessen Name aber war deinem gleich: Jesus. War also „Jesus" der Name, den er Dymas hinaufschrie.

Und Dymas merkte auf, als er hörte den Namen und sah, wie der Vater sich hergab, seinen „Jesus" zu retten. Zeichen schien's Dymas, nicht nachzugeben den eigenen Zweifeln. Sondern dich, Jesus, und deinen Bruder Jakobus nicht aufzugeben.

Da hatte der, der jetzt stumm ist und dir unnütz erscheint

und gefährlich, um *dich* geschrien zum Vater, ohne's zu wissen. Und dich gerettet, ohne's zu wissen. Aber auch du wußtest es nicht, wie ich sehe.‹

Da schwieg Jesus, stand auf und entfernte sich.

Auch sprachen die andern kein Wort mehr, das Joseph im Winkel vernahm.

Kapitel 75
Der Losgeschnittene

Nun kam zur Nacht einer, als Joseph schlief, der durchschnitt ihm die Fesseln und schlich sich davon.

Joseph erwachte, vermochte aber nicht zu erkennen, wer es gewesen war. Sondern mit freien Händen wandte er sich um und sah, daß alle schliefen und ihn, wo er lag, niemand beachtete. Und Joseph dachte: Vielleicht war es Gemas, der sich meiner erbarmt.

Sogleich aber fiel ihm auch Jesus ein. Der allerdings hätte ihn losgeschnitten aus anderem Grund.

Und Joseph fühlte: Jesus lauert auf mich – wie die lauerten, von denen Jesus erzählt hatte, die lauerten auf den Sturz des Sündenbocks am Tag der Versöhnung.

Denn er will mich fangen als einen, der flieht, wie Jesus es den andern vorausgesagt. Will den gefährlich Flüchtigen hindern, Verfolgern den Weg zu weisen. Will vor den andern also erscheinen als Jesus, der rettet und schützt vor Gefahr, sie unnützer Last aber entledigt.

Erheb ich mich also jetzt, ihnen davonzulaufen, so fällt Jesus mich an und sticht mich nieder. Und würde ihnen bestätigen, was er vor Stunden beim Mahle vorausgesagt.

So dachte Joseph bei sich.

Da bewegte sich Joseph nicht von der Stelle, sondern stellte sich schlafend. Und darüber schlief nochmals ein.

Dymas aber wurde am Morgen gezeigt, daß der Gefangene lag mit aufgeschnittenen Fesseln und war nicht davongelaufen.

Da trat Dymas hin und besah sich die Fesseln, wo sie aufgeschnitten waren. Und er wandte sich um zu den Leuten und sprach:

›Ich will mich euch fügen. Ihr braucht aber dem Stummen nicht heimlich des Nachts die Freiheit zu schenken. Soll er frei davonziehen bei Tag!‹

Das aber sagte Dymas, weil er ahnte, wer es getan und in welcher Absicht.

Da protestierten Dymas' Leute, es sei zu gefährlich, den Stummen gehen zu lassen. Er könnte anderen verraten, wohin sie zögen.

Und Dymas wandte sich an die Leute:

›Aber ihr behauptet doch, selbst ich wisse nicht, wohin es gehe, und zöge ziellos umher. Sagt ihr nicht so? Wie sollte der Stumme da anderen sagen, wohin es morgen gehn wird?‹

Sie aber wollten, daß der Gefangene nicht freigelassen werde, und behaupteten, keiner von ihnen habe ihn losgeschnitten. Und wollten, daß Dymas ihn töte, die unnütze Last ihnen vom Halse zu schaffen.

Da sprach Dymas:

›Ihr habt ihn losgeschnitten – einer von euch. Prüft nach, wer es war. Solange wir's aber nicht wissen, entscheide ich: Der Stumme soll ungefesselt tagsüber sich nützlich machen. Soll euch zur Hand gehen, uns wieder dienen, zum Nutzen aller. Nachtsüber aber soll er sicher gefesselt werden, zur Sicherheit eines jeden.‹

Da wußten sie nicht, wie ihm zu widersprechen wäre, und fügten sich Dymas' Urteil.

Kapitel 76
Das Salzmeer

Tags darauf stiegen sie hinab bis zum Rande des Salzmeers und kamen an eine große Oase und tranken.

Dymas aber ließ sie nicht ruhen, nicht nächtigen dort. Sondern hieß sie füllen die Schläuche und Krüge und tränken die Tiere.

Und zog weiter mit ihnen. Er wandte sich aber gen Mitternacht, wie Gemas vermutet hatte.

Da ritten sie längs der Steilklippen am Salzmeer und hatten zur Rechten das Meer und eng zur Linken die Klippen.

Und es war beim Ort, wohin David sich barg auf der Flucht vor Saul bei Engedi.

Sie ritten aber im Dunst, bis Dymas absteigen ließ. Und nächtigten in einer Schlucht zwischen den Klippen.

Da fesselte man Joseph wieder an Händen und Füßen. Und sie legten ihn nah bei der Wache, die Dymas bestimmte, damit der Gefesselte unter Aufsicht bliebe. Denn sie hatten unter sich nicht gefunden, der ihm die Fesseln durchschnitten.

Da träumte Joseph des Nachts, daß nochmals sich näherte, der ihm die Fesseln durchschnitten.

Und Joseph fürchtete sich im Traum. Denn er hörte ihn heimlich nahen im Rücken und spürte die Messerspitze, aber nicht seine Schneide.

Da fühlte Joseph im Riß der Schneide zerreißen die Fessel.

Und fühlte den Griff des Fremden an seiner Schulter, der ihn umwenden will. Auf daß ich sähe, wer mich erstechen will, dachte Joseph im Traum. Und, starr, wagte nicht nachzugeben der Hand, die wollte wenden den Starren.

Da riß ihn gewaltsam herum die Hand. Und Joseph erkannte den, der ihm saß im Rücken.

Und als der beiseite legte das Messer, war's Dymas, den Joseph erkannte.

Da bedeutete Dymas dem Joseph im Traum, Joseph werde nicht bei ihnen bleiben, und sprach:

›Nicht unter uns lange mehr wirst du sein, Joseph. Denn dein Schicksal ist ein anderes. Befreit sehe ich dich, zum hohen Herrn werden, mit großem Haus und vielen Dienern. Und eine Frau wird dir Kinder gebären. Deren Nachfahren aber werden so zahlreich sein wie die Fische im Meer.‹

Und Joseph sah hinaus auf das Salzmeer, dahin Dymas gedeutet, auf das Meer, das da tot lag und darin nichts überlebte.

Und sah's glänzen, denn von dort her kam Glanz der Fischgarne, die waren aufgespannt längs der Ufer in Vielzahl.

Denn im Wüstenmeer, darin nichts gelebt hatte, sah Joseph Fische springen in Vielzahl und aller Art. Und waren Fische so zahlreich wie die Fische im großen Meer. Und Joseph sah sie in der Größe lichtesten Traums und bestaunte, was ihm Dymas da wies.

Und als er's sah, fühlte glühen Joseph sein Angesicht.

Da, als Joseph sich wandte zurück, sprach Dymas nochmals zu ihm:

›Dann denke an mich, wenn du frei bist und dein Gott dich am großen Tische läßt sitzen inmitten des Hauses und läßt deine Nachfahren dir reichen Speise und Trank alle Tage.‹

Da klang sie ihm mutlos, die Stimme des Dymas. Und war wie die Stimme eines, der glaubt, nie gerufen zu werden im Ruf, nie je anzukommen in Ankunft. Sondern glaubt, ohne den andern, der für ihn bitte und sich seiner erinnere, sei er nichts. Und wäre nie etwas, weil er nichts war. Nichts als ziellos umhertreibender Menschenstaub, hierhin und dorthin gestoßen, zerstoßen, vergessen, keinem erinnerbar.

Und Joseph, als er die Stimme vernahm, schlug ihm sein Herz. Und er zog zu sich und umarmte den Dymas und hielt seine Mutlosigkeit in den Armen.

Und Josephs Hände, die hielten den Mann, fühlten, daß

Dymas am Leib trug, was der Stumme getragen: die Lumpen, das schmutzige Leichengewand, das Joseph sonst trug.

Joseph aber schloß ihn nur fester an sich.

Da erwachte er am Morgen, von der Wache getreten. Und man band Joseph los, zu dienen den andern und zur Hand ihnen zu gehen beim Essenbereiten und beim Beladen der Tiere.

Unwillkürlich aber sah er sich bei der Arbeit um nach Dymas, weil er glaubte, er werde Dymas ansehen den Traum, den *einen*, denn der müsse geträumt haben beiden. Und sah sich um und suchte Dymas in Lumpen, wie er ihn umarmt hatte im Traum, jenen Dymas, der ihm durchschnitten die Fesseln und der ihm und den Seinen verheißen hatte große Zukunft auf Erden in Gott-Nähe.

Da streifte Josephs Blick den Blick Dymas', der gab einigen gerade Befehl, der Bande vorauszureiten. Und noch war in Josephs Augen etwas, das wollte antworten der Bitte, die Dymas ausgesprochen hatte im Traum: ›Denke an mich, wenn du frei bist.‹ Und Joseph unterbrach, was man ihm aufgetragen hatte zu tun, und sah hinüber zu ihm.

Dymas' Blick aber war flüchtig und kein Wiedererkennen in seinen Augen.

Kapitel 77
Die Höhle

Tags darauf erreichten sie das Jordantal und zogen vorbei an Jericho und kamen am folgenden Tag, bei Einbruch der Nacht, in ein Gewitter unweit von Atarot.

Und Dymas sandte welche aus, zu suchen nach Unterschlupf für die Nacht.

Da stieß einer auf zwei beieinanderliegende Höhlen am Fuße der Höhen, kehrte um und führte die anderen her durch dicht fallenden Regen.

Und als sie in die Höhlen hineingingen und Feuer entzündeten, erkannten sie, daß der Gang der einen Höhle im hinteren Teil zur andern sich öffnete, so daß es wirklich *eine* Höhle war, in die getrennte Eingänge führten.

Und Dymas hieß sie, Pferde und Packesel treiben durch den rechten Eingang, daß man die Tiere dort füttere und anbinde im Rücken des rechten Teils der Höhle.

Und im linken Teil der Höhle, den Dymas durch den rechten von hinten betrat, ließ er lagern die Männer und sich trocknen an mehreren Feuern, so groß war die Höhle.

Joseph aber, als er ablud die Last von den Tieren, sah, daß Dymas einen der Leute anwies und aussandte nochmals zu Pferde. Und der ritt davon im Regen und verschwand darin in der Richtung, aus der sie gekommen waren.

Und wenige Stunden darauf, es war nach dem Mahl, banden sie Joseph an Händen und Füßen und legten ihn, auf Dymas' Geheiß, an die Rückwand der Höhle.

Und Joseph hörte den Hall Regens und sah im Blitz aufleuchten die Rücken der Pferde, die standen dicht beieinander im anderen Teil der Höhle, gegenüber der Stelle, wo man Joseph am Boden gebunden.

Als Dymas aber die Wachen anwies und die zweite – die nächste – Jesus zuteilte, traf ein der Reiter, den Dymas ausgesandt hatte zuvor, und meldete Dymas.

Und Dymas sprach zu den Leuten und gab bekannt, was ihm der Reiter gemeldet, daß von Süden her nämlich – auf dem Weg, den sie von Jericho her gekommen – ein Zug Reiter heraufziehe. Es sei aber ungewiß, ob die hinaufwollten, den Weg Richtung Sichem zu nehmen, oder ob sie die Bande verfolgten.

Da behielt Dymas für sich, was er glaubte, nämlich: sie seien verraten abermals.

Denn bei Jericho, als er sie tags zuvor rasten ließ, wollten einige wissen, wohin er sie führe.

Sie waren aber auf Raub aus. Denn es waren viele zum Pessach unterwegs nach Jerusalem, die zogen das Jordantal abwärts bis Jericho und von dort stiegen hinauf auf beschwerlichem Pfad, die Steige der roten Felsen hinauf, die führt in unsere Stadt.

Und Dymas' Leute waren unzufrieden mit ihm, daß man die Pilger vorbeiziehen ließ, ihnen auswich sogar. Und sie sprachen Jesus nach, der behauptete, Dymas führe sie nirgendwohin, sondern irre mit ihnen umher ohne Ziel.

Da ließ Dymas die Männer bei Jericho wissen, bis zum Jabbok wolle er hinaufreiten den Graben, dahinter aber queren den Jordan nach Morgen.

Denn dort, auf der anderen Seite des Jordan, seien sie sicher, dort warte sichere Beute.

Dymas aber hatte's gesagt, sie zu prüfen. Denn er sah wohl, was Jesus trieb.

Und Dymas trug ihnen etliches auf und sandte vier seiner Männer nach Jericho hinein, es zu besorgen.

Da kehrten nur drei von ihnen zurück. Dymas aber ließ sie nicht auf den Fehlenden warten, von dem die anderen sagten, sie hätten im Marktgewirr ihn verloren.

Nun hob Dymas an seine Stimme gegen das Rauschen des Regens. Und rief über die Feuer hin zu den Männern und ermahnte sie, sich bereit zu halten in dieser Nacht und, wo sie schliefen, ihre Waffen nicht abzulegen.

Er stellte aber, außer der Wache unmittelbar vor beiden Eingängen zur Höhle, zwei weitere auf und hieß sie den Weg hinabreiten, zu melden, sobald von dort welche nahten.

Da saß, bevor seine Wache begann, Jesus am Feuer im hinteren Teil der Höhle und wärmte sich.

Und Gemas, der nach den Tieren gesehen hatte, kam an Joseph vorbei, der gebunden da lag. Und es schien ihm, Joseph sei eingeschlafen.

Da sprach Jesus zu Gemas: ›Glaubst du immer noch, daß er uns Glück bringt?‹

Er sprach aber vom Stummen, den Gemas betrachtete. Und fuhr fort:

›Ich verstehe nicht unseren Vater. Er wittert Gefahr, ja, sendet Reiter aus und bekommt sie bestätigt. Und läßt uns hier sitzen. Die Höhle wäre leicht einzuschließen, dann aber kein Entkommen für uns. Ich ahne doch, wer ihm Sorgen bereitet.‹

Und Gemas, der sich setzte zu Jesus, sprach: ›Der eine von uns, der zurückblieb in Jericho.‹

Da sprach Jesus: ›Du sagst es. Und *du* hättest auf solche Sorge hin anders gehandelt. Hättest doch sicherlich heute noch weiterreiten lassen, wenn es ginge nach dir.‹

Gemas aber antwortete: ›Selbst wenn uns einer unten in Jericho verriet, so weiß er doch nicht von der Höhle. Wir wußten ja selbst nicht davon. Heute nacht treffen sie nicht auf uns, sage ich.‹

Da sprach Jesus: ›Wir wußten nicht von der Höhle – und fanden sie doch. Nein, ich sage dir, zu sehr fügst du dich dem, was er sagt und dein Vater dich anweist zu tun. Die Männer sagen zwar, längst hätte Dymas *dir* überlassen sollen die Führung. Andere aber meinen, du hättest das Zeug nicht dazu, gerade weil du ihm stets nach dem Munde redest.‹

›Das sagen sie?‹

›Du seist nur sein verlängerter Arm, sagen sie. Und wenn ich protestiere, gehen sie weiter noch und behaupten, ein Diener seist du dem Dymas, kaum mehr als der Sklave da hinten, der Stumme. Und einige behaupten, du wüßtest nicht, was du willst.‹

Da sprach Gemas: ›Ich warte. Denn eines Tages, so hat er's mir versichert, soll *ich* übernehmen und führen.‹

›Du wartest, Gemas. Denn unser Vater hat dich warten gelehrt. Glaubst du, er wird dir freiwillig lassen die Zügel? Dich lassen entscheiden – an ihm vorbei und wider seinen Willen? Solange er lebt, wirst du dich fügen, weil er dich warten lehrte.‹

Da sprach Gemas: ›Was sagst du mir da?‹

Und Jesus antwortete: ›Warte nicht auf den, der dir Zukunft verspricht. Auf keinen Vater warte, dessen Versprechung dich warten heißt. Auf keinen Messias warte, den sie erwarten, harrend seiner rettenden Ankunft, die sie sich zur Rettung erwarten. Auf keinen Gott warte, der Befreiung verspricht oder droht mit Bestrafung. Denn im Netz seiner Gesetze fängt Er die, die Er hoffen läßt – und läßt warten.

Sondern, Gemas, nimm dir, was dein ist! Nimm es dir *jetzt!* Und verdamme den, der dir Hilfe verspricht *dereinst.* Sprichst du zu Dymas: „Jetzt, gib mir jetzt das Versprochene. Laß mich jetzt führen, daß wir uns retten!", was wird geschehn?

›Er wird kein Ohr dafür haben, nicht jetzt‹, sprach Gemas.

Jesus aber fuhr fort: ›Denn dein Vater und Gott, die's dir verheißen in Zukunft, längst vorübergezogen sind sie an dir. Du aber hängst am Abgrund, du wartest. Du wartest, daß das Versprochene kommt. In Zukunft doch käme!‹

Da stöhnte Gemas, als habe der andere erraten, woran er schwer trug.

Und nochmals sprach Jesus, drang in ihn: ›Nur Hier und Jetzt. Sonst gibt's nichts, glaube mir. Nur diesen Abgrund verschlungener Stunden, verschlungener Tage, verschlungener Jahre, an dem wir hängen. Und wenn einer behauptet, er will's dir einst lohnen – lohnen, daß du da hängst! –, so fordere: „Jetzt, meinen Lohn, zieh mich herauf! Ausschütt ihn über mir *jetzt!"* So schreist du am Abgrund nämlich, in den dieses dein „jetzt!", kaum hast du's ausgestoßen, wieder verschlungen wird. Denn es gibt sie nicht, die versprochene Zukunft. Sondern magst du auch schreien wie eine Gebärende, die ausstößt ihr „Jetzt!", wirst du Stille nur hören, das ist aber: Sein Verschlingen. Und nichts geboren daraus. So wird der mächtige Vater satt an dir, und seine Zukunft ist mächtig nur leerer Worte.‹

So hörte Joseph reden den Jesus zu Gemas.

Bald darauf aber erhob sich Jesus und ging nach vorn zum Eingang der Höhle und trat seine Wache an.

Und Joseph lauschte dem Regen und Donnern, das folgte den Blitzen. Und das Donnern kam näher dem Strahl, der zerriß den Nachthimmel und fuhr hell bis in die Tiefe der Höhlen.

Da behielten die Männer ihre Waffen bei sich und fest im Griff das Heft ihrer Schwerter.

Die meisten aber schliefen bald ein.

Und Joseph, im Schein der ausgehenden Feuer, bemerkte an der Decke der Höhle, darunter sie lagerten, drei rötliche Kreise. Die waren ineinander gemalt und zogen sein Auge an.

Und als er hinsah genauer, waren die Kreise gemalt wie dreifach gewundenes Seil, das sich wölbte zu roter Spirale, strahlend aus schwarzem Kern. Und windgebogen flohen die Strahlen dahin, in Windungen drei. Und waren ein feurig rollendes Rad.

Kapitel 78
Das Schwert

Als Joseph aber erwachte aus tiefem Schlaf, birst die Luft vor Schreien und blutigem Schlachten.

Steigend trümmern Hufe die Felswand.

Flammt Pferdewiehern durch Stimmengewirr.

Und dornig reißen Schreie Gefällter die Rufe Nachdringender mit herab.

Denn auch die werden rotgemacht. Sie fallen gefällt übereinander im Dunkeln.

Schreien hört man nach Gott.

Und es hallt vom Aufschlag der Leiber.

Joseph aber sah die Gestalten.

Die niedermetzelten, was vor sie kam.

Umwirbelt von Asche.

Tiefer zu dringen, Schritt für Schritt tiefer.

Da durchfliegt Streif glühenden Scheits, den einer geworfen, die Höhle. Als fiele vom Nachthimmel Morgenstern.

Angestrahlt stehen schlachtend die Schlächter. Sehen Sterbende am Boden sich wieder, aus glühenden Augen.

Bis langsamer wurde nach langem das Schlachten, bis stiller wurden die Schläge.

Und einmal so still, schien Joseph, als hielten selbst die Verletzten ihr Stöhnen an.

Den stilleren Regen zu hören.

Ein Donnern, kaum mehr vernehmbar. Ausatmen kam es gleich.

Bis knieten welche und entzündeten Feuer erneut.

Die gingen umher mit brennender Fackel.

Stachen in die, die ihnen noch lebten. Und fledderten ihre Leichen.

Und Joseph hört erste Stimmen.

Erkennt Männer des Dymas. Die feuern sich an.

Auch entbrennt Streit zwischen manchen über dem Raub, den die Leichen abgeben.

Und Joseph hört sie zurufen einander, Stimmen der Fledderer, die, das Schwert in der Hand, zurufen einander:

Wie alles geschehen und wer wem gehört von den Leichen.

Joseph aber – gebunden, das Ohr noch am Boden – hört auch die Stimmen des Bluts der Gemordeten, das die Erde empfing aus den Händen der Räuber.

Hört die Gemordeten rufen zu Gott:

›Vernichtet sind wir, Dir nahe zu sein – Unseren Kopf hieb vom Rumpf ein flammendes Schwert

Vernichtet sind wir, Dir nahe zu sein – Unsere Augen durchstach der Stich Deines Wächters

Vernichtet sind wir, Dir nahe zu sein – Unseren Hals würgte Dein Raubengel

Vernichtet sind wir, Dir nahe zu sein – Unser Herz riß aus den Leibern der Feind

Vernichtet sind wir, Dir nahe zu sein – Unsere Hände liegen abgeschlagen zu Boden, erhoben zu Dir

Vernichtet sind wir, Dir nahe zu sein – Unsere Füße ragen ins Bodenlose, aufwärts zu Dir aus dem Haufen

Vernichtet sind wir, Dir nahe zu sein – Wir sahen Dich gehen in Finsternis

Vernichtet sind wir, Dir nahe zu sein – Wir sahen Dich weisen die Finsternis

Vernichtet sind wir, Dir nahe zu sein – Wir sahen Dich steinern dein Herz

Vernichtet sind wir, Dir nahe zu sein – Wir sahen Dein Antlitz sich wenden, da war Finsternis

Vernichtet sind wir, Dir nahe zu sein – Wir sahen Dich niederschlagen die Augen, du schlugst uns in Finsternis

Vernichtet sind wir, Dir nahe zu sein – Wir sahen Dich senken Dein Haupt und glaubten, Du habest gerufen nach uns aus der Finsternis

Vernichtet sind wir, DIR nahe zu sein.‹

So hörte Joseph rufen die Stimmen der Vernichteten, deren Blut Finsternis ist.

Da bewirft mit Flammenlicht ein Fackelträger den Steinboden, wo der gebundene Joseph liegt. Und tritt achtlos an ihm vorbei.

Und im Schein, der erst hält, dann vorüberzieht, sieht Joseph es fließen am Boden. Hört es seufzen, da Licht fällt, seufzen, als werde nun Klage erhört.

Joseph aber bemerkt, im abziehenden Licht, eine Wespe, die läßt sich nieder am Rand einer Pfütze, daraus zu trinken.

Und als ein Rinnsal, warm aus dem Dunkel, erreicht seine Stirn, weicht Joseph erschrocken seitwärts, zerrt Hals und Kopf vom Boden, der Rückwand der Höhle zu.

Dort bemerkt Joseph einen Jungen und ein dunkelhäutiges Mädchen – kaum dreizehn mochten sie sein – gebunden an Händen und aneinandergeseilt. Die hatten überlebt, sich bergend in einer Nische der Rückwand, nur Schritte von Joseph entfernt.

Und die Blicke des Jungen und Josephs hatten sich noch

eben gekreuzt. So daß der Junge wußte: Gesehen bin ich vom andern, entdeckt ist unser Versteck.

Da tritt einer der Räuber zu Joseph hin, beugt sich herab, löst ihm die Fesseln und herrscht ihn an, ihm beim Entkleiden und Durchsuchen der Leichen zu helfen.

Und Joseph, kaum hat er sich erhoben, tritt vor ihn wankend und hält sich an ihm, als sei er taumelig noch. So lenkt er ihn ab und verschränkt ihm die Sicht aufs Versteck in der Felswand.

Und Joseph wird angewiesen vom Räuber, wo er zu hokken habe und mit welchen Leichen gleich zu beginnen sei. Und Joseph gehorcht und beginnt, wie er geheißen. Da findet Joseph keinen Bewaffneten unter den Toten, die er durchsucht und entkleidet.

Die meisten aber, deren Ringe und Reife und Ketten er abzog, schienen ihm Pilger zu sein, darunter Frauen und Kinder, die nach Jerusalem unterwegs gewesen waren.

Und da er zur Hand ging den Räubern und angetrieben hierhin und dorthin geschickt wurde, etwas gesondert zu legen oder aufzuhäufen das Geraubte da oder dort, erfuhr Joseph aus Teilen, was in den Höhlen geschehen war, und setzte's zusammen.

Denn mitten im Gewitter sei der Haufe – es mochten an die hundert Pilger gewesen sein, begleitet von einer Handvoll Bewaffneter – in die Höhlen gedrungen, Zuflucht zu suchen vor dem Gewitter.

Die Wache aber am Eingang – es war Jesus – soll geschlafen haben, als die ersten hineinrannten.

Durch den rechten Eingang seien die meisten geschlüpft, denn sie kamen von Norden. Andere dann durch den linken, wo sie plötzlich inmitten der schlafenden Räuber standen.

Hier erst habe die Wache Alarm geschlagen. Und man hörte am Eingang Jesu Schrei ›Macht sie nieder!‹, daß es hallte durch beide Höhlen.

Und da seien die ersten, die nah schliefen beim Eingang

Jesus zu Hilfe geeilt. Und sie hatten die Eindringlinge, die bereits an ihnen vorbei waren und inmitten der Höhle standen, noch nicht bemerkt.

So erhielt Jesus Verstärkung, zurückzuschlagen die Pilger, die sich in den rechten Teil der Höhle zu den Pferden und Packtieren geflüchtet hatten.

Denn Pilger, die von dort herausdrängten zurück, aus dem rechten Höhleneingang heraus, wurden niedergemacht von ihm und den Räubern.

Wer aber, als die Pilger begriffen, daß sie in eine Falle geraten waren, an den Pferden vorbeidrängte nach hinten, entkam nicht den Räubern. Denn der rannte im Bogen nur denen zu, die in der benachbarten Höhle schon kämpften und schrien.

Die Räuber aber, von Dymas gewarnt, erkannten bald, daß die Eindringlinge nicht ihre Verfolger waren.

Und als einer nach dem andern sah, es sind Pessachpilger, verließ einen jeden die Angst. Und überall Beute witternd und leichten Raub, schlug man um so eifriger zu.

So erfuhr Joseph, der ihnen zur Hand ging, was in den Höhlen geschehen war, und setzte's zusammen.

Da, bei seiner Arbeit geschah's, daß einer der Räuber durchstoßen wollte den Joseph.

Denn als er Joseph auf Knien fand, hielt der Räuber den stumm Weinenden, der zitternd sich über die Toten beugte, sie streichelte, als seien's die Seinen, für einen der Pilger. Und holte schon aus mit dem Schwert, zu erschlagen den übrigen Vater.

Derselbe Räuber ging jetzt lachend vom einen zum andern und unterbrach sie beim Fleddern der Leichen. Und jedem erzählte er, er habe den Stummen erschlagen – und hätte es wirklich getan, wäre da nicht der Gestank seiner Lumpen gewesen, der ihn gerettet. Denn am Gestank erst habe er den Stummen erkannt, daß er's war, der da kniete. Und er habe ihm sogleich einen Tritt versetzt, ihn wieder zur Arbeit zu treiben.

Von draußen aber kamen welche her zu den Höhlen, die hatten eingesammelt die beladenen Packtiere und Pferde der Pilger. Und sie hatten nachgesetzt einigen, die waren geflohen, als sie hörten Lärm und Geschrei ihrer Leute in Not. Und sie hatten die Flüchtigen niedergemacht.

Die kamen also heran vor die Höhlen und gingen zu Dymas hinüber, deuteten auf die beutebeladenen Tiere und flüsterten mit ihrem Anführer. Da sandte Dymas sie wieder davon.

Joseph aber sah Dymas sich setzen beim Feuer. Und Dymas hielt die Hand auf sein Ohr. Zwischen den Fingern aber floß heraus Blut.

Und Joseph, als er's sah, ließ fallen, was andere ihn sammeln hießen, und ging hinüber zu Dymas.

Den hatte ein Schwert getroffen am Ohr und das Ohr abgetrennt, daß es wenig hing noch am Kopf.

Und Joseph machte Zeichen dem Dymas, er werde ihm helfen. Da suchte Joseph vor den Augen des Dymas, im Schein der wiederentzündeten Feuer, und fand eine Erschlagene am Boden und hob auf die Augen zu Dymas, daß er's sehe.

Und Dymas sah sie, die erschlagene Frau.

Und Joseph beugte sich hin über sie und suchte in ihrem Gepäck und fand, was er suchte.

Und hob seine Augen auf zu Dymas, daß er's sehe.

Und sah, daß Dymas hersah noch immer auf ihn und die Tote und erkannte, was Joseph gefunden und hielt in der Hand.

Da erhob sich Joseph und kam her von der Toten und beugte sich über Dymas und nähte ihm an das Ohr mit der Nadel jener Erschlagenen.

Und Gemas trat hin zu Dymas, als das geschah.

Und Joseph hörte den Dymas sagen zum Sohn, die Wunde habe ihm einer der Eigenen beigebracht. Der Hieb sei gekommen von hinten.

Da wurde Dymas unterbrochen von der Rückkehr der

Wachen, die er noch in der Nacht an den Weg nach Süden entsandt hatte.

Und die beiden Wachen stiegen von ihren Pferden, blieben aber stehen im Regen vor der Höhle und traten nicht ein. Denn sie verwunderten sich über die Leichen, die davor lagen, und wußten nicht, was geschehen war.

Und man trat mit Fackeln zu ihnen hinaus. Da sahen auch sie, daß es erschlagene Pilger waren.

Dymas aber ging mit Gemas hinaus und befragte die Wachen, die zurückgekehrt waren.

Und die meldeten ihnen, der Zug Reiter, den sie beobachtet hatten, sei in der Nacht noch weitergezogen. Nicht aber hinauf den Weg in die Berge nach Sichem. Sondern weiter die Straße nordwärts am Jordan entlang. Es seien also keine Verfolger gewesen. Auch hätten sie keinen absteigen sehen, nach Spuren zu suchen im Regen.

Da rief Jesus dem Dymas zu: ›So bist du wohl endlich beruhigt, Vater. Niemand ist hinter dir her.‹

Dymas aber sprach: ›Beruhigt wäre ich? Beruhigt soll ich sein? Brauch ich Verfolger, wenn ich solche habe wie dich? Soll ich beruhigt sein, wenn einer Wache steht und aufpaßt wie du hier? Mitten unter uns standen sie, als ich dich losschlagen hörte Alarm! Wo warst du? Wie konnten sie an dir vorbei? Sprich mir aber nicht davon, du seist schläfrig gewesen …‹

›Ich war's.‹

›… und eingeschlafen!‹

›Eine kurze Zeit lang wohl war's so, kann sein.‹

›Denn ich glaube's dir nicht.‹

Da rief Jesus empört: ›Warum würdest du mir nicht glauben?‹

›Die ersten, die traten in unsere Höhle waren bewaffnet. Du hattest also zunächst Bewaffnete kommen sehen. Und ich frage dich: Hattest du welche erwartet, die kommen würden bewaffnet?‹

Da antwortete Jesus: ›Was willst du mir vorwerfen? Ich

war eingeschlafen. Und die kamen, die zogen von Norden herab, kamen nicht aus der Richtung, aus der dein Zug von „Verfolgern" gemeldet war.‹

Da sprach Dymas: ›Woher hättest du das gewußt? Hast du sie nun kommen sehen oder hast du geschlafen? Bei einem wie dir geht wohl beides zugleich!‹

›Ich – ich sagte's dir doch. Ich war eingenickt, hörte niemanden kommen.‹

›Glaub ich dir nicht. Wäre's nicht möglich, daß du, als du sahst, daß es doch nicht deine Erwarteten waren – nichts als ein Zug Pilger, die Schutz suchten vor dem Gewitter – sie einludst, sie locktest herein, die einen nach rechts, die andern nach links? Wohl wissend, was dann ihr Schicksal wäre?‹

Da rief Jesus: ›Was soll das? Habe ich diese Nacht umsonst mit dem Schwert geschuftet? Was willst du von mir, Vater? Du willst nicht erkennen, was das Glück uns in die Hände gespielt hat. Die Beute der heutigen Nacht siehst du nicht. Hier ist das Glück, das uns für die Pleite vor einigen Tagen entlohnt. Sieh sie dir an, deine Leute! Wie hart sie hier waschen, dort ausziehen, eifrig zu häufen. Frag sie doch, ob sie unzufrieden sind mit dem, was der Regen uns diese Nacht zugeschwemmt. Was sollen mir deine Fragen? Du machst alle irr damit. Einsammeln, gerecht verteilen, *das* hieße jetzt sehen nach unserem Wohl. Denn zu tun gibt's noch viel.‹

Da stimmten einige Jesus bei. Die standen bei ihm und hörten den Streit zwischen Dymas und Jesus.

Und doch fühlte Jesus, daß Dymas ihn noch nicht ließ, sondern sein Vater wütend ansetzte zur Antwort.

Da wich Jesus aus dem Blick Dymas' und bemerkt Joseph, wie der im rechten Eingang der Höhle Wasser gab einem niedergestreckten Pilger, der sich noch regte.

Und Jesus deutete wütend hin auf den Stummen, als sage er: ›Seht euch den an, ist es zu glauben!‹

Sie verstanden aber nicht, daß Jesus ablenkte von sich und dem Dymas damit abschnitt den Vorwurf.

Da rief Jesus den Stummen herbei: ›Wer hat dich losgeschnitten?‹

Und Jesus schlug ihm aus der Hand den Napf, aus dem Joseph getränkt hatte den Pilger, und herrschte ihn an: ›Und wer heißt dich zur Flucht verhelfen unseren Feinden?‹

Und weiter sprach er höhnend zu Joseph: ›Ach, du willst dir dein Brot verdienen bei uns? Willst nicht nur faul auf der Seite liegen?‹

Und als Joseph nicht sofort zustimmend nickte, schlug er ihm mit der Hand ins Gesicht, daß Joseph zu nicken begann.

›So hab ich Arbeit für dich‹, rief Jesus. ›Eifrig zustechen sollst du mit uns. Und nicht mit der Nadel wie Weiber, sondern … hier, nimm!‹

Da zog Jesus sein Schwert aus der Scheide und gab es in Josephs Hand. Als der aber nicht zu greifen wußte und nicht begriff, schloß Jesus die Faust Josephs ums Heft seines Schwerts, daß er's hielt.

Und Jesus reckte den Arm aus und deutete vorbei an Joseph: auf den Pilger hin, dem Joseph zu trinken gegeben.

Denn der Verwundete hatte sich inzwischen unter den Leichen hervorgezogen bis vor die Höhle. Zäh sah man ihn weiterkriechen hin durch den Schlamm, bis er den Rand des Scheins ihrer Feuer erreichte.

Da rief Jesus: ›Geh hin mit dem Schwert!‹

Und einige lachten, als sie sahen, wie ungeschickt Joseph hielt das Schwert und nicht von der Stelle ging. Sondern Joseph war halb umgewandt stehengeblieben.

Da rief Jesus abermals: ›Geh schon! Erweise ihm Heilung! Stich zu!‹

Und Joseph stand mit dem Schwert in der Hand, blickte hin auf den Mann, der sich fortschleppte.

Rief Jesus: ›Geh! Mach seinem Leiden ein Ende!‹

Da ließ aus der Hand fallen Joseph das Schwert, das ihm Jesus gereicht.

Jesus aber, zornig darüber, machte den Stummen sich bücken, daß er's aufhebe.

Und zerrt Joseph hinüber die Schritte, quer zum Schein der Feuer der Höhle, bis an den Rand hin des Dunkels.

Und einige folgten den beiden und brachten brennende Scheite herbei, um besser zu sehen.

Da stellte Jesus den Stummen hart vor den Niedergestreckten, der kriechen wollte ins Dunkel, auf daß Joseph ihm versperre den Weg.

Und preßte Joseph nochmals das Schwert in die Hand. Und rief:

›Stich jetzt zu!‹

Da aber erreichte die Hand des Verwundeten tastend die Füße Josephs, die standen vor ihm, ihm versperrend den Weg.

Und alle sahen: wie der Verwundete seitwärts zog seinen Körper, sich schleppte nach links, auszuweichen dem Hindernis. Und es war, als stünde ein Stein da, nicht Joseph, an dem der Kriechende eng noch vorbeimußte.

Und langsam, zäh, kroch er an ihm vorbei. Alle sahen's.

So daß Joseph nicht länger vor ihm harrte, sondern auf Brusthöhe jetzt stand des Vorbeisichwindenden.

Da sah Joseph vom Kriechenden auf und blickte seitwärts zur Linken. Und sah fest in die Augen Jesu.

Und dann wandte sich ab.

Da aber trat Jesus heran, und voll Ärger führte er Joseph die Hand.

Und umgriff beidhändig die Hand Josephs am Schwertgriff und stach hinab das von Joseph gehaltene Schwert.

Hinab in den Rücken des Kriechenden.

Der Stich aber, den er führte, war schwach nur, kaum drang er ein, weil Joseph Widerstand leistete.

Da schrie herausgereizt Jesus: ›Nicht so! So lebt er ja noch, du Verrückter. Sondern so!‹

Und führte Joseph die Hand. Und zwang ihn, den Kriechenden zu durchbohren:

›So!

So!

So!

So …!‹

Fünfmal durchbohrte das Schwert.

Und der da kroch, bewegt sich nicht weiter. Sondern blieb, wie mit Nägeln auf die Stelle geheftet.

Da lockerte Jesus den Griff, der hielt Josephs Hände, die hielten das Schwert.

Und Jesus war dabei, ihn loszulassen, ließ los und trat zurück einen Schritt vom Toten. Und stand jetzt – sprühend an Josephs Ohr den berauschten Atem der Tat –, stand in der Wende zurück zu den andern, die hielten die Fackeln über die Szene.

Und Jesus lacht in der Wende.

Und einige lachen mit ihm – noch in der Wende zu ihnen her.

Da reißt Joseph sich vor Wut und vor Grauen herum.

Rechtswendig aber, mit dem ganzen Körper sich drehend im Riß.

So daß Jesus – der es im letzten Moment kommen sieht, den Arm ausstreckt, um zu greifen, aufzuhalten die Klinge – vom kreisend herumgerissenen Schwert brusthoch durchbrochen wird.

Denn durch den Korb der Rippen Jesu bricht seitlich die Schneide im Schwung und dringt tief, bis sie stockt.

Und wirr blickt Jesus hin auf den Stummen.

Der – ebenso wirr – ihn nun anblickt. Denn im Ausbruch hatte sich Joseph zu ihm gekehrt.

Da sucht Jesus zu heben die Arme, als wolle er sich festhalten an dem, der ihn hält mit dem Schwert.

Und taumelt, als taumle er verwirrt über beider Entsetzen.

Und einige lachen über beider Entsetzen und das ungleich taumelnde Paar. Denn Joseph fühlt am Schwert ziehen Jesu Gewicht.

Da hört Joseph ihn reden mit schwacher Stimme:
›Hilf mir …!‹
Und Jesus bricht in die Knie.
Umgreift aber das eigene Schwert an den Schneiden der Klinge, als wolle er es herausziehen noch.
Und abermals bittet Jesu Mund:
›Hilf mir, du …‹
Aber Blut quillt hervor, stürzt ihm über die Lippen und hemmt lähmend-verklebend das Wort.
Entsetzt zieht Joseph die Hand vom Schwertgriff. Als begreife er jetzt erst, was er getan.
Und läßt los das Schwert.
Jesus aber stürzt vornüber, als verneige er sich vor seinem Mörder.
Noch gräbt er mit Händen im Schlamm, als wolle er weiter sich ziehen, fort von der Stelle, dem anderen nach.
Der Griff aber seines Schwerts, durch den Sturz bis ans Heft vergraben, hält ihn nagelgleich fest auf der Stelle am Boden.

Kapitel 79

Einer von uns

Als Dymas herbeitrat, rührte sich Jesus nicht mehr. Dymas aber kniete neben dem Toten und löste das Schwert aus der Brust dem Sohn.

Und er hob seine Augen und betrachtete die Männer. Denn alle waren nun aus der Höhle getreten.

Und sahen alle den Stummen stehen, hart stehen bei Jesus, der tot lag.

Da erhob sich Dymas und sprach zu ihnen:

›Vor Stunden, während des Kampfs in der Höhle, schlug einer von hinten nach mir mit dem Schwert. Und hätte mir gespalten den Schädel. Da ich aber wich in Bewegung, traf er das Ohr.

Ob der mit Absicht nach mir geschlagen oder sein Schwert zufällig mich traf, wußt ich noch nicht. In der Wende nach hinten aber sah ich ihn zurückziehn sein Schwert. Da war's einer von euch.‹

Sie entsetzten sich aber, als Dymas das sagte.

Und einige von ihnen wußten, daß sie hinter Dymas gekämpft und daß sie – wie er – gestanden im Dunkel der Höhle, als sie um sich geschlagen. Die fragten bestürzt:

›Bin ich es gewesen, den du gesehn?‹

Da war Dymas verwundert, daß sie das sagten und nicht hatten geschwiegen.

Und er sprach: ›Mein eigener Sohn war's, Jesus. War sein Schwert, das mich schlug.‹

Da wollten sie Dymas nicht weiterreden lassen, denn sie vermochten nicht, es zu glauben. Dymas aber erhob seine Stimme über die ihren und fuhr fort:

›Und ich habe Anlaß zu glauben, daß der Zug Reiter, von dem unsere Wache sagt, er sei weitergezogen, längst weiß, wo wir nächtigen. Denn von den Unseren, die einholten die Tiere der Pilger und sie heraufzogen zu uns, weiß ich: Reiter wurden gesichtet, die flohen. Ob es aber die waren, die gehütet hatten die Tiere der Pilger und sich davongemacht, als sie die Schreie hörten, oder ob Späher des Zugs jener Reiter, ist ohne Belang. Denn die vorhin zurückkehrten, uns heraufbrachten die Tiere der Pilger, die sahen auch Zeichen gelegt. Zeichen, die führen sollten den Zug hierher zu den Höhlen. Zeichen, die Jesus gelegt.‹

Da riefen einige: ›Wer kann das behaupten?‹

Dymas aber antwortete ihnen:

›Ich, der ich Jesus die zweite Wache gab, habe's mit eigenen Augen gesehen.

Denn nicht eingeschlafen war Jesus, als er uns Wache hielt in der Nacht. Sondern verließ den Posten zwischen den Eingängen der Höhle und eilte hinabwärts, wo man später gefunden die Zeichen.‹

Und die ihm nicht glauben wollten, sprachen:

›Aber wie kann das sein? Seit Wochen sprichst du von nichts als Verfolgern und Häschern und treibst uns ohne Rast weiter. Und jetzt wieder! Du schürst unsere Angst, wir würden verfolgt. An wen würde Jesus uns wollen verraten?‹

Da sprach Dymas zu ihnen:

›An Jakobus. An seinen Bruder und an die, mit denen Jakobus bereits im Bunde stand, als wir in ihren Hinterhalt gerieten und viele von uns ihr Leben verloren.

Später, ich bin sicher, war es Jakobus, der ritt unter ihnen, als sie heraufzogen zu unserem Versteck und wir entkamen mit Not.

Gemas, wie ihr wißt, hatte Jakobus gesehen. Ich aber wollte's nicht glauben und legte es anders aus. Etwa: Jakobus sei als Gefangener mit ihnen geritten, gefoltert, unser Versteck zu verraten.‹

Da sprachen einige unter sich, denn sie wollten's nicht glauben:

›Warum nähmen Jakobus und Jesus Rache an Dymas? Sind es nicht seine Söhne?‹

Und andere verdächtigten Gemas, er habe die Dinge gelenkt und habe Gerüchte gestreut – wie jenes, daß Jakobus ritt mit Verfolgern –, um sich vor den Halbbrüdern die Nachfolge zu sichern, stürbe der Vater.

Da schwiegen sie, als sie Dymas zusahen. Dymas aber hob mit Händen den Leichnam Jesu und wandte ihn um.

Und er fuhr mit der Hand über dessen Gesicht und schloß ihm die Lider.

Joseph aber zitterte, als er den Vater aufstehen sah. Denn Dymas ging auf Joseph zu, das Schwert in der Hand, mit dem Joseph den Sohn gefällt hatte.

Und nochmals, wie Jesus zuvor getan, ergriff Dymas den Arm Josephs – der seinen Arm zurückziehen will.

Zog ihn her und drückte ihm das Schwert in die Hand. Und schloß Josephs Hand fest um den Griff, daß sie hielt.

So ließ Dymas ihn stehen. Und keinem befahl er, den Stummen zu binden.

Damit es aber hörten, die bei ihm standen, wandte Dymas nochmals sich um nach Joseph. Und Dymas hieß Joseph wegwerfen die stinkenden Lumpen und anziehn von den Kleidern, die getragen hatte sein Sohn, Jesus.

Zu allen aber sprach Dymas:

›Einer von uns ist er jetzt.‹

Und sie erstaunten sich über seine Worte.

Da gab Dymas Befehl, aufzuladen in Eile, was man erbeutet.

Den Leichnam des Sohns aber ließ er nicht zurück, auch nicht begraben dort oder in Eile verscharren. Sondern befahl, Jesus einzuhüllen in Tuche und zu umbinden den Leichnam. Und er hieß sie aufladen den Toten aufs Pferd.

Dymas selbst aber wollte es hinter sich herziehen und ließ niemandem sonst das Pferd mit dem Toten.

Dem Gemas aber, der kam und sagte, er wolle Jesus begraben lassen am Ort, verweigerte es Dymas. Und sprach zu ihm:

›Wenn wir queren den Jordan, will ich Jesus heben vom Pferd eigenhändig und Abschied nehmen von ihm. Ich will eintauchen ihn in den Fluß, der hinabsteigt mit ihm. Und das will ich tun über der Stelle, wo zufließt der Jabbok. Denn damals, die Mutter Jesu war schwanger mit ihm, ich aber trug auf dem Rücken Jakobus, setzten wir über an der nämlichen Stelle, begannen den Weg auf Sepphoris zu. In den Anfang will ich tauchen nochmals den Sohn.‹

Da ging Gemas und half ihnen aufheben, mit Tuchen umwickeln und binden Dymas' Sohn, seinen Bruder, den Jesus.

Kapitel 80
Die Stimme

Und Joseph tat an, wie ihm geheißen, ein Überkleid, das der Tote getragen.

Man brachte ihm aber auch den Gürtel, mit dem sich Jesus gegürtet. Da legte Joseph sich um Gürtel, Scheide und Schwert. Und der's ihm gebracht hatte, blieb stehen und sah zu.

Und Joseph hob auf aus den Lumpen, die er abgelegt hatte, das blutbesprenkelte Seil und band es um sich oberhalb des Schwertgurts, den er nun trug.

Es war ja das Seil, mit dem sie umschnürt hatten den Leichnam des Aufsehers der Knechte, der war bestattet worden als Joseph, gelegt in die Felsenkluft auf dem Berg.

War ja das Seil, das Jesus durchtrennt hatte, als er Josephs Opfer entkam in der Nacht.

War ja das Seil, das die Sklavin hatte geschlungen um Joseph und den Ägypter, auf daß Joseph zu retten ihn trage und sie entkämen dem Garten.

Und unter das neue Oberkleid und das Seil schob Joseph den Streifen Tuchs der Maria, denn auch den hob er auf.

Und als Joseph sich umband das Seil und es knotete, schien ihm, Gott habe sich doch geholt Jesus, den hinopfern sollte Joseph.

Und Joseph war, als sei's so geschehen, weil Gott nicht annahm die Weigerung Josephs. Als habe Gott immer schon ihm gedroht: ›Noch will ich sorgen dafür, daß du mir opferst!‹

Denn besessen im Zorn hatte Joseph kreisgeschwungen das Schwert und durchrissen Jesus, der ihn gebunden.

Und wieder sprach Joseph bei sich:

›Sagt der Gott meiner Väter nicht damit zu mir: „Machtlos bist du, Joseph. Denn verweigerst du *den* mir, den ich gefordert als Opfer, so schlägst du mir jenen im Mord.

Denn machtlos bist du, Joseph. Glaub nur nicht, *du* hättest mir je dich verweigert!

Denn wer ließ dich innehalten, daß du ergriffst den Entschluß: ‚Ich weigere mich Seinem Befehl?‘

War's nicht ein Stummer gewesen, der herbeiritt des Nachts, zerrissen zu werden vor deinen Augen?

Und wer hatte den hergesandt?

Sag es mir, du großer Verweigerer vor dem Herrn!

Sag mir, wer jenen Stummen, bevor er bei dir erschien, nicht trinken ließ zweimal am fernen Brunnen.

Sondern, bemessen, nur ein einziges Mal trank der vom Wasser, das er aus dem Brunnen heraufzog.

Denn der Strick zerriß, und die Schale zerbrach, und der Eimer zerschellte, und das Rad fiel zerbrochen hinab in den Brunnen.

Hätte er nämlich zweimal getrunken, hinabfahren lassen den Schöpfeimer erneut, um abermals daraus zu schöpfen, mit der Schöpfkelle daraus zu trinken ein zweites Mal, so wäre der Reiter zu spät gekommen für dich.

Du aber hättest das befohlene Opfer vollbracht mir!

Da wäre der Reiter vorbeigezogen am Brandopfer Jesu. Und hätte erblickt meinen Opferer auf Knien davor.

Sage mir doch, wer hatte versammelt die Löwen?

Wer ließ sie riechen den Raub, die lauerten dort auf den Reiter?

Wer ließ treffen die Pranken?

Und wer ließ den Reiter ausweichen nicht mehr?

Wer aber ließ zerreißen?

Und wer, sage mir's, wurde zerrissen?

Weißt du es denn?

Glaub nur nicht, *du* seist's gewesen!

Ihr seid alle austauschbar.

Und ist es nicht dieser, dann dräng ihn nach jenem.“‘

So sprach Joseph bei sich in Gottes Stimme, denn er wollte das Geschehene deuten als Gottes Absicht und glaubte: Solches spricht Gott im Geschehen zu mir.

Da wußte Joseph zwar: ›Ich habe gesprochen zu mir. Mit mir selbst sprach ich eben und hatte nur angetan Gottes Stimme, wie ich angetan hatte das neue Überkleid, angelegt jenen Gurt, mich umgürtet mit meinem Seil.‹

Ihm war's aber, als habe er zu sich sprechend die Augen erhoben und einen Anderen antworten sehen, auf dessen Lippen Joseph jedes Wort sah sich formen, so daß Joseph nur nachformte die Worte des Anderen, der sie ihm antwortend formte und zusprach.

Da nochmals setzte Joseph an und sprach zu sich, als antworte er, Joseph, dem Anderen, dem Gott seiner Väter:

›Austauschbar bin ich, sagst Du.

Aber Du läßt nicht von mir.

Machtlos bin ich, ich weiß es.

Aber mächtig bist Du in mir.

Denn Du fährst in mich mit Macht und läßt nichts verweigern Dir und durchkreuzt meinen Weg.

Wer aber, sage mir, gab Dir Anlaß, zu senden den Reiter?

Wer war's, der bei der Rückkehr nach Nazaret sah die Augenpracht Deines Vogels und hielt an der Mauer?

Wer war's, der hinaufstieg zweimal, in Deinen Garten zu sehen?

Wer war's, der sprang in die Bresche?

Wer war es, der abschnitt den Sklaven vom Baum und ihn trug ins Versteck?

Wer war's, dem Du sandtest den Traum, die Nachricht vom Kind?

Wer fügte sich Dir nicht nur im Traum, sondern willentlich, austragend ihn, trug ihn aus, Deinen Traum?

Wer war's?

Denn, sicherlich, *mein* Traum war's nicht, *ich* hätte's mir nicht träumen lassen.

Welcher Dir Tauschbare war es, von dem Du nicht ließt?

Und wer verstand nicht, ließ es aber geschehen und trug's aus?

Wer trug's aus – bis auf das eine –, daß es geschehen konnte?

Wer trug's aus – bis auf das eine –, daß es sich einschrieb ihm und ihm wurde zum Tod?

Denn getrennt von den Seinen kam er zu Tode.

Und wurde wiederbelebt durch das Blut, das ihm ausgoß der Sohn.

Wer stand, noch blutig vom Traum, auf aus der Grube?

Wer stieg hinauf?

Wer ließ sich greifen, auf daß er erlerne bei Deinen Ungeheuern das Rauben, Brennen, Morden?

Wer war das?

Sage mir den, auf den Du da deutest!

Denn so durchkreuzt hast Du viele. Aber sie sehen nicht, Wer ihnen geschieht.

Sage mir, wer redet mit Dir und nennt keinen andern und tauscht Dich nicht aus, weil er weiß, Wer ihm geschieht?‹

Da kam über Joseph, als er so sprach bei sich, STIMME.

Die antwortete, sprechend:

›*Du* bist es. *Dich* wählte ich.

Noch im Anfang: mit dem Schatten des Vogels hab ich gedeutet auf dich.

Ließ hinfliegen über dich seine Augenpracht.

Und lenkte dein Auge hinüber, zurück in den Garten des Anfangs.

Fing dich ein, fing dich an. Da war's Anfang.

Hinaufstieg ich mit dir und sah's.

Da war ich durch deine Augen besehen.

Denn keinen anderen will ich im Tausch, als den, den ich mir erwählte zum Liebsten.‹

So sprach ER, Gott, und Seine Stimme war die einer Frau, die zu Joseph gesprochen.

Kapitel 81
Das Morgengrauen

Und Joseph ging hinaus und stieg auf das Pferd. Und keiner der Rotte band ihm die Hände.

Da zogen sie los, die versammelt waren und beladen hatten Pferde und Packesel mit Raub.

Und Dymas führte sie an, und hinter sich her zog er das Pferd mit dem Toten.

Es war aber noch vor Morgengrauen und hatte aufgehört zu regnen, als sie zogen durch den Schlamm vor den Eingängen zur Höhle.

Und die warten mußten, sich anzuschließen dem Zug, hörten das Fallen der Tropfen vom Felsen der Höhle herab in die Pfützen. Aber auch aus der Höhle heraus war hörbar der Hall jener Tropfen.

Da warf einer seine Fackel hinein in die Höhle. Und ein anderer tat's ihm nach. Als wollten sie Brand noch legen, zu verwischen die Spuren.

Ihr Feuer aber fing nicht, sondern verlosch.

Und der Schlamm, darin staken die wartenden Pferde, war voll Bluts, das war wie Herausgekeltertes rinnsalig aus den Höhlen getreten und versickerte nur langsam im wassergetränkten Boden. Und Joseph sah: Gefärbt davon waren die Fesseln der Pferde, bespritzt waren Flanken und Schweif.

Denn man ließ, wo sie lagen, die Hingemordeten. Und verließ die Höhlen und zog hinab hinterher noch im Dunkeln.

Kapitel 82
Der Winkel im Schilf

Bei Sonnenaufgang aber erreichten sie die Furt am Jordan, wo Dymas sie übersetzen ließ.

Und Nebelschwaden lagen auf dem Fluß und umflossen die Reiter. Und hüllten sie ein, als sie auf ihren Pferden vom Ufer herabzogen ins Wasser. Und der eine sah im Nebel kaum noch den Schweif des Pferdes des nächsten.

Da kam ins Stocken der Zug mitten im Fluß.

Sie waren aber geduldig, denn sie glaubten, Dymas habe gehalten, abzunehmen seinen Toten vom Pferd, ihn dort im Fluß einzutauchen. Denn so hatte er's angekündigt.

Schließlich aber fanden einige, die ausscherten aus der Reihe und weiterzogen durch die Schwaden, Pferde stehen im Fluß: reiterlos.

Eines aber durchfahren von Lanzen, das trieb die Strömung hinab.

Da ließ Joseph sich vom Pferd fallen ins Wasser. Und im Pfeilschwarm, den er hereinbrechen sah über sich – denn von beiden Ufern des Flusses aus standen die Überquerenden unter Beschuß –, schwamm er nach unten.

Und eine Strecke lang hielt er sich unter Wasser.

Tauchte dann wieder nach oben, nach Luft.

Da schlugen Lanzen und Pfeile ein. Schossen hin durch den Nebel, drangen tief in die Wasser.

Und Joseph sah keinen mehr, auch keinen zu Pferde.

Und nochmals tauchte er unter, dem anderen Ufer zu.

Da trieb vorbei unter Wasser der Tote, der Jesus.

Die Schnüre des Tuchs aber, mit dem man ihn umwunden, hatten sich um den Oberkörper gelöst. So daß es aussah, als hielte offen der Tote zum Segel sein Tuch. Und als bliesen die Wasser der Strömung wie Winde darin.

Joseph aber fand bis ins Schilf hinein des anderen Ufers. Und hielt dort aus eine Zeitlang. Denn er hörte Stimmen von hinter ihm – und her vom anderen Ufer. Und wagte nicht, die Uferböschung hinaufzusteigen.

Die Stimmen aber riefen, man solle suchen im Fluß und durchkämmen die Ufer.

Da wichen schon bald, mit steigender Sonne, die Nebel, die gelegen hatten über dem Fluß.

Und Joseph suchte auszuweichen und zwängte sich am Boden kriechend durchs Uferschilf flußabwärts. Und er fand nicht, wo er sicher wäre.

Und Joseph sah hin durchs Röhricht, daß sie Leichen fischten im Fluß.

Darunter war auch der Leichnam des Jesus. Das Tuch aber, mit dem er umhüllt gewesen, hatte sich ganz enfaltet und hing vollgesogen vom Wasser um die Beine des Toten, daß dessen Füße waren umschlungen davon.

Und Joseph sah einen Berittenen am anderen Ufer. Der scherte aus der Gruppe Bewaffneter und ritt auf und ab die Reihe der Leichen.

Denn aus dem Fluß zogen sie währenddessen weitere, die sie hatten gefunden, von Pfeilen durchbohrt oder von Lanzen durchrissen. Wenige aber, in denen noch Leben war. Die wurden ebenfalls gelegt zu den Toten.

Joseph aber konnte weder Gemas noch Dymas unter ihnen erkennen.

Da sprang der Reiter am anderen Ufer im Satz vom Pferd. Und eilte die Uferböschung herab. Denn er hatte die Leiche Jesu erkannt.

Und Joseph glaubte, es müsse Jakobus sein, der Erstgeborene des Dymas, der Bruder Jesu und Halbbruder Gemas'. Denn der Mann hatte laut aufgeschrien, als er sah die durchbrochen-blutige Seite des Toten, und kniete bei ihm. Und Joseph hörte sein Klagen vom anderen Ufer her.

Joseph aber vernahm auch die Sucher im Schilf, die einander zurufend näher und näher ihm kamen.

Und wich aus und kroch ans Wasser zurück, darin aus Not wieder unterzutauchen.

Da sah er am Uferrand Schilfrohr, das war seitwärts zu Boden gedrängt. Denn ein verwundeter Packesel war zusammengebrochen dort und war seitwärts gefallen ins Schilf.

Da kroch Joseph näher und sieht: Es ist seine Eselin. Ihre Hinterhufe aber lagen im Flußwasser noch.

Und Joseph kroch um sie herum und zwängte seinen Körper ein in den Winkel unter die schilfgetragene Last des Tiers.

Und es war still eine Zeit dort im Winkel.

Nur das Strömen des Flusses zu hören.

Das leise Ziehen und Reiben der Strömung am Schilf.

Joseph aber roch durchs Schilf hin den Geruch des nassen Fells seiner Eselin.

Da schloß er die Augen und lag nah ihr, lag müde, die Augen verschlossen im Haus Nazaret. So war es.

Und hörte das leise Ziehen und Reiben der Strömung am Schilf strömen wie Regen ums eigene Haus und glaubte, wieder fließen zu hören die Wasser des Regens die Gasse herab vorm nächtlichen Haus in Nazaret.

Und da er nah roch das Tier, das verströmte warmfeuchten Geruch seines Fells, war es, als habe der Schläfrige es noch eben aus dem Regen gezogen herein, unters Dach zu sich und den Seinen in Nazaret.

Ja, da war es, als fühle Joseph durch die Wärme hin des noch lebenden Tiers: die Wärme der Seinen im Haus, die schliefen bei ihm und waren ihm nah im Haus Nazaret.

Und Joseph hörte, vorbei am leisen Strömen des Regens, den Atem sogar seiner Schlafenden, die waren ganz nah.

Da war die Schilflast, unter der er gedrängt lag, Momente lang wie die Last der nah an ihm Schlafenden, wenn sie im Schlaf sich bewegten an ihm. Und war wie die Last seines Kinds, das sich einst hindrängte im Schlaf bis über ihn, um halb auf ihm, halb an ihm weiterzuschlafen.

In Erinnerung schlug Joseph die Augen auf, wollte den Sohn nehmen und wieder neben sich legen.

Da, fand er, war's nicht das Kind gewesen, das sich im Schlafe auf ihn geschoben, sondern die Eselin. Die hatte gelegt ihren Kopf auf Josephs Brust und sah ihn an, der erwacht war.

Joseph aber hatte schläfrig sie angeblickt, bis er sie sah und sah, wer es war. Und sprach ihren Namen.

Da sieht er: umglänzt sind Augen und Ohren des Tiers. Und Joseph sieht leuchten den Geruch ihres Fells.

Denn da, ihr Name war zu ihr gesprochen.

So war es, war einst so geschehen im Haus Nazaret. Und daran dachte, so fühlte, so sah es Momente lang Joseph in seinem Versteck, im Winkel unter der schilfgetragenen Last.

Aber auch die Eselin hatte Josephs Nähe gerochen.

Und war erwacht, die da gelegen hatte wie tot. Und schlug mit ihren Hufen ins Wasser, als wolle sie ihm anzeigen, daß sie wußte, wer ihr so nah lag.

Als wolle sie aufstehen für ihn.

Da sahen die Sucher, die vorbeikamen, die verendende Eselin. Und sie stachen ins Schilf um sie her, ob sich welche ans Ufer gezogen und versteckt hielten dort.

Sie waren aber schon vorbei an ihr und hatten nichts gefunden. Da erbarmte sich einer der Eselin, deren Hufe schlugen ins Wasser. Denn er hatte gehört das Schlagen der Hufe, die schlugen ins Wasser, als wolle die Eselin sich aufrichten, und immer vergebens.

Der trat nun Schritte zurück und stand über ihr und rannte sie durch mit der Lanze.

Kapitel 83
Die Überlebenden

Da stach die Lanze hinab blutführend bis unters Rohr zu Joseph. Der wich erschrocken aus nach dem Stoß.

So fanden sie Joseph.

Aus dem Winkel hervor unterm Tier zog man ihn. Und fand ihn bedeckt mit Schlamm.

Da nahmen sie ihm das Schwert und stießen ihn in den Jordan. Und zwei sprangen hinterher und trieben ihn mit der Lanze voran, zurück ans andere Ufer, wo sie die Toten versammelt hatten.

Sie wunderten sich aber, daß er nicht aufschrie, der Räuber, wenn ihm die Spitze der Lanze stach in den Rücken. Denn sie stachen ihn, spielend, beim Überschreiten, um Joseph unterzutauchen. Als sei's ihre Aufgabe, im Fluß aus den Kleidern zu waschen den Schlamm, darin er gelegen.

Und sie trieben ihn die Uferböschung hinauf und führten ihn vor Jakobus.

Jakobus aber sah ihn an und sagte zu ihnen: ›Den kenne ich nicht.‹

Und zu Joseph sprach er: ›Wer bist du?‹

Da machte Joseph ihm Zeichen.

Und Jakobus verstand, er sei stumm.

Und Jakobus sprach zu den Suchern, die ihm hergebracht hatten den Joseph: ›Wo habt ihr den gefunden?‹

Sie aber wiesen stromabwärts zur Stelle am anderen Ufer und sagten: ›Wir fanden ihn unter einer Eselin versteckt, entwaffneten ihn und trieben ihn her zu dir.‹

Dabei aber zeigten sie her das Schwert, das sie abgenommen dem Joseph.

Da trat Jakobus das Blut ins Gesicht.

Und er ging auf sie zu und nahm ihnen das Schwert aus den Händen. Und betrachtete es, als sei's ihm bekannt.

Und erkannte nun auch den Schwertgurt, den Joseph noch trug. Und mit der Hand faßte ans Obergewand, das Joseph sich übergestreift hatte.

Und strich erst hin darüber mit seinen Fingern. Dann aber packte zu mit der Faust.

Und Jakobus zog zu sich den Joseph und sprach leis ihm ins Ohr:

›Hast *du* ihn gemordet?‹

Da stieß Jakobus von sich den Joseph, ihn anzusehen. Dann zog er ihn wieder her und hinüber zum Toten.

Jesus aber hatte man von der Böschung genommen und abseits aufgebahrt. Und eine Decke lag auf dem Toten.

Da zwang Jakobus den Stummen hin auf die Knie.

Und schlug die Decke zurück vom Leichnam.

Und sah ihn nicht an, den Leichnam. Sondern wollte sehen Josephs Gesicht.

Da schrie Jakobus, daß alle es hörten:

›Der hat's getan!‹

Und Jakobus wich aus und nahm Jesu Schwert, als wolle er Joseph enthaupten.

Auf Knien wandte sich Joseph zu ihm. Und reckte aufwärts den Kopf. Und hielt Jakobus die Kehle hin für den Schlag.

Da trat aus den Umstehenden einer, hin zu Jakobus. Und hielt ihn auf, auszuführen den Schlag, und sprach mit ihm. Es war aber einer der Späher.

Denn es waren inzwischen die zum Zuge zurückgekehrt, die man ausgesandt hatte zu erspähen, ob die Rotte der Räuber nicht doch nähme den Pfad hinauf in die Berge auf Sichem zu.

Denn in der Nacht waren Jakobus und seine Leute unterhalb Atarot weitergezogen, um zu lauern im Hinterhalt beidseitig der Furt.

Jakobus nämlich kannte die Stelle am Jordan und ahnte, wo übersetzen werde am Morgen sein Vater.

Jakobus' Späher aber, die zurückgekehrt waren, hatten auch die Höhle gefunden, in der die Rotte gehaust hatte vergangene Nacht.

Und die Späher hatten die Leichen gesehen der Pilger, und waren darübergestiegen, in die Höhle zu blicken.

Da fanden sie zwei Sklaven, einen Jungen und ein Mädchen, die die Pilger mitgeführt hatten, sie zu übergeben an andere in Jerusalem. Die beiden hatten, im Versteck aneinandergebunden, überlebt das Schlachten der Pilger.

Da hörte Joseph den Späher, der zu Jakobus getreten war, sagen, der Junge, den sie aus der Höhle gezogen, behaupte, der Stumme habe unter den Räubern in Stricken gelegen. Ihr Gefangener sei Joseph gewesen, unbeweglich gebunden am Boden, nicht aber einer der Räuber.

Da hielt Jakobus ein und ließ herbeischaffen den Sklaven,

der solches behauptete. Dem Späher aber, der zu ihm getreten war, rief Jakobus:

›Willst du mich glauben machen das Wort eines Sklaven?‹

Und der Späher zog beide herbei, auch das dunkelhäutige Mädchen, das die Späher in der Höhle gefunden.

Und nochmals wurde der Junge befragt.

Der aber deutete hin auf den Stummen und wiederholte, was er den Spähern gegenüber behauptet hatte: Ein Gefangener sei Joseph gewesen.

Da ging Jakobus hin und zerriß Joseph das Kleid, das er trug.

Und stieß Joseph weg von der Stelle, wo hingefallen war das Kleid seines Bruders, des Jesus. Als beschmutze Josephs Körper das Kleid des Toten und solle nicht stehen bei ihnen.

Und Jakobus ließ ab, ihn zu töten. Ließ aber nicht vom Verdacht, Joseph sei beteiligt gewesen am Tod seines gefallenen Bruders.

Kapitel 84

Der Nackte

Und Jakobus befahl, daß Joseph zusammentragen und aufhäufen solle das Holz für die Feuerbestattung des Bruders.

Und die sollten aufhören zu sammeln, die begonnen hatten damit. Denn die ersten Schichten der Scheiter, darauf sie legen wollten die Bahre, standen bereit.

Und Jakobus stellte Joseph unter Aufsicht einer Wache, die wies er an, Joseph bei Fluchtversuch zu töten. Und er hieß sie, Joseph keine Kleider zu geben.

Da sammelte Joseph das Holz. Und nackt brach er es und trug es herbei zum Stoß und schichtete es auf.

Als er aber wieder ging und Holz brach, sah er frische Blutschlieren auf dem Spiegel der Welle am Ufer.

Und Joseph sah, als er sich bückte, aufzuheben, was er am Ort schon gesammelt, plötzlich in Gemas' Augen.

Denn der saß dort versteckt im Ufergestrüpp.

Da mied Joseph die Stelle und ging nicht mehr dort hin und brach das Holz sich an anderem Ort und trug von dort nichts mehr herbei.

Er wunderte sich aber selbst, wie es kam, daß er nicht ausgestreckt hatte den Arm, die Wache zu weisen auf den, der ihn so lange gefangengehalten.

Kapitel 85
Der Scheiterhaufen

Und als Joseph gebaut hatte den Holzstoß und die Scheiter gerichtet, sah man Jakobus weinen.

Und man glaubte, er sei unfähig, weiter den Leuten Anweisung zu geben zur Bestattung.

Denn erst noch – man hatte's gesehen – suchte Jakobus nach einer Münze, die er dem Jesus aufs Lid legen wollte.

Da begann Jakobus zu weinen.

Und niemand ging hin zu ihm.

Als sie aber dachten, es sei an der Zeit, zu beginnen den Brand, und die Bahre hinübertragen wollten, den Toten aufzusetzen dem Holz, da schritt Jakobus ein zwischen sie, daß sie hielten.

Und Jakobus hob auf den Jesus, hob ihn auf von der Bahre mit Händen.

Und trug in seinen Armen hinüber den Leichnam.

Und stieg auf die Scheiter.

Und kniete hin oben und setzte ab die Last auf dem Holz.

Und langsam nur zog er die Arme zurück, unterm Rükken hervor seines Bruders.

Und legte noch, bevor er hinabstieg, die Münze aufs Lid seines Toten. Manche sagen: Lohn für den Fährmann, der den Nachen ihm fährt hinüber ins Totenreich.

Als Jakobus aber wieder herabgestiegen war, ließ er sich reichen die Fackel.

Und ging um den Scheiterhaufen und entzündete ihn an den vier Enden.

Da, als fiele's ihm jetzt erst ein, befahl er dem Stummen, hinaufzutragen das Schwert, es dem Toten zur Rechten zu legen.

Hinauf auf das Holz, daraus Flammen aufstachen.

Und Joseph kletterte hinauf, unter aufsteigendem Rauch. In Händen das Schwert und den Gurt.

Und legte sie ab, dem Toten zur Rechten, wie ihm Jakobus befohlen.

Und dann suchte oben, wo er hinabsteigen könne unbeschadet. Denn Flammen schlugen schon seitwärts herauf, windgefacht hell.

Und Joseph fand eine Stelle. Und mit Mühe stieg die Scheiter wieder hinab.

Da war's still eine Weile. Denn sie standen und sahen auffahren den Brand.

Einigen aber war nicht mehr sichtbar der Tote hinter den Flammen.

Da, als fiele's ihm jetzt erst ein, befahl Jakobus dem Stummen hinaufzutragen das Kleid Jesu. Dasselbe, das er dem Stummen vom Leibe gerissen. Und befahl Joseph, das Kleid dem Toten zu legen zur Linken.

Hinauf auf das Holz, das in Flammen stand.

Und Joseph nahm das zerissene Kleid im Bündel, das man ihm reichte, und umging den Holzstoß. Und sah nicht, wo er aufsteigen könnte hinauf durch die Flammen.

Da stieß der Wind aus anderer Richtung.

Und Joseph stieg ein in die Bresche im Feuer, die sich ergab.

Stieg die Scheiter hinauf.

Oben aber stand er gekrümmt unterm Flammenrauch. Und legte das Bündel dem Toten zur Linken, wie ihm Jakobus befohlen.

Da löste sich, als er es absetzen wollte, das Bündel. Und schon war's von Flammen umnetzt.

Und das Obergewand, das Jesus getragen, tat sich auf. Und enthielt anderes noch, Joseph sah's.

Denn da er fliehen wollte die Flammen, erkannte Joseph zwischen den Falten jenes Gewands auch das Seil, das Joseph sonst immer getragen und sich noch umgegürtet hatte vor Morgengrauen.

Da griff Joseph nackt ins Feuer hinab und zog heraus das Seil und rasch knotete sich's um den Knöchel des Fußes.

Aber den Tuchstreifen, nach dem hastend suchten die Augen, den fand er nicht mehr beim Bündel.

Da griff, als wisse er wohl, wonach Joseph suche, einer nach ihm mit der Hand.

Und Joseph sah hin, wer ihn ergriffen.

Da war es der Tote.

Und Joseph, von Wahnsinn gepackt – hellstes Gesicht –, sah liegen vor sich im Feuer nicht Jesus, den Sohn Dymas', den Jakobus hinaufgetragen und gelegt hatte auf die Scheiter.

Sondern sah liegen Jesus, den eigenen Sohn.

Sah liegen den dreizehnjährigen Jungen, wie er ihn zuletzt gesehen.

Denn dieser, sein Sohn, hatte ergriffen das Seil, das sich Joseph rasch um den Knöchel gebunden.

Und hielt es fest und zog daran her.

Joseph aber war's Zeichen längst vergangener Opfernacht. Als er band das Seil um den Sohn, ihn bei Gefahr im Dunkeln zu sich zu ziehen.

Und sein Sohn sah ihn an aus dem Feuer mit Augen, die sprachen zu Joseph:

›Bleibe bei mir!‹

Da umfaßten Flammen die Knie Josephs. Und griffen

Flammenhände herauf an die Schultern und zündeten an sein Haar.

Und mit brennendem Schopf und versengten Gliedern riß Joseph sich los.

Sprang und fiel durch die Flammenwand.

Und stürzte hinab und schlug auf am Boden.

Und dort blieb ohnmächtig liegen.

Kapitel 86
Das Gesicht

Joseph aber lag am Boden vor brennendem Scheiterhaufen.

Da war ihm, als höre er Wellenschlag.

Als liege er in einem treibenden Nachen, der trieb auf dem Meer.

Und Joseph tat auf seine Augen.

Da liegt er, wo es schattig war, am Boden des Nachens. Und hebt den Kopf über die Seiten des Nachens, sieht sich um:

Er treibt auf dem Meer.

Denn der Jordan war über die Ufer getreten und angeschwollen zum Meer. Und seine Ufer waren die Höhen des Wüstengebirges.

In der Mitte des Nachens aber, darin Joseph trieb auf dem Meer, fehlten am Boden drei Planken.

Und doch, sieht Joseph, dringt kein Wasser durchs Leck herein.

Da nähert sich Joseph der Öffnung im Boden und beugt sich darüber.

Und sieht hinab in die Tiefe des Meers.

Und Joseph staunt über die Klarheit der Wasser. Die nahm zu, je länger er sah dort hinab.

Denn zunächst war's wie das Sehen durch Bernstein, gold und braun schienen die Wasser.

Dann aber sich öffnend ins Blaue und klärend, als sehe Joseph je länger, je tiefer hinab.

Da bemerkt er genauer, je länger er richtet sein Auge hinab in die Tiefe:

Daß sich rötliche Bahnen kreuzen dort unten.

Und die kamen – er verfolgt sie mit Augen zurück und heraufwärts –, die kamen vom Spiegel der Wasser herab. Denn sie schossen ein in den Spiegel und drangen hinabwärts, Joseph hatte sie bisher nur nicht gesehen.

Da hob er die Augen auf und sah abermals hinaus über die Seiten des Nachens, darin er trieb meergetragen.

Denn die rötlichen Bahnen, sah er, kamen von oben. Und sie flossen herab von den Hängen der Berge ins Meer hier des Grabens.

Und Joseph sah Blutspur sich verzweigen am Steilhang, sich gießen herab in den Spiegel des Meers. Sah blutiges Rinnsal von den Bergen steigen herab beider Ufer und von überall her stürzen hinabwärts ins Meer, das der Jordan geworden.

Und wieder blickt Joseph zurück, hinab durch das Leck im Nachen.

Und sieht jetzt tiefhin sich fortsetzen, bis in Meerestiefen hinab, die Blutstränge, die vielen, die schossen herein und zogen hinabwärts nach unten.

Woher aber das Blut? fragt er sich.

Woher kommt, was sich kreuzte, sich querte in Strängen und Bahnen?

Denn so sah er's jetzt, klarer und klarer, je länger er sah, je tiefer.

Und sah abwärtshin drängen das Blut, tiefer und tiefer in Strängen, je tiefer ihn verlangte zu sehen.

Da weiß Joseph, daß er sieht:

Alles Blut, das je war vergossen.

Aus unzählbaren Zeitläuften rinnt es jeher herbei.

Und von den vier Enden der Welt her strömt es herwärts herab.

Und durch alles Geschicht hin der Erde, in die es versikkert, an allen Felsen und Trümmern vorbei, auf denen bauten die Menschen und auf denen sie hinmordeten Mensch und Getier, sickert es saugend herbei.

Immer an diesen Ort sich hindrängend.

Sich zu ergießen, den Graben hinabwärts, ins Blutmeer hinein, das der Jordan geworden.

Und Joseph sah, daß sich das Blut nicht ins Meer hinvergoß.

Sondern von Fäden und Seilen getragen, die aufsogen und hielten jeden – noch den kleinsten – der Tropfen, in Strängen hinabfloß zur Tiefe.

Und die Seile und Fäden und Stränge – die trugen das Blut der Unschuldigen und das Blut der Geopferten und das Blut der Gerichteten und das Blut der im Streit und im Kriege Zerrissenen und das Blut der vom Feinde bedrängten Selbstmörder – kreuzten und querten einander hinabhin.

Es gingen aber alle, sah Joseph, je länger er sah und aushielt die Tiefe, ob kreuzend, ob querend, aus welcher Richtung herangetragen auch immer, auf *einen* Punkt zu.

Den erblickte Joseph, je länger er sah, je tiefer.

Denn zu diesem Punkte hinab floß alles, was rotaufgefangen hatten die Seile und roteingezogen die Stränge und rothinabwärtsgesogen die Traufen der Fäden.

Da erkennt Joseph, sehend in tiefste Tiefe durch die Öffnung des Nachens hinab:

Daß der Punkt, dem zufuhren alle lebendigen Fäden und Stränge und Seile: ein Kasten war.

Ein gläserner Kasten, wie eine Kammer.

Und daß darauf ruhten zwei riesige Füße, um die sich banden und schlangen und wanden die Seile und Stränge und rotumsogenen Fäden.

Da schien es Joseph, als seien es Füße, die standen auf einem Kasten in tiefster Tiefe und waren rotumwunden von Strängen, Seilen und Fäden.

Und als Joseph nicht mehr sehen konnte und nicht verstand, was er sah, riß er das Holz der Planke aus, die linkshin lag der fehlenden Planken. Und legte die frischgebrochene Planke hinter sich in den Nachen, darin er trieb.

Und sah, daß kein Wasser eindrang ins Boot.

Da war erweitert die Sicht, und er beugte sich über die Öffnung und sah.

Und je länger, je tiefer er sah, je mehr wollte Joseph erspähen.

Da brach Joseph abermals, links der herausgebrochenen, eine weitere Planke.

Und bald darauf eine dritte Planke.

Und zuletzt eine vierte: zu schaffen sich Sicht hinab auf das Bild.

Und kein Wasser drang ein durch die Öffnung.

Da aber sah Joseph:

Erweitert war seine Sicht schier ins Grenzenlose.

Und Joseph im Nachen erschrak.

Und es gerät aus den Grenzen sein Entsetzen über das, was er sieht.

Denn da erkennt Joseph:

Der kammergleiche Kasten war Urne und Wiege zugleich.

War knochenbleich glühend.

Mit Füßen darauf, die rotglühten wie Erz.

Und die Füße ruhten strängeumwunden, rotseilumschnürt auf dem Kasten.

Aber Joseph, je tiefer er sah, sah über die Grenzen hinaus alles Gesehenen, über die Grenzen hinaus alles Sehens, und erkennt:

Der kammergleiche Kasten steht selbst in einer Kammer. Und die Kammer, in der er steht, ist so riesig, daß das Auge hinabblickend sie nicht hatte erfaßt.

Sondern längst in ihr war, in riesiger Kammer, als das Auge begann, forschend zu ziehen hinab.

Hinab an den Strängen und Seilen und Fäden.

Hinab in die Tiefe.

Denn es war eine Schwitzkammer, in die Joseph hinabsah, Kammer riesiger Ausmaße.

Und in der Kammer saß einer.

Dem zuliefen bindend und sich an ihn windend, ihn speisend-besprühend, beträufend, begießend:

die Stränge und die Seile und die blutführenden Traufen der Fäden.

Denn gespeist und getränkt war die Kammer neblig aus Abertausenden Rinnsalen sprühenden seilgesammelten Bluts.

Das speiste und tränkte und begoß den, der da saß in der Kammer, einsaß im All rotkreisender Nebel, glutgesponnener Sternfäden, feurig rollender Sonnen und Räder.

Und der trug eine Krone.

Die Krone des Königs.

Und der war der Grausamste der Grausamen, das Ungeheuer, das Joseph sah, als er sah über die Grenzen hinaus alles Gesehenen, über die Grenzen hinaus alles Sehens, und erkannte.

Erkannte den, der saß in der Kammer.

Und er sah:

Der da sitzt, saugt auf und trinkt und schwitzt selbst das Blut und vergießt und trinkt es in Strömen.

Und seine Füße ruhen in tiefster Tiefe der Kammer auf Wiege und Urne zugleich.

Und Wiege und Urne sind der Kasten, sein Fußstuhl.

Da aber, als fühle er Josephs Blick im Nacken, sah herauf, der saß in der Kammer und einsaß im All rotkreisender Nebel, glutgesponnener Sternfäden, feurig rollender Sonnen und Räder, der trug die Krone des Königs.

Und es erhob das Ungeheuer sein Angesicht.

Und im Heraufblick wendet's den Nacken und wendet empor sein Angesicht Joseph zu und hebt auf die Augen im Blick heraufhin zu Joseph.

Und der Blick des Angesichts trifft heraufhin durch die Öffnung im Boden des Nachens auf Joseph.

Trifft auf Joseph, der sieht.

Da, getroffen vom Blick, erkennt Joseph, jenseits der Grenzen alles Gesehenen, jenseits des Sehens, jenseits allmöglicher Sicht:

SEIN Angesicht.

Erkennt, daß es Gott ist, der sieht herauf, und Sein Sehen ist, das er sieht.

Und sieht Gottes Angesicht und erkennt IHN: gebunden.

Gefesselt an Strängen und Seilen und Fäden, die kreuzhin und querhin IHN binden.

Als zerrissen IHN, die IHN tränkten und speisten und trauften das Blut durch den gläsernen Kasten.

Da:

Verzerrt war von Leid, von maßloser Qual, das Angesicht, das heraufsah zu Joseph.

Und Joseph entsetzt sich vor IHM, der so leidet.

Und es war Joseph unfaßbar dieses Gesicht, das er gesehen.

Zu spät reißt er die Hände vor Augen, sich vor dem Gesicht des Angesichtes zu schützen, vor dem Heraufblick Gottes menschenherauf.

Da hört Joseph die Worte:

›Heute habe ich dich gezeugt. Neuerschaffen hast du die Welt.‹

Kapitel 87

Die Finsternis

Da erwachte Joseph, das Entsetzen übers Gesehen-Gehörte noch im Gesicht, die Hände schützend vor Augen.

Und er riecht den Geruch der Asche.

Riecht verbrannt die Haut seines Körpers.

Verbrannt vom Gesehen-Gehörten.

Und Joseph nimmt die Hand von den Augen.

Und öffnet die Augen, zu sehen.

Und kann nichts erkennen.

Dunkelheit nur.

Joseph ruft.

Niemand anwortet.

Da reißt Joseph die Augen weit auf.

Himmelwärts. Sonne zu sehen oder die Sterne.

Und sieht nichts.

Taumelnd erhebt er sich vom Boden.

In völliger Dunkelheit.

Und tappt mit der Hand tastend vorwärts in Finsternis.

Da greift er in glühende Asche. Stürzt in niedergebrannte Scheite.

Und rappelt sich auf.

Und abermals stürzt querhin darüber. Kann nichts erkennen, nichts sehen.

Und Joseph tappt blind. Fällt auf die Knie. Und kriecht weiter auf allen vieren.

Und die rauchenden Aschereste hinter sich, kriecht er dem Fluß zu.

Denn das Flüstern der Luft trug heran Wassergeruch.

Kapitel 88
Der Blinde

Joseph aber hatte noch nicht den Jordan erreicht, da stellt sich dem Kriechenden in den Weg einer.

Und Joseph hält.

Und erfühlt ihn mit Händen.

Da beugte sich der hinab und ergriff Joseph unter der Schulter.

Wo er Joseph aber auch faßte, schmerzte der Körper des Alten.

Und Joseph wußte nicht, wer ihn aufrichtete.

Und der ihm aufhalf, sah, daß Joseph kaum auf den Sohlen der Füße zu stehen vermochte, die das Feuer gefressen.

Und der Joseph aufhalf, fragte:

›Siehst du mich nicht?‹

Da erkannte Joseph die Stimme des Gemas. Und hörte Gemas sagen zu Dymas: ›Das Feuer hat blind geschlagen den Stummen.‹

Und Joseph hörte Dymas, zur Rechten, der sprach:

›Hörst du uns denn?‹

Da wandte Joseph sein Gesicht zu ihm hin und nickte.

Und Josephs Gesicht zitterte.

Als zittere er vor einem, den er nicht sehen konnte.

Und Gemas, zur Linken, hörte er sagen:

›Er zittert vor Angst oder Fieber.‹

Da setzten die beiden Joseph zu Boden am Ufer.

Und sie dankten Joseph, daß er sie nicht verraten in ihrem Versteck.

Und sie erzählten ihm, Jakobus und dessen Zug seien umgekehrt vor wenigen Stunden. Zurück in südliche Richtung.

Dymas aber und Gemas hätten sich nicht aus dem Versteck gewagt und gut daran getan.

Denn erst wenig zuvor seien zwei Reiter, die Jakobus heimlich zurückgelassen, aufgetaucht.

Die ritten, nach allen Seiten sich umblickend, hinab zum Fluß. Vom Ufer aus aber riefen sie anderen zu, auf der anderen Seite des Flusses.

Da tauchten zwei weitere auf drüben, die hatten ebenfalls im Versteck gewartet und riefen zurück und überquerten die Furt auf die zu.

Zu viert aber seien die Reiter losgezogen, noch nicht lang her. Und ritten Jakobus hinterher, nach Jericho wohl, wie Dymas vermutete.

›Dich aber‹, sprach Gemas, ›hat keiner angerührt, nachdem du gestürzt warst vom Scheiterhaufen. Und reglos

373

bliebst du da liegen. Nur ein dunkelhäutiges Mädchen trat herbei und erstickte mit Erde deine brennenden Haare. Da zog man sie weg, bevor es Jakobus bemerkte. Denn sie fürchteten seinen Zorn. Vom Versteck aus aber glaubten wir, du liegst tot.‹

Und Gemas sagte, sie wollten hier nicht bleiben. Sondern das Nachtlager drüben suchen, jenseits des Jordan. Und dafür am Ufer des Jabbok entlang, solange das Licht noch reiche.

Da saß Joseph still und wußte nicht, warum sie's ihm sagten.

Und er saß still und hörte sie nicht, hörte kaum ihren Atem und kaum, daß sie waren noch um ihn, die beiden.

Denn Joseph saß still, zu hören, warum Gott ihn nicht ließ.

Sondern Sich gezeigt hatte ihm, Joseph, aus der Tiefe von unten.

Und warum Er ihn blind warf zurück aus dem Feuerhaufen zur Erde.

Und doch ließ leben.

Was will ER mit mir?

Als es aber still blieb, dachte Joseph: So sind sie davon schon. Was wird nun aus mir?

Da dürstete Joseph.

Und er neigte sich vor, um weiterzukriechen zum Wasser.

Da hört er den Dymas:

›Steh auf, was willst du schon wieder da unten? Tragen kann ich dich nicht. Denn mein Arm ist zu schwach von der Wunde. Aber Gemas wird tragen.‹

Da stiegen sie in den Fluß mit ihm.

Und Gemas trug auf dem Rücken den Joseph.

Joseph aber, den Kopf bei der Schulter des Gemas, hörte beim Queren die Nähe des strömenden Wassers.

Und neigte herab den Kopf und öffnete seinen Mund.

Und trank ein das Fließende.

So setzten sie über. Und erreichten das andere Ufer zu dritt.

Sechstes Buch

Das Grab

Kapitel 89
Der Verhüllte

Hier aber riss das Schreckliche, das Joseph gesehen hatte, hier riss das Ungeheuerliche, das er gehört, von innen riß es an ihm. Riß – hin über Tage, Wochen, Monate, Jahre –, riß ein in sein Antlitz.

Denn jeden Tag riß es ein tiefere Spur. Bis es ausgeprägt war nach Jahren, Prägung war des Gesichts Seines Angesichts.

Und wie ein Gefäß nicht halten kann das Schreckliche, mit dem man es bis zum Glühen gefüllt, sondern zu bersten droht rißentlang, so erschien Joseph den Menschen. Und Furcht überkam jeden, der nur ansah Joseph oder dessen Auge gestreift wurde vom Herblicken Josephs.

Denn Josephs Entsetzen sprang über auf sie, die sahen sein Gesicht. Als spiegelten die weitaufgerissenen Augen, was der Blinde als letztes gesehn: Heraufblick des Qualgebundenen.

Denn zu spät schränkte Joseph die Augen im Traum und entkam nicht Seinem Heraufblick.

Der aber bohrte sich reißend tiefer und tiefer. Und nachtüber, tagüber drang hinter Joseph Sein Auge her.

Und streifte Sein Augstrahl jeden Splitter des Tages, jeden Splitter der Nacht Josephs.

Und der Augstrahl Seines Heraufblicks, der eindrang in Joseph, als er hinabsah und IHN sah, mit Furcht schliff Er jede Scherbe des Menschen.

Erschliff mit Furcht sich erschaffend den Scherbenmenschen.

Dymas und Gemas aber behielten bei sich den Joseph.

Als seien die beiden festgehalten von etwas, das andere immer nur abstieß und ausweichen ließ, wenn sie auf dem Wege begegneten und erblickten Josephs Gesicht.

Es gab aber auch solche, die trieb es, nach dem ersten Schrecken, zurück zu ihnen und Joseph. Und im Abstand riefen solche den Wanderern zu, sie mögen doch halten am Wegrand.

Da ließ man Dymas, Gemas und Joseph Trank und Nahrung, und stellte's an den Wegrand. Zog aber davon, sobald die drei sich den Gaben näherten.

Und Gemas und Dymas hoben auf, was ihnen gelassen war, und teilten es mit dem Blinden. Und sie verweilten nie länger am selben Ort.

Wohin sie aber damals vom anderen Ufer des Jordan aus zogen und wer sie späterhin sah in den sechzehn Jahren, die folgten, und was ihnen widerfuhr auf der Wanderung, darüber weiß ich nur wenig. Und nichts davon weiß ich genau.

Manche aber sagen, die drei seien – auf einen Traum Josephs hin – bis zum Horeb gezogen. Das hieße aber, es hätte Joseph gar nochmals geträumt vom Berg Sinai, auf dem Joseph empfing den Befehl ›Opfere Jesus, den Sohn!‹. Und hieße wohl, Joseph sei hinabgegangen in die Tageswirklichkeit dieses Orts, sei hinaufgestiegen den Berg, um hellwach abzugleichen bei Tag, was ihm unbewußt dunkel widerfuhr einst bei Nacht.

Und manche sagen, noch weiter hinab sei später Joseph gegangen. Übers Schilfmeer bis nach Ägypten sei er mit Dymas und Gemas gezogen.

Und was hieße das?

Vielleicht, daß Joseph leibhaftig in der Wirklichkeit dieser Orte stehen wollte bei Tage, um auch gerecht zu werden den Orten im Licht, in die er so tief hinabgesehen bei Nacht.

Und manche sagen, noch weiter sei später Joseph gegangen. In den vier mal vier Jahren aber, die folgten, bis ans Ende der Welt.

Und was hieße das?

Wißt ihr's?

Was hieße ›bis ans Ende der Welt‹?

Und was hieße denn ›von dort zurückgekehrt‹?

Wißt ihr's?«

So sprach zu uns Neith. Und so fragte uns Neith, die wir ihr zuhörten, und hielt eine Zeitlang inne.

Nicht aber, als könnte Antwort kommen von *uns*, Balthazar und Monoimos. Sondern als wolle sie prüfen, ob wir bereit seien, aufzunehmen, das heißt: zu halten, was die Antwort, die sie vielleicht gäbe, enthält. Oder ob wir daran zerbrächen.

Da fuhr Neith fort, noch während wir dachten: Gibt sie jetzt Antwort? und sprach:

»Bestätigen will ich – was ebenfalls manche behaupten –, daß Dymas und Gemas zuweilen dem Joseph mit einem Schweißtuch umhüllten den Kopf. Ja, er selbst versteckte sein Antlitz darunter, sich mit Dymas und Gemas anderen nähern zu können, ohne sie zu erschrecken. Bestätigen kann ich's, bezeugen wollte ich's euch, denn ich habe es mit eigenen Augen gesehen.«

So sprach Neith zu uns.

Und wiederum schwieg.

Und sie schwieg, als ende hier doch ihr Bericht über Joseph, als sei nur anzufügen gewesen das eine, zu erwähnen die Einzelheit jenes Tuchs, mit dem Joseph verhüllte sein Angesicht.

Da bemerkten wir, daß die Magd und ihr Bruder, die uns in der Nacht noch geführt hatten durchs Labyrinth der Gassen, hin bis zur Hütte der Alten, der Neith, nicht länger beim Eingang saßen der Nachthütte. Sondern waren verschwunden. Und uns schien, als seien die Magd und ihr Bruder verhüllt unter Neiths Worten gegangen, wir wußten nicht wann, nicht wohin.

Außen aber hielt an der Sandsturm. Und wir saßen innen gebannt.

Kapitel 90
Die Herrin

Da sprach Monoimos zur Neith:

»Das also, sagst du, kannst du bezeugen. Seinen umhüllten Kopf und das schreckliche Antlitz des Joseph.

Woher aber hast du das Übrige, das ganze Menschenleben davor, von dem du uns hast berichtet?

Denn das kannst du wohl kaum bezeugen.

Und wie doch sprichst du zu uns?

Nämlich so, als hättest du's selbst gesehen. Zumindest aber aus erster Hand.«

So sprach Monoimos, als Neith geschwiegen hatte und ans Ende gekommen schien ihres Berichts.

Da antwortete Neith beiden, dem Monoimos und dem Balthazar:

»Wissen sollt ihr es. Mehr noch. Ihr sollt es erfahren. Hört also her und seht:

Sechzehn Jahre nach den Ereignissen, die ich beschrieben, erkrankte mein Herr, hier in Jerusalem.«

Und Monoimos fragte:

»Dein Herr? Von wem sprichst du?«

Da antwortete Neith:

»Ich rede von meinem Herrn, dem ich diente.«

»Wer war aber der, den du ›Herr‹ nanntest?« fragte Balthazar abermals.

Da sprach Neith:

»Nicht wissen sollt ihr's, ihr sollt es erfahren. Denn ihr wißt es bereits, aber ohne Erfahrung.

Denn, als erkrankte mein Herr, hatte ich sechzehn Jahre in Treue gedient meinem Herrn. Wir aber glaubten, er sei erkrankt aus Kummer über den Tod meiner Herrin, seiner Frau, Esther.

Zwei Jahre zuvor war meine Herrin entgegengereist ihrer Schwester. Mit einer Dienerin, mit Pferd und Wagen, zog

Esther los, ihrer Schwester entgegen, auf sie zu treffen wohl eine halbe Tagesreise westlich Jerusalem.

Am Abend aber traf die Schwester ein im Haus meines Herrn und war nicht in Begleitung meiner Herrin, der Esther. Und war ihr auf dem Weg nach Jerusalem nicht begegnet.

Da sandte mein Herr noch vor Einbruch der Nacht Männer aus, die suchten den Weg ab, den die Schwester gekommen und den auch die Herrin genommen am Morgen, als sie der Schwester entgegenfuhr mit Dienerin, Pferd und Wagen.

Und am folgenden Tag kehrten die ausgesandten Männer des Herrn zurück und waren geritten bis zum Hause der Schwester und hatten keine Spur gefunden von meiner Herrin.

Da ließ mein Herr forschen in den Dörfern, die unweit des Wegs lagen, ob Esther vielleicht aus Not – welcher Not aber? – eingekehrt sei.

Und die ausgesandt waren, kehrten abermals und meldeten: ›Niemand hat die Herrin gesehen.‹

Vier Monate lang ließ er suchen, mein Herr, und ging opfern im Tempel.

Da erschien sie ihm eines Nachts im Traum, Esther. Die ihn beruhigte, es ginge ihr gut.

Ihr Gesicht aber glänzte im Traum. Und ihr Blick war Begeisterung. Die sprang über auf ihn, meinen Herrn.

Erwachend aber dachte mein Herr, der Traum sei das letzte Wort Esthers, seiner toten Frau, und sei hergelangt nachts aus dem Land der Toten, zum Trost gesandt ihm, meinem Herrn, auf daß sein Vermissen gefaßt sei in Trost und er finde zur Ruhe.

Da erinnerte sich mein Herr der Esther lebendig. Denn so tief begeistert, wie sie ihn angesehen im Traum, sah Esther zuweilen auch auf aus einem Gebet oder sah so auf, wenn man sie antraf beim Lesen Heiliger Schrift.

Denn wenn mein Herr zuweilen ins Zimmer trat, Esther gebeugt fand über der Schrift, sah sie nicht sogleich auf, sondern bemerkte ihn nicht. Bis mein Herr vor ihr stand und seine Hand ausstreckte über die Zeichen.

Da immer hob sie auf die Augen zu ihm. Und stets sah er glänzen dann ihr Gesicht. Und – schien ihm jetzt in Erinnerung – sah er's nicht damals ebenso glänzen wie im Glanz des Gesichts seines Traums?

Mein Herr aber, als die ersten Wochen vergangen waren und er nicht aufgab das Suchen nach meiner Herrin, ließ öfter mich zu sich rufen, die Neith.

Und rief mich nicht ›Neith‹, sondern ›das Scherbenmädchen‹. Und verlangte also, das Scherbenmädchen solle kommen.

Nämlich als sei ihm etwas zerbrochen.

Denn so hatte Esther, die Herrin, viele Jahre zuvor mich als erste genannt. Weil ich sorgsam las jede Scherbe und ihr manches Zerbrochene heil wiedergab nach einiger Zeit. Und andere im Haus hörten den Namen, den sie mir gab. Und taten's ihr nach und lachend riefen mich ebenso.

Damals, es war Wochen nach Esthers Verschwinden, verlangte mein Herr aber – kaum war das Scherbenmädchen auf sein Geheiß ins Zimmer getreten –, daß ich vorläse aus Schriftrollen, die sich fanden im Zimmer der Herrin.

Und ich tat, was er andere mich hatte lehren lassen. Denn ich las nicht, konnte nicht schreiben, als man mich jung noch gekauft hatte, im Haus meines Herrn zu dienen.

Wenn ich aber, gerufen und eingetreten und über die Schriftrolle gebeugt, ihm zuzulesen begann – denn immer wieder geschah's so in der Zeit nach dem Ausbleiben Esthers –, da sah ich sich abwenden meinen Herrn, bis er mit dem Rücken zu mir stand still.

Denn er hatte sich abgewandt, als sei's nicht das Scherbenmädchen, sondern sei Esther, die liest.

Und so, dachte ich, suchte zu fügen mein Herr, was ihm zerbrochen war.

Da kam, wohl ein Jahr bevor erkrankte mein Herr, ein reisender Händler zu ihm.

Auch ich kannte den Händler vom Markt in Jerusalem, hatte ihm schon manches Garn abgekauft, mit dem ich wob für die Herrin, was immer sie wünschte.

Und der reisende Händler, der gekommen war, sprach, er sei heraufgestiegen von Jericho und nicht lang in der Stadt. Und verlangte zu reden mit meinem Herrn.

Da ging ich hin und fragte seinethalben. Und der Händler wurde zugelassen zu meinem Herrn.

Kaum gab ihm mein Herr das Wort, behauptete der Händler, er habe – keine zwei Tage sei's her – die Herrin gesehen, die Esther.

Auch ihre Dienerin habe der Händler gesehen – und beide am Leben.

Kapitel 91
Der Prophet

Die Dienerin Esthers aber, so sprach der Händler zu meinem Herrn, habe er aus nächster Nähe gesehen.

So daß der Händler nicht habe zu zweifeln vermocht, wer die sei. Denn auch die hatte wiederum ihn erkannt, den Händler, von dem auch sie früher des öfteren für ihre Herrin gekauft hatte.

Und die Dienerin sei über der Begegnung erschrocken, er habe's gesehen. Und zwar, als die Dienerin streifte den Händler und traf seinen Blick: Da!

Der Händler aber sei in jenem Moment zurückgetreten, dicht an die Wand eines Hauses. Um nämlich vorüberzulassen einen großen Zug Menschen, der stoßend und drängend und lärmend hinabzog die abschüssige Gasse.

Und da eben sei es geschehen: Da!

Die Dienerin streift ihn.

Wiedererkannt habe er sie, diese Dienerin, und hinter ihr, in der Menge, einen Moment lang: ›Das Gesicht einer Frau aus Jerusalem.‹

Und auch die glaubte der Händler wiederzuerkennen. ›Denn ich dachte‹, sprach er, ›Ihre Herrin vielleicht.‹

Da war nun mein Herr, als er's hörte, in große Aufregung geraten.

Kurz darauf aber schon in Zweifel, ob er den Worten des Händlers könne vertrauen. Denn mein Herr dachte wohl: Verkauft der nicht immerzu? Und: Was verkauft er mir da – und zu welchem Preis?

Der Händler aber fuhr fort und erzählte, er sei sogleich hinterher der Menge und habe gefragt, die er packen konnte: ›Was gibt's denn bei euch?‹

Da hörte der Händler, es sei ein Prophet, dem nachzieht die Menge, hin zum Haus der Versammlung.

Da sei auch er gelaufen mit ihnen. Und der Händler versicherte meinem Herrn:

›Nicht aber, den Propheten zu hören. Vielmehr mich zu versichern, ob ich zuvor etwa die Vermißte, deine Frau Esther, die totgeglaubte – oder sonst ihr Gespenst – gesehen.‹

Und der Händler fuhr fort und sprach:

›Die Menge hielt aber auf der Gasse vor einem Haus, so daß ich nicht weiterkonnte. Und manche drängten zurück, denn die dem Propheten voraus waren, der Synagoge zu, sahen, daß er nicht folgte.

Und sie hielten und selbst drängten zurück, um den Propheten denen zu nehmen, die ihn aufhielten dort.

Da trat aus der Tür der Herr jenes Hauses, davor sie hielten und sich drängten. Und der war wütend über den Auflauf. Denn es schien, als wollten sie stürmen sein Haus.

Und ich hörte seine Stimme, die rief zu der Menge: „Was wollt ihr hier? Weg mit euch, zieht schon weiter!"

Aber es ging nicht weiter.

Da sah ich seinen Zorn größer werden noch. Denn er

hatte eine aus seinem Gesinde gesehen, die befand sich unter der Menge. Und er deutete auf sie mit ausgestreckter Hand und hieß sie ins Haus zurückgehn. Und rief, er werde bestrafen, die ohne Erlaubnis ihre Arbeit verließ.

Da schien es, als trete auseinander die Menge, Raum zu machen für jene, die Magd, die geheißen war zurück an die Arbeit. Denn sie rückten auseinander, und ich wurde zurückgedrängt, die Gasse nach oben.

Als ich aber hinabsah, erkannte ich, daß mit der gerufenen Magd aus der Menge hervortrat jener, von dem es hieß, er sei ein Prophet.

Und der ging her vor der Magd und sprach mit dem Herrn jenes Hauses. Und kurz darauf öffnete der Hausherr beiden die Tür.

Sofort schloß die Menge auf, als wollten alle hinterher dem Propheten. Und als sie ihm nachdrängten, stieg eine Frau, in Kleidern noch staubig vom Weg, zum Einlaß des Hauses und rief der Menge, ruhig zu bleiben, und riet ihnen, vorauszugehen ins Haus der Versammlung.

Deren Stimme aber erkannt ich, die so gesprochen zur Menge.

Und ich drängte hinab, sie genauer zu sehen. Wurde aber zur Seite gepreßt, hin an den Rand jenes Hauses, vor dessen Einlaß sie stand. So daß ich sie nicht sah von vorn.

Da rief ich ihren Namen – rief deinethalben, um sicher zu sein und dir zu berichten – rief, wie es nur ein Verwandter getan hätte sonst, ihren Namen, rief laut heraus und ihr zu:

„Esther!"

Sofort blickt sie her zur Seite. Denn ich war auf die Seite, ganz an den Rand jenes Hauses gedrängt.

Und die nachkommende Menge, die schob und stieß, war dabei, mich in den Spalt zwischen diesem und dem angrenzenden Haus zu pressen, da sah ich sie hersehen. Sah sie suchen mit Augen an der Seite des Hauses entlang, suchen nach dem, der soeben gerufen.

Und da ist's: deine Frau.

Mich aber, der sie „Esther!" gerufen, erkannte sie nicht in der Menge.

Sondern über die Stelle hinaus, von wo ich gerufen, als man mich an den Rand des Hauses gedrängt, sah sie besorgt.

Da trat ein anderer ihr zur Seite beim Eingang des Hauses und sprach ebenfalls zur Menge.

Die ließ sich nicht beruhigen, nahm keinen Rat an, keine Weisung, sondern lärmte um Einlaß ins Haus.

Und ich wollte heben den Arm, anzuzeigen deiner Frau, wer ihren Namen gerufen. Und konnte nicht heben den Arm, so dicht standen sie an mir.

Da zwängten Nachdrückende mich und einige andere in die Enge zwischen die Häuser. So daß wir, abgedrängt, übereinander hinfielen im Dunkeln.

Und einige richteten sich schnell wieder auf und preßten eilends die Enge hinabwärts, als hätten sie Ahnung, man habe das Haus nun von hinten geöffnet.

Der aber über mir lag, ein Alter, den ich am Boden noch stützen mußte – er wäre sonst wieder zurückgefallen auf mich –, der fluchte auf die Menge, die den Spalt zur Gasse hin schloß. Und verfluchte die Enge, die ihn umgab. Und stach, als drängten die Häuser selbst auf ihn ein, mit der Spitze der Krücke, an der er sonst ging, mehrere Male wütend hinein in die Wand des anliegenden Hauses.

Da – von der Gasse her – ergriff ihn einer, der den Arm ausstreckte nach ihm, daran der Alte nun mühend sich klammerte.

Und der Alte ließ sich ziehen zurück, heraus aus dem Spalt, in die Menge zurück jener Gasse.

Und ich wollte nach, denn es schien, als sei nun doch in Bewegung die Menge, die drängte hin gassenabwärts.

Da seh ich, vom Boden mich richtend empor, daß die Stockstöße des Alten eine Stelle der Hauswand beschädigt hatten, einen umrissenen Brocken, der sich lösen könnte daraus und zu Boden fallen.

Ich aber geriet, mich stützend nach links und nach rechts, mit der Hand an die Stelle. Da fiel das Stück gleich heraus.

Und es zerfiel mir, noch in der Hand, in kleinere Stücke, die ließen sich nicht zurücksetzen.

Und als ich mich beugte, sah ich, durch brüchiges Geflecht hin, in eine kleine, schwach beleuchtete Kammer.

In die trat eilends die Magd, die der Herr hatte zurückbefohlen ins Haus.

Und hinter ihr traten ein der Prophet und der Hausherr.

Und ich sah die Köpfe noch anderer des Gesindes, die wollten herein, hatten aber nicht Platz.

Da hob die Magd etwas auf, das lag in Hüfthöhe über der Öffnung, durch die ich blickte.

Und als sie sich wandte zurück zum Propheten, da will sie's ihm reichen.

Er aber nimmt's nicht an.

Da hör ich aus ihren Worten, es sei das eigene Kind, ihr Sohn, nur wenige Wochen alt. Den hatte sie auf dem Boden der Kammer in einem alten Backtrog gebadet, den sie als Wanne benutzte. Sie sei gerufen worden, hinaus, kurz darauf aber schon in die Kammer zurück. Und die Magd sagte:

„Da lag mein Sohn in der Wanne ertrunken."

Er aber, jener Prophet, nahm's nicht an, sondern ließ sie legen das Ertrunkene zurück an den Platz über der Öffnung, den ich nicht sehen konnte.

Dann hieß er sie bringen zwei Krüge Wasser und sandte alle hinaus und wies sie vom Eingang zurück. Auch die Mutter, die ihm brachte die Krüge, die sie gefüllt, wies er hinaus aus der Kammer.

Da war er allein.

Und zwei andere traten herein. Und auch die wies er hinaus und trug ihnen auf, niemanden einzulassen, bis er sie riefe.

Und wieder war er allein.

Und ich sah ihn stehen und, nach einer Weile, sah ihn absetzen die Krüge, die sie ihm gereicht.

Nun aber standen die Krüge näher der Wand und verstellten mir fast den Blick.

Nochmals sah ich, wie er sich bückte. Wonach, sah ich nicht.

Hörte dann schüttendes Wasser aufklatschen am Boden, das schoß zur Öffnung heraus, durch die ich gesehen.

Und es floß ab durch die Öffnung und zerfloß am Boden der Kammer.

Was mich aber besprengt hatte, als ich zurückwich, das war warm noch. War warmes Wasser gewesen.

Da dachte ich bei mir: Die Magd muß das Wasser erhitzt haben, zu baden ihr Kind, noch nicht lange kann's her sein. Und da, im Warmen, hatte's gelegen, ihr Kind, als es noch lebte. Und war im Warmen, bis sie's herauszog, schon tot.

Da sah ich durch die Öffnung, daß der Prophet aufhob die Krüge, empor. Und sah ihn hintreten zur Wanne, die lag noch am Boden. Und sah ihn gießen zwei Krüge Wasser ins Becken der Wanne.

Und sah ihn hinab sich beugen über das Wasser, daß sein Gesicht fast berührte die Fläche des Wassers.

Und vom Wasser her, das noch unruhig war in sich vom Guß, flogen Lichtflecke auf. Und sprangen ans Antlitz, das sich herabgebeugt hatte zu ihm. Und spielten hin über die Augen und flogen an seine Stirn.

Da flüsterte er etwas über dem Wasser. Aber wie ein Bräutigam flüstert der Braut.

Und blies auf das Wasser, als bliese er auf eine Verschleierte.

Und ich sah das Wasser, das gerade war still geworden, sich kräuseln wie Tuch.

Und als sei heller Stern gewoben ins Tuch, sah ich erneut spielen die Flecke Lichts auf dem Gesicht des Gebeugten.

Da stand er auf von den Knien und trat vor den Platz über der Öffnung, auf den die Mutter gelegt hatte das Ertrunkene.

Und nahm's auf.

Denn kurz darauf sah ich ihn – und erschrak –, sah ihn tauchen den Säugling zurück in das Wasser.

Sah ihn aus seinen Händen gleiten, sah ihn erneut ertrinken.

Sah in der Wanne reglos ihn liegen, ertrunken.

Denn er hatte den Säugling ins Becken gelegt, bis das Wasser sich schloß überm Kleinen.

Und er betrachtete das Tote und sah es ausgestreckt liegen, wie es die Mutter zuvor wohl gefunden.

Und erneut beugte er sich übers Wasser und sah hinab.

Sah aber hin – so dachte ich später, als ich seinen Blick mir zurückrief –, sah aber hin wie einer, der einen erkennt.

Ja, das war's. Und das rätselhaft.

Ich sage: Er sah's an, als sei es *sein* Kind, über das er sich beugt. Sein Kind.

Und doch war das nicht der Blick, den ich sah, nicht der Blick, den ich wiedersah, als ich ihn mir später zurückrief, ja zurückrufen *mußte*, denn – was war dieser Blick?

Nicht, als liege da in den Wassern sein Kind, sah er hin und hinab. Sondern:

Als liege *er* da.

Er selbst.

Als sei *er* es, der da ertrunken lag unter Wasser.

Er, der sich endlich erkennt.

Da taucht er mit dem Finger ins Wasser hinab. Stößt mit dem Finger bis hin an den Mund des Ertrunkenen.

Und leichthin, schien mir, berührt ihm die Lippen.

Und leichthin legt auf sie den Finger.

Und teilt sie, die Lippen, als öffne er dem Säugling den Mund.

Da sehe ich, gebogen-gebrochen durchs Wasser hin, sehe zukommend dem Finger, der auf der Lippe noch ruht, sehe steigend zum Finger herauf:

Die kleine Hand des Ertrunkenen schwimmen.

Und sehe die winzigen Finger des Säuglings, sehe sie greifen.

Greifen den Finger, der aufliegt der Öffnung des Munds.

Da faßt der Sohn nach dem Mann.

Und der Mann, beidhändig nun, hebt ihn aus dem Wasser hervor.

Und lebendig ist er, lebendig das Kind, ich sah es. Und beschwöre es dir.

Denn die Augen!

Geöffnet hatten sie sich!

Auch bewegte sich schon der Arm des Kleinen.

Mehr konnt ich nicht sehen. Denn der Mann, der ihn eben noch aus der Wanne des Backtrogs gehoben, ward schwach und konnte nicht von den Knien.

Das Kind noch haltend im Arm, schwankte er, da schlug's ihn zurück gegen die Wand, als er versuchte zu stehen.

Und er lag zusammengebrochen an der Wand, die ihn stützte. Und rief nach ihnen erschöpft.

Da trat eine Frau ins Zimmer, und kam auch der Mann, den ich zuvor gesehen.

Und die Frau, die dem Propheten abnahm das Kind, die war deine Frau, Esther.

Und kaum stand sie, trat schon die Mutter hinzu des Kinds und andere rasch hinterher.

Und außer dem Aufschrei der Magd, als deine Frau ihr reichte das Kind, war nichts zu hören.

Nur Geraschel der Schritte der vielen, die sich alle standen im Weg. Und die sprachlos waren, sprachlos wie ich.

Und Furcht ergriff alle, sprachlose Furcht, die auch mich ergriff.

Denn sie hatten – wie ich – tot gesehen das Kind nur wenig zuvor. Und jetzt sahen wir es lebendig.

Da ließ er sich stützen, der zusammengebrochen war an der Wand. Und sie zogen ihn hoch vom Boden empor an Händen. Und einige machten ihm Platz – das sah ich noch.

Und alsgleich verließ er das Haus. Aber das sah ich nicht

mehr. Denn die Menge hatte auf ihn gewartet und ließ mich nicht durch, nicht zurück in die Gasse.

Tags darauf aber schon, kaum hatte ich meine Sachen gepackt, brach ich auf. Und ich verließ Jericho, hinaufzusteigen zu dir nach Jerusalem.

Und angekommen, säumte ich nicht, dir's zu berichten.‹

So sprach der Händler zu meinem Herrn.

Kapitel 92
Der Kranke

Und ich sah meinen Herrn berührt vom Gehörten. Denn nicht nur schien ihm nun sicher: Sie lebt, Esther lebt.

Sondern, daß der Händler selbst war ergriffen vom Gesehen-Erfahrenen und daß er erzählend auch meinen Herrn hatte berührt, *das* war Erfahrung.

Und saß wie ein Schlag.

Denn da, mit einem Schlag, war meinem Herrn offenbar, was Esther war widerfahren.«

So sprach Neith zu uns. Monoimos aber unterbrach ihre Rede und fragte:

»Wer also war der Prophet, dessen Namen du uns zurückhältst?«

Und Neith antwortete ihm:

»Brauchst du den Namen zur Tat? Steht nicht, was er tat, für den Namen?

Ihr seid die Grabsucher, die sagen wollen: ›*Hier* lag der Tote, hier ist er auferstanden.‹

Aber was heißt schon, er sei ›auferstanden‹, wenn ihr deuten wollt auf den Ort?

Da handelt besser der Händler, der's überall weitererzählt. Denn der Säugling ist gestorben, wo es erzählt wird. Und wieder lebendig gemacht wird er überall.«

Und Balthazar sprach:

»Es gab aber doch viele, die man nannte Propheten, und manche Zauberer und manche Täufer in jenen Tagen – und gibt sie noch. Wie sollen wir wissen, von wem dir der Händler erzählte?«

Da sprach Neith zu ihnen:

»Und doch wißt ihr's bereits. Und habt es jetzt auch erfahren. Aber ihr nehmt die Erfahrung nicht an. Buchstabengetreu muß es euch eingeritzt sein. Sonst – glaubt ihr – bleibt nichts zu lesen.

Versucht euch also in der Erfahrung, laßt euch ergreifen!

Und meidet die Versuchung, selbst ergreifen zu wollen. Meidet das Mächtigsein über Orte und Staben, wenn ihr erfahren wollt, wohin sie weisen.«

Da gaben sie nach – Neith sah's –, ohne aufgeben zu wollen.

Und Neith fuhr fort:

»Mein Herr dankte dem Händler, der ihm all das berichtet. Der Händler aber wollte sich nicht belohnen lassen für seinen Bericht und nahm nichts an.

Erst vor dem Tor nahm er an, was mein Herr mir für ihn gegeben hatte. Ich aber wiederholte, worum schon mein Herr ihn gebeten: schweigsam solle er sein gegen andere und von der wiedergefundenen Esther niemanden wissen lassen.

Und ich dachte, als ich, von draußen zurückgekehrt, meinen Herrn in Aufregung fand: Er will hinabreisen, Jericho zu.

Denn entsprechend gab er Anweisungen: ›Aufbrechen sogleich!‹

Denn so nah war sie ihm gerückt, Esther, so lebendig vorgestellt, daß er nicht warten wollte bis morgen.

Da bat ich ihn, mit ihm reisen zu dürfen hinab.

Er aber wies mich zurück. Nur einer der Diener rüstete sich, ihn zu begleiten.

Vielleicht sah er auch, daß mein Verlangen, mit ihm zu reisen nach Jericho, nicht galt der Herrin, nicht Esther, sie etwa wiederzusehen. Denn ich saß ja dabei, als der Händler erzählte. Und mein Herr hatte gesehen, wie's mir erging, als sich bewegte das Tote.

Damals aber wußte mein Herr noch nicht, daß ich schwanger war.

Seine Abreise verzögerte sich aber. Und er brach nicht auf in Hast mit dem Diener. Und brach auch nicht auf, als es Morgen wurde. Und stieg nicht hinab zu ihr, auf Jericho zu, ich war verwundert darüber.

Sondern rief einen Diener, Phylakos, dem er vertraute und in meiner Gegenwart übergab mehreres von Wert. Der solle heimlich-verschwiegen suchen die Herrin in Jericho. Er solle ihr dies und das überbringen. Und solle legen in ihre Hände den Brief. Mit dem Geld solle die Herrin verfahren nach Gutdünken. Er bitte sie nur, ihn wissen zu lassen durch diesen, den Phylakos oder andere Boten, wann immer sie bedürfe der Hilfe.

Ich weiß also nicht, was meinen Herrn zurückhielt, sie aufzusuchen.

Ich weiß nur, daß in den folgenden Monaten mehrere Male Boten hingingen und hergesandt waren.

Denn Esther gab meinem Herrn Antwort. Und sie bat ihn wohl auch um das eine und andere. Still ließ er's ihr zukommen.

Was die Briefe aber enthielten, davon sprach er mir nicht. Ich fand ihn nur öfter beim Lesen und Wiederlesen der Botschaft. Denn er trug sie bei sich und bewahrte sie später gesondert, ich wußte nicht wo.

In jenen Tagen aber war's, daß erkrankte mein Herr.

Und er sandte mich außer Haus, heimlich zu führen ins Haus einen Arzt, den er mir nannte. Denn er wollte nicht, daß geredet würde, er könne sich nicht erheben vom Lager.

Der Arzt aber, den ich herbeiholte, meinte, Ursache der Erkrankung seien die Speisen, die mein Herr zu sich nahm. Und er wies an, was ihm statt dessen gereicht werden solle, wie oft und wann.

Als sich aber nach Tagen keine Besserung einstellte, glaubte ich, es sei die Not um das Fernsein der Esther, es sei das Leid an der Trennung, das Wissen, sie verloren zu haben, sie nie mehr ins Haus treten zu sehen, das ihn kränkte und ließ erkranken.

Denn oft dachte ich, wo ist sein Zorn, daß die Herrin ausblieb ohne ein Wort und ohne Erklärung? Und wo seine Wut, daß sie, endlich wiedergefunden, sich nicht einfand bei ihm? Sondern fern sich hielt, an einen anderen gebunden, nur redend durch Boten mit ihm, der doch ihr Herr war gewesen.

Denn *darüber*, fühlt ich, war krank geworden mein Herr und begann er zu leiden.

Zu seiner Schwäche aber, die ihn nicht mehr aufstehen ließ vom Lager, trat ein Fieber.

So daß er rief in der Nacht. Aber niemand vermochte zu sagen, nach wem er gerufen, und niemand zu unterscheiden, ob er rief nach den Boten, den Dienern, ins wirkliche Zimmer herbeizueilen, oder gerufen hatte nach ihnen im Traum, das andere Zimmer dort zu betreten. Denn die Worte im Fieber kamen – gleich, ob er träumte oder wach lag – in Stößen und waren hinter geschlossener Tür kaum zu verstehen.

Mein Herr aber hatte verboten, daß sich jemand im Zimmer aufhält, es sei denn, er hätte ihn zu sich gerufen. Und drohte einmal, mich deswegen zu strafen. Denn ich war eingedrungen, nach ihm zu sehen, als ich glaubte, er rufe in Not.

Und auch ein zweites Mal war ich herbeigerannt, war an sein Bett getreten und hatte zu spät erkannt, daß er träumte und daß er reckte den Arm, unsichtbare Boten zu entsenden der Esther. Da war er erwacht. Und erzürnt über mein Zuwiderhandeln befahl er, mich zu bestrafen. Da aber die andern hörten und sahen, wie ich wurde bestraft, wagten sie nicht mehr hineinzugehen, auch Phylakos nicht, wenn er zweifelte, in welches der Zimmer die Stimme meines Herrn ihn gerufen.

Und zwei Tage lang traten nur die zu ihm, die zu gewohnter Stunde die vorgesehenen Speisen hineintrugen, den Raum aber alsgleich wieder verließen. Und es hieß – denn so trug man mir's zu –, er rufe des Nachts nicht mehr und man habe ihn nicht mehr vernommen.

Da war ich mit Sorge um ihn geschlagen und, trotz der erfolgten Strafe, widersetzte mich abermals seinem Befehl. Ich befürchtete nämlich, sein Rufen könnte inzwischen, vom Fieber geschwächt, nicht mehr hörbar sein draußen, wenn er riefe in wirklicher Not.

So faßte ich Mut und betrat nachts, ohne daß er nach mir gerufen, die Räume, darin er schlief.

Und stellte mich unweit des Lagers hinter den Vorhang. Denn ich wollte heimlich dort wachen, ihm zur Stelle zu sein.

Kapitel 93
Die Beauftragte

In der Nacht aber hörte ich meinen Herrn sich bewegen im Traum und sah, wie er beide Hände zog zum Gesicht.

Und er ächzte und stöhnte. Bis ich schließlich glaubte, sein Weinen zu hören.

Und daraus wurde er wieder still.

Nachtwind aber zog durch die Räume, war kühl und bewegte den Vorhang, dahinter ich stand.

Leicht erst bauscht er ihn vor mir und läßt ihn wieder sich senken. Hebt höher ihn abermals, und – da! – augenblicklang stößt der Wind pochend hinein und – bevor ich den Vorhang ergreifen kann – zieht ihn im Schwall noch empor, breitet ihn fahnengleich über mir aus. Da sah ich hinauf, stand wie angewurzelt, den Rücken zur Wand gepreßt.

Bis herabfiel, in Falten sich senkte der Vorhang, mich wieder deckte.

Doch mein Herr, geweckt vom heftigen Wind, muß mich gesehen haben, erkannt.

Denn ich hörte ihn rufen.

Und nicht nach einem Diener oder einer Dienerin rief er, auch nicht nach dem Scherbenmädchen. Sondern mit Namen rief er nach mir. Mich rief er, rief:

›Neith.‹

Da trat ich hin an sein Lager, nicht ohne Furcht.

Und als ich mich über ihn beugte zu sehen, ob er nicht schlafe, es ein Traum gewesen, daraus er gerufen nach Neith, ergriff seine Hand den Stoff meines Kleids.

Und seine Hand fuhr streifend herauf die Falten des Kleids. Und ich hörte ihn einatmen die Nähe der über ihn Hingebeugten.

Da hört ich ihn sagen:

›Neith, du riechst nach Brot.‹

Er sprach's aber mit offenen Augen. Sprach es, als sei ich gekommen, trüg ihm gebackenes Brot.

Mir aber klang es, als sehe mein Herr offenen Auges: in wirklich gewordenen Traum.

Aber nein, er war wach. Wiederholte mir:

›Nach frischgebackenem Brot, Neith …‹

Und ich dachte, ihn hungert – Zeichen, daß die Krankheit sich wendet. Und stehe auf, will ihm zu essen bringen.

Da hält er mich doch.

Hält mich fest.

Ich aber sage zu ihm:

›Mein Herr hat im Fieber geträumt.‹

Und er wiederholt:

›Geträumt.‹

Sprach's aber, als wolle er sich in Erinnerung rufen, was das bedeute: ›geträumt‹.

Und ich sage:

›Vom Traum ist mein Herr erwacht.‹

Da sagt er nochmals:

›Geträumt.‹

Und sprach's, als wäre es ein und dasselbe, ob gewacht, ob geträumt.

›Geträumt hab ich von meinem Tod, Neith‹, sagte er da. Denn nun wisse er: die Krankheit, die ihn befallen, die sei zum Tode. Es seien Vorkehrungen zu treffen dafür.

Und fest hielt er meine Hand, da ich aufstehen, ausweichen wollte vor Schmerz, ihn solches sagen zu hören.

Da gab er mir meinen Auftrag. Und ließ mich geloben auszuführen, was er mir auftragen werde.

Und ich gelobte's. Und wußte noch nicht, was er mich heißen würde.

Und er ließ mich geloben, nicht davon wissen zu lassen den Sohn, nicht die Familie, noch die Verwandten, auch keinen von seinem Gesinde wissen zu lassen davon, weder vom Auftrag, den er mir geben wolle, noch von seinem sicheren Wissen, die Krankheit sei eine zum Tode.

Denn mein Herr wußte, was alle glaubten: daß die Krankheit Kummer sei um die Frau. Und wußte, daß alle glaubten, schon ihr nächster Brief werde ihm wieder Besserung bringen.

Er aber sprach zu mir:

›Vom eigenen Begräbnis hat mir geträumt. Nie wird mir klarer sein, was zu tun bleibt. Da ich's nun weiß.‹

Da sprach er weiter zu mir:

›Ich schicke dich fort, Neith. Aus dem Haus.‹

Ich aber dachte: So läßt er mich gehen, entläßt mich. Denn ich war schwanger und dachte: Er weiß es … Und dachte gar: … oder hat es gerade erfahren, als seine Hand griff in den Stoff meines Kleids und herauffuhr die Falten. Da läßt er nun gehen die Schwangere, sendet mich aus dem Haus.

Mein Herr aber sprach zu mir:

›Bis alles getan ist, was ich dir auftrage, soll niemand wissen, wo du dich aufhältst. Dann aber: Kehr mir zurück!‹

Und es war seltsam gesagt, sein ›Kehr mir zurück‹.

Da spricht er weiter: Ich solle hinaus, er werde mir Geld anvertrauen, genügend, sechs Tagelöhner zu dingen auf dem Markt in Jerusalem. Daselbst auch zu kaufen, was vonnöten zur Arbeit.

Denn ich solle dingen die Tagelöhner und sie unterbringen in einem Zelt vor den Mauern der Stadt, mit Essen versorgen und jedem der Arbeiter auszahlen täglich vor Sonnenuntergang einen Denar als Lohn für den Tag, nichts darüber.

Da wies er mir den Ort jenseits des Gennattors, dahin ich führen solle die gedungenen Tagelöhner, die beladen hintrügen das Nötige.

Denn dort, unweit der Stadtmauer im Westen, lagen hinter der Richtstatt noch Gräber im alten Steinbruch.

Und er sagte, zur Rechten aber des Grabs Eleazars, seines Freundes, das man vor einem Jahr dort hatte angelegt, solle ich ausschachten lassen ein weiteres, sein eigenes. Und das Grab solle ausgehauen werden aus dem Felsen, neben dem Grab seines Freundes.

Als ich aber still blieb, erstarrt, fragte er mich:

›Kannst du's ausführen, Neith, mir erfüllen den Auftrag?‹

Kapitel 94
Der Ort

Ich aber konnte nicht antworten meinem Herrn. Da fragte er nochmals:

›Du kennst doch den Ort?‹

Er hatte aber bezeichnet den Ort zur Rechten des Felsengrabs Eleazars, eines verstorbenen Freunds und Verwandten meines Herrn. Mein Herr und Eleazar hatten den Ort vor vielen Jahren gemeinsam erworben, aber nicht anlegen lassen die Gräber.

Da ließ Eleazar, der Freund meines Herrn, anlegen ein Grab für seine Familie. Denn die Schwiegereltern Eleazars, die im Hause lebten, waren betagt.

Kaum aber war's ausgeschachtet, sie meißelten noch am Rollstein, verstarb Eleazar, der's in Auftrag gegeben.

Und hinter meinem Herrn ging ich her, Beigaben tragend, der ging hinterher der Familie Eleazars. Darunter auch waren die Eltern der Frau, von Dienern gestützt, den Freund meines Herrn, den Ehemann, ihren Sohn, zu Grabe zu tragen.

Da faßte ich mich und antwortete meinem Herrn: ›Den Ort kenne ich.‹

Und ich versprach ihm, ich würde tun, wie er mir aufgetragen.

Er ging aber jede Einzelheit mit mir durch seines Auftrags. Auch wie es beschaffen sein solle, das Grab. Und ich sah, daß er's anlegen ließ wie einst sein Freund Eleazar, den er zu Grabe getragen.

Mein Herr aber blieb in den Einzelheiten, als wollte er mich darüber vergessen machen, daß all das solle getan sein für seinen Tod, mit dem enden werde, woran er leide.

Und so sagte er auch, er werde mir schicken, zu Beginn jeder Woche, den Diener, der mich am längsten kannte, den Phylakos. Denn gemeinsam mit Phylakos war ich damals zum Gesinde des Hauses gekommen.

Phylakos, sprach er, werde mich am Teich der Drei Türme erwarten. Und werde mir wöchentlich geben den Lohn für die Arbeiter. Von Phylakos aber erwarte er Bericht vom Fortschritt der Arbeit und daß er ihm sage, ob sie auch zügig voranschreite. Und er bat mich, Phylakos wissen zu lassen, falls sonst etwas nötig sei, er werde's beschaffen.

Da gab mein Herr mir das Geld für den Anfang. Und sandte mich aus. Und sprach:

›Morgen früh, mit dem Aufgang der Sonne, geh ans Werk. Und sprich niemandem davon außer dem, den ich dir sende.‹

Kapitel 95
Das Begräbnis

Als ich aber am nächsten Morgen nochmals zu ihm gehen wollte, ihn zu sehen bei Tage, ob es ihm nicht schon bessergehe, er vielleicht befände: ›Den Traum habe ich nicht verstanden, bleib hier. Laß uns vielmehr überlegen, was er bedeutet.‹ Oder ob er zu mir spräche, vom Schlaf kaum erwacht: ›Wisse, nachdem ich mich elend gesorgt und in Angst gelegen bis Morgengrauen, nochmals überkam mich der Schlaf, und ein anderer Traum widerrief jenen ersten. Bleib also hier!‹ Und: ›Nicht send ich dich fort. Denn nicht ist die Krankheit zum Tode.‹ Sondern: ›Komm, lies mir vor, wie du's gewohnt, daß ich schneller genese.‹

Aber so hörte ich nicht reden meinen Herrn. Und bekam ihn nicht zu Gesicht.

Denn er ließ mich nicht zu sich, nicht in das Zimmer, als ich ihn sehen wollte bei Tage.

Sondern Phylakos, der Diener, der mich kannte am längsten, der trat heraus aus dem Zimmer und sprach in seinem Namen:

›Du hast deinen Auftrag und weißt, was es zu tun gilt. Also geh!‹

Phylakos strich mir aber über den Kopf, als er sah, daß ich nicht gehen wollte. Dann kehrte er ins Zimmer zurück meines Herrn.

Ich aber stand davor und dachte: Warum läßt mich gehen mein Herr und sendet nicht ihn, Phylakos, dem es leichter fiele? Und ich dachte: Es ist, weil ich schwanger bin, und niemand soll's sehen.

Da nahm ich meine Sachen und verließ das Haus meines Herrn. Und mit Aufgang der Sonne stieg ich hinauf zu den Markthallen am Gennattor.«

So sprach Neith zu uns, als Balthazar unterbrach:

»Wie ist es nun? Den Traum selbst hat er dir nicht mitgeteilt, dein Herr?«

Da antwortete ihm Neith:

»Daß du fragst nach dem Traum meines Herrn und nicht darüber hinweggehst, als ginge er dich nichts an, läßt mich hoffen. Ihr habt nämlich, meine ich, achten gelernt auf Träume. Und wohl lernt ihr noch, aufzunehmen die euren: wie Joseph aufnahm den seinen, in Antwort auszutragen Gott Seinen Traum.«

Und Balthazar sprach:

»Ich will nur wissen, woran dein Herr träumend erkannte, die Krankheit sei ihm zum Tode.

Denn wer würde so ein Zeichen nicht rechtzeitig erkennen wollen, noch nächtens im Traum, um bei Tag dann zu opfern und abzuwenden das Prophezeite.

Sag also, hat er's dir erzählt?«

Da sprach Neith:

»Den Traum hat er mir erzählt. Denn auch ich fragte danach. Und den Rest der Nacht und den Morgen hindurch, auf dem Weg noch zum Markt, ließ mich sein trauriges Bild nicht mehr los. Und ich weinte allein in der Nacht. Und weinte, kaum war ich allein, auf dem Weg am Morgen zum Markt.

Vorüberziehende aber, die mich hinaufsteigen sahen zu den Hallen, glaubten, die ägyptische Sklavin sei gerade geschlagen worden, daß sie weint so.

Und man rief mir zu, auf den Weg zu achten, oder stieß mich zurück und schlug mich, wenn ich weinend in andere lief, achtlos in meiner Verzweiflung. Denn ich trat immer wieder, tränenblind, an die Waren, die auslagen längs der Wege.

So aber hatte es geträumt meinem Herrn, hört her!

Hier, er hebt im Traum auf seine Augen:

Da steht er vor einem Felshügel, der ihn dreifach, wohl vierfach überragt.

Oben, wo der Fels zuläuft wie eine Mandel, standen nah am Felsrand drei Männer. Und stand links bei ihnen ein vierter.

Da trat jener vierte vorwärts. Trat mit dem Schritt über den Rand ins Leere hinaus. So aber, als setze er zu einer natürlichen Bewegung an: wie du und ich einen Raum betreten oder den Schritt ans Herdfeuer tun, uns davor in die Hocke setzen.

So betrat der vierte die Tiefe, die Leere vor ihm.

Und fiel aufrecht aus der Höhe in die Hocke herab.

Und saß, in die Hocke gefallen, mit dem Rücken am Felsen.

Sein Gesicht aber, erkennt nun mein Herr, ist gezeichnet von Trauer und Qual.

Da folgt mein Herr dem Blick dieses Trauernden – und wendet entsprechend den Kopf – nur wenige Schritte nach rechts.

Da stehen die drei Männer. Stehen zu ebener Erde nun, nahe am mandelförmigen Felsen.

Und diese drei greifen und halten fest die vier Enden beschwerten Tuchs, tief durchhängenden Linnens.

Jetzt, auf Brusthöhe heben sie's an.

Da schlägt der Wind an das Tuch und öffnet's:

Ein Leichnam liegt darunter.

Und da – mein Herr erkennt ihn.

Der Tote nämlich ist der, der noch eben herabsprang vom Felsen. Derselbe, der – zitternd am Leib – dort noch hockte, das eigene Begräbnis betrachtend.

Da stemmten die drei seinen Leichnam hinein in ein Loch, wie in den Mund eines Ofens, der war in den Felsen getrieben.

Dann aber zogen sie mühsam das Tuch unterm Toten hervor. Und sie zogen's, indem zwei von der Seite der Öffnung sich stemmten gegen die Sohlen des Toten. Denn das Zerren am Tuch brachte die Sohlen des Leichnams mehrmals zum Vorschein.

Schließlich verriegelten sie die Öffnung mit Klappe und eisernem Keil und gingen davon.

Da verströmte das Grab warmen Geruch.

Und den roch und nach dem griff die Hand meines Herrn, ihn zu riechen an mir, als er erwacht war.

Denn zu Neith sprach er und hielt fest mich am Arm und sagte: ›Neith, du riechst nach Brot.‹«

Kapitel 96
Die Arbeiter

Da antwortete Balthazar der Neith auf den Bericht vom Traum ihres Herrn:

»Sein Traum ist rätselhaft. Aber wie schloß dein Herr daraus, sein Tod stünde bevor? Oder hältst du uns etwas zurück?«

Und Neith sprach:

»Ich enthalte euch vor, was er auch mir zunächst vorenthielt.

Denn auch ich sprach zu ihm, als ich hörte den Traum, und sagte: ›Von einem anderen hat meinem Herrn geträumt. Aber mein Herr kennt ihn nicht, diesen vierten. Denn er kannte nicht den, der herabsprang vom Felsen, und kannte auch nicht die drei, die schoben den Leichnam in den Felsen hinein. Wie spräche der Traum da vom Tod meines Herrn, der ihm stünde bevor?‹

Da gestand mir mein Herr, daß er im Traum nicht wußte zu unterscheiden zwischen sich und dem Mann, der herabsprang vom Felsen. ›Denn im Traum‹, sagte mein Herr, ›schien mir: Ich war *auch*, der herabsprang zu Boden und weinte dort in der Hocke. Denn der war mir fremd und war zugleich vertrauter als alle, die ich kenne und je gekannt. Ich war aber im Traum ebenso der, den sie hoben ins Grab, den ich unterm Linnen erspäht, war der Tote. Und ich war's, der weinte und zitterte am Leib, zu schaun, was mit mir geschah. Und ebenso war ich im Traum, wechselnd hin und herüber, in den Männern, den dreien, die schoben den

Toten hinein, die zerrten am Tuch, die hielten die Sohlen, bis sie verschlossen mit Riegeln das Grab.

Ich war all das, war in jedem von ihnen – und all das ein Zeichen.

Denn einsehen muß ich, daß ich hier liege und zusehe dem eigenen Tod. Denn ich erkannte den Felsen, in den sie mich schoben.

Er glich aber dem Felsen neben dem Grab Eleazars.

Dort also, Neith, send ich dich hin. Denn du sollst mir den dreien vorausgehen und alles richten, bevor sie mich hintragen.‹

So sprach mein Herr. Und hatte seinen Traum so gedeutet.

All das aber trug ich mit mir, den Weg hinauf bis zum Markt. Eine Qual.

Denn immer wieder suchte ich zu widerlegen seine Deutung des Traums, ihn anders zu lesen.

Traf aber immer wieder nur den, der in allen war.

Und mir schien, als trüge ich nicht nur aus, was mein Herr mir befohlen, sondern als bestimmte ich auch den Tag, an dem er verstürbe.

Denn je fleißiger wären die Arbeiter, je erfahrener die Steinmetze, die ich auswählen würde, sie zu dingen zur Arbeit am Grab, desto schneller käme herbei der furchtbare Tag.

Eingedenk war ich ja Eleazars Tod, wie der war gestorben, der Freund meines Herrn. Kaum war ihm gemeldet: ›Ausgeschachtet, vollendet ist, was du befohlen‹, fiel er tot vor den Seinen zu Boden.

Da beschloß ich, als ich betrat am Morgen die Agora, um mir bei den Markthallen auszuwählen die Tagelöhner, weniger Arbeiter anzuheuern als mein Herr mir befohlen.

Statt den sechsen, die er gewünscht, würden genügen auch drei oder vier.

Denn so – dachte ich – würde verlängert werden die Arbeit. Mein Herr aber wäre gezwungen auszuharren bei uns, solange anhielte die Arbeit.

Das aber dachte ich wie ein Kind, ich geb's zu. Denn ich hoffte, er würde inzwischen genesen.

Auch dachte ich damals: Vielleicht bedarf er nur zu genesen vom Traum. Indem nämlich einschritte Gott, meinem Herrn einen anderen sendend.

So trat ich unter die, die anboten ihre Waren, und zwischen die, die anstarrten und wählten, zurückwiesen und feilschten, kauften und aufluden, davontrugen oder andere sich bücken ließen, zu tragen.

Und ging viele Stunden unter ihnen.

Und als es Nachmittag war und die Sonne sich neigte, hatte ich niemanden gefunden.

Denn ich wollte niemanden finden.

Es ekelte mich nämlich der Auftrag, mit dem ich umging. Als befähle ich welchen, vorzubereiten insgeheim Mord. Und ich wollte niemanden ansprechen deshalb.

Und alle, die ich sonst hätte gewählt – denn viele boten sich an und suchten zu erhaschen mein Auge, daß ich heranträte an sie –, schienen wie Räubergesindel mir, das lag auf der Lauer, mich ins Netz zu ziehen.

Da sah ich zwei sitzen. Sie waren an eine der großen Säulen gelehnt. Und der ältere der beiden schien mir träg und faul und war eingeschlafen.

Aber auch der andere, der etwas jünger sein mochte, sah nicht her. Und keiner schien begierig, Arbeit zu finden.

Kräftig genug schienen sie mir. Ob sie aber verrichten könnten, was ich sie hieße, wäre ungewiß.

Und ›ungewiß‹ wäre mir gut genug. Denn sollte sich's herausstellen am Felsen, daß sie nicht wissen, wie man zu Werke geht, so wäre der Tag verloren. Ich würde schimpfen mit ihnen, sie wegsenden, wäre bald zurück auf dem Markt und hätte den ersten Tag schon verlängernd gewonnen.

Da faßte ich mich und sprach den an, der noch wach war.

Und der weckte den Älteren, als er hörte, was ansteht. Und sagte mir, mit dem Lohn seien sie einverstanden.

Erst da sah ich aber, daß es vier waren, die sich regten, als ich vom Lohn sprach. Denn zwei weitere lagen im Schatten auf der anderen Seite der Säule, ich hatte sie nicht bemerkt.

Kapitel 97
Der Alte

Vier, dachte ich, keinen mehr. Eher lasse ich einen von ihnen.

Und da erst auch sah ich, daß der vierte gebrechlich war und betagt. Zäh aber richtete der sich auf vom Boden, viel langsamer als die anderen. Und doch, um bereit zu sein.

Da stand er nun, still. Hielt aber abgewandt sein Gesicht, als schäme er sich, daß ich ihm, ohne weiterzureden, zugesehen hatte.

Und ich fragte ihn: ›Du da. Was ist mit dir?‹

Da sprachen die anderen für ihn und sagten, ein guter Schuttträger sei der für die Arbeit, die ich ihnen antrüge. Denn einer müsse wegtragen, was unterm Meißel herabbricht, den Schutt und zersplitterten Stein, den sie abschlügen.

Der Alte aber könne nicht nur gut tragen, sondern verstehe sich besonders auf die Arbeit am Stein. Sie bräuchten ihn also zur Planung des Werks.

Da trat ich hin an den Alten, unschlüssig, denn ich dachte doch: Ohne den wird es auch gehen, langsamer vielleicht.

Und der Alte wandte her zu mir sein Gesicht. Ich aber, als ich's sah, erschrak.

Und die anderen drei waren um mich sofort, zu mildern den Schrecken, der in mich gefahren.

Dunkel war's, sein Gesicht, wie gebrannter Ton. Scherbig aber, zerfurcht.

Und sie sprachen zu mir:

›Er ist blind und stumm, so erschreck dich nicht an ihm.

Und er kann, wenn du es wünschst, überm Gesicht tragen sein Tuch, das er nur abgelegt hatte im Schatten.‹

Da sah ich stumm nicken den Alten.

Und sah ihn sich bücken, an die Säule gestützt.

Und sah seine Hand greifend tappen nach seinem Tuch.

Und er fand's und zog es an sich, zog's über.

Da fragte ich die anderen nach seinem Namen. Ihr aber wißt ihn ja schon.

Denn es war Joseph, der vor mir stand. Und der das Tuch sich zog über den Kopf.

Joseph.

Und ich kannte ihn nicht.

Und Gemas war's gewesen, der saß an der Säule, als ich sie ansprach. Und Dymas war es, den Gemas geweckt, als sie sprachen zu mir und mit dem Lohn sich einverstanden erklärten.

Lang ist das her, vierzig Jahre nunmehr. Und ich habe inzwischen vergessen, wie er hieß, jener vierte.

Mit diesen nun kaufte ich gleich das übrige, also Zeltbahn und Werkzeug und was sonst noch benötigt war.

Und alles, bemerkte ich, was sie sahen an Auswahl, das beschrieb Gemas unaufgefordert dem Blinden, dem Joseph. So war's Gemas gewohnt.

Und alles ließen sie prüfen den Blinden, der stumm befuhr mit der Hand die Meißel, die Hämmer.

Und der Blinde wählte, was gut war, und prüfte die Riemen der Rückentrage und ließ sie sich anlegen.

Und prüfte die Spiren, die er mich kaufen bat. Und maß aus mit der Hand ihre Tiefe und prüfte der Henkelkörbe Geflecht.

Auch ließ ich Nahrung kaufen, genug für die ersten Tage, und ließ sie alles tragen hinaus aus der Stadt durch das Gennattor.

Im Untergang aber blendete die Sonne, als wir traten durchs Tor. Und ich zog Dymas herüber, der schwer trug und nicht sah, wohin ich mich wandte.

Kapitel 98
Der Schädel

Denn hinterm Tor ging ich nicht geradeaus den Weg zum Turmteich.

Auch nicht gleich rechts ab, den Pfad eng an der Stadtmauer entlang nach Norden.

Sondern erst einige Schritte hinter diesem Pfad, bog ich zur Rechten hinauf durch den Garten und alten Steinbruch.

Ich führte sie aber am Rücken des Golgotha vorbei, der Richtstatt, die ragte heraus, wohl zwanzig Ellen über uns hin.

Denn unbrauchbar brüchig war unseren Steinmetzen vormals gewesen der Stein des Felsens der Richtstatt. Und ausgewichen waren sie ihm. Und ließen ihn unbehauen.

Den Besatzern aber, den Römern, war brauchbar der Felsen. Und sie brachen auf ihm die Verurteilten und kreuzigten sichtbar weithin.

Da lag am Fuße des Rückens der Stätte ein Schädel, der war bis zur Schläfe hinauf überwachsen. Und war kaum zu sehen gewesen, denn auch die Sonne war untergegangen.

Aber der vierte, dessen Namen mir nicht mehr einfällt, der hatte ihn sogleich bemerkt und blieb entsetzt stehen. Und deutete hin und versuchte zu verdecken die Furcht, die ihn hatte befallen.

Dymas aber und Gemas sahen den Schädel, auf den er deutete.

Und Dymas fragte den Furchtsamen, ob er jemanden wiedererkannt habe, seinen Ahnen vielleicht. Und er riet ihm:

›Geh nur hin!‹

Den Furchtsamen aber hörte ich sagen:

›Ich werde mich hüten. Wenn sie so liegen und es um sie her grünt, wohnt eine Schlange darin.‹

Und kaum rief ich sie weiter, da fragte er mich, der vierte, ob es noch weit sei, wohin ich sie führte.

Es waren aber von dort nur noch siebzig Schritte hinauf bis vor die steinerne Wand, die durchsetzt war von Gräbern.

Und wir stiegen hinauf, bis ich zu stehen kam vor dem Grab Eleazars. Und ich ging nach rechts einige Schritte und deutete auf die Felswand, daraus sie brechen sollten das Grab meinem Herrn.

Da fragte mich Gemas, der hörte, daß ich von meinem Herrn sprach:

›Wer ist denn dein Herr, für den wir's aushauen sollen?‹

Ich aber schwieg. Denn es war unachtsam gewesen von mir, zu verraten, es sei ›meinem Herrn‹.

Und noch vor Ort sprach ich zu ihnen:

›Darum kümmert euch nicht. Das geht niemanden an. Arbeitet ihr gut, ihr werdet täglich bezahlt werden. Und keiner wird später fragen: Ach, diesen Denar da, sag mir, von wem hast du ihn? – Wem's aber nicht paßt, der kann gehen.‹

Und ich ließ sie, an den Gräbern vorbei, hinaufgehen, über den Garten hinaus.

Und hieß sie abseits Feuer machen, denn es war kalt geworden zur Nacht, und aufschlagen ihr Zelt und auch mir eines bauen, auf der anderen Seite des Feuers.

Und ich ging zu den Körben und verteilte an Nahrung vom Mitgebrachten.

Kapitel 99
Das Maß

Am Morgen darauf aber, noch vor Sonnenaufgang, weckte mich Brotgeruch.

Da sah ich Joseph sitzen am Feuer, und er buk Fladen.

Kurz darauf aber hörte ich einen Schrei und wußte nicht, wer es war, der geschrien voll Angst.

Und als sich die andern gesellten zu Joseph, kam auch ich dazu und hörte den, dessen Namen ich nicht mehr erinnere, erzählen, wovon ihm geträumt in der Nacht.

Und er war voller Angst darüber und sah, übers Feuer hin, immer wieder die anderen an, was es wohl bedeuten könne, daß ihm dieses geträumt. Und steckte sie an mit seiner Unruhe und Angst.

Ihm hatte aber geträumt, er sehe an der Stelle, wo er tags zuvor am Fuße des Golgotha bemerkt hatte den überwachsenen Schädel, aufstehen einen Menschen.

›Der trat‹, sagte er, ›wankend aus dem Schatten des Ragefelsens hervor und fiel hin. Und war am ganzen Körper dunkel behaart wie ein Tier. Und schrie auf wie ein Tier. Und blutete aus der Seite, aus kaum verschlossener Wunde.

Der Mensch stand aber nicht mehr auf, so geschwächt war er, sondern auf allen vieren schleppte er sich herauf zu den Gräbern.

Und er hielt vor dem Felsen, der uns gestern wurde gezeigt von der Magd, im Auftrage ihres Herrn.

Ich aber, der ich's sah im Traum, stand über dem Felsen. Und ihr – denn ihr wart bei mir im Traum –, standet neben mir auf der Spitze des Grabfelsens. Und saht hinab alle, wie ich.

Denn da hielt der Mensch, der heraufgekrochen war, vor dem Felsen, den die Magd uns gezeigt. Und kniend davor schlug er an.

Er schlug aber an, daß es hallte im Felsen.

Schlug an, als sei es ein Tor, daran er geschlagen.

Schlug abermals an, als solle aufgemacht werden ihm.

Schlug an, als sei's ihm zu Unrecht verwehrt.

Ja schlug an, ein fünftes Mal an, als sei ein Verbrechen an ihm begangen worden und er heraufgekrochen, zu fordern sein Recht.

Denn Gerechtigkeit schlug er an in den Schlägen, daß es hallte im Stein.

Wir aber alle hatten vernommen die Schläge und gespürt

in den Knochen das Zittern des Steins, auf dessen Höhe wir standen und sahen hinab.

Und mir fuhr schmerzend das Zittern des Steins in die Ferse und Wade, herauf bis ins Knie. Und eisig gerann dort das Blut in den Adern. Und mir stockte der Atem.

Da endlich schüttelte Gemas mich an den Schultern, bis ich erwacht.‹

So erzählte uns allen der vierte.

Und als wir schwiegen – denn wir sahen noch vor uns den Traum, waren angesteckt, daß uns fror –, sprach er:

›Ich sage euch: Nichts Gutes kann das bedeuten. Gehen wir zurück! Sollen andere tun, wofür uns die Magd will lohnen. Bedenkt: Sie will uns nicht nennen den, der hier arbeiten läßt und uns entlohnt. Und wer ist es, der schrie und anschlug im Traum, als klage er an?‹

Und so sprach weiter der vierte und warf alles zusammen und steckte sie an.

Denn allein wollte er nicht handeln hin auf den Traum. Denn das ist das Schwerste: im eigenen Kasten zu halten, im Gefäß zu verschließen und zu bewahren einsam, allein: das im Traum Mitgeteilte. Dann aber Gegenrede zu zeugen dem Traum, das Gespräch im eigenen Felsen.

Denn traumeingedenk zu handeln hinaus in die Welt, nicht immer heißt das: zu tun, was der Traum euch befiehlt.

Sondern heißt: entsprechend zu handeln, zur Antwort zu finden und mutig oder zögernd-vorsichtig auszuführen, um wiederum hinzulauschen, was nachsagt der Traum, wenn er wiederkommt.

Denn er wird wiederkommen, euch auf die Antwort Antwort zu geben.

Wo ihr aber achtlos verschüttet den Traum, diesem und jenem davon erzählend, nämlich wie einer, der achtlos verliert durch ein Leck, was er als Ganzes zu tragen hätte, da liest's jeder auf. Da sieht's jeder liegen. Und sagt dieses und jenes dazu, daß es weiter verrinnt und sich verschmutzt mit dem Hingesagten der anderen. Dem Achtlosen aber wird dabei immerhin leichter die Last, und er weiß nicht, warum. Weiß nicht, daß ihm abhanden kommt, Schritt für Schritt, das Wertvolle, das ihm aufgetragen.

Und der Achtlose hält's so immer mit dem, was doch nur ihm war anvertraut von der göttlich nächtlichen Last, und zerredet die Tracht.

Die wir aber gehört hatten, was uns der vierte erzählte von seinem Traum, blieben still sitzen am Feuer.

Auch Joseph blieb still.

Ich sah aber, wie ihn beunruhigte der Traum. Denn er wandte ab von uns sein Gesicht, so als suche er nach dem Tuch, es sich umzubinden vor mir.

Da sprach Dymas zum vierten:

›Wie an ein Tor schlug jener Mensch, der dir erschien im Traum und schlug an den Felsen?‹

Und der vierte antwortete, ja doch, und da habe es im Felsen furchtbar gehallt, wie er's beschrieben.

Dymas aber meinte:

›Das will ich nicht hoffen für uns. Denn dann wäre die Arbeit, kaum begonnen, beendet schon heute. Unser Lohn aber zu gering. Heute abend schon säßest du wieder am Markt. Denn der Fels wäre hohl, die Arbeit getan.‹

Und am gleichen Morgen zogen wir hinab vor die Felsenstelle neben dem Grab des Eleazar, des Freunds meines Herrn, und begannen das Werk.

Und ich wies sie an, daß ausgehauen werden solle das Grab meines Herrn wie jenes.

Und ich schritt ab die Maße der Vorkammer, wie's mir aufgetragen mein Herr.

Und Joseph hieß Dymas und Gemas und den vierten nachlaufen mir mit der Schnur, festzuhalten das Maß, das ich ausschritt und das angeordnet mein Herr. Nämlich vier Schritte lang und vier Schritte breit.

Und zur Vorkammer hinab sollten führen drei Stufen, hinab in den Stein, nicht zwei wie bei Eleazar.

Und an den Wänden der Vorkammer: Bänke gehauen.

Und nach vier Schritten, ans Ende der Vorkammer gelangt, eine Stufe hinauf durch eine Öffnung hinein und abermals eine Stufe hinab in die Grabkammer selbst.

Die Grabkammer aber ging ich in sechs Schritten aus und ließ sie's messen, wie ich's abschritt. Und vier Schritte breit sollte sie sein.

Zur Rechten aber sollten sie ausschlagen aus der Wand: hüfthoch ein Troggrab, darin zu liegen käme der Tote wie in einer niederen Wanne.

Darüber aber sollten sie ausmeißeln den Bogen. Und dessen Krümmung schließen lassen hinterm Haupt und vor dem Fußende der Wanne, gebogen wie das Zeichen am Himmel.

Dem Troggrab gegenüber aber: zwei ebene Schächte, Schiebegräber, eingehauen eins überm andern.

Und was die Höhe anging der ausgehauenen Kammern, so sollten sie mir, Neith, erlauben, aufrecht zu stehen darin, auf daß ich ungebückt stünde in ihnen, in der Vorkammer wie in der Grabkammer selbst.

So hatte mein Herr mir aufgetragen.

Und Dymas maß mit der Schnur meine Höhe hinauf bis zum Scheitel. Und Gemas hielt fest das Ende der Schnur, vor meine Zehen gebückt.

Gebückt aber sollten mich durchlassen nur die Eingänge selbst zu den Kammern, der Eingang zur Vorkammer wie der zur Grabkammer selbst, auf daß ich gebückt ginge hindurch, bevor ich mich aufrichte.

Und um zu verschließen das Grab, sollten sie schaffen den Rollstein. Und der sei von rechts herzubewegen, zum Schutz zu bedecken den Eingang des Grabs.

Als ich aber ausgeschritten hatte die Maße und sie gemessen hatten meine Schritte, schritt wiederum Joseph ab die Fläche des Felsens, davor wir standen.

Und er betastete den Stein und fuhr ihn ab mit den Händen. Und ließ sich geben Meißel und Hammer und prüfte an Stellen den Stein.

Und mir schien: als lausche er in ihn hinein. So daß mir kehrte das Bild, das dem vierten geträumt hatte vom Tor.

Und ich wandte mich um, ohne daß es bemerkten die andern, und sah hinab zum Sockel der Richtstatt, wo aus dem Schatten des Traums sich erhoben hatte der Mensch.

Noch im Schatten aber des Sonnenaufgangs lag dort die Stelle.

Und als ich hersah zurück, schlug Joseph hin an den Stein mit der Hand. Zum Zeichen, hier solle begonnen, hier geöffnet werden der Eingang.

Da maßen sie aus an der Stelle, auf die er geschlagen, das Maß und begannen die Arbeit.

Und den vierten hieß Joseph anlegen ein Kohlenfeuer in der Nähe des Eingangs.

Und er selbst trug schon wenig später hinauf den ersten Tragkorb voll Schutt. Und schritt längs einer Schnur, die er sich hatte legen und befestigen lassen an Pflöcken hinauf.

Nicht aber zurück bis zu den Zelten stieg Joseph, sondern abseits sich ziehend hin zur Höhe über dem Grab, nur ein Stück hinter den Rand der Steinwand, an deren Fuß Dymas und Gemas begonnen hatten zu meißeln.

Und ich begleitete den Alten hinauf. Und als wir angelangt waren am letzten Pflock und Ende der Schnur überm Grab, sah ich heraufziehn im Strom die Wärme des Kohlenfeuers, das sie unten entfacht.

Und es schien, als zittere in der Ferne ein Teil der Stadtmauer, wo nämlich die Wärme am Grabfelsen heraufzog und die Stadtmauer durch sie hin sichtbar war.

Und ich sah hinüber, da zitterte, wohl zweihundert Schritte entfernt, der Turm Jerusalem in der wärmedurchzogenen Luft. Als machten ihn zittern die Stöße der Meißel, die wir hörten von unten her hallen.

An dem Ort nun ließ sich Joseph hinab in die Hocke. Und wand aus den Tragriemen die Arme. Und kippte das in der Rückentrage gehäufte Gestein auf die Höhe über dem Grab.

Ich aber war furchtsam, die Frage zu stellen, und mußte's doch wissen, dem Auftrag meines Herrn gemäß. Und fragte ihn also, den Alten, als er die Trage abermals aufnahm und die Arme wand zurück in die Riemen:

›Wie lange nun, glaubst du, bis zu Ende kommt eure Arbeit, die ihr das Grabmal erstellt?‹

Da hob er auf ein Stück Schutt, als wiege er es und betaste es. Und hob auf eine kleine Scherbe am Boden und ritzte damit dreimal ein die Sichel des Mondes.

Und legte mir das Stück auf die Hand, daß ich's sähe.

Und gleich darauf nahm er's wieder aus meiner Hand und ritzte ein eine vierte Sichel, als könne er nicht sicher sein. Es sei, wie es zulasse der Stein.

Und mir war wohl dabei, daß er nicht sicher war.

Kapitel 100
Das Linnen

Da verließ ich die Arbeiter am Grab. Es war aber um die sechste Stunde, daß ich ging zum Turmteich hinab. Denn mit meinem Herrn war vereinbart, ich solle Phylakos dort Bericht erstatten für ihn.

Und Phylakos wartete schon, als ich eintraf. Da sagte ich ihm, er solle versichern unserem Herrn, die Arbeiter hätten aufgenommen die Arbeit. Es werde alles seinem Wunsch gemäß ausgeführt.

Phylakos aber fragte, ob er nicht zukünftig, statt am Teich mich zu treffen, hinaufsteigen solle zum Grab. Denn auch am Teich könne ich doch gesehen werden von Leuten, die entlangziehen die Straße aufs Gennattor zu.

Ich sagte ihm, er solle sich nicht sorgen, sah aber, daß er bekümmert war der Arbeiter wegen, mich nämlich mit ihnen allein zu wissen.

Da fragte ich ihn nach dem Befinden unseres Herrn.

Phylakos berichtete, sein Zustand habe sich, schon am Abend nachdem ich das Haus verlassen hatte, verschlechtert.

Denn als Phylakos ihn tags darauf erinnerte, er werde sich treffen mit Neith am Teich, wie es vereinbart, Bericht von ihr zu erhalten, da habe mein Herr ihm weiteres Geld gegeben für mich und habe verlangt:

›Laß Neith mir kaufen vom Weber ein Grabtuch und aufbewahren bis zum Tag, da du sie rufst.‹

Da sah ich, daß mein Herr glaubte, er werde mich nicht wiedersehen.

Denn würde ich gerufen von Phylakos, es wär doch, das Grabtuch zu schaffen ins Haus.

Da sagte ich Phylakos, ich wolle das Tuch gleich besorgen. Denn ich warf mir selbst vor, eigenmächtig und blind sei mein Verlangen, dem Herrn zu verlängern den Willen zum Leben, indem ich hinzöge die Arbeit.

Und ich sprach zu mir selbst: ›Was flüstert‹ – denn es war manchmal wie ein Flüstern, so kam's mir vor –, ›was flüstert dir, Neith, es sei in deiner Hand, was geschehen werde mit ihm, deinem Herrn? Als vermöchtest du nicht nur, Lebenszeit zu erbitten, sondern sie auch zu gewähren.‹

Und ich kehrte mit Phylakos um und ging in seiner Begleitung durchs Tor zurück in die Stadt, bei den Webern zu kaufen das Tuch, in das er gehüllt werden sollte.

Zwischen den Markthallen stehend aber trennten wir uns. Und Phylakos gab mir das Geld und ging zurück mit dem Bericht, den ich ihm gegeben.

Da suchte ich nach dem Tuch.

Und wieder kam mir beim Suchen zwischen den Ständen in den Sinn eine Stimme, die sprach, als werde mein Suchen nach dem Tuch herbeilocken seinen Tod, die Bezahlung des Gewobenen ihn aber sicher besiegeln.

Und doch wollte ich nicht mißbrauchen das Vertrauen, das mein Herr in mich setzte. Denn der hatte zu Phylakos gesprochen: ›Neith soll kaufen und aufbewahren das Tuch.‹

Aber überhören konnte ich nicht die innere Stimme.

Da entschloß ich mich nach einiger Zeit, die ich zwischen den Ständen verbracht, hinzuziehen, was er von mir gewollt, das fertige Tuch, und statt des gewobenen Linnens zu kaufen das Leinengarn. Und selbst ihm zu weben daraus das Tuch im Laufe der Zeit.

Als ich aber kaufen wollte das Garn, sah ich eine Alte, die saß und maß und schnitt mit dem Messer vom Garn eine Länge.

Da wandte ich mich um, als sie es abgeschnitten, und kaufte dort nicht.

Sondern ging gedankenversunken weiter und hielt erst wieder, wo man Flachs in großen Bündeln anbot.

Und schließlich, nachdem ich's bedacht hatte, erwarb ich den Flachs zu spinnen den Faden, mit dem ich weben wollte sein Tuch im Laufe der Zeit.

Denn so wäre, wenn mein Herr sterben sollte, alles von meinen Fingern geschaffen, geordnet von meinen Händen, geprüft und besorgt das Umhüllende, und nicht von fremden Händen umgeben, nicht ins Fremde gelegt mein Toter.

Das Wissen aber, daß es so wäre, verlockte mich so, daß es aufwog mein Bangen, die längere Arbeit am Tuch könne nicht ihm verlängern den Willen zum Leben, noch einen Tag hinzutun zur Zahl seiner Tage.

So beschwert, trug ich zurück vom Markt, trug durch das Tor, trug hinauf den Weg an der Richtstatt vorbei, trug bis zum Grab, was ich unten gekauft.

Und als ich's ablud und sah nach den Arbeitern, fand ich nur Dymas am Felsen.

Joseph aber, sah ich, stieg hinauf, tragend im Rücken den Stein, den sie ihm ausgeschlagen.

Und als ich fragte, wo Gemas sei, sagte Dymas, er sei schon zurück, Joseph habe ihn ausgesandt, nach mir zu suchen. Denn man sei besorgt gewesen.

Der vierte aber sei auf und davon und werde nicht wiederkommen.

Denn als sie hinknieten beim Aushauen des Eingangs, da sei aus einem Erdloch vor ihnen eine Schlange herausgefahren.

Joseph aber, der den Aufschrei hörte, habe ihnen Zeichen gemacht, still zu stehen, sie vorbeiziehen zu lassen.

Da habe der vierte das Werkzeug nach der Schlange geworfen und sei fluchend davongerannt.

Dymas aber ergriff einen Knüppel, zu erschlagen die Schlange.

Da habe Joseph beide Arme links und rechts von sich gestreckt, ihm zu verwehren den Weg. Und Dymas hielt an. Gemas aber blieb stehen und beschrieb Joseph, was er sah:

›Sie windet hinab sich.

Vier, vielleicht fünf Schritte von uns entfernt schon.

Da, zwischen Tonscherben und Gras schleicht sie hin.

Sie zieht wohl hinab auf den Richtfelsen zu.

Keine Gefahr mehr.

Noch seh ich sie dort.

Noch … –

Nun nicht mehr.‹

Da sei Gemas erleichtert gewesen, berichtete Dymas. Und habe lachend zu ihm gesagt:

›Auch unseren Freund seh ich nicht mehr.

Vorsprung genug hat er ja.‹

So seien also aus vier drei geworden. Und Dymas meinte, ich würde wohl einen weiteren anheuern müssen, den flüchtigen Arbeiter zu ersetzen.

Da stieg, während Dymas mir das erzählte, Joseph herab und schien froh, meine Stimme zu hören. Und auch Gemas kam. Er kam aber von den Zelten herab und war dort beschäftigt gewesen.

Ich aber sah die Flucht des vierten als Zeichen, doch nicht zu beschleunigen die Arbeit am Grab, und als spräche dies Zeichen gegen die Furcht, die in mir war aufgestiegen, als Phylakos sagte: ›Deinem Herrn geht es schlechter, du sollst ihm kaufen ein Grabtuch.‹

Erst später erfuhr ich, was wirklich geschehen war und warum Joseph hatte aussenden lassen den Gemas, nach mir zu suchen.

Kapitel 101
Das Haus

In Furcht nämlich war Joseph geraten durch den Traum des vierten, den jener am Morgen mit uns geteilt.

Denn Joseph fürchtete, der Bau des Grabes sei verbunden mit einem Verbrechen, das werde enthüllt.

So legte er vorläufig für sich aus, was der vierte gesehen, und wußte nicht, sich genauer zu deuten den Traum.

Da ich aber am Tag zuvor den Arbeitern nicht nannte den Namen meines Herrn, ihnen auch ausdrücklich verbot, mit anderen über die Arbeit am Grab zu reden, verstärkte sich ihr Verdacht, mit dem Bau des Grabes sei ein Unrecht verbunden, dessen Ankläger sich dem vierten im Traum gezeigt.

Dann war – kaum war ich aufgebrochen, Phylakos zu treffen am Teich – dieser vierte auf die Schlange gestoßen.

Die herausfuhr, unterm Eingang hervor des Grabs.

Und sofort beschwor der die andern, von der Arbeit zu lassen und zurückzukehren, sie seien sonst alle verdammt. Und selbst lief er davon ohne Lohn.

Da sandte Joseph hinter mir her den Gemas. Zu melden vielleicht, was geschehen. Zu beobachten aber vor allem, mit wem ich mich träfe und wer den Auftrag gegeben zur Arbeit und ob der Verdacht sei begründet.

Und Gemas sah mich mit Phylakos reden am Turmteich, als ich dem Diener Bericht gab, die Arbeit habe begonnen.

Gemas aber kam nicht herbei und zeigte sich nicht. Denn auch später folgte er uns und ging Phylakos und mir nach bis zum Tor und hinein, ohne daß wir's bemerkten.

Auch hielt er sich im Abstand von uns auf dem Markt. Bis er sah, daß wir uns trennten und Phylakos mir übergab zum Abschied das Geld.

Dann aber folgte Gemas mir nicht mehr, mich zu beobachten beim Kauf des Tuchs, ob ich es kaufte oder wozu ich mich, auf und ab gehend die Waren und Stände, endlich entschlösse.

Sondern Gemas ließ mich.

Und folgte statt dessen im Abstand dem Phylakos, der sich soeben von mir getrennt.

Und blieb dem Diener auf der Spur noch im Gedränge der Gassen jenseits des Markts.

Ans Ende der Straße, bis vor die Stufen bei der Weinpresse ging er dem Phylakos nach und hielt.

Denn auch Phylakos hatte gehalten.

Und er sah Phylakos sprechen mit einem Sklaven, der ihn wohl kannte, der war Phylakos entgegengestiegen.

Da stieg Phylakos selbst die Stufen hinab und an jenem vorbei.

Und Gemas sah's. Und eilig ging hinterher, ihn nicht zu verlieren.

Und folgte ihm bis an den Ort, wo stand das Haus meines Herrn. Und sah hineingehen durchs Tor Phylakos, meines Herrn Diener.

Da wußte Gemas nicht, wessen Haus es war, und blieb stehen in der Nähe.

Und als eine Alte vorüberging, fragte er sie nach dem Haus, wem es gehöre und wer dort wohne, und deutete zum Eingang des Hauses. Da hört er:

›Weißt du es nicht? Des Ratsherrn Haus ist es.‹

›Des Ratsherrn ...?‹ wiederholte Gemas.

›Ja doch, der Ratsherr selbst wohnt dort‹, meinte die Alte.

›Aber seinen Namen weißt du mir nicht?‹ sprach Gemas zu ihr.

›Joseph, dem Ratsherrn gehört's, sag ich doch‹, gab die Alte zur Antwort.

›Von welchem Joseph sprichst du? Ist es –‹

Da unterbrach ihn die Alte:

›Vom Sohn Elis, dem Ratsherrn, dem Joseph aus Arimathäa.‹

Und sie zog neugierig Gemas zur Seite:

›Sag mir, wo kommst du her? Trägst du ihm Botschaft von seiner untreuen Frau?‹

Da kehrte Gemas zurück zu Joseph, noch bevor ich den Markt verließ, und meldete ihm, das Grab werde ausgehauen im Auftrag des Joseph von Arimathäa, eines reichen Ratsherrn. Der sei erkrankt und seit Wochen habe ihn keiner mehr außer Hauses gesehen.

Gemas aber wußte noch mehr. Vom Unglück des Reichen und vom vermeintlichen Tod seiner Frau, der Esther, von den Boten, die hin- und hergingen zwischen beiden seit Monaten. Denn das Gesinde im Haus hatte dieses und jenes ausgeschwatzt, so daß es andere draußen herumtrugen.

Was Gemas aber berichtete, ließ Joseph, Dymas und Gemas nicht fürchten. Sondern sie dachten: Es ist ein ehrbarer Herr, der sein Grabmahl läßt bauen und sorgt für den Tag. Denn er weiß den Tod nah.«

Kapitel 102

Unerhörtes

Da unterbrachen die Zuhörer Neith.

Und Monoimos fragte zuerst, und Balthazar wiederholte's erstaunt:

»Du sprichst uns – hören wir's recht? – von Joseph dem Arimathäer? Von jenem Joseph, der abnahm vom Kreuz Jesu Leichnam? In dessen Grab gelegt wurde Jesus?«

Da antwortete Neith: »Von meinem Herrn.«

Und Balthazar: »Joseph von Arimathäa?«

Neith sprach: »Demselben.«

Da war Balthazar sprachlos.

Und Monoimos wollte sich nochmals versichern: »Und sprichst uns also von diesem Grab ... – «

Neith sprach: »... nach dem ihr doch sucht. Das zu finden ihr kamt und euch gewagt habt in die belagerte Stadt.«

Und Balthazar, noch kann er's nicht glauben: »Nein, wirklich, von eben dem Felsengrab sprächst du uns, das also ... das also ausschachtete Joseph? Joseph, der Nazoräer? Joseph, der Vater des Herrn ...?«

Neith sprach: »Von demselben.«

Und Monoimos: »Nicht aber Joseph von Arimathäa wurde gelegt in das Grab, das grub Joseph. Sondern Jesus, der Christus. Sprichst du davon?«

Neith aber antwortete:

»Und nicht wurde Joseph von Arimathäa gelegt in das Tuch, das ich ihm weben wollte.

Das wißt ihr. Und wißt es heute.

Wir aber wußten nichts davon damals.

Sondern nur glaubten zu wissen, für wen bestimmt sei das Grab und für wen bestimmt sei das Tuch.

Und nur glaubten zu wissen, wer einst würde gelegt in das Grab und wer einst gehüllt in das Tuch.

Denn jeder von uns war seinen eigenen Weg gegangen. War hergeführt, bis ans Ziel.

Und keiner von uns wußte, daß es das Ziel war.

Noch wußte es keiner.

Und wir waren darin wie ihr heute. Denn ihr wißt es noch nicht.«

Und Balthazar sprach:

»Das allerdings habe ich nie gehört, nie gewußt, was du berichtest von Joseph, dem Nazoräer:

Daß ihm Gott befahl zu opfern den Sohn.

Daß er sich widersetzte Gott, zu retten den Sohn.

Daß er auferstand aus dem Grab seiner Trennung, zu leben tot unter Menschen.

Daß er aufstieg aus seinem Abgrund, erstarkt am Blut

seines Sohns, das er trank bewußtlos im Traum, mit Räubern und Mördern die Hölle zu kosten bei Tag.

Daß er sah in Gesichten bis in den Abgrund Gottes hinab, von woher ihm heraufschoß Sein Blick, Heraufblick Gottes.

Der Joseph verbrannte im Brand.

Der ihn zerriß in der Qual Seiner Wende.

Bis er, dein Joseph, auferstand aus der Asche, in Jerusalem wieder erstand.

Erstand, aus dem Vergessen gezogen von dir, mit seinen Helfern auszuschachten das Grab unseres Herrn: unwissend, daß er's gräbt seinem Sohn.

Das wußte ich nicht und hab's nie gehört. Aber sagst du's nicht so?«

Da sprach Neith: »Das eben sagte ich euch.«

Kapitel 103
Der Pfahl

Und Neith fuhr fort:

»Damals begann ich aus dem Flachs zu spinnen den Faden, aus dem ich weben wollte das Tuch.

Und ich bat Joseph und Gemas, mir einen Webstuhl zu bauen im Schatten des Baums, der wuchs ein Stück unterhalb des Grabes am Hang.

Und der Webstuhl stand aufrecht unter dem Baum, so daß senkrecht gespannt waren die Fäden zwischen den Weberbäumen.

Es war aber beim Bau und Befestigen der Weberbäume, daß Gemas bemerkte, ich sei schwanger. Joseph aber schien es schon länger zu wissen.

Auch Phylakos sah es bei unserem nächsten Treffen am Teich. Da bat ich ihn, unserem Herrn nicht zu reden davon. Und er versprach's mir und schwieg.

Aber weder er noch die Arbeiter am Grab fragten mich, wer der Vater sei.

Und ich bat Phylakos, mir aus dem Hause zu holen, ohne daß es andere bemerken, mein Weberschiffchen, den Litzenstab und das Weberschwert.

Und er fragte nicht, wofür ich es bräuchte.

Er dachte aber, ich hätte das Tuch für den Herrn fertig gekauft, es liege bereit, und was ich nun webte, sei für mein Kind.

Da war es um die Zeit, als ich zu Ende gesponnen den Faden für Kette und Schuß, daß wir Zuflucht nahmen vor einem Gewitter, das hereinbrach am Morgen.

Und ich zog Joseph hinein in den Vorraum des Grabs, darin unterzustehen mit mir.

Und ich zog ihm ab die Rückentrage und stellte sie auf die Stufen hinaus. Denn ein Teil des Vorraums war ausgehauen, tief genug, daß wir Platz hatten darin.

Dymas und Gemas aber arbeiteten hinter uns weiter mit Meißel und Hammer. So daß ihre Schläge zuweilen in eins fielen mit Blitz und Donnerhallen und zu hören waren, als schlügen sie die aus dem Stein.

Wir aber standen knapp unterm Felsen, da seh ich herbeikommen Phylakos, beladen mit Last. Denn ich hatte vergessen, daß es der Tag war des Treffens am Turmteich. Ich hatte ihn aber bis dahin nie heraufkommen lassen ans Grab.

Da, kaum hatte er mich am Eingang erkannt, sieht er Josephs Gesicht und erschrickt, als er's sieht. Und hält an.

Und zu Joseph, der Phylakos' Schritte bei Donnerhall unterm Schlagen der Hämmer nicht hatte vernommen, sprach ich beschreibend, wie Gemas sonst für ihn tat:

›Hier kommt Phylakos, ein Diener meines Herrn, der Joseph nicht kennt und den ich vergeblich ließ warten am Teich.‹

Da sah ich Joseph sogleich hervorkramen das Tuch, das er länger nicht mehr getragen.

Und sah, wie er's überzog Phylakos wegen.

Und ich rief Phylakos an, sich unterzustellen bei uns vor dem Gewitter. Da erst trat Phylakos näher und stellte sich unter.

Und Phylakos sah, daß statt der sechs Arbeiter, die er erwartet hatte, nur drei waren vor Ort. Und fragte nicht, wo die anderen seien.

Sondern schwieg und still übergab mir, worum ich gebeten, mein Weberschiffchen, den Litzenstab und das Weberschwert. Und gesondert, nur mir zugewandt, den Beutel mit Lohn.

Und ich konnte ihn nicht fragen, wie es ginge meinem Herrn, so nah beieinander standen wir unterm Felsen.

Und Gemas und Dymas beklagten sich, wir verstellten den Eingang und ließen ihnen kein Licht für die Arbeit.

Da hieß ich sie schweigen und entzünden zwei Lampen mit Öl. Ich tat's aber auch, Phylakos wissen zu lassen, daß mir jene gehorchten. Denn mir schien, daß er sich sorgte, mich alleine zu lassen mit ihnen, und mußte doch wieder zurück zu unserem Herrn.

Es war aber, als Phylakos zögernd noch stand bei mir, sich bereits anschickte wieder hinauszutreten, zurückzugehen, da brach draußen ein Blitz herab nahe der Stadtmauer.

Dessen Licht aber goß hell zwischen uns hin, die wir standen am Eingang. Und fuhr hell ein ins Innere der Höhle.

Phylakos aber hatte abgewandt rückwärts den Blick, als der Blitz niederfuhr. Und sah das Licht schießen an die Gesichter derer, die standen und hinter uns Lampen entzündeten, wie ich befohlen.

Da fiel mir auf, wie Phylakos nochmals in Sorge geriet, kurz vor dem Gehen. Denn Phylakos trat hinaus in den Regen und nochmals wandte her sein Gesicht und blieb eine Weile stehen wie in Gedanken.

Da rief ich hinaus: ›Trage nicht Sorge um mich!‹

Ahnungslos sagte ich's. Und auch Phylakos wußte lange nicht, was er gesehen.

Dymas aber, meinte ich, sah ihm nach. Denn ich sah Dymas deuten in die Richtung, die Phylakos nahm.

Und ich sah hin, sah aber Phylakos nicht mehr. Der war hinabwärts im Rücken der Richtstätte schon verschwunden.

Noch immer aber deutete Dymas hin und rief Gemas herbei, der abgesetzt hatte die Lampen.

Da sah ich, daß Dymas nicht hinter den Golgotha deutete, wo Phylakos verschwunden war, sondern zum Pfad auf der anderen Seite des Richtfelsens, der sich windend zog die Schädelstätte empor.

Denn von dort her stiegen welche, Kriegsknechte und Soldaten auf die eingehauenen Stufen.

Und sie trieben in ihrer Mitte einen Gebückten. Der trug einen Kreuzigungsbalken hinauf.

Nicht aber schnell genug ihnen.

Denn als hätten sie es ihm zuzuschreiben, daß sie hinausmußten unters Gewitter, schlugen sie ihn Schritt für Schritt, schneller zu erklimmen die Stufen.

Denn sie wollten es hinter sich bringen.

Es waren aber sieben, die ich zählte. Und zwei von diesen eilten nun dem achten, der sie führte, voraus, und wandten sich, oben angekommen, dem Verurteilten zu, der den Balken trug.

Ich sah aber sonst niemanden. Sah keine Menschen am Fuß der Richtstätte. Und keinen einzigen stehn gegenüber, längs der Stadtmauer, die reichte hin bis zum Gennattor.

Da stand niemand.

Ja, so weit ich durch den Regen noch hinsehen konnte, stand niemand.

Da dachte ich: Es muß ein Fremder sein, den sie kreuzigen. Denn da stand niemand, ihm aus der Ferne hinüberzusehen in die Augen.

Denn sie kreuzigten stets zur Stadtmauer hin, daß es sehen konnte, wer wollte, und damit der Gekreuzigte sah, so lange er noch konnte, wer stehengeblieben war oder weiterging und wer für ihn stand, ihm hinübersah in die Augen.

Das aber, was er sah, war das letzte. Und er nahm mit vielleicht einen, der stand für ihn. Denn wer ihm herüberkam in die Augen, bevor sie sich schlossen, der ließ ihn nicht allein.

Aber hier stand keiner für ihn, den sie hinaufgetrieben hatten, wohin ich auch sah.

Da dachte ich, daß vielleicht Schaulustige stünden im Gennattor, von dort herauszublicken zum Hügel.

Das Tor selbst aber war kaum mehr sichtbar. Und war von dichtgedrängten Regenbahnen verhängt, die trieben im Wind.

Da wandte ich mich ab und trat einen Schritt zurück, hinter den Eingang des Grabs, nicht anzusehen das Folgende.

Gemas aber, von Dymas herbeigerufen, drängte an mir vorbei und hindurch zwischen Dymas und Joseph, bis auf die Stufen zum Eingang hinaus, und sah's.

Da blieb Gemas still und trat rückwärts zwischen Dymas und Joseph unter den Eingang zurück.

Und den Zurückweichenden höre ich sagen, was Dymas schon weiß, Joseph aber noch nicht:

›Seht doch, sie kreuzigen einen.‹

Da beschrieb Gemas, wie er gewohnt war, dem Joseph, der neben ihm stand, was er sah:

›Jetzt halten sie oben.

Sie lösen die Fesseln dem Mann.

Der ist noch jung. Vater, was schätzt du?‹

Dymas aber antwortete nicht, sah nur hin. Und Gemas, auch er wandte die Augen nicht seitlich zum Vater, sondern sein Blick war an den Felsen geheftet.

Da fuhr Gemas fort:

›Keine zwanzig ist der, sage ich, keine …

Was macht der da?

Warum schlagen sie ihn?

Wohl weil er ihnen nicht stillsteht.

Steh still doch!

Der Balken muß weg, den er trägt.

Da, sie wollen ihn hinknien machen.

Steh still doch!

Da, jetzt kniet er.

Jetzt kommen die Seile ab.

Linker Arm frei, rechter kommt los.

Der fällt schlaff ihm zur Seite.

Jetzt heben sie – zwei sind's – den Balken vom Nacken.

Der Mann fällt.

Vornüber. Ist flach auf den Stein gefallen.

Wo er doch nichts mehr zu tragen hatte!

Grad, als hätte der Balken ihn und nicht er den Balken getragen.

Aber sie lassen liegen den Mann.

Den Querbalken nehmen sie her.

Drei von ihnen, die anderen stehen nur rum.

Nein, sie lassen ihn wieder fallen, den Balken.

Der eine befiehlt, deutet hin mit der Lanze.

Da, sie bücken sich, diese drei.

Vier jetzt.

Und sie richten auf einen Pfahl.

Einen Stamm, der da lag.

Drei richten ihn auf, vier jetzt.

Stemmen ihn auf.

Daß er steht.

Und der Pfahl steht, gehalten von ihnen.

Und sie schieben ihn vor noch ein Stück.

Und vorwärts gerückt sackt er ein.

In ein Loch. Daß er aufrecht steht fest.

Der Pfahl steht, aufrecht jetzt.

Da, zwei tragen – was ist das?

Ach, es sind Seile. Seile … Im Regen kaum zu erkennen.

Die Seile, klar.

Mit denen werden sie binden.

Jetzt wenden sie ihn um, den Vornübergefallenen.

Ist der schon tot?

Vater, siehst du's?

Etwa schon tot?

Dann war er tot, als er hinfiel.

Kann's nicht erkennen.

Hängen sie Tote noch?

Was macht der da? Der eine Knecht da, zur Seite ihm.

Der beugt sich hinab.

Kann nichts erkennen. Verdammt.

Was macht der?

Schlägt er den Mann?

Gibt ihm zu trinken. Zu trinken. Im Regen!

Was geben sie dem?

Also lebt er wohl noch.

Jetzt aber, was …?

Der eine befiehlt.

Und vier von ihnen herbei.

Die reichen hin mit den Armen.

Vier sind's. An Armen und Füßen des Mannes je einer.

Vier ziehn ihn hinüber.

Ziehn mit dem Rücken ihn ans stehende Holz.

Vier, seh ich, ziehn ihn zum Stamm.

Die setzen ihn ab dort am Fuße des Holzes, sein Rücken gelehnt an den Stamm.

Aber der bleibt dort nicht. Der rutscht ab mit dem Rücken. Fällt seitlich zu Boden.

Noch mal: Sie packen ihn an, setzen ihn vor den Pfahl, lehnen ihn an.

Was jetzt?

Sie halten ihn, einer hält den Mann. Daß er nicht kippt. Ein anderer. Stellt sich jetzt vor ihn hin.

Beugt vor den Kopf des Mannes, beugt vor dessen Nakken.

Beugt zu sich her ihn, den Mann, am Schopfe ihn pakkend.

Da, zwei heben auf das Querholz, den Balken. Und tragen's wieder herbei.

Da duckt sich der kurz, der vor dem Mann steht und ihn hält.

Und die zwei, die aufhoben den Balken, führen das Querholz hin über ihn, der sich duckt.

Und senken's herab zwischen die Schultern des Mannes und den aufrecht stehenden Stamm.

Und halten den Balken dort fest.

Zwei andere herbei. Es sind die mit den Seilen.

Die ziehen die Arme.

Ziehen dem Mann die Arme hoch und nach hinten.

Hoch und nach hinten, die Arme, über den Querbalken hin. Dann ziehn sie die Arme hinterm Balken herab.

Und binden die Arme mit dem Seil fest am Holz.

Schlingen das Seil um Arme und Balken.

Beidseitig tun sie's.

Und ziehn beidseitig fest die Seile, um den linken und um den rechten Arm.

Da, die zwei, die hielten ihnen den Balken, während sie banden, stemmen ihn hoch jetzt, den Balken.

Treten unter den Balken hin und beidseitig stemmen ihn an.

Stemmen ihn aufwärts.

Höher. Nach oben.

Und der Mann, der gelehnt saß am Pfahl, vorgebeugt dort gehalten, der …

Ich kann ihn nicht sehen jetzt … Ist mir verstellt.

Jetzt …

Jetzt, seh ich, wird er hochgezogen, am Querbalken hangend.

Dort in den Seilen.

Und der Balken, bis über die Spitze des Pfahls hinauf stemmen sie ihn, stemmen zu beiden Seiten des Pfahls.

Da hilft einer nach mit der Langgabel.

Und der Querbalken, jetzt sackt er ein.

Paßt auf den Pfahl.

Daß er ruht auf ihm, eingefahren.

Der Mann aber steht.

Steht aufrecht am Kreuz.

Kopf abwärts geneigt. Als blickte er auf seine Füße hinab.

Die stehen noch auf Stein. Stehn auf dem Scheitel der Richtstatt, die Füße.

Und die Männer, die gehoben hatten den Balken, stehen herum.

Und die gehalten hatten, stehen dabei.

Und einer liest auf.

Übriges Seil.

Der andere, jetzt wieder befiehlt er.

Da kramt einer in seiner Tasche.

Und jetzt beugt der mit der Tasche sich hin.

Kniet.

Kniet am Fuße des Pfahls, daran steht der gebundene Mann.

Und der andere befiehlt. Mahnt sie zur Eile vielleicht.

Denn der Regen fällt dichter.

Da, hinkniet ein zweiter. Neben den ersten.

Und ein dritter, gerufen, reicht etwas her.

Was ist das?

Kann's nicht sehen.

Irgendein handlanges Ding.

Ach, ein Scheit Holz ist es wohl.

Ja, ein Scheit Holz.

Und der reicht das Scheit denen hin, die knien vor dem Pfahl.

Reicht's dem einen hinab, der links zum Pfahl kniet.

Und der andere der beiden …

Was jetzt?

Sie knien beide am Fußende des Stamms.

Und der eine, der gerade annahm das Scheit, der zieht dem Mann auseinander die Beine.

Aber wie?

Zieht das linke Bein hin zur Seite, rückt es seitlich nach hinten an die linke Seite des Stamms.

Und hält den Fuß fest dort des Mannes, hält ihn an die Seite des Stamms.

Und jetzt hebt er dem Mann an den Fuß.

Hebt ihn an, unter die Sohle ihm greifend.

Hebt ihn längs der Seite des Stamms empor.

Und preßt aufwärts so, ein Stück aufwärts, hinauf so das Bein.

Daß ein Knie entsteht aus dem Bein über ihm, der dort kniet.

Und der andere, der kniet ihm zur Seite, hält fest das Schienbein des Mannes. Und hält fest mit der anderen Hand den erhobenen Fuß.

Daß er paßt.

Paßt an die Seite des Stamms.

Und der erste, der kniet zur Linken des Stamms …

Was jetzt …? Ich seh's nicht.

Ach, der legt und paßt ihm das Scheit auf das Bein.

Auf den Knöchel des Fußes paßt er das Holzstück.

Ich seh's nicht genau.

Doch, doch …

Legt das Scheit auf die Ferse des angehobenen Fußes, den der andere hält an die Seite des Stamms.

Und auf das Holzscheit setzt er den Nagel.

Und mit dem Hammer schlägt zu.

Schlägt ihn ein.

Schlägt den Nagel, daß er einbricht ins Scheit mit dem ersten Schlag.

Und seitlich einbricht, mit dem zweiten Schlag, durch das durchbrochene Scheit in den seitlich gehaltenen Fuß.

Und schlägt immer noch.

Seitlich, auf der Höhe der Ferse, schlägt ein.

Der schlägt den Fuß an die Seite des Stamms mit dem Hammer. Der heftet ihn an.

Daß durch den Fuß in die Seite des Stamms einbricht der Nagel, der heftet den Fuß.

An den Stamm heftet ihn.

Und der da hängt, seh ich, lebt.

Der lebt noch.

Denn, ich seh's doch: Der regt sich.

Und unten, die Knechte, die knien, jetzt rutschen sie auf ihren Knien im Regen herum zur Rechten, zur anderen Seite des Stamms.

Denn sie bleiben auf Knien, stehen nicht auf, sondern ziehen hinüber auf die Rechte des Stamms.

Und das Werkzeug ziehen sie nach.

Und der ihm das linke Bein angehoben, der hebt ihm nun wieder den Fuß vom Stein, nun den rechten.

Und zieht die Sohle seitlich nach hinten, zur Seite des Stamms hin.

Und wieder hebt an den Fuß. Und drückt ihn ein Stück empor an der Seite des Stamms.

Daß das Knie entsteht.

Nochmals ein Knie über ihnen.

Des Hangenden.

Spitzer aber noch als das erste, dies zweite.

Als sei, der da hängt, im Begriff, hinaufzusteigen hin über sie.

Jetzt ruft der, der unmittelbar vor ihm kniet und den Hammer hält.

Und einer, der zusieht von hinten, schnell tritt er heran.

Reicht ihm, wonach er gerufen.

Das Scheit Holz.

Und der Kniende nimmt's.

Und legt das Scheit auf die Stelle seitlich dem hochgehaltenen Fuß.

Legt's auf die Ferse.

Und darauf setzt er den Nagel.

Schlägt zu jetzt.

Schlägt abermals zu mit dem Hammer.

Den Nagel.

Ins Holz treibt ihn ein.

Seitwärts ihn ein. Durch die Seite der Ferse.

Nur ein Stück höher am Stamm als den ersten.

Daß nicht die Nägel im Stamme sich stoßen, denk ich.

Jetzt aber …

Was jetzt?

Sie stehen auf, die da knieten am Stamm.

Sie erheben sich stumm, stehen rum.

Dort am Pfahl.

Und der Gebundene, dem sie die Füße genagelt an die Seiten des Stamms, der hängt zwischen ihnen am Kreuz.

Kaum überragt er sie.

Kaum.

Und was …? – Kann's nicht sehen.

Vater, siehst du's?

Ich seh's nicht.

Hat er die Augen geöffnet?

Da, den Kopf bewegt er doch noch, der Mann.

Er richtet ihn auf.

Hängt in den Seilen.

Und … Jetzt, die vorm Pfahl.

Die sehen nicht hin.

Die ziehen ab jetzt, hinab.

Steigen die Stufen hinab.

Nein – einer bleibt.

Der wollte erst mit.

Sie aber schicken ihn wieder nach oben.

Muß zurück, die Stufen nochmals hinauf.

Eine Wache.

Jetzt setzt der sich oben hin.

Und legt die Lanze neben sich auf den Stein.

Aber sieht nicht den, der hängt ihm im Rücken.

Sieht ihn nicht.

Spricht der Mann was?

Die Wache jedenfalls hört nicht hin, sieht nicht hin, hinter sich.

Sondern, der dort wacht, sieht den Hinabsteigenden nach.

Die sind bereits unten.

Schnell gehen sie hin durch den Regen.

Klar, die wollen zurück, wieder ins Trockne.

Wohl aufs Tor zu jetzt, seh ich. Aber …

Seh sie nicht mehr.

Nicht zu erkennen.

Auch die Wache sieht sie wohl nicht mehr.

Verzieht sich vorm Regen unter den Mantel.

Zieht den Mantel über den Kopf.

Der andere aber dahinter …

Armer Hund.

Lebt der noch?

Kann's nicht sehen.

Was ist denn …?‹

Da erst sahen wir alle, daß Joseph am Boden lag.

Kapitel 104

Das Wasser des Webbaums

Ich aber hatte bemerkt, daß Joseph, als Gemas' Rede auf das Festziehen der Seile und das Binden des jungen Mannes kam, zurückgetreten war einen Schritt, vom Eingang des Grabes zurück.

Und sich abgesetzt hatte auf der ausgehauenen Bank in der Vorkammer.

Und ich blickte nicht weiter auf Joseph, denn was Gemas draußen beschrieb, verschloß mich, daß ich mich wandte zur Wand hin und sah auf die Lampe, die Dymas gelassen.

Bis es auch unmöglich geworden war, auf die Lampe zu sehen.

Denn ihre Flamme am Dochtende wand sich, und sie zitterte unter den Schlägen, die Gemas beschrieb.

Und wurde größer in meinen Augen und nahm an die Gestalt eines Menschen. Als säh ich auf einen, der sich windet in Qual.

Da fühlte ich plötzlich, hell stechend im Bauch, Schmerzen und sah weg von der Flamme, hinab auf mein Kleid. Und hielt hin meine Hände an den Hügel des Kleids und hielt meinen schwangeren Bauch umtastend mit Händen.

Denn ich fühlte zum ersten Mal treten das Kind.

Und erst als ich aufsah, bemerkte ich Joseph, der war von der Bank abgerutscht und zu Boden gefallen.

Und die andere Lampe, die Gemas zu Boden gestellt hatte, brannte bei ihm, so daß ich sah sein Gesicht, das im Schmerz erstarrt war, die Augen fest zugepreßt, als hätten sie etwas gesehen.

Und ich war bei ihm sogleich, da sprach Gemas noch, stehend bei Dymas, am Eingang. Und ich konnte nicht sehen, ob Joseph lebt. Und hörte Gemas – als hätte der sich bereits umgewandt und spräche über den Gekreuzigten nicht, sondern über Joseph die Worte:

›Lebt der noch?‹

Und ich beugte mich hin und versuchte zu hören, ob er noch atme, Joseph.

Und legte auf seine Brust mein Ohr.

Da erst sah ich, daß seine Rechte verkrampft in den Fingern das Tuch hielt, als habe er's im letzten noch vom Gesicht sich gezogen.

Zwei Tage lang aber war ungewiß, ob Joseph leben würde. Denn wie tot lag er da. Und wir wußten kein Mittel.

Gemas und Dymas aber dachten, er sei bereits tot. Denn er lag reglos.

In der Nacht aber des dritten Tags war ich eingeschlafen in Gedanken, wie ich bände die Fäden des Grabtuchs, das ich meinem Herrn weben wollte. Denn die Kettfäden des

Webstuhls waren gespannt und nach dem Regen getrocknet unter dem Baum, aber noch hatte ich nicht begonnen das Weben.

Im Traum aber, der mir jener Nacht träumte, waren die Kettfäden wäßrig gewesen. Und wie Wasser flossen sie wasserfädig vor mir herab, als gösse man helles Wasser herab vom oberen Webebaum nach dem unteren hin. Und als könnten die Fingerspitzen – meine im Traum – berühren die Wasserfäden, die gossen vor mir herab.

Da wußte ich nicht, wie ich binden sollte die Fäden.

Denn wie sollten im Muster sich fadenverschlingen die Fäden, die gießenden vielen, mit dem Faden, dem einen, den ich gesponnen? Und wie schösse ich ihn zwischen sie ein?

Ich aber im Traum gab nicht auf und brütete über dem gießenden Guß.

Bis ich erkannte drei einzelne Kettfäden darin, sie fließen sah, gießend herab, den einen Faden beim andern.

Und wie geronnen waren geworden die fließenden vor meinem Blick. Denn ich sah greifbar sie und sah sie doch sich noch drehend, sich wirbelnd ergießen vor mir herab.

Da senkte ich ein in die fallende Bahn die Spitze des Fingers, ob erfühlbar seien die Fäden, ob greifbar.

Und die Bahn Wassers schloß rund sich um die Spitze des Fingers, der tauchte ein.

Da berührte der Finger geronnenen Faden.

Und erfühlte den ersten der Fäden und strich ihn auf und ihn ab und dehnte ihn hin und ihn her. Und ging dann rechtshin durchs Fließende über zum zweiten.

Und auch ihn, diesen zweiten, konnt ich greifen und vermocht ihn zu dehnen, und fand: herrlich fiel er und fest.

Und ließ gleiten die Spitze des Fingers rechtshin, den dritten zu lesen. Und las ihn und umfing ihn gar, daß er einwärts fiel in die Falte des ersten Glieds meines Fingers. Und zog ihn an, als zöge ich an die Sehne des Bogens.

Und zog kühn ihn dehnend heraus aus dem Guß glatthin fallenden Wassers.

Da ließ ich ihn zurückschnellen hell, zurück in den fließenden Zettel, und ließ schweifen mein Auge rechtshin, zu suchen nach einem vierten.

Denn vier wollte ich für das Ganze. Und hätte ich vier Fäden – so wußt ich im Traum –, dann hätte ich alle, hätte das Ganze, und webbar wäre im Ganzen das wasserfädene Tuch.

Da sucht ich im gießenden Wasser den Faden, den vierten, und erkannte ihn nicht.

Und ich brütete über den dreien, die mir waren geronnen im Blick – und da: sehe plötzlich den vierten. Seh ihn rinnend neben den anderen.

Und als ich halte den Finger in die Seite des fallenden Wassers, auch ihn zu begreifen, den vierten, kaum glaub ich ihn zu berühren – was war's aber, das wirklich *mich* berührte? –, da verschwinden die drei und verschwindet der vierte. Und verbleichen ununterscheidbar im Guß.

Denn als ich berührte den vierten, da war wieder eins der Guß.

Ununterschieden aber das Eine, das sich ergoß, und nichts darin greifbar, nicht mehr erkennbar die Fäden.

Und dreimal im Traum verfielen, die ich greifbar schon fühlte, die drei Fäden der Kette. Und verfielen die Fäden in eins mit dem vierten, kaum glaubte ich, den zu berühren.

Da aber, beim vierten Mal, als mein Finger wiederum griff nach den Fäden und drei von ihnen zu greifen vermag, jeden einzelnen von ihnen im Wasser erfühlend, und ausgreift die Hand nach dem vierten Faden, den ich erkenne, ausgreift nach ihm, die Spitze des Fingers hinschiebend durchs netzende Wasser zum vierten hin, ihn zu berühren, ihn zu begreifen … – da, seh ich, weicht er nur aus. Der Faden weicht rückwärts vor mir zurück, in den Guß Wassers zurück, weicht aus vor mir, ohne aber zu schwinden und ohne schwinden zu machen die andern, die drei.

Und da, nochmals, versuche ich's, dringe tiefer mit der Hand in den Wasserguß.

Da kommt eine andere, eine zweite Hand, von der anderen Seite des Gusses heran. Und schiebt vor sich her, drängt vor sich hin, jenen Faden, den vierten. Und hindrängend dehnt ihn mir zu.

So daß ich – denn es geschah –, so daß ich berührte den vierten und halte den vierten, wie ich berührt und gehalten die anderen drei.

Da aber, beim Übergeben des Fadens an mich, berührt die Spitze des Fingers des anderen: den Finger, den ich hineingehalten.

Und seltsam, im Traum war er nicht zu sehen, der andere. Und nur zu sehen die Hand, an deren Fingerspitze er drängte den Faden mir zu, daß ich ihn hielte, ihn halten könne, er greifbar werde, der vierte.

Und doch wußt ich, wußt ich im Traum und erwachte im Wissen, daß es Joseph gewesen im Traum, der mit der Fingerspitze mir zugestoßen das vierte, damit webbar werde das Tuch, gewoben aus drei und dem einen, dem vierten.

So erfuhr ich im Traum, wie sich läßt weben das Wasser des Webbaums: Denn aus einem kommt zwei, aus zwei kommen drei, aus dreien aber das vierte als Eines.

Da, als unsichtbar hob der Litzenstab die Fäden der Nacht und einschossen die ersten Strahlen des Tags, wies ich am Morgen Gemas und Dymas an, daß sie mir trügen Joseph herab unter den Baum, ein Stück unterhalb des Eingangs zur Grabkammer.

Und hieß sie ihn legen dort auf ein Stück Zeltbahn und über ihn breiten ein wollenes Tuch.

Dort aber, unterm Baum, begann ich zu weben das Tuch aus dem Leinenfaden, den ich gesponnen.

Und ließ mir zur Seite legen den Joseph, zur Linken. Da lag er reglos, wie sie ihn hingebettet.

Kapitel 105
Die Fische

Und als Dymas und Gemas zurückgegangen waren hinauf, fortzusetzen die Arbeit am Grab, sprach ich heimlich zu ihm, der da lag.

Sprach aber, als höre er mir noch zu. Sprach, wie Gemas sonst gesprochen zu Joseph, wenn er ihm zeigen wollte, was der Blinde nicht zu sehen vermochte.

Und ließ, während ich sprach, streifen die Finger über die Kettfäden hin und an ihnen hinauf und herab, sie hie und da dehnend mit der Spitze des Fingers.

Da, als ich sprechend bedachte das Muster, in dem ich weben wollte das Tuch, stand auf der Traum und kam in Erinnerung. So daß ich alles vor mir sah wieder, wie ich's gefunden.

Und ich sprach's aus: daß ich binden würde das Leinen im Muster des Drei-und-Einen des Traums.

Sprach's aus – und planend berührte dabei meine Fäden –, daß ich dehnend die Kettfäden anheben würde: den ersten, den zweiten und dritten, aber einsenkend nach innen den vierten, als dehnte ich den zurück in den Guß.

Und weiter, würde wiederum anheben den fünften und sechsten und siebenten, den achten aber würde ich senken, damit hinschießen könne das Schiff meines Schußfadens, hin durchs Fach zwischen den so Gehobenen und so Gesenkten.

Beim nächsten Schuß aber würde alles um einen Faden versetzt, würde der erste gesenkt, in Erinnerung an den vierten, und gehoben der zweite, der dritte, und vierte, und der fünfte Faden gesenkt, auch er in Erinnerung an den vierten, und gehoben der sechste Faden, der siebente und der achte.

So daß sich im Weben eine Linie ergäbe durchs Ganze, schräglaufend zum senkrechten Fall der Kette, wie im Gratmuster des Fisches.

Ja, als entstünde die Spur solcher Fische im Guß noch des Tuches vor mir und als zögen die Fische, die ich wöbe, den einen beim anderen, vom unteren Webbaum herauf, das heißt: vor meinem Auge herauf und empor, dem oberen zu, und zur Quelle des Gusses zurück.

Und da ich es so beschlossen hatte, laut zu mir redend, aber als spräche ich's auch zu dem, der starr bei mir lag, Joseph, suchte ich beim Reden mein Schiff.

Und da ich vor mir sah das mir eingegebene Muster, die Spur des Fisches, dem nachschösse mein Schiff, nachschießend Faden um Faden im Schuß – im Schuß, der vom Webschwert Faden um Faden würde festgeschlagen im Schlag –, da suchte ich immer noch beim Reden mein Schiff.

Und da ich mir sagte und zu ihm – Joseph, der da starr bei mir lag – sprach: ›Zwölf Ellen lang soll es werden und drei Ellen breit, das fertiggewobene Tuch‹, da suchte ich schon eine Zeitlang beim Reden mein Schiff.

Denn ich hatte es verlegt und konnt es nicht finden. Sah her um meinen Sitz und stand auf, hinter den Kettbaum zu sehen.

Und sah's dort nicht liegen. Auch nicht hinter mir hatte ich's abgelegt, ich sah nach.

Und wandte mich nochmals um, sprach dabei immer noch vor mich hin.

Da hörte ich eine fremde Stimme, die kam zu mir, spricht: ›Dort ist dein Nachen.‹

Da wandt ich mich stehend zur Linken, woher die Stimme gekommen, sah Joseph.

Der aber hatte aufgeschlagen die Augen und streckte den Arm hinab und wies gegen das Fußende des wollenen Tuchs, darunter er lag.

Und ich sah ihn: Er spricht.

Und ich sah ihn bewegen die Lippen: Höre sie sprechen, die fremde Stimme. Die spricht her zu mir, spricht nochmals:

›Unten liegt, den du suchst.‹

Und ich sah hin.

Und sah stehend, daß in Falten lag unten das wollene Tuch, wo es der Wind angehoben und an Stellen gekräuselt und in Falten und Schluften gelegt hatte. Das Tuch, darunter er ruhte, Joseph.

Und sah hinab zwischen die Kämme der Falten und sah, wo versteckt lag mein Schiff, mein Nachen, wie Joseph es nannte.

Und ich wußte im selben Moment, daß er sieht – auch mich, die da stand, wirklich sieht.

Und Joseph sah mich an, während er noch deutete hinabwärts auf das, was ich suchte. Denn sein Arm reichte nicht hinab, und er konnte mit Händen nicht greifen das Schiff, nicht es betasten, zu sagen: ›Dort ist dein Nachen‹, oder: ›Dort liegt, wonach du gesucht.‹

Sondern er sah.

Und sein Mund und seine Zunge wurden aufgetan, und er redete, als ich mich hinbückte, aufzuheben das Schiff, und es heraufhob, und sprach zu mir:

›Siehst du nun?‹

Auch war die Starre aufgehoben der Glieder des Alten. Denn auf Gemas und Dymas, die ich sogleich herbeirief, deutete er mit erhobenem Arm, und auf Gemas zuerst.

Und sprach die Namen der Männer, die ihn lange begleitet und denen fremd-vertraut erschien seine Stimme, mit der er zu ihnen sprach. Vertraut aber, weil er die Worte sprach, wie sie aussprechen die Galiläer. Und fremd, weil er, seit er auf Dymas und Gemas gestoßen, kein Wort hatte gesprochen.

Da er mir aber noch zu schwach schien, sich zu erheben, ließ ich Gemas bringen von den Zelten herab Wasser und Speise. Und Joseph aß, aber nicht viel, während wir zusahen und ihn bedienten.

Da ließ ich den Krug nah bei ihm absetzen, und verwahrte, was übrigblieb, ihm später davon zu geben, daß er wieder zu Kräften komme.

Ich aber begann zu weben das Tuch und sprach dabei. Und immer wieder sah ich links hinab mir zur Seite, wo er lag, Joseph.

Und ich fragte ihn, ob er mich denn gehört, als ich zu ihm gesprochen – denn wie tot hatte er dagelegen.

Und Joseph sprach, daß er gehört, was ich im Traum gesehen, und hatte mich sprechen hören vom Guß und den Fäden und wie ich sie bände, und wer mir den vierten zugeschoben mit der Spitze des Fingers, her von der anderen Seite des Gusses.

Da, beim Erwachen, als er zuhörte meiner Stimme und was sie beschrieb, habe sich auch ihm in Erinnerung gehoben, daß er zuvor aus einem Traum war erwacht. Und daß das Ende des Traums sein Erwachen war, der Beginn meiner Stimme.

Und was für ein Traum es gewesen war, auch daran erinnerte er sich. Und erinnerte's in eben dem Moment, als ich sprach, daß mir zuschob der andere Finger das vierte, hin durch den Guß, daß ich's hielte und zum ersten Mal greifen konnte den Faden.

Denn da sei in Erinnerung gehoben worden der Traum, der ihm träumte und aus dem Joseph erwacht war, als er mich sprechen hörte.

Im Traum aber war er dabei, aus dem Felsengrab hervorzutreten. Und sah sich selbst so im Traum:

Wie er hervortritt aus dem Eingang des Grabs. Und sah sich nicht tragen die Rückentrage voll Schutt, sondern in Händen halten Hammer und Meißel, als habe er ausgehauen im Grab.

Und eine Stimme sprach zu Joseph im Traum und sagte: Hier ist der Berg, den mir gewiesen dein Opfer. Am Ziel bist du.

Da fragte ich Joseph, ob er verstehe den Sinn dieser Stimme. Und welches Opfer gemeint sei, mit dem er gewiesen der Stimme den Berg. Denn die Stimme sagte:

›Hier ist der Berg, den mir gewiesen dein Opfer.‹

Denn während ich webte, fand ich rätselhaft nicht nur, was die Stimme, die Joseph im Traum gehört, ihm zugesprochen. Sondern was unsere beiden Träume verband, was sie verknüpfte.

Denn auch in meinem Traum war ja Joseph erschienen, und hatte mir – mit der Spitze des Fingers – gewiesen den Faden, der ungreifbar war, ihn mir zugeschoben hin durch den Guß.

Und in Josephs Traum, sagte da nicht die Stimme, *er* sei's gewesen, Joseph, der *ihr* wies den Berg?

Und war's nicht dieselbe Stimme, die ihm wies das Muster? Ihm wies, was er selbst mir gewiesen im Traum: nämlich das Muster, als sein Finger erschien und mir wies jenen Faden, mir zuschob den vierten?

Da sprach ich zu Joseph, während ich einschoß den Faden:

›Sag mir, wie kann eine Stimme, wie kann irgendwer sagen zum andern: „Am Ziel bist du?"

Doch nur, wenn der, der's so behauptet, auch erkennt das Muster des Ganzen, es übersieht und sieht: Hier endigt es sich, das Ganze, hier schießt es durchs Ziel, es vollendend, hier ist sein Faden verschlungen zum Letzten, jetzt ist er am Ziel.‹

Da war's – da unterm Baum, da im Schatten, zur Seite des Kettbaums, da, als ich webte das Tuch –, daß mir zu erzählen begann Joseph. Zu berichten begann, was auch ich euch von ihm bisher berichtet.

Denn so berichtend – hin über Wochen und Tage – brachte mir Joseph näher, was die Stimme meinte mit *Ziel*, mit *Berg* und mit *Opfer*.

Kapitel 106
Die Probe

Und auch Joseph, als er mir zu berichten begann, verstand nur von ungefähr, was sie meinte, die Stimme, die zu ihm gesprochen im Traum.

Denn sie sprach nicht: ›Geh opfern, und ich werde dir weisen den Berg zum Opfer!‹

Sprach so nicht mehr.

Sondern, als sei das Opfer bereits geschehen.

Sei von Joseph schon ausgeführt.

Und als sei doch gemeint das Opfer – das alte, sein Schicksal bestimmende Opfer –, das vor vielen Jahren im Traum war von Gott ihm befohlen.

Und als spreche die Stimme: Nicht Gott, sondern Joseph habe gewiesen den Berg – Joseph, das ist aber ›das Opfer‹.

Wozu aber spräche die Stimme im Traum noch vom Berg? Denn zum Berg habe sie gewiesen Josephs Opfer, das aber ist Joseph.

Welcher Berg war gemeint, der neu war gewiesen der Stimme im Traum? Und wie hätte Josephs Opfer gewiesen die Richtung zum Berg, so daß die Stimme ihn fand, diesen Berg, diesen neuen, den ihr gewiesen sein Opfer?

Denn Joseph wußte nicht, von welchem Berg die Stimme gesprochen hatte im Traum. Denn so sagte doch die Stimme zu ihm, bevor er unter dem Baum erwachte, zur Seite dem Webstuhl, dahin Dymas und Gemas den Ohnmächtigen mir gelegt, so sprach sie:

›Hier ist der Berg, den mir gewiesen dein Opfer. Am Ziel bist du.‹

Joseph aber, als er mir zu berichten begann, sprach auch vom Berg, wie ihr wißt. Von der Stimme, die, viele Jahre zuvor, ihm gewiesen hatte das Opfer. Nämlich das Opfer des Sohnes – das er verweigerte Gott.

Und er sprach mir von allem, wovon ich euch bis zur Stunde berichtet.

Joseph aber sprach beginnend, als er begann seinen Bericht, wo es begann mit ihm.

Und mir war, als er sprechend begann, als ginge ich mit ihm. Als käm ich daher auf der Straße – von Sepphoris her nämlich, der Stadt –, sei auf dem Wege heim von der Arbeit, auf dem Weg zurück in mein Dorf Nazaret.

Da überschattet's mich, wie er spricht, als es ihn überschattete:

Und ihn überflogen die Flügel prächtigen Vogels, die Augenpracht, der folgten die Augen Josephs.

Denn sie zu sehen, sie nochmals zu sehen, die Augenpracht, nein: angesehen zu werden von ihr, stieg Joseph hinauf, die Mauer hinauf, die umgab jenes römische Landgut.

Ihr erinnert euch doch?«

Und Balthazar antwortete als erster:

»Ich erinnere mich, wie es anfing dort, als Joseph hinsah über die Mauer des Gutes und nicht sah den Vogel und seine Augenpracht, aber den ägyptischen Sklaven, der hing am Baum.«

Und Monoimos sprach:

»Und den schnitt er dann los und floh mit ihm, auf dem Rücken ihn tragend.«

Und Balthazar sprach:

»Du vergißt den Aufseher, der schlug den Sklaven, und den niederschlug Joseph. Und Joseph glaubte, er habe ihn tödlich getroffen, als der Aufseher da lag.«

Und Monoimos sprach:

»Und der war's, der Aufseher, den er hatte stummgeschlagen, der kam geritten in jener Nacht, viele Jahre darauf, als Joseph opfern sollte den Sohn.«

Und Balthazar fügte hinzu:

»… auf dem Berg, den Gott ihm gewiesen.«

Und Monoimos sprach:

»Joseph aber hat sich Gott widersetzt, als er nicht ausführte den Auftrag.«

Da sprach Balthazar:

»Wir erinnern uns, wie du siehst, Neith. Sag also: So hättest du, was du uns von Joseph erzählt hast, aus dem Mund Josephs selbst?«

Da antwortete ihnen Neith:

»Wie ich es euch berichtet. Und von ihm jedes Wort, an das ich mich erinnere.

Denn, versteht ihr, mir war, während er sprach, als webte ich's ein, als verwebte ich Leinen und Sprache.

Als trage mein Schiff hin die Worte, die er gesprochen, trage sie hinüber und, neu beladen, trage sie wieder her.

Als spreche am Faden haftend das Wort, als folge es ihm. Mehr noch: als spreche es den Faden, das Wort.

Als schieße Faden heraus aus ihm selbst, seinem Wort.

Als sei Schütze sein Wort, schieße hin durch die Gehobenen und die Gesenkten, webend das Tuch, das ich wob meinem Herrn.«

Da sprach Monoimos:

»Aber ganz hat er's nicht erzählt, Joseph. Denn du sprachst doch, du wüßtest es nur bis zur Überquerung des Jordan. Als Joseph nämlich, stumm und schon blind, von einem der beiden getragen ...«

Und Balthazar fügte hinzu:

»... von Gemas getragen.«

Monoimos aber fuhr fort:

»... getragen erreichte das jenseitige Ufer. Darüber hinaus aber wußtest du nichts zu berichten, wie mir schien.«

Da sprach Neith zu ihnen:

»So sprach ich zu euch. Denn von ihm selbst habe ich nichts über jene Zeit, nur das Hörensagen von anderen und später Gesammeltes. Nichts aber von ihm selbst.

Denn ihr müßt wissen: Ich selbst unterbrach ihn damals. Unterbrach ihn mit meinen Fragen.

So daß Joseph hielt, gleichsam angehalten von mir auf der anderen Seite des Jordan.

Denn bis zu diesem Augenblick hatte ich ihm nie Fragen gestellt und ließ ihn erzählen.

Joseph aber erzählte nicht nur, als er geschwächt noch lag zu Seiten des Webstuhls, sondern auch, als er wieder erstarkt war und die Arbeit aufnahm am Grab.

Denn er trug bald wieder die Rückentrage hinaus aus dem Grab, die ihm Dymas und Gemas gefüllt. Trug sie aber nicht mehr hinauf auf den Felsen, sondern trug sie hinab, die Böschung hinab, und schüttete sie aus über Gestein und Scherben, die schon dort lagen. Und kam dann stets herüber zu mir.

Denn immer wieder bat ich darum, daß er mir weiter erzähle. Und ich folgte seinem Bericht – rätselhaft, wie ich euch sagte – in Gedanken überallhin.

Als wolle ich's miterinnern.

Nicht aber ›mitzuerinnern‹ für andere – denn das war mir fern. Ich wußte ja nicht, daß ich es einst an euch würde weitergeben. Und daß mir beschieden war, zu warten auf euch, bis hierher, bis jetzt.

Sondern ›mitzuerinnern‹, als hätte *ich* etwas mitzuerinnern.

Als teilte er mit mir, ich wußte nicht, was es wäre.

Ja, als teilte er mit mir nicht nur das Seine, sondern auch, was uns gemeinsam erinnerbar wäre.«

Da unterbrach Balthazar:

»Was mir aber doch fragwürdig erscheint, nun, da du sagst, du hast alles von ihm, Joseph selbst hat erzählt ... Fragwürdig bleibt doch, ob wahr sei, was er erzählt. Denn wenn einer aus dem Leben der Seinen verschwindet wie Joseph, ja, für tot gehalten wird, daß keiner mehr von ihm weiß, oder sie glauben, er sei begraben auf einem Berg in der Wüste ...«

Da unterbrach ihn Monoimos:

»... begraben, ja. Und doch war leer das Grab letztlich, du erinnerst dich, Balthazar. Denn wie Neith erzählte, behauptete Joseph, er habe gesehen den Sohn, Jesus, wie der stand davor und entdeckte, daß es leer war, das Grab seines Vaters. Und doch hatten sie, drei Tage zuvor, beigesetzt dessen zerrissene Überreste.«

Und Balthazar sprach:

»Ja doch, ich erinnere mich. Denn so hattest du, Neith, es uns erzählt. So daß du also behauptest, so habe auch Joseph es dir erzählt, genau so?«

Da antwortete Neith:

»So sprach er zu mir und erzählte mir so. Und wo ich etwa vergessen hatte den Anschluß – denn er ging ja zwischendurch holen, und trug herab wiederum, was es zu holen gab, und schüttete's aus, bevor er wieder zu mir herüberkam –, da raffte er's auf und sagte mir, wo wir stehengeblieben waren. Oder wenn er's vergessen hatte – was selten geschah –, fand ich selbst immer den Anschluß.

Denn ich sagte euch doch: es war, als hätte ich eingewoben jedes Wort, ins Tuch jede Silbe, die er gesprochen.«

Da sprach Balthazar:

»Fragwürdig bleibt aber, wonach ich dich fragte. Und beantwortet hast du mir's nicht.

Denn woher willst du wissen, ob er dir die Wahrheit gesagt über sein Leben, ja, ob er selbst – in seinem Alter noch und nachdem er, wie du selbst erzähltest, zusammengebrochen war, als er sah, in Seilen gebunden, den sie kreuzigten dort im Regen, ihn sah, den nämlich Gemas dem Blinden beschrieb ... –, woher also willst du wissen, ob Joseph der Wahrheit nach erzählte?

Denn das, meine ich, weißt du nicht. Selbst wenn Joseph gewissenhaft hätte erzählen *wollen*, nachdem er erwacht war und begonnen hatte, dir zu erzählen, so weißt du doch nicht, was wirklich wahr ist an seiner Geschichte.

Denn vielleicht hat er über dieses und jenes gelogen oder nicht eigentlich lügen *wollen*, aber dies und jenes hinzuerfunden, um geschmeidig zu machen, was er erzählte dir. Denn er erzählte von einem Leben, das – wie du gut weißt – keiner kannte.

Denn keiner wußte bisher, was du hast an Unerhörtem berichtet.

Und doch behauptest du eben davon – nicht daß ich dich,

Neith, anzweifeln wollte –, behauptest du, *so* habe er's dir, genau so erzählt, dieser Joseph.

Wie aber willst du prüfen, was wahr daran ist?

Wie wäre die Probe zu machen im Dunkeln?

Denn es weiß wahrhaft doch niemand, was er gemacht hat, der Totgeglaubte.

Und niemand kann sagen, Joseph habe wahrhaftig gesprochen. Sondern nur, daß er's glaubt. Wie du eben glaubst, Joseph habe dir wahr erzählt und nicht etwa Lügen.«

Da sprach Neith zu ihnen:

»Die Probe, ihr sagt es.

Wie hätte ich Ahnung, auch nur die geringste, daß er mir wahr sprach und wahr bleibt, was er mir erzählte?

Wie könnte ich's prüfen?

Oder fragt ihr nicht so: Wie prüfte ich denn, was er sagte?

Ich aber sagte euch doch, daß ich selbst Joseph unterbrach, kaum hatte er mir erzählt, wie er querte, blind getragen und stumm, auf Gemas' Rücken, den Jordan, und sie ankamen drüben. Das war aber, nachdem Jakobus hatte verbrennen lassen die Leiche seines Bruders, des Jesus. Und hatte noch zuschichten lassen Scheite durch Joseph. Denn Jakobus hatte ihn im Verdacht. Trug Joseph doch Kleid und Schwert jenes Jesus, des Bruders Jakobus'.

Und Jakobus riß ihm die Kleider vom Leibe, ihr erinnert euch. So daß Joseph, wie er mir erzählte, nackt hinaufklettern mußte mehrmals ins Feuer, auf Geheiß des Jakobus, der trachtete danach, daß Joseph umkomme darin.

Und das geschah, nachdem ihn einer doch freigesprochen hatte, ein Diener nämlich, der Joseph hatte gebunden gesehen in der Höhle und ihn daher erkannte als den Gefangenen jener Räuber, der in der Höhle hatte gebunden gelegen.

Und dieser Diener war, wie Joseph mir erzählte, mit dem Späher gemeinsam hervorgetreten. Und das im Augenblick, als Jakobus töten wollte im Zorn den Joseph. Da trat der

Diener, vom Späher gerufen, an Jakobus heran und sprach für Joseph, daß der ein Gefangener gewesen sei der Bande des Dymas.

Denn der Diener, der vortrat, der wußte nicht, daß Joseph getötet hatte den Jesus, den Sohn Dymas', den Bruder Jakobus', vor dem der Diener Aussage machte.«

Da unterbrach Balthazar Neiths Rede:

»Willst du sagen, das sei schon Beweis? Daß nämlich einer – wie Joseph es tat, als er dir vom Schwertstreich wider Jesus erzählte – sich selbst bezichtigt des Mordes? Daß er also – wenn auch in Wut und in Zorn – einen Räuber erschlagen habe?

Denn Probe wäre das nicht, solche Selbstanklage, kein Beweis! Sondern geradezu rühmen könnte sich einer, erschlagen zu haben den Räuber. Und gerade so könnte Joseph unwahr reden, nämlich erfunden haben dieses und jenes, dessen er sich rühmte.«

Da sprach Neith:

»Du unterbrichst mich zu früh, Balthazar. Laß mich dir geben, wonach du fragst, Probe, Beweis, Prüfung der Worte, die Joseph gesprochen.

Denn einmal traten mir, da Joseph sprach, Tränen in die Augen.

Und auch Joseph hatte bemerkt die Tränen.

Aber er wußte nicht, was ich gerade erfahren, durch seine Worte hatte erfahren:

Daß Joseph nämlich soeben gesprochen von mir.

Daß *ich* erzählt vor ihm stand, ich, Neith selbst!

Joseph aber wußte es nicht. Wußte nicht, daß er sprach von mir.

Denn ich selbst – *ich* wollte's nicht wissen.

Und hatte's vergraben, und kaum mehr darüber gesprochen mit einem. Ja, nur mit einem.

Nur mit einem war darüber zu sprechen. Der war aber – hört her! –, der war jener, der hervortrat, aus den Männern hervor, die umstanden Jakobus. Die Jakobus umstanden, als er im Zorn wollte töten den Joseph. Als Jakobus ihm riß die Kleider vom Leib. Denn Jakobus erkannte sie wieder als die seines Bruders.

Da trat doch hervor einer aus ihnen. Gemeinsam mit dem Späher trat er hervor. Aber nicht, wie *ich* es gesagt, sondern wie Joseph es mir erzählte.

Denn Joseph erzählte: ›Da trat einer aus der Reihe hervor. Es war aber der Diener, der Sklave, den ich Versteck suchen sah in der Höhle.‹

So sprach Joseph doch. So erinnert ihr's doch?«

Und Balthazar sprach:

»Ja. So hast du erzählt. Nämlich, daß *Joseph* es dir so erzählte.«

Da antwortete Neith:

»Nein. Sondern so hätte ich selbst es erzählt. Wenn ich selbst gefragt worden wäre. Und den Mut gehabt hätte, die Erinnerung sich heben zu lassen in mir, einschießen zu lassen das Bild: jenes Bild, das ich selbst gesehen.

Denn, hört her:

Ich stand bei ihm, ich selbst.

Ich stand bei jenem, der hervortrat, aus den andern hervor, und der aussagte, um Joseph zu retten vor dem Zorn des Jakobus.

Denn ich selbst war dort, war zur Stelle gewesen.

Denn der vortrat, der war Sklave gewesen wie ich. Und ist es noch heute, Sklave wie ich. Und wir waren gebracht nach Jerusalem und zogen hinauf, geführt unter Pilgern.

Und suchten, auf halbem Weg, nächtens Zuflucht in einer Höhle.

Es war aber die Höhle, von der mir Joseph erzählte. Die Höhle, in der er gebunden lag unter ihnen. Gebunden dort, nah der hinteren Wand aber der Höhle. Gebunden vor jener Nische im Felsen, in die hinein sich verbarg jener Diener. Denn auch mich schob er vor sich her in die Nische. Uns zu retten vor dem Gemetzel, dem Hinmorden und Fleddern des Zugs, mit dem wir gekommen.

Denn Joseph hatte den Diener gesehen, auch mich gesehen – nur kurz –, die ich vom Diener im Felsen geborgen war. Denn Josephs Blick und der jenes Dieners hatten sich noch gekreuzt, als der Diener trat ins Versteck.

Und als die Räuber losschnitten Joseph, da ging Joseph nicht hin, hinauszuzerren den Diener, aus dem Schutz der Nische im Felsen hervor, darin auch ich stand verborgen. Sondern trat hin vor den Räuber, der's sonst hätte gesehen.

Also trat hin – um Joseph zu schützen – der Diener. Trat hervor aus den andern, trat hin zu Jakobus, auszusagen für Joseph.

Denn der Diener wußte sich gerettet durch Joseph. Und wollte nun ihn wiederum retten. Und daher sprach zu Jakobus:

›Wahrlich, den sah ich gebunden. Er war ihr Gefangener, und war keiner von ihnen.‹

Ich, Neith, bezeuge es. Denn ich stand ja dabei, als er's sprach.

Aber lang hatte ich nicht erinnert, was ich zu sehen begann, als Joseph so mir am Webbaum erzählte.

Hatte lange nicht wollen erinnern, was mir wieder vor Augen trat in Josephs Worten.

Da aber, als ich mich selbst wiedersah in seinen Worten, aufhuschen sah, die ich wiedererkannte als Neith, da war's, daß die Tränen mir kamen.

Denn es schmerzte, mir zu begegnen. Der also zu begegnen, die ich längst doch begraben glaubte. Längst – daß ich kaum mehr wußte von meinem Grab.

Da aber grub Joseph es auf. Und wußte nicht, daß *die* bei ihm stand – webend am Baum das Tuch –, die er ausgrub, die Neith.

Und ich ließ Joseph nichts erkennen von meinen Tränen. Sondern hielt sie zurück.

Und wandte mich, während er sprach, zur Rechten ein wenig und – es mag sein – wob vielleicht fehlerhaft hie und da, als ich's tat.

Am Fehler selbst aber wußte ich – Tage später noch war's berührbar –:

Hier, hier geschah's, hier bei der Kreuzung der Fäden.

Hier war's geschehen, daß ich wiedererkannte mich, Neith, in ihm.

Hier war's, daß aus seinen Worten mir Leben kam, längst begrabenes Leben.

Und ich hielt noch aus, als ich Joseph hörte erzählen von dem, was weiter geschah. Dem Hinaufsteigen nämlich, als Joseph auf Befehl des Jakobus die Scheiter hinaufstieg, dem Aufgebahrten zur Seite zu legen sein Schwert. Dann abermals hinaufsteigen mußte, in die Lohe hinein, hinaufzutragen die Kleider Jesu, die Joseph getragen.

Joseph aber erzählte, daß – wenig nachdem er erwacht war, erwacht vom Gesicht Gottes in den Tiefen des Blutmeers – Gemas und Dymas ihm gegenüberstanden. Er aber vermochte nicht mehr, sie zu sehen. Und als diese ihm erzählten, daß sie aus dem Versteck selbst gesehen hätten, wie Joseph stürzte vom Scheiterhaufen herab und verbrannt lag, verbrennend ... – denn es brannte der Kopf Josephs, brannte sein Haar –, da lief ich hin eilend.

Lief ich hin unterm Zorn ihrer Augen und löschte den Brand und goß Sand darauf, zu ersticken die Flammen auf Josephs Haupt.

Und da, kaum waren sie erstickt, riß man mich weg. Denn ich war's doch selbst, Neith, war's selbst gewesen, die das getan.

Und als Joseph also nicht selbst mich beschrieb – denn er konnte's nicht sehen, lag ohnmächtig vor den brennenden Scheitern –, sondern später beschrieb, was ihm Dymas und Gemas hatten erzählt – denn auch die kannten mich nicht, hatten nie zuvor mich gesehen –, da konnt ich nicht halten die Tränen und brach's aus mir hervor.

Denn, glaubt mir, da wußte ich: Nicht nur erzählt Joseph mir wahrhaft, was er und wie er's erfahren.

Sondern *mir*, wirklich *mir* erzählte er's doch!

Da geschah's, daß ich wußte, warum ich hier saß.

Warum ich ihm zugehört hatte, die Wochen hindurch unterm Webebaum, zugehört hatte dem Lauf seiner Rede, gewoben hatte das Tuch. Denn es waren wohl an die zwei Monate, in denen wir immer wieder uns trafen, wenn er vorbeikam bei mir und aufnahm den Faden und mir weitererzählte.

Bis zur Stelle, die ich beschrieben.

Denn auch mir selbst also sollt ich begegnen, als ich ihn wählte, Joseph, gewählt hatte mit den andern an jenem Tag auf dem Markt.

Und als ich erschrak über ihn und sein Antlitz, da war ich gleichsam – noch wußte ich's nicht – über mich selbst erschrocken.

Denn nicht zu erkennen war ich und kannte mich nicht, bevor er, unwissend, mich erzählend aufgriff im Bild und ich, unwissend, ihn wählte, Joseph, als ich wählte Dymas und Gemas, dann aber vier hinaufführte zur Arbeit am Grab.«

Da sprach Balthazar:

»So solltest einst du und jener andere, der dich versteckt hatte in der Nische im Felsen der Höhle, nach Jerusalem als Sklaven heraufgebracht werden?«

Und Neith antwortete:

»So war es. Von Sepphoris aus waren sie aufgebrochen und brachten uns mit, in ihrer Mitte.

Und beide, der andere sowohl als ich, wurden schließlich auch dorthin verkauft, nach Jerusalem.

Und kamen beide ins Haus des Joseph von Arimathäa. Und wurden zum Gesinde gezählt meiner Herrin und meines Herrn.

Der andere aber, von dem ich gesprochen – und von dem Joseph schon zu mir hatte gesprochen, als ich webte das Tuch und mich schließlich erkannte darin, der war Phylakos.

Phylakos war der Diener gewesen, der hervortrat damals und aufstand für Joseph.

So war auch Phylakos der, der am längsten mich kannte. Und, wahrhaft, hatte behütet mich und auch späterhin stets zu bewahren gesucht.

Denn ihm vertraute ich, und mein Herr vertraute ihm ebenso. Und deshalb sandte mein Herr Phylakos vor die Mauern der Stadt, hin an den Teich der drei Türme. Denn jede Woche sollte er ihm Bericht zurücktragen von mir, die, vom Grabe gekommen, Phylakos traf dort am Teich.«

Da sprach Monoimos:

»So daß auch Phylakos bestätigen könnte, was Joseph berichtet?«

Und Neith antwortete ihm:

»Wenn er noch lebte, mein Phylakos, bestätigen würde er's dir. Euch beiden bestätigen, daß es ist, wie ich sage. Und wahr ist, was Joseph berichtet.

Denn die Probe auf sein wahres Erzählen überhaupt: ist im einzelnen. Denn ich bestätige euch, daß wahr ist, was Joseph mir über das Massaker an den Pilgern berichtet hatte.

Genügt es euch aber nicht?

Denn glaubt mir, ich hatte's begraben, da grub er's mir wieder auf, Joseph. Und als er erzählte, schüttete er auf Wort für Wort die Berge der Leichen, über die wir hinsteigen mußten, Phylakos und ich.

Denn als die Räuber die Höhle verlassen hatten und abgezogen waren längst und von draußen nichts hörbar mehr war als die Tropfen, die übrig fielen vom Regen und troffen am Felsen herab, da wagten wir uns noch immer nicht hervor.

Denn ich hatte zwar noch nichts gesehen, und Phylakos mich in den Felsen versteckt und sich selbst vor mich gestellt in die Nische im Felsen.

Aber *gehört* hatte ich alles. Und hielt die Ohren nicht zu, so daß alles eingedrungen war.

Alles, was einschoß an Schreien Verendender, an Bitten Hingeschlagener, an Todeslärm und an Raubgezeter.

Und all das mich erstarren ließ.

Auch Phylakos aber bewegte sich nicht, da war es längst still.

Und lange blieb still.

Erst als wir Rufe hörten. Es waren aber die Kundschafter des Jakobus, die fanden die hingemetzelten Pilger, und riefen einander vom Grauen, das sie entdeckten, der eine aber in die linke Höhle eingehend, der andere in die rechte.

Da erkannten wir, Phylakos und ich, an den Rufen das Entsetzen der Rufenden.

Denn hier war keiner lebendig.

Und als die Rufe ausblieben – stillgeworden über dem Anblick so vieler Geschlachteter –, da rief Phylakos aus dem Felsen hervor.

Und trat aus der Felsnische.

Und mich zog er hinter sich her und stellte sich vor mich schützend. Denn noch aneinandergefesselt waren wir, die einzigen, die es überlebten.

Glaubt mir also, Joseph hatte wahrhaft erzählt. Denn ich sah, was ich nun sehen mußte, als ich heraustrat mit Phylakos, hinter ihm hergezogen am Seil.

Sah vor mir, was ich gehört hatte.

Und sah es dann wieder, viele Jahre danach, als Joseph mir davon sprach. Und nochmals stieg ich hin, die Leichen hinauf, und mußte treten auf sie und kriechen über sie hin. Denn kein anderer Weg war mehr hindurch, als wir folgten den Spähern des Jakobus vor die Höhle hinaus an den Tag.

Diese aber nahmen uns mit. Und sie ritten hinab ans Ufer des Jordan.

Dort aber hatten Jakobus' Leute gerade durchbohrt im Nebel die Mörder und hatten viele der Räuber beim Überqueren des Flusses ertränkt.

Und sie fischten ans Ufer und zogen an Seilen heraus die Toten, furchtbar mitanzusehen.

Sie hatten aber bereits gefunden Jakobus' Bruder, die Leiche des Jesus. Und Jakobus hatte aufbahren lassen den

Leichnam und ließ richten die Stätte, zu verbrennen den Toten.

Und auch das hatte Joseph mir wahr erzählt.

Denn ihr hört ja, ich, Neith, die es selbst gesehen, bestätige euch: So war es, so ist es geschehen.

Ist euch das nun genug?«

Kapitel 107
Die Ersten

Da sprach Monoimus:

»Versteh uns nur, Neith. Es ist doch auch für andere. Und da ist es immer besser, sagen zu können: ›Der und der haben es ebenfalls gesehen.‹ Und: ›Viele sind Zeugen. Denn viele haben es mit eigenen Augen gesehen.‹«

Und Neith antwortete ihnen:

»Wie kommt das, meint ihr, daß es stets *viele* sein müssen, die es sagen und es bezeugen? Und nicht etwa nur einer? Und nicht etwa nur eine wie ich, die vor euch sitzt, hier und jetzt?«

Da sprach Balthazar:

»Viele werden auch wiederum viele glauben machen. Denn sie erzählen einig, und einer bestätigt immer den andern.«

Neith aber antwortete:

»Was für Seelenkrüppel sind das, die von anderen sich bestätigen lassen, was sie – *wenn* sie's erfahren – nur erfahren in der Seele innerster Höhle?

Denn wer dorthin nicht gezwungen ist Zuflucht zu nehmen, findet nicht hin.

Und wer nicht hinfindet, erfährt's nicht.

Und wer's nicht erfährt, dem – und nur dem! – sollen es andere bestätigen!

Denn da war es einsam, und war grausam im Innersten jener Höhle, in der Hand des lebendigen Gottes.

Und es graut ihnen, die je dort hingefunden, zu reden davon.

Und sie bleiben ihr fern, solcher Höhle.

Bleiben fern jenem Ort und lassen sich's lieber von anderen bestätigen.

Was nämlich?

Daß es ihn gibt, diesen Ort.

Daß wahr ist, daß es ihn gibt.

Daß wahr und wahrhaftig davon berichtet, wer davon herkommend spricht.

Selbst aber wissen sie's nicht.

Selbst wollen sie nicht hin, ich kann sie verstehen.

Denn, glaubt mir, ich selbst war dort. Und brauche niemanden, mir zu bestätigen.

Wenn ihr *den* Ort nicht findet, ihn aber wirklich sucht, umgeht alle Bestätigung!

Flieht die Bestätiger!

Meidet die Menge derer, die Bestätigung wollen!

Laßt euch den, diesen einzigen Ort, von niemandem je bestätigen!

Denn er ist euer Ziel.

Und verfehlt ihr das Ziel, nehmt Anlauf von neuem!

Wo ihr euch aber zuwendet der Menge Bestätiger, die euch wegbestätigen, was ihr mit eigenen Augen gesehen, was ihr mit eigenen Schritten verfehlt, so verratet ihr es im voraus.

Und seid aufgeblasen Zufriedenheit – denn es ist euch bestätigt.

Innen aber, des Nachts, wenn ihr schlaft, fallen her über euch Seine Hunde.

Laßt euch also von mir nichts bestätigen!

Sondern prüft in euch selbst, ob wahr ist, wovon ich rede. So findet ihr hin.«

Da sprach Balthazar:

»Wir wollen's versuchen. Wo aber, frage ich jetzt, waren wir …?

Wo sind wir in deiner Erzählung?

Denn du hattest uns doch erzählt, wie du alles erfuhrst, sitzend am Webstuhl, während Joseph zu dir sprach.

Und da war ein Moment, als du erkannt hattest:

Von *mir* spricht Joseph.

Wußte er's aber?«

Da antwortete Neith:

»Er erfuhr's. Denn ich saß da, konnte nicht halten die Tränen. Und sprach zu ihm:

›Joseph, in deinen Worten habe ich mich erkannt. Denn ich bin, die Gemas beschrieb am Jordan, die löschte die brennenden Haare dem Ohnmächtigen.‹«

Balthazar aber fragte:

»Und er, wie sprach er darauf zu dir?«

Da sagte Neith:

»Das bleibt bei mir. Denn ich sah's und hörte's. Und muß es keinem bestätigen.

Später aber, da stand Joseph auf und ging wieder hinauf, und ließ sich aufladen und trug's hinaus mit der Rückentrage. Denn er setzte fort die Arbeit am Grab mit den andern.

Nun aber geschah's, daß manchmal Dymas hinaustrug das Ausgehauene und Joseph – denn ich sah nach ihm, ging hinauf und hinein in die Kammer, nach ihm zu sehen und sah –, Joseph schlug aus das Troggrab.

Und er meißelte auch darüber den Bogen.

Zu jenem Zeitpunkt aber war die zweite Kammer im Grab schon fast ausgehauen. So daß nur noch Tage fehlten an Arbeit, ans Ende zu kommen.

Und Gemas stand draußen und hieb einen Stein zurecht, der sollte dienen zum Rollstein.

Ich aber wollte mehr hören von Joseph, wollte mehr fragen noch.«

Da sprach Balthazar:

»Denn war dir nicht klar, wer da arbeitete am Grab? Hatte nämlich Joseph dir wahr erzählt, so hättest du doch spätestens jetzt erkannt: daß es Mörder waren, Dymas und

Gemas, die Anführer jener Bande, die gemordet hatten und dich und Phylakos in jener Höhle wohl nicht verschont hätten, wärt ihr entdeckt worden in eurem Versteck.

Räuber und Mörder waren sie, die Tagelöhner, die du zur Arbeit am Grab gedungen. War's dir nicht klar?«

Da antwortete ihm Neith:

»So hatte es Joseph erzählt und hatte mir, als er's erzählte, alles zu erkennen gegeben: sich, seine tiefsten Zweifel, seinen großen Ungehorsam wider Gott, sein von allen abgeschnittenes Leben.

Aber er hatte auch mich zu erkennen gegeben – das heißt, hatte mich mir wiedergegeben, als ich mich nämlich in seinem Erzählen erkannte –, ich hatte euch gerade beschrieben, wie es geschah.

Und auch, du sagst es, zu erkennen gegeben die beiden, Dymas und Gemas, Diebe und Mörder.

Aber nicht mehr zu erkennen waren sie. Und die er mir beim Weben beschrieb und so nannte, Dymas und Gemas, schienen mir wenig gemeinsam zu haben mit denen, die ich auf dem Markt für die Arbeit gedungen am Grab.

Und doch waren sie's. Und ich erkannte sie nicht. Ich hatte sie nie selbst gesehen.

Nur Phylakos hatte sie damals gesehen in der Höhle. Aber noch nicht erkannt.

Phylakos aber hatte Verdacht genommen, das wußte ich. Denn mehrmals fragte er mich nach ihnen, woher sie kämen. Und wußte nicht zu sagen, woher oder warum sie ihm irgend bekannt erschienen. Denn, ich sagte ja, stets war er besorgt meinethalben.

Mich aber trieb etwas anderes. Etwas anderes war's, das mich halten ließ Joseph, mir zu erzählen und meinen Fragen zu folgen.

Denn schon einmal, früh noch in seinem Erzählen – da war das Tuch, das ich wob, vom unteren Webebaum her kaum noch emporgewachsen –, schien mir, als erkennte ich etwas.

Und es war, als wär's wieder ganz mich umgebend.

Denn es war fühlbar, jenes, war sichtbar und einzuatmen, war mit der Nase zu riechen.

Jetzt aber sagt mir nicht: ›Wer bestätigt uns das?‹ Denn nur ich kann bestätigen, daß es so war, so roch, so mich umgab, im Fühlen und Sehen. Denn ich sah Bilder.

Und auch euch geht es so, Balthazar, und dir, Monoimos, geht es so.

Ich will's euch beweisen.

Denn was sagt ihr, ist das erste, woran ihr euch erinnern könnt im Leben? Was eure erste Erinnerung, wenn ihr's bedenkt?«

Da antwortete als erster Monoimos:

»Das erste, was ich erinnere, das wäre wohl meine Mutter. Oder, genau zu sagen, nicht sie, sondern das Tuch, darin sie mich wickelte. Das Tuch aber war rauh an einer Stelle, und an einer anderen weich. Das ist das erste, woran ich mich erinnere.«

Und Neith sprach:

»Und hast niemanden, der dir bestätigen könnte, was du – «

Da unterbrach Monoimos sie:

»Nein, natürlich nicht. Aber so erinnere ich's. Nach der Erinnerung fragtest du. Nicht ob mir's einer könnte bestätigen.«

Neith aber antwortete ihm: »So sagst du ganz richtig.«

Und Balthazar sprach: »Warum fragst du uns danach?«

Und Neith: »Dir fällt nichts dazu ein?«

Und Balthazar: »Doch, schon. Nur …«

Neith: »So gib es doch her.«

Da sprach Balthazar:

»Es ist nichts Wichtiges. Ich erinnere eine Magd, es war wohl eine. Die spielte mit meinen Füßen. Sie umfaßte die Sohlen und zog mir die Beine hinauf, zog sie lang und ließ sie dann wieder herab, bis meine Knie berührten den Knochen meiner Brust. Und kaum berührt, zog sie die Beine wieder zu sich hinauf, sie wieder herabzudrücken auf meine Brust. Denn sie tat immer wieder dasselbe, wohl weil ich Freude bezeugte. Nichts weiter.«

Da antwortete Neith:

»Und doch ist es das erste, die frühste deiner Erinnerungen. Und wird sie wohl immer bleiben. Davor zurück wirst du nie vielleicht kommen. Dieses – scheinbar Geringste – kam aber zuerst. Und hat sich erhalten. So daß es dir niemand bestätigen muß. So tief ist es in dir, so tief hat sich's abgelegt eingegraben.«

Und Balthazar sprach:

»Ja doch, so ist es. Dir aber, Neith, dir selbst, was fällt dir ein als erstes?«

Da sprach Neith:

»Denn genau das war's, was mir kam, als Joseph aus seinem Anfang erzählte und das Tuch, das ich zu weben begonnen, noch am Anfang stand, kaum heraufgewachsen vom unteren Webebaum.

Da kam mir, während ich wob und Josephs Worten noch lauschte, in seinen Bildern ein Bild, das war Geruch, war ein Fühlbares, Tastbares, war, daß ich's schmeckte auf meiner Zunge.

Es war aber Feuer, was ich sah.

War Geruch Feuers, den ich roch.

War fühlbar drängende, sengende Flamme, die nach mir biß, bitter brennend auf meiner Zunge saß, mir schnürte den Atem, Asche streute in meine blinden Augen. Und mich mit allverschlingendem Brüllen umriß.

Das ist das erste. Das erste, was ich erinnere.

Aber wiedersah erst, als Joseph erzählte.

Da schien es auf:

Feuer.

War plötzlich in jedem meiner Sinne.

So geschah es mir, als Joseph sprach vom Brand des Landhauses bei Sepphoris. Und beschrieb, wie er herbeigetrieben war, auf dem Weg in die Stadt abgetrieben wurde von Reitern. Und dann, vor dem brennenden Haus, in die Flammen gesandt war, um darin zu suchen das Kind des römischen Herrn.

Ihr erinnert euch?«

Und Monoimos sprach:

»Wir erinnern uns. Joseph aber fand nicht das Kind des Römers.«

Und Balthazar fügte hinzu:

»Tot fand er's, erinnerst du nicht? In den Armen der Witwe verbrannte es, so hatt er erzählt.«

Da sprach Neith zu ihnen:

»Aber doch fand er eines. Fand's in den Armen des Aufsehers, noch im brennenden Haus. Denn daran erinnert ihr euch doch auch.

Denn der Aufseher war niedergezwungen, unterm Joch eines brennenden Balkens steckengeblieben.

Da stemmte Joseph ihn noch heraus und nahm ihm aus der Hand das Kind, jenen Säugling.

Und fand hinaus, ihr erinnert euch, fand den Weg durch die Finsternis Rauchs und Brands, und glaubte noch, gefunden zu haben das Kind, das der Römer ihn zu retten gesandt.

Da war's aber das Kind einer Ägypterin, ihr erinnert euch.

Und der gab er's, die da lag, der Ägypterin, deren verbrannte Hände griffen danach.

Denn sie war selbst in die Flammen gerannt, zu finden ihr Kind. Und man hatte sie kaum aus den Flammen gerettet.

Und Joseph berichtete mir – wie ich's euch wiedererzählt –, daß sie ließen der Mutter, jener Ägypterin, ihr wiedergefundenes Mädchen und entzogen das wiedergefundene nicht ihren Armen.

Und am Abend schon, so berichtete mir Joseph, soll die Mutter verstorben sein.

Das Kind aber, jenes Mädchen ... Aus dem Innern des

Baums, den sie fällen mußten im Garten – so angebrannt war der, ihr erinnert euch –, aus dem Innern des Baumes heraus, darin er stand, Joseph, sah er das Mädchen nochmals. Ihr erinnert euch.

Sah es liegen unter den Mägden, die schliefen draußen in der Nacht großen Feuers und lagen nahe bei der gefallenen Krone des Baums, aus der Joseph blickte auf mich.

Und – versteht ihr? – mit ihm zurück, mit Joseph zurück ging ich.

Denn mir war, als sei *ich* das gewesen. Jenes wiedergefundene Kind unter Mägden.

Und mir war, als gehörten die Bilder, von denen er sprach, *mir*.

An meine Mutter aber, die starb, die Ägypterin, die Joseph mir da beschrieben, an die hatte ich keine Erinnerung mehr.

Denn – bis heute – nichts reicht zurück hinter den Brand.

Aufgezogen aber wurd ich von Mägden – jenen Mägden, die Joseph gesehen. Und glaubte langehin, Sedula, die älteste von ihnen, sei meine Mutter.

Sedula aber nannte mich Neith. Und ich fragte nie, warum sie mich so benannt.

Nicht an ein Landhaus erinnere ich mich aber, sondern an Haus und Hof in Sepphoris. Denn wir wurden nach dem Brand alle vom römischen Herrn dorthin geschickt, in die Stadt. Und nur die Mägde sprachen erinnernd vom Landhaus, wie zufrieden sie dort, wieviel schöner und größer alles gewesen.

Erst als ich fünfzehn war, am Abend war's, als wir loszogen – denn Phylakos und ich wurden anderen anvertraut in Sepphoris, die zogen hinauf nach Jerusalem und nahmen den Weg durch den Jordangraben, nur Tage bevor wir, wie ihr nun wißt, die Höhle mit dem Zug Pilger betraten –, ja, beim Abschied also erst war's, da drängte Sedulas Gewissen sie, von meiner verstorbenen Mutter mir zu sprechen.

Denn als vormals andere zu mir sprachen – ich zählte

sechs oder sieben Jahre damals – und behaupteten, die Magd Sedula sei gewiß meine Mutter nicht, und mich also belehrten:

›Sieh doch, deine Haut – ist die deiner angeblichen Mutter auch nur annähernd so dunkel? Und dein Haar, ist es etwa braun wie das deiner Mutter? Und ist es nicht schwarz wie Pech? Und deine Nase und Augen und deine Stirn sind anders geformt als die, die wir erkennen an Sedula, die dich wohl hält wie eine Mutter, aber dich gewiß nicht geboren hat.‹

Da ging ich zu Sedula und weinend fragte sie selbst.

Sie gab zu: ›Geboren hab ich dich nicht.‹ Von meiner Mutter aber, behauptete Sedula, wisse man nichts. Und sie mied, ich fühlte es, darüber mit mir zu reden.

Dagegen ließ sie es nicht nur zu, sondern forderte liebevoll und hörte es gern, wenn ich sie, ob ich Kummer hatte oder Rat suchte, weiterhin mit ›Mutter‹ ansprach.

Da also, wie gesagt, erst am Abend des Abschieds in Sepphoris – man rief mich bereits und mahnte zur Trennung –, sprach Sedula plötzlich, als habe sie öfter schon davon gesprochen, nur nicht nach außen, sondern in sich gehalten die Stimme:

›Noch jung war sie, die Ägypterin, deine Mutter.‹

Ihren Namen aber nannte Sedula nicht. Sondern fuhr fort:

›Noch jung war sie, als sie zum Gesinde des Landhauses kam. Und allen gefiel sie. Und war damals keineswegs schon Mutter. Nein, weit davon.‹

Und gebannt war ich durch Sedulas Worte, obwohl andere mich riefen zur Eile und Trennung. Denn ich wußte: was sie jetzt sagt, ist wahr. Denn es sind die letzten Worte, ihre letzten, die will sie mir mitgeben. Die sind ihr Geschenk.

Denn Sedulas Gewissen drängte sie, mir zu schenken, was sie so lange – aber aus Liebe, aus Hilflosigkeit – hatte für sich behalten.

Aber auch sie sprach wie gebannt, hinsehend auf mich am Abend des Abschieds, und sagte:

›Wie ähnlich bist du in den vergangenen Jahren geworden deiner Ägypterin!‹

Und als sie's sagte, strich sie liebevoll über mein Gesicht. Wie in Erinnerung an die Mutter tat sie's erinnernd. Aber auch einprägend tat sie's, einst zu erinnern die Züge Neiths, von der sie jetzt schied.

Und während sie hinfuhr über die Linien und sie immer wieder bestrich, als wolle sie tilgen die Tränen, da wurde meine Mutter, die einst vor ihr stand, verwandelt in Neith, die jetzt vor ihr stand, zum Abschied doch schon.

Sedula aber strich um mein Kinn und strich über Lider und Nase. Und sie teilte aus liebevoll Striche linkshin und rechtshin über die Brauen und Schläfen.

Da strich sie mir – wieder riefen die anderen, ich solle heraustreten, zur Abfahrt sei alles bereit –, strich sie mir über die Stirn.

Und hielt an ihre flache Hand, daß ich spürte eindringen die Wärme der alten Hand, die dort hielt.

Und ihre Hand hielt auf der Stelle der Stirn, als segne sie mich zum letzten.

Da, plötzlich, sprach sie:

›Die hohe Stirn aber hast du nicht von der Mutter. Die ist vom Vater.‹

Ich erschrak, sie muß es gefühlt haben. Noch unter ihrer Hand.

Nie hatte sie, nie hatte eine der Mägde, mir je gesprochen vom Vater.

Jetzt aber – denn sie wußte, wir würden einander nie wiedersehen, und es bliebe bei ihr, was sie wußte um meine Herkunft –, jetzt aber spricht sie:

›Ein ägyptischer Sklave ist er gewesen. Der kam uns ins Haus am Tag selbst, da ein anderer starb. Und übernahm dessen Pflichten.

Und führte sie aus, als sei er in dessen Haut geschlüpft.

So daß niemand trauerte nach dem alten. Denn vielen war's, als sei jener immer noch da.

Da beschuldigte man eines Tages diesen Ägypter, eine der Mägde geschwängert zu haben.

Und er leugnete es nicht. Und, mußt du wissen, nicht widersprach ihnen die ägyptische Magd, deine Mutter, als man sie stellte zur Rede. Denn man sah doch, sie war schwanger.

Der Ägypter aber, dein Vater, wurde bestraft – aufgehängt wurde er –, da brachen Aufständische ein. Die befreiten den Sklaven. Und mit diesen soll er entkommen sein. Und dieselben Aufständischen – ob mit ihm oder nicht – waren es, die uns, ein Jahr darauf, Feuer warfen aufs Dach und entzündeten Feuer umher und brannten nieder das Gut unseres Herrn.

Deine Ägypterin aber, ich sehe sie noch: Wie sie drang ins Feuer, sich anderen entriß, um dich aus den Flammen zu retten. Und fand dich nicht.

Du aber lagst im brennenden Haus, daraus dich andere endlich trugen.

Da reichte man dich, Säugling noch, in ihre Arme zurück. Und sie liebkoste dich sprechend mit deinem Namen. Denn *sie* gab ihn dir, Neith, den Namen und sprach ihn lange dir vor, als hülle sie dich in sein silbenes Tuch.

So verwundet aber war sie vom Feuer, daß sie in jener Brandnacht – obschon immer wieder eine von uns Mägden nach ihr sah – doch verstarb.

Und als ich erkannte, daß sie tot lag, da zog ich dich her – aus ihren Armen hervor, die dich nicht lassen wollten –, und hob dich zu mir herauf.

Du aber schliefst. Und nichts weckte dich.

Da ließ ich dich ungeweckt. Denn wären nicht meine Arme wie die deiner Mutter? So gut ich vermochte, sollten sie's sein.

Und so hielt ich's, behielt dich bis jetzt.‹

Da standen wir aber beim Abschied, Sedula und ich, und wenig noch blieb uns.

Und hielten fest einander, bis einbrach der, der mich gerufen. Der fluchte uns Frauen und trennte uns, die nicht loslassen wollten einander. Und zog mich davon.«

Da sprach Balthazar:

»All das aber – «

Und Neith unterbrach ihn:

»Nichts wußte ich schon, Balthazar.

Wußte nicht, was die leiseste Ahnung mir wollte, als Joseph erzählend am Anfang stand und vom Garten des Landguts, vom Tragen des Sklaven und seiner Rettung berichtete.

Sondern begann erst von neuem, zurückzudenken dorthin, als ich mich wiedererkannt hatte:

Als *die* nämlich, von der Gemas ihm sprach am Jordan: die Joseph gelöscht hatte das brennende Haar.

Und wiedererkannte die mit Phylakos Zuflucht gesucht im Felsen der Höhle.

Da erst erneut stieg herauf Erinnerung einer Ahnung, die aufgekommen war anfangs, in den ersten Tagen der Arbeit am Tuch, als mir Joseph begann zu erzählen. Denn da lag er noch unterm Baum, wo ich webte.

Joseph aber wußte ja nicht, daß er von mir sprach. So saßen zwei beieinander, die wußten nicht, daß der eine vom anderen hörte und sagte, sprach und vernahm und sie eingesponnen waren einer im andern, längst eingewoben das eine im Schicksal des anderen.

So aber, als hätte das Schiff, das ich sandte hin durch die Gehobenen und die Gesenkten, ans eine Ufer geholt, woran es am jeweils anderen mangelte. Denn Hunderte, Tausende Male hatte mein Schiff hergeholt, hatte hingetragen, stets im Versuch, das eine zusammenzubringen mit jenem anderen, zu verbinden am Faden die gegenstehenden Seiten.

Und einmal, ich erinnere mich, verglich Joseph, da er innehielt beim Erzählen, mein Weberschiff mit dem Nachen.

Denn an den Nachen erinnere es ihn. Der sei leck gewesen und versank doch nicht im Meer der roten Fäden und Seile.

Und er, Joseph, habe hinabgesehen, durch das Leck des Nachens in die Tiefe des Meeres, hinab bis auf Gott.

Ich aber bände den Faden im Tuch und mein Nachen zöge ihn her und herauf und ich bände darin das eine Ufer ans andere, bändigend die Entfernung der Fernen.

Denn gebunden habe er Gott gesehen, in unvorstellbarer Qual.

›Dein Tuch aber‹, sprach Joseph damals, ›gibt Richtung den Fäden. Und die Bindung, die du ihm gibst, entbindet. Und die Kreuzung der Fäden, löst ein das Kreuz, darin ER gebunden. Denn das Zeichen, damit du bindest, erhebt es: Da siehst du das Muster.

Denn in IHN hüllst du, dem du webst dieses Tuch. ER, den ich sah durch dein Schiff, ist es doch, dem du webst. Ist derselbe, dem ich's lebend erzähle.‹

Da fragten wir uns beide, beide einander, fragend zurück zum Moment meiner Ahnung. Und suchten auf die Orte und Stellen seines Berichts, von denen ich ahnte, sie könnten gehören zu mir.

Denn wie Zerbrochen-Zerschlagenes, gefunden, gesammelt, so fügte sich's, und wir fügten's zusammen.«

Kapitel 108
Das Einfache

Und auf Neiths Worte über das, was ihr offenbart war durch Josephs Bericht, sprach Monoimos:

»Ihr fügtet also zusammen, daß …«

Und Monoimos hielt inne. Er blieb still eine Weile, recht zu fassen die Frage. Dann aber sprach er:

»Sagst du denn: ›Joseph war's, der schnitt meinen Vater aus den Fesseln des Baums?‹ Und sagst du: ›Meinen Vater trug Joseph davon, als er floh mit dem Sklaven?‹«

Und Balthazar sprach:

»Und sagst du nicht ebenso: daß die Frau, die trat aus dem Landhaus des Römers und die hinging und band mit dem Seil deinen Vater an Joseph – die sei deine Mutter gewesen?«

Da sprach Neith:

»So fanden wir. Denn wir prüften und sammelten in eins das Zerstreute und sahen: die Scherbe hier fügt sich in jene dort, und dieses, geprüft, wird von jenem ergänzt. Und sahen einander zu, wie – webend, redend, erinnernd und bindend – erschreckend uns plötzlich umgab das Ganze.«

Da sprach Balthazar:

»Das Ganze? Erschreckend? Was ist das Ganze, das dich erschreckt?«

Und Neith antwortete ihm:

»Den *Bruder* sah ich – sah ihn vor mir. Den Sohn der Maria. Der, den aufzog Joseph in Nazaret und liebte und verweigerte Gott, ihn zu opfern. Von dem Joseph erzählte, während ich webte.

Weiter noch, tiefer noch: denn Jesus selbst erzählte ja mir, erzählte durch Joseph in Josephs Stimme, als er sprach vom verlorenen Buch. Und als er träumte, sprechend durch Joseph, in Josephs Stimme, träumte davon, daß er das Verlorene findet.

Und jetzt war mir, als hätte *ich* es gefunden.

Als sei's *mir* plötzlich gelegt in die Hände.

Mehr noch:

Als sei's aufgerollt worden, das Buch, aufgetan zwischen Joseph und mir das Verlorene. Und wir lasen daraus.

Und lasen uns selbst daraus ein.

Und sahen den Faden, der band uns zusammen.

Mir aber auseinander drängte sich alles vor Angst – noch während ich's band, noch während wir's zusammenfügten und lasen und suchten zu fassen.

Und es ward erschüttert das Gefügte, als würde nochmals, gewaltiger jetzt, zerschmettert die Fügung.

So daß ich zitterte zwischen den Fugen und innerlich barst vor Angst an dem Wissen.

Denn ich hatte mir doch, über zwei Monate hin, während Joseph mir erzählte, heimlich ein Bild gemacht von jenem, den er geheimnisvoll forttrug im Anfang.

Denn schon beim Zuhören damals fragte ich mich:

Wer war der Ägypter, der auf dem Grund der Zisterne Antwort gab Josephs Maria?

Den Maria fragte: ›Wie heißt du?‹

Wer war der Sklave, dessen Namen – kaum kam er ins Ohr – hinschlug Maria machtlos zu Boden?

Wer war der blutende Mann, der doch spurlos verschwunden war, als die Söldner stießen auf sein Versteck, die Zisterne?

Und auf wessen Grund, darauf der Ägypter im Dunkeln gelegen, wächst stachlichte Gerste?

Wer war also der, den Joseph trug durch die Nacht auf Nazaret zu?

Und später, viel später, fragte ich mich mit Joseph, der davon erzählte: War's der, den der Dreizehnjährige vor Jerusalem am Kreuz hängen sah? Als Jesus getroffen war nämlich von dessen Auge und, getroffen von ihm, rannte zurück in den Tempel?

Denn ich fragte mich doch, daß es mich packte vor Angst: Wer war dieses Wesen?

Denn unter den Händen hatten wir alles geprüft, was auseinandergesprengt worden war, Joseph und ich. Und jetzt, im Begreifen, wollte's uns wieder zerbersten.

Wir aber hielten fest, daß es hielt.

Was hielt?

Das Einfache.

Daß ich teilte mit Jesus den Vater.«

Da sprachen Balthazar und Monoimos zusammen:

»Das ist unmöglich.«

Neith aber antwortete ihnen:

»Das sagt ihr jetzt, da ihr wißt, was ihr zu wissen glaubt. Wir aber, Joseph und ich, wir wußten noch nichts, wir hatten's *erfahren*.

Denn wir wußten nicht, was es heißt: daß Joseph leben mußte, wie er gelebt, und sich verweigerte Gott, um zu retten den Sohn.

Und ich wußte nicht, was es heißt: daß ich leben mußte, wie ich gelebt, von Mutter und Vater, von meiner Herkunft nicht wissend, bis ich ihn traf, Joseph – bis ich traf einen, der alle verließ.

Und wir wußten nicht, was bevorstand.

Wußten nicht, wo er war, Josephs Sohn, Jesus, mein Bruder.

Denn was ihr jetzt wißt und für sicher haltet – wie viele hat es erschüttert, als sie's erfuhren?

Und durch *die* hin, die sich nicht sicher waren, sich selbst nicht mehr wußten, glaubt ihr heute zu wissen.

Und glaubt, ihr hättet's damit geschafft. Hättet etwas, das sicher sei.

Kehrt um! Ihr müßt zurück.

Zum Unmöglichen hinab.

Vergeßt, was ihr wußtet!

Denn nicht, wie ihr wollt, fügt sich, was zusammengehört.

Sondern dort hin müßt ihr, dienend ihr nach, jeder noch so geringen Scherbe des Tiegels.«

Da blieben still die Zuhörer Neiths, als sie so zu ihnen gesprochen.

Kapitel 109
Der letzte Stein

Und Neith fuhr fort:

»Ich aber sagte euch ja, mich erschütterte, was wir gefunden. Und während der Prüfung noch befielen mich Schmerzen.

Da stand Joseph auf unterm Baum, wo ich webte. Denn Dymas, am Eingang des Grabs, rief zu ihm herab:

›Wo bleibst du? Und womit verdienst du dir deinen Lohn?‹

Und Dymas klagte, längst schon liege weit mehr bereit, als Joseph zu tragen vermöchte auf einmal.

Und Joseph stieg hinauf, die Trage zu füllen. Da hielt ich meinen Bauch, denn mich durchschoß es vor Schmerz.

Und ich wollte aufstehen vom Sitz vor dem Webstuhl, konnte aber nicht stehen.

Da kroch ich langsam auf Knien zum Stamm des Baums, unter dem ich saß, und suchte mich aufzustemmen daran.

Ich aber war in Furcht, denn ich wußte, es sind die Wehen. Die kamen einen Monat zu früh.

Und ich vermochte nicht, mich aufzurichten am Baum, bis aussetzten die Schmerzen.

Am Abend aber desselben Tages war die Arbeit am Tuch beendet.

Und ich schnitt die Fäden und nahm das Tuch ab vom Baum. Denn es war an Länge zwölf Ellen, wie ich's geplant, und drei Ellen breit, wie ich's mir vorgenommen.

Da faltete ich nicht die Leinwand. Sondern rollte sie ein wie ein Buch. Und verwahrte das Gewobene in meinem Zelt, auf dem Hügel über dem Grab.

Aber auch Joseph ließ nicht los unser Fund und wie sich's gefunden.

Denn in der Nacht noch vor Morgen träumte ihm:

Er liege nicht oben im Zelt bei den andern, sondern unten im Grab und sei eingeschlafen nur an der Arbeit.

Da erwacht er im Traum und sieht:

Staub stiebend heraus aus der Grabkammer. Und eine Wolke Staub drang hin durch die Vorkammer, darin Joseph lag, bis hinaus vor die Stufen des Grabs.

Und Joseph weiß: In der Grabkammer hinter mir fiel herab von selbst ein letztes Stück Stein, das war übrig, noch auszuhauen.

Und im Traum hörte Joseph den Hall des Falls jenes Steins und das Nachrieseln der kleineren Körner, die nah fielen der Stelle, aus der war losgebrochen der Stein.

Da steht Joseph auf und tritt hin durch die Wolke, aus dem Grab in das Licht. Denn mit Staub gefüllt war der Vorraum des Grabs.

Und der Staub wehte hinaus und setzte sich ab und war weiß wie Asche.

Da sah Joseph, hinausgetreten, drüben am Golgotha in glühender Sonne einen gehen. Der vermaß in Schritten die Richtstatt. Schreitend vermessend ging der. Denn kurz hielt er nach jedem Schritt, als zähle er die Schritte hinauf zum Scheitel des Felsens.

Joseph aber achtete nicht weiter auf ihn. Sondern jetzt, da der Staub sich gesenkt und wie Asche lag, aber schneeweiß, kehrte Joseph zurück ins Grab, zu holen den Stein, der zuletzt war gefallen, den letzten.

Und ging hinein, durch die Vorkammer hin, und stieg über die Stufe der Grabkammer, beugend sich unter den Durchgang hinein.

Und findet den Stein, wohin er fallend gerollt war, auf aschweißem Boden.

Da ging Joseph in die Hocke und beidhändig hob ihn empor, umfing ihn beidhändig, den Stein.

Und die Kanten des Steins, scharf wie Scherben, preßten in die Ballen der Hände und rissen die Finger und stachen den Bauch, daran er lag, als sei er Tracht einer Schwangeren.

Und gern wollte Joseph ihn absetzen, den Stein. Darf aber nicht im Traum. Denn Joseph wußte, er schafft ihn sonst nie mehr hinaus.

Und Joseph wankt und will doch zum Ausgang und achtet, daß er nicht fällt und der Schmerz ihn nicht überwältigt.

Da erreicht er, am Rollstein vorbei, die Stufen nach außen und mit letzter Kraft steigt sie empor.

Und angelangt oben, setzt er den Stein ab. Da sind sichtbar am Stein die Stellen, wo der Stein schnitt den Joseph.

Joseph aber sieht sein Blut getrocknet, sieht's in der Sonne bernsteinbraun glänzen.

Da bemerkt er nochmals den Mann, den er gesehen zuvor, als der ausschritt den Felsen Golgotha, zählend die Schritte hinauf bis zum Scheitel.

Und zählend noch sieht Joseph ihn kommen herauf, auf sich zu, in Richtung aufs Grab.

Im Traum aber glaubt er zu wissen: Es ist der, in dessen Auftrag Neith uns auszahlt den Lohn. Ist Joseph von Arimathäa, der Ratsherr. Der kommt herauf, zu betrachten das Werk.

Da war Joseph verwundert. Denn dieser Joseph, der näher kam, zu besehen das Grab: nicht krank schien der ihm. Sondern stieg herauf wie sonst ein Gesunder.

Da kam der herauf und sagte, er wolle betrachten die Arbeit und wie vorankämen die Arbeiter in seinem Berg.

Da ließ Joseph ihn gehen ins Grab. Und Joseph von Arimathäa ging die Stufen hinab und hinein.

Joseph aber sah zu Boden im Traum. Und bemerkte zwei Paare Spuren hin über aschweißen Boden beim Grab:

Seine eigenen, die führten heraus aus dem Grab, beschwert mit dem Stein.

Und die zweite Spur nun, die führte hinein.

Joseph aber stand vor dem Grab und wartete auf den Herrn. Und als der nicht hervorkam nach einiger Zeit, ging Joseph hinein. Denn er dachte: Neiths Herr wird einen Fehler gefunden haben und wartet schon, daß er's mir zeige.

Und Joseph trat in die Vorkammer und sah ihn nicht dort.

Da trat er hin über die Stufe der Grabkammer, sich beugend unter den Einlaß.

Und sah ihn liegen zur Rechten im Troggrab.

Er lag aber lebendig, als messe er, wie einst darin läge sein Leichnam.

Auf dem Rücken lag er und, als Joseph eintrat, erhob seine Rechte und faßte hin mit der Spitze des Fingers an den steinernen Himmel.

Und zugleich erhob sich und sprach zu Joseph:

›Du hast gut getan, Joseph. Denn du gingst mir voraus und hast vorbereitet.‹

›Und da, als ich erfuhr dieses Wort‹ – sprach Joseph zu mir, berichtend vom Traum jener Stunde vor Morgen –, ›da legte sich um meine Schultern und umschloß mich solch Glück, daß ich stillestand unter dem Wort.

Und stand still, stand ganz still, als fiele sonst ab, was ich fühlte, wenn ich nur einen Schritt weiterginge. Als fiele's ab wie kostbarstes Tuch, das beim nächsten Schritt mir von Haupt und Schultern schon glitte.

Und doch ging ich schließlich weiter im Glück, zu folgen deinem Herrn, Neith.

Da, als ich hinter ihm her durchs Grab trat hinaus, geblendet vom Licht noch des Tages, hält er mich auf und spricht:

›Du aber bleib hier. Warte auf mich.‹

So blieb ich im Eingang stehen des Grabs. Und sah ihm noch nach.

Er aber wandte sich um nach mir.

Da erkenn ich den Sohn, den ich am Opferberg einst hatte verlassen. Kein Jahr aber älter scheint er mir und ist an Gesicht und Gestalt wie am Tag, als wir zogen zu opfern.

Und er lacht mir zu in der Wende, denn er sieht es mir an:

Erst jetzt erkenne ich ihn.‹

So hatte dem Joseph geträumt, und so hatte er's mir erzählt.

Und Joseph wußte nicht, warum ihm in der Wende der Sohn war erschienen, wie er damals gewesen.

Und Joseph sprach zu mir:

›Würde ich ihn heute wiedererkennen – nach so vielen Jahren?‹

Und er fragte mich:

›Warum aber dachte ich anfangs im Traum, es sei dein Herr, Neith, der nachsehen wolle, wie weit wir gekommen mit unserer Arbeit? Denn deinem Herrn bin ich nie begegnet. Und doch, fest glaubt ich zu wissen: er ist es.

Und was erfährt man im Traum, wenn man so etwas sicher zu wissen glaubt – wie ich zu wissen glaubte: es ist dein Herr –, und prüft's dann im Leben und findet: es scheint ohne Grund? Denn ich kenne ihn nicht, deinen Herrn.

Aber was ist das?‹

Da sprach ich zu Joseph:

›Geht's deinem Traum um ein Kennen nur? Etwa ob du diesen kennst oder nicht? Denn wie *du* erzählst, ging es vielmehr um das Erkennen, das geschah dir in jenem Moment. In der Wende. Ging doch um jenen Augenblick, da der eine wurde zum anderen:

Im Kommen war er mein Herr, im Gehen ist er dein Sohn.

Was aber, meinst du, ist das für ein übriger Stein, der sich letztlich noch löst in der hinteren Kammer und mit weißer Asche alles besät, daß du liest darin Spur?‹

So aber sprachen wir noch, während ich mit ihnen am Morgen von den Zelten hinabging zum Grab.

Da deutete Joseph auf einen, den er auftauchen sah hinterm Golgotha.

Und es war Phylakos, der eilte zu uns herauf.

Kapitel 110

Die Erkannten

Es war aber nicht der verabredete Tag, an dem Phylakos sonst auf mich gewartet am Teich, Nachricht zu bringen unserem Herrn.

So daß ich in Aufregung geriet, als ich Phylakos zu uns heraufeilen sah, und mich setzen mußte.

Und von neuem begannen die Schmerzen.

Denn ich fürchtete – da bis zur Fertigstellung des Grabs nur wenig zu tun blieb –, Eleazars Schicksal beschworen zu haben, des Freunds meines Herrn, der verstarb, kaum war vollendet sein Grab.

Und fürchtete also, Phylakos eile herauf, zu melden den Tod meines Herrn.

Und atemlos kam Phylakos an, und ich sah: wollte nicht reden vor Joseph.

Da ließ mich Joseph allein mit ihm.

Phylakos aber zog mich auf die Beine zurück und drängte zur Seite, außer Hörweite der andern zu kommen.

Da sah ich Dymas und Gemas. Und Phylakos wartete, bis sie verschwanden im Grab.

Und auch dem Joseph sah Phylakos nach, der trug hinter Gemas die Rückentrage hinein, aufzuladen das Ausgehauene. Und bis Joseph verschwunden war, wartete Phylakos.

Da endlich sprach er zu mir:

›Ein Wunder. Esther, die Herrin, ist zurückgekehrt! Vor drei Tagen kam ihr Bote. Und seit gestern ist sie wieder im Haus.

Denn der Prophet, dem sie nahesteht, zieht fürs Fest herauf mit Gefolge. Und nicht weit der Stadt soll er schon sein.

So daß die Herrin vorausgeeilt ist in die Stadt, ihm und den Seinen zum Pessach vorzubereiten den Ort und zu beschaffen, was nötig zum Mahl. Denn wie eine Dienerin dient sie jenem.

Unser Herr aber, schon die Nachricht – sie werde kommen, sie kehre heim – versetzte ihn in so große Freude, daß er sichtbar erstarkte.

Da, zwei Tage später, hört er sie, hört der Herrin Stimme schon draußen – noch redet sie kurz zu uns, bringen wir ihr doch herbei ihren Sohn, und der rennt los und in ihre Arme. Und unser Herr muß sie gehört haben: ihre Stimme, die

Stimme unter den Stimmen, die hörte er aus allen heraus. Und da – sie betritt den Raum – steht er vor ihr.

Denn ich kam hinter der Herrin her und kam herein und sah's selbst:

Daß er das Bett verlassen hatte und stand – ohne jegliche Hilfe! Kein Diener an seiner Seite, kein Stab, auf den er sich stützte.

Ich aber wurde hinausgeschickt.

Und ging eilends hinaus, anderen mitzuteilen, was ich gesehen. Die wollten's nicht glauben.

Da aber, Stunden darauf, kaum ist mein Herr kurz nur allein mit mir, sagt er:

„Geh hin, Phylakos, Neith soll auszahlen die Arbeiter und soll zurückkehren ins Haus. Kein Wort davon aber zu deiner Herrin! Denn ihr will ich nicht schaffen Sorge durch Erwähnung des Grabs."

So berichtete Phylakos mir.

Und Phylakos sah mich ruhiger werden nach solchen Worten. Und wartete geduldig bei mir.

Da griff er in seine Tasche und übergab mir den Lohn für die angebrochene Woche.

Ich aber sprach:

›Sag meinem Herrn, daß ich mich freue mit ihm und der Herrin. Vor Beginn der Festwoche werden wir sicherlich mit allem fertig. Aber abbrechen sollte ich heute, wo so gut wie alles getan ist und nur noch weniges fehlt?

Sieh es dir an, Phylakos, und geh berichten dem Herrn. Denn dann wird er sagen: Soll Neith kommen in drei oder vier Tagen und hat alles beendet.‹

Da ging Phylakos hinein ins Grab, sich selbst zu überzeugen, wie weit die Arbeit gekommen.

Ich aber ging nicht mit hinein. Denn wieder kamen die Wehen.

Und als Phylakos trat ins Grab, stieg Gemas gerade heraus und begann anzufachen das Kohlenfeuer. Denn sie waren's gewohnt, sich daran die Hände zu wärmen.

Und ich sah umher, mein Auge auf etwas zu heften, daß sich beruhige mein Schmerz.

Und sah kalten Wind treiben die Wolken am Himmel.

Und sah ihn aufstoßen den Staub unten, wo der Schutt abgelegt war am Hang.

Und sah ihn stoßen hinein in die Kohlen, bei denen Gemas beschäftigt war, und ließ sie aufglühen.

Ich sah aber nicht, was geschah im Grab. Und erst später hab ich's erfahren.

Denn Phylakos war eingetreten und im Vorraum nahm auf eine der drei Lampen, die sie gesetzt hatten auf die Steinbank zur Rechten. Denn die Wolken am Himmel ließen kaum Licht in die Höhle, und sie hatten Lampen entzündet.

Dymas aber schlug aus ein Stück Stein am oberen Teil der gegenüberliegenden Wand, als Phylakos eintrat.

Und Dymas hielt inne, nicht als Phylakos eintrat, sondern als der aufnahm das Licht.

Da ging Phylakos an Dymas vorbei und trat über die Schwelle in die Grabkammer selbst.

Und betrachtete alles und sah, daß nur wenig noch fehlte.

Und Phylakos wandte sich um, zurück zur Vorkammer, und ging hin die zwei Schritte, über die Schwelle zu treten, in die Vorkammer hinein.

Im Moment aber, als er aufsah, überschreitend die Schwelle im Schritt, traten draußen am Himmel Strahlen zwischen den Wolken hervor.

Und nur kurz, aber blendend schossen Strahlen herein, überblendend das Licht des Kohlenfeuers, das brannte vorm Eingang.

Da sah, geblendet vom Einschuß des Strahls, Phylakos nur den Umriß des Dymas, der stöhnend herabschlug mit schwarzschattenem Hammer, der war schattenverlängert zum Schwert.

Schlug, daß es hallte.

Und wie um ein schwarzes Schwert soll geblitzt haben

fahrend im Einschuß das Licht. So daß dem Phylakos, im Augenblick selbst, einschoß Erinnerung.

Denn da, plötzlich, war Phylakos sich gewiß, woher er ihn kennt, der in hallender Höhle ausschlägt mit Schattenschwert.

Und entsetzt stürzte Phylakos hin über die Schwelle, daß die Lampe am Boden zerschlägt.

Aber richtet sich auf, starrt entsetzt an den Dymas, der ihm aufhelfen will.

Reißt sich los dann und stürzt hinaus aus dem Grab.

Mir aber sagte er nichts, Phylakos.

Sondern auch an mir rannte er wortlos vorüber und, hinab den Hang, an Joseph vorbei durch die Staubwolke hin, die aufstieß der Wind.

Denn Joseph war am Schütten des Schutts, den er hinabgetragen. Und Joseph sah auf, als Phylakos durchlief, und sah ihn, wie er mehrfach sich hielt, gleitend auf dem Geröll, hinabeilend zurück. Und sah ihm nach, bis er verschwand im Tor.

Gemas aber, noch bevor ich zu ihnen trat, ging zu Dymas hinein und fragte ihn, was Dymas sei widerfahren und was den Diener davonrennen ließ.

Da kam ich hinzu und hörte, noch bevor ich eintrat, wie sie sich miteinander berieten.

Gemas aber glaubte, sie seien erkannt.

Denn schon einmal habe Gemas solche Ahnung gehabt – ohne zu wissen, woher –, daß er den kennt, den Diener.

Und Dymas hörte ich sagen: ›Wer soll das sein? Ich kenne ihn nicht.‹

Und Gemas, beunruhigt, meinte, als er Phylakos habe davonlaufen sehen, sei ihm eingefallen der Traum, der dem vierten am ersten Tag ihrer Arbeit geträumt. Daß einer vom Schädel heraufkriecht und anklagt und schlägt gegens hohle Grab, anklagend die Höhle dahinter.

Und Gemas fragte den Vater:

›Erinnerst du nicht, was er sagte? Denn als gerade der

Diener davonrannte, dachte ich: Wie jener flieht er den Hang hinab, der die Schlange gesehen, und ist kein Halten.‹

Da ging ich zu ihnen hinein und fragte selbst nach und ließ mir von Dymas erzählen, was gerade geschehen war.

Dymas aber wußte nur, Phylakos sei hingestürzt, als er trat aus der Grabkammer. Da habe Dymas gedacht, dem Diener sei unheimlich geworden der Ort, als er so plötzlich ihn floh.

Ich aber glaubte zu wissen, warum Phylakos geflüchtet war, und nicht vor dem Ort. Denn ich wußte ja, wer sie waren, Dymas und Gemas.

Sie aber erkannten mich nicht.

Da erzählte ich ihnen und Joseph – denn der trat ein, während ich zu ihnen sprach –, was Phylakos mir ließ durch den Herrn auftragen:

Daß sie am Abend niederlegen sollten die Arbeit. Sie sei ja so gut wie getan. Und daß ich sie auszahlen solle am Abend.

Und erzählte ihnen auch, daß der Herr so anordne, weil er von langer Krankheit gesundet sei, nun aber Vorbereitungen treffen wolle fürs Pessach. Denn so habe's mir Phylakos gerade voller Aufregung berichtet.

Da sprach Dymas:

›So war er wohl aufgeregt *darüber* noch, dein Diener. Und aufgeregt eilte zurück zum Haus deines Herrn.‹

Aber auch Joseph muß geahnt haben, was Phylakos im Höhlengrab zugestoßen war. Denn von mir wußte er ja – wenn er ihn auch nicht wiedererkannt hätte –, wer Phylakos war und wo der gesehen hatte Dymas und Gemas und auch Joseph, als Joseph gebunden lag in der Nacht des Massakers in der Höhle.

Joseph also – wie ich – dürfte geahnt haben, was ihnen droht.

Kapitel III
Der Rollstein

Sie aber arbeiteten weiter. Schneller jetzt, härter, schien mir, als zuvor.

Denn, fand ich, sie wollten nichts Grobes zurücklassen, und hatten ausgehauen nach den Maßen genau, die ich ihnen abschritt und die sie treu nachgemessen am ersten Tag schon des Werks.

Und Dymas hielt den Anfang des Fadens, mit dem sie's gemessen. Und Joseph schritt ihn aus und maß nach und legte ihn an die Wände.

Und sah, daß die Wände besaßen das Maß, wie wir's gemessen am ersten Tag.

Und wo noch etwas fehlte, auch nur ein wenig, da nahm Dymas den Meißel und schlug glatter die Fläche oder schlug aus weiteren Raum.

Und als alles getan, rückten sie zu dritt in die Mulde den Rollstein, an dem Gemas hatte gemeißelt. Und sie arbeiteten nochmals am Rollstein und schlugen ab, was ihnen hinderlich schien.

Zu dritt aber rollten sie ihn hin vor den Eingang.

Und darauf rollten ihn wieder zurück, rechtshin, zur Seite.

Abermals schlugen sie an ihm und meißelten, um ihn zu glätten, zu runden. Denn sicher sollte der Rollstein verschließen den Eingang, daß keiner, selbst Tiere nicht fänden hinein.

Da war es bei Untergang der Sonne, daß ich draußen saß vor dem Grab, zählend den Lohn eines jeden. Und legte die Münzen zu drei Teilen für sie bereit. Denn die waren ihnen geschuldet.

Und sie waren erschöpft von der Arbeit, so daß sie nicht mehr vermochten zu rollen den Stein und zu schließen das Grab.

Und erst versuchte es jeder von ihnen, vermessen, der andere nur habe die Kraft nicht mehr.

Und selbst Joseph, als er sah, daß weder Dymas noch der jüngere Gemas zu schließen vermochten, so erschöpft war die Kraft der beiden, meinte vermessen, so werde *er* schließen.

Und vermochte es nicht.

Da gingen gemeinsam Dymas und Gemas hin und schoben den Rollstein an.

Und vermochten es nicht.

Und Gemas sah nach und fand in der Mulde, eingeklemmt unter der Rundung des Rollsteins, einen Brocken, der abgeschlagen im Weg lag. Denn man hatte vergessen, ihn beiseite zu werfen.

Nun aber, zu dritt schoben sie an, zu rollen den Stein und zu schließen den Eingang.

Und zu dritt vermochten es nicht.

Und Gemas verfluchte den Brocken, den er zu spät gefunden.

Denn *den* zu überrollen hätten sie sich vergeblich bemüht und vergeudet ihre Kraft, so hieß es. Morgen aber würden sie's in aller Frühe vollenden. Denn da sei jeder wieder bei Kräften.

Ich aber wollte zu ihnen sagen: ›Nehmt euern Lohn, es ist gut.‹ Wollte sagen: ›Hier liegt der restliche Lohn, den euch schuldet mein Herr. Nun geht schon!‹

Denn ich wollte sagen: ›Nicht hier nächtigt, nicht im Zelt über dem Felsen! Sondern geht eures Wegs und sucht Herberge anderswo! Denn euch droht: Sie werden kommen, euch holen.‹

Aber ich sprach nicht so.

Sondern vermessen, als hätten sie mich angesteckt mit ihrem verstockten Eifer, beschließen zu wollen die Arbeit, zu beschließen nämlich den Schluß – ja, als seien *wir* es gewesen oder einer von uns, der auch beschlossen den Anfang –, stand ich auf und ging zu ihnen hinüber.

Denn sie standen dort noch, erschöpft schnaufend und offenen Munds, die Arme gestützt an den Stein, den sie zu dritt nicht zu bewegen vermocht.

Da sahen sie aber, daß ich, als ich Hand legte an den Stein, helfen wollte, ihn anzuschieben, und abermals stemmten sich hin und schoben mit an.

Mich aber – kaum hatte ich die Arme gestreckt gegen den Rollstein, hatte willens berührt ihn – durchfuhr reißender Schmerz.

Da war's, als risse in mir zur Öffnung ein Stein – und ich sah vor mir: Rollstein, der aufrollt und öffnet.

So daß ich im Aufschrei war niedergeschlagen zu Boden.

Die drei aber ließen vom Unbewegten, dem Stein, ließen ab.

Und sogleich sah Joseph am Boden das Zeichen, daß ich würde gebären.

Da floß aus mir Rinnsal bis zur Kante des Rollsteins und einwärts hinab in die Mulde.

Dymas aber und Gemas wollten mich hinauftragen zu den Zelten.

Da drang erneut in mich der Schmerz und nahm mir den Atem, daß ich mich loswand, obschon sie mich festhalten wollten.

Joseph aber hieß Dymas neu entzünden die Lampen und ließ Gemas herbeibringen Öl und Wasser.

Und mit Dymas' Hilfe trug Joseph mich die Schritte hinab in die Vorkammer des Grabs.

Und legte und bettete mich auf den Boden, daß ich sehen könnte den Eingang.

Und stellte zu Häupten mir die frisch entzündeten Lampen.

Und ließ Dymas ins Grab schaffen die Schale Kohlenfeuer. Denn es war nach Sonnenuntergang und rasch kalt geworden.

Kapitel 112
Der Tisch

Und als Joseph stellte die Lampen im Abstand, vorsichtig, daß ich sie sehen konnte, sprach ich zu ihm:

›Es ist aber zu früh, Joseph, zu früh.‹

Denn ich war schwanger im achten Monat.

Joseph aber blieb still und fragte nur, ob ich sehen könne die Flamme, die er gesetzt habe auf den Boden des Grabs.

Da kam mir ein, daß ich Joseph an eben der Stelle hatte liegen sehen: wo ich nun lag.

Denn damals war er abgerutscht und gefallen, und ich: erst, als ich aufsah von der sich windenden Flamme der Lampe und aufgesehen hatte von meinem Bauch, sah ich, daß Joseph, geschlagen von der Kreuzigung, die ihm Gemas beschrieb, ohnmächtig lag, an eben der Stelle.

Und ich sah eintreten Gemas, der brachte herab Wasser und Öl. Und ich hörte ihn sagen:

›Auch das Tuch, das Neith gewoben, hab ich gebracht.‹

Ich aber sprach, das Tuch solle nicht benutzt werden für mich, sondern sicher verwahrt bleiben.

Und manchmal redete ich zu ihnen, Dymas und Gemas, und dachte, sie würden's verstehn. Aber sie waren verstockt, als verstünden sie nicht die Worte, die ich zu ihnen sprach.

Denn ich sagte zu Gemas und Dymas:

›Nehmt euren Lohn! Draußen hab ich bereit ihn gelegt.‹

Und sagte mehrmals zu ihnen:

›Geht! Zieht heute noch weiter!‹

Die aber bewegten sich nicht, als spräch ich in fremder Zunge.

Da sandte Joseph sie hinaus vor das Grab, sie sollten draußen ein Feuer entzünden und wachen am Eingang, daß nichts hereinkäme in den Vorraum der Höhle.

Und bald sah ich, wo ich lag, ihre Schultern nicht weit vor dem Eingang. Denn sie hockten, schwarze Gestalten, umzeichnet vom Feuer, das sie entzündet.

Und wenn ich stöhnte oder wenn ich, erdrückt vom Schmerz, schrie, sah ich über ihre Schultern hinaus schlagen das Feuer. Denn, als schlügen meine Schmerzen sie, krümmten sich unter den Schreien tiefer die schwarzen Gestalten.

Als aber Stunden vergingen und noch anstiegen die Schmerzen, von denen ich geglaubt hatte, sie seien so mächtig nicht auszuhalten und würden mich sprengen, da ging Joseph hinaus auf die Stufen und fand sie schlafend, Dymas und Gemas.

Und er weckte sie und hielt sie an, zu bewachen den Eingang. Und sie versprachen's und wachten.

Bald darauf ging er hinaus und sah nach und fand sie abermals schlafend. Und ich hörte ihre erschöpften Stimmen ihm antworten, schlaftrunken, als er sie weckte.

Und später ging er nochmals hinaus und fand sie schlafend. Und diesmal weckte sie nicht mehr.

Sie aber wußten nicht – oder wußten sie's etwa und wollten warten darauf? –, daß nach Morgengrauen schon Phylakos mit römischen Wachen heraufkäme, sie festnehmen zu lassen. Und sie abgeführt würden, Dymas und Gemas, hinab zum Verhör in die Stadt.

Denn Phylakos hatte in ihnen wiedererkannt die Räuber und Mörder, die hingemetzelt hatten die Unschuldigen in der Höhle am Jordan.

Es waren aber Dymas und Gemas, die man späterhin nannte Dismas und Gestas. Und wurden Tage darauf, am Rüsttag des Pessach, gekreuzigt auf Golgotha, zur Linken und Rechten des Kreuzes in ihrer Mitte.

Da warf Joseph Scheite ins Feuer, hinweg über Gemas und Dymas, die schliefen, Nahrung zu geben dem Feuer.

Von da an aber blieb Joseph bei mir. Und gegen die Schmerzen an sang er mir, sang seine Stimme den Psalm der Geburt.

Und nie mehr gehört hab ich seither das Lied.

Aber die Schmerzen, die mich überwältigen wollten, tilgten nicht die Worte des Lieds und nicht die Erinnerung an sie, bis heute.

Und wie im Traum war Joseph eingegeben der Psalm, den er aussprach und sang mir ins Ohr.

Und es hüllte den Schmerz jedes Wort seiner Worte, die gesungen kamen im Psalm der Geburt.

Denn heilig und rein nannte die Stimme des Lieds die Stätte, darin ich lag.

Und heilig und rein nannte den Leib, der gebiert.

Und heilig und rein das Herz der Gebärenden.

Heilig und rein, also heiligend, reinigend: den, der berührt, was sie sonst abtun als Schmutz und Beschmutzung und geboten sind, nicht zu berühren.

Denn was für unrein hielt die Welt, das nannten rein die Worte des Psalms der Geburt.

Nannten es Schöpfung und heilig und rein.

Und es sang Weltenanfang die Stimme des Psalms.

Und sang rein und heilig mir die Qual der Geburt aus den Händen des Todes.

Ruhig aber sang sie, die Stimme Josephs.

Beruhigend flüsterte sie, daß ich immer wieder – wie eine, die geworfen ins Nachtmeer die Insel auftauchen sieht – am Klang mich festhielt, erfaßt vom Sang ihres Sinns, der wies mir die Mitte.

Denn es heiligt, was eintritt ins Leben, alles im Umkreis.

So sang es das Wort des Psalms der Geburt.

Da aber kam, dem Ende zu, ein Überwältigtwerden, das überstieg alle Überwältigung und Gewalt.

Und ausgelöscht war ich.

Ich bewegte nichts mehr, kein Glied mehr des Leibs, noch die Lippen des Munds.

Sondern wurde getan und gewaltig bewegt.

Als hätte bewältigt sich meines Leibes ein Anderes, davon ich ausgelöscht bin.

Nicht mehr zu denken war Denkbares.

Nicht mehr zu Fassen das Faßbare.

Nicht mehr zu sehen die Welt.

Aber alles wurde getan, tat sich von selbst.

Überwältigt die Einzelne, gewaltig vom Einen.

Da kam aus mir in die Hände Josephs, die fingen ihn auf, ein Säugling.

Und Joseph nahm das Kind und wickelte es ins Linnen.

Denn er hatte von der Länge des gewobenen Tuchs, das Gemas herabgebracht, abgeschnitten zwei Ellen.

Und wenig darauf kam aus mir ein zweiter Säugling.

Da teilte Joseph das abgeschnittene Leinen, daß beide wären umhüllt.

Und umhüllte beide und wickelte sie ein in den Anfang.

Denn er hatte abgeschnitten vom Anfang her das Gewobene, das enthielt den Garten, die Rettung, die Liebe und die Geburt. Denn so hatte ich's webend eingewoben in den Anfang des Tuchs, während er mir erzählte.

Und Joseph gab mir im Linnen die Kinder, in die Bucht meiner Ellenbogen hinein legte er sie.

So war mir geschehen in der Frühlingsnacht, am sechsten Tage vor Pessach.

Da waren mir, Neith, Zwillinge geboren. Und waren geboren ein Mädchen und geboren ein Knabe.

Und ein tiefer Schlaf fiel auf mich, und ich schlief ein in der Höhle des Grabs.

Joseph aber, nachdem er zu mir gelegt hatte die Säuglinge, will sich zu meiner Linken erheben.

Da stößt er an und wird zurück auf die Knie gezwungen.

Und blickt auf und sieht Dunkel nur über sich.

Und reicht hinauf seine Hand und fühlt schwarzes Holz, als knie er unterm Stamm eines Baums.

Da streckt er sich und zieht zu sich die Öllampe, die lag mir zu Häupten.

Und hebt an das Licht, um zu sehen.

Und erkennt, daß er kniet unter einem Tisch, der durchs Grab verläuft.

Und konnte sich nicht erheben darunter.

Da kriecht er auf Händen und Knien durch, wo sich Hündlein sonst schnappen die Krumen. Und auf der anderen Seite steht auf und erhebt sich und erhebt auch die Lampe.

Da sieht er einen Tisch, der ist festlich geschmückt mit Blumen.

Und weiß nicht, wer gestellt hat den Tisch und wer ihn gedeckt zu einem Abendmahl.

Denn es riecht nach frischgebackenem Brot und Gebäck, riecht nach Früchten und Wein. Und der Geruch davon erfüllt den Raum.

Da sieht Joseph zwei Männer sitzen am Tisch, dem Ausgang der Grabhöhle zu. Und sieht den einen schräg gegenüber dem andern.

Die aber essen nicht und sie trinken noch nicht, sondern wie im Gespräch erstarrt sitzen sie da.

Und der eine greift aus nach dem Becher zu seiner Rechten. Arm und Hand aber stehen still in der Luft überm Tisch, daß ein Schatten herabfällt von seiner Hand, der verharrt über der Öffnung des Bechers.

Und Joseph tritt näher zu sehen, wer sind diese Gäste.

Da erkennt er in ihnen Jakob, seinen Vater. Und Matthan erkennt er, seinen Großvater.

Matthan und Joseph aber tragen die Züge der Ragebilder, die sich eingeblickt hatten dem Joseph im Stammtraum, an jenem Ort seiner Flucht, den Joseph erwachend benannt hatte Beit Re'evim, das ist: Haus der Hungrigen.

Und Matthan sitzt da lebendig, und doch verharrt er.

Und Jakob, Josephs Vater, verharrt ebenso.

Wie aber ein Warten ist deren Verharren. Und Joseph weiß nicht zu sagen, worauf.

Da schreitet er vorbei an ihnen, zum Grabe hinaus mit der Lampe. Denn er sieht, daß sich erstreckt der Tisch, daran sie sitzen, bis zum Grabe hinaus.

Und sich bückend unter den Ausgang des Grabs, sieht er mit nächstem Schritt, als er aufhebt die Augen:

Weitere sitzen am Tisch.

Und sie alle verharren, wartend auf etwas, Joseph weiß nicht, worauf.

Und mit erhobener Lampe geht Joseph ab die Länge des Tischs, auf dem stehen Lampen entzündet.

Die Zungen aber der Flammen am Ende der Dochte winden sich nicht in Bewegung, und es bewegt sie kein Wind.

Sondern auch ihr Licht verharrt, als warte ihr Licht auf eines, ein anderes, Joseph weiß nicht, worauf.

Und Joseph denkt: Wie Gäste sitzen sie da zu einem Abendmahl oder zu einer Hochzeit.

Und hält die Lampe hin ins Gesicht des nächsten und des nächsten ihm schräg gegenüber, zu erkennen, wer die sind, die, jeder in je seiner Bewegung verharrend, unterm Nachthimmel warten.

Da sitzen Eleazar und sitzt Eliud, und ihm schräg gegenüber sitzt Achim. Und tragen lebendig die Züge der Ragebilder, die sich eingeblickt hatten dem Joseph im Stammtraum bei Beit Re'evim.

Und Joseph sieht, es erstreckt sich die Länge des Tischs und reicht weit hinabhin den Hang.

Und Joseph geht weiter, an Achim vorbei, und erkennend leuchtet

dem Zadok,

dem Asor

dem Eliakim

dem Abiud

dem Serubabel

dem Schealtiël

dem Jojachin

dem Elijakim

dem Joahas

dem Joschija

dem Amon

dem Manasse

dem Hiskija

dem Ahas

        dem Jotham

dem Usija

        dem Amazja

dem Joas

        dem Ahasja

dem Joram

        dem Josaphat

dem Asa

        dem Abija

dem Rehabeam

        dem Salomo

dem David

        dem Isai, dessen Sproß Urias
        Weib tröstete überm Tod
        ihres Knäbleins

dem Obed

        dem Boas

dem Salma

        dem Nahesson

dem Amminadab

        dem Ram

dem Herzron

        dem Perez, der den rotfädi-
        gen Finger des Bruders zu-
        rückriß und als erster her-
        auskam

dem Juda

        dem Jakob, dem Gott-Rin-
        ger Israel, der wach rang um
        den Ragetraum Seiner Ver-
        heißung

dem Isaak

        dem Abraham

dem Terach

        dem Nahor

dem Serug

dem Regu, der in Freund-
schaft den Fremden sich
auflud

dem Peleg

dem Eber, erdnah-irdisch
hütend Heiligste Sprache

dem Schelach

dem Arpachsad

dem Schem

dem Noah

dem Lamech,
dem Wilden, der
sich Männer
erschlug für die
Wunde, Knaben
für jede Strieme

dem Methuschelach, der
harrte auf Erden bis an die
Flut

dem Henoch,

dem Jared

dem Mahalalel

dem Kenan

dem Enos

dem Seth, dem SproßErsatz
Abels, eingesetzt für den
Toten

Dem leuchtet erkennend Joseph, und all diesen leuchtete er
erkennend.

Und leuchtet zuletzt – da erreicht Joseph das Ende des
Tischs, der sich erstreckt bis zum Fuße des Golgotha, hin
bis zur Stelle, wo der vierte einst sah im Schatten liegen den
Schädel –, leuchtet zuletzt

dem Adam.

Leuchtet erkennend dem ersten als letztem, der sitzt am Kopfe der Tafel.

Da zählt Joseph sechzig und vier, die sitzen wartend gleich Gästen zu einem Abendmahl oder zur Hochzeit.

Und sind viele davon wie welche, die sind gerufen und wissen nicht mehr, wer sie gerufen und warum sie hier sitzen.

Denn zwischen den Lampen liegt Dunkel und Schatten.

Und nur wenig über die Hälfte hinaus leuchtet angewachsen die Scheibe des Monds. Und sein Licht ist von Wolken verhangen, die verharren davor.

Vor Adam aber – Josephs Licht fällt darauf – liegen gebreitet Blüten und liegt ein Zweig, wie er nie einen gesehen.

Und über dem Zweig schwebt verharrend ein Blatt. Und das Blatt war blau, und bläulich glimmend und glosend die gewölbten Ränder des Blatts, und es schien alt und vertrocknet. Und doch verharrte es, windgebogen an Form, lebendig noch schwebend.

Denn aus dem Zweig, den Adam hält mit der Rechten, ist gesprossen der Baum, das ist der Tisch, daran alle sitzen.

Und Adam verharrt.

Und sein linker Arm deutet hinaufhin verharrend, deutet nach oben zur Tafel hinauf.

Und Joseph denkt: Hier verharrt der, der schon sieht, worauf alle warten und warum ein jedes verharrt.

Da geht Joseph die Kehre, umgeht Adam im Rücken – streifend dabei den Golgotha – und kehrt zurück hinaufhin, den Tisch der Generationen zurück in das frischgehauene Grab dort im Felsen.

Und da Joseph hineintritt ins Grab: noch alles wartet.

Und ich liege schlafend zu Boden, und schlafend mit mir die Kinder, denn ein tiefer Schlaf war auf uns gefallen.

Nur Joseph aber wacht und schreitet hinein in das Grab.

Da sieht er, daß auch in die andere Richtung hin, an meiner Seite vorbei, fortführt der Tisch, der erstreckt sich geschmückt.

Und er geht längs des Tischs in die Grabkammer und darin an die hintere Steinwand der Kammer, wo sich staut der Geruch gebackenen Brots und Gebäcks, des Weins und der Früchte, der gestaut dort verharrt.

Und als Joseph faßt an den Stein:

Wie gewärmt, wie von Tagessonne geschürt, fühlt sich an dort der Stein.

Und die Meißelschläge darin starren wie Ritzen.

Da ist es, als ströme durch sie hin die Wärme, die wartet.

Und als sei die Wand, die befühlt Josephs Hand, nicht Felswand, sondern Wand, die aus Steinen gehäuft ist zur Mauer.

Und Joseph greift hin zwischen die Ritzen.

Und wie einen Vorhang zieht er hinweg, was gehäuft schien zur Mauer.

Und sieht frei, daß der Tisch sich dahinter erstreckt hinaus und hinauf in die Zeiten.

Und daß daran sitzen, zu beiden Seiten der Tafel, ein jeder gegenüber der andern, Frauen und Männer, je sechzig und vier.

Und jeweils die eine gegenüber dem anderen.

Da geht Joseph und nimmt seine Lampe und schreitet hinauf längs des Tisches der Generationen, die alle verharren und warten, Joseph weiß nicht, worauf.

Und Nebel und Finsternis liegt über Teilen des Tischs, daran alle sitzen.

Da ist es wie bei den Vätern der Vorzeit. Denn von denen, die Joseph bescheint mit der Lampe, wissen viele nicht mehr, daß sie sitzen zu Tisch, und sitzen abgewandt davon und sehen nicht mehr, wozu sie gerufen, und sind im Aufbruch begriffen.

Joseph aber sieht, daß auch der Aufbruch in ihren Gesichtern verharrt. Denn er ist Erwartung und wartet.

Und es wartet ein jedes, ob es weiß oder nicht, auf eines, das kommt.

Joseph aber umgeht in der Kehre, ans Ende gelangt der Tafel, im Rücken den letzten, den nennen sie: Heutig.

Und der verharrt.

Und der Heutige deutet mit seiner Rechten hinabhin verharrend, deutet zur Mitte der Tafel hinab.

Joseph aber weiß: Hier verharrt im letzten, der sieht, worauf alle warten und warum ein jedes verharrt hat bis jetzt.

Da kehrt Joseph zurück hinabhin, den Tisch der Generationen zurück in das frischgehauene Grab.

Als er aber eintritt ins Grab: noch alles wartet.

Bis er kommt herein.

Und dann wartet nicht mehr.

Denn ich liege schlafend nicht länger am Boden des Grabs, sondern sitze am Tisch.

Und bei mir zu Tisch die Geborenen beide.

Und mir gegenüber stellt Joseph sich selbst, der den Tisch hat umrundet und eingesehen mit der Lampe alle, die wir gerufen.

Und ich sehe Joseph sich setzen. Neben ihm aber, zur Rechten, Maria.

Und da Joseph sich setzt, wartet nichts mehr.

Zu Ende das Warten. Keines verharrt mehr.

Denn an den Tisch tritt, zur Linken der Braut, mir zur Seite der Bräutigam.

Da:

Alle erheben sich, die Tafel erhebt sich. Alles ersteht lebendig, den lebendig Gekommenen zu grüßen.

Da ist Abendmahl und ist Hochzeit und des Wartens ein Ende.

Am Baum aber der Tafel, die sich erstreckt durch die Mitte, darin in Eins fallen Leben und Tod, sitzen Mensch und Gott, sehend, gesehen, zugewandt Auge in Auge.«

Da schwiegen Balthazar und Monoimos.

Denn sie sahen vor sich das Mahl.

Und sahen sich sitzen am Tisch, hatten verharrend-wartend gesehen sich selbst.

Jetzt aber waren erfaßt.

Und sie waren aufgestanden, beide, noch während sprach Neith.

Und sie zitterten, da sie hinsahen.

Und ausweichend rückwärts stießen hin an die Wand.

Und nach langem spricht Monoimos zu ihr:

»Wer bist du?«

Und Balthazar spricht:

»Wo sind wir mit dir?«

Da sagt sie und spricht: »Angekommen.«

Inhalt

Die Bücher des Abstiegs

ERSTES BUCH
DER TRÄGER

Die Bücher des Aufstiegs

FÜNFTES BUCH
DIE RÄUBER

SECHSTES BUCH
DAS GRAB

Bibliografische Information der Deutschen Nationalbibliothek
Die Deutsche Nationalbibliothek verzeichnet diese Publikation
in der Deutschen Nationalbibliografie;
detaillierte bibliografische Daten
sind im Internet über http://dnb.d-nb.de abrufbar.

2. Auflage 2012
© Wallstein Verlag, Göttingen 2012
www.wallstein-verlag.de
Vom Verlag gesetzt aus der Stempel Garamond
Umschlaggestaltung: Susanne Gerhards, Düsseldorf
unter Verwendung des Gemäldes »Flucht nach Ägypten«
von Adam Elsheimer
Druck und Verarbeitung: Friedrich Pustet, Regensburg
ISBN 978-3-8353-1051-3